当代中国政治

CONTEMPORARY CHINESE POLITICS

（增订版）

林尚立 著

中国大百科全书出版社

图书在版编目（CIP）数据

当代中国政治 / 林尚立著 . -- 增订版 . -- 北京 : 中国大百科全书出版社 , 2025. -- ISBN 978-7-5202-1880-1

Ⅰ. D6

中国国家版本馆 CIP 数据核字第 2025HN3761 号

出 版 人　刘祚臣
策 划 人　曾　辉
责任编辑　易希瑶
责任校对　邬四娟
封面设计　今亮后声
责任印制　李宝丰
出版发行　中国大百科全书出版社
地　　址　北京市西城区阜成门北大街 17 号
邮政编码　100037
电　　话　010-88390635
网　　址　www.ecph.com.cn
印　　刷　北京市十月印刷有限公司
开　　本　787 毫米 × 1092 毫米　1/16
印　　张　29.5
字　　数　405 千字
版　　次　2025 年 4 月第 1 版
印　　次　2025 年 4 月第 1 次印刷
书　　号　ISBN 978-7-5202-1880-1
定　　价　78.00 元

新版序

作为新型政治文明形态的当代中国政治

在人类文明发展史上，政治与国家相生相伴。"国家是文明社会的概括"，是"社会在一定发展阶段上的产物"，[①]其内在使命就是把因阶级冲突而陷入"不可解决的自我矛盾"的社会保持在"秩序"范围以内。可以说，国家是人类创造的伟大文明作品，因而随国家出现而产生的政治，从根本上讲，就是"一件不断发展的巨大的人工制品"[②]。正是在这个意义上，马克思于1844年在其准备着手研究现代国家起源及其结构特征的《关于现代国家的著作的计划草稿》中提出了"政治文明"概念。[③]虽然马克思当时以及后来都没有对"政治文明"概念作出明确界定，但他还是为人们更好把握人类文明发展史上出现的各种政治形态提供了重要概念，进而开辟了从人类文明演进逻辑把握政治变迁历史规律、从政治文明高度把握不同时代政治的新路径。

现代国家是随着人类文明发展从古代迈入现代而出现的。在马克思看来，

① 恩格斯：《家庭、私有制和国家的起源》，《马克思恩格斯选集》第四卷，人民出版社，2012年，第176页、第170页。

② [美]乔·萨托利：《民主新论》，冯克利、阎克文译，东方出版社，1993年，第18页。

③ 马克思：《关于现代国家的著作的计划草稿》，《马克思恩格斯全集》第四十二卷，人民出版社，2006年，第238页。

不能把现代国家与前现代的古代国家混为一谈，现代国家代表着一种新的政治文明，其具体形态就是资本主义国家和资本主义政治文明。马克思认为，作为比资本主义社会更高形态的社会主义社会所建立的社会主义国家和制度，则是更高形态的政治文明。在马克思、恩格斯创立的科学社会主义理论指导下，人类社会建立社会主义国家和制度的第一次历史性实践，是俄国十月革命以及革命后的俄国社会主义建设；而第二次历史性实践，就是中国共产党在中国建立起社会主义国家和社会主义制度，开辟了中国特色社会主义。历史发展表明，俄国的第一次历史性实践，为中国共产党进行第二次历史实践奠定了重要历史基础；而第一次历史性实践在上世纪末的苏东剧变中的终结，则给中国共产党把第二次历史性实践推向新水平和新高度提供了新经验、新教训，提出了新使命、新要求。相较第一次历史性实践，中国共产党带领中国人民进行的第二次历史性实践取得了全面成功，创造了前所未有的发展奇迹，从根本上全面完善和巩固了社会主义制度，使社会主义社会在人类文明发展史上拥有了充分的现实合理性和历史必然性。中国共产党不仅成功开辟了中国特色社会主义道路，开创了中国特色社会主义新时代，而且创造了中国式现代化，开启了全面建设社会主义现代化强国、全面推进中华民族伟大复兴的新征程。凭借第二次历史性实践创造的前所未有的人类社会奇迹以及由此形成的中国式现代化，中国共产党在中国大地成功创造了人类文明新形态。其中包含着作为新型政治文明形态的当代中国政治的伟大实践及其取得的伟大成果。

当代中国政治的领导核心是中国共产党。中国共产党以马克思主义理论为指导、以建设中国特色社会主义为方向、以人民当家作主为根本、以党的领导为核心、以依法治国为方略、以推进国家治理体系和治理能力为着力点、以建设社会主义现代化强国和实现中华民族伟大复兴为使命，建构了具有中国特色的社会主义政治。新中国诞生于 1949 年，当代中国政治的历史不到百年。尽管时间不长且在制度上尚未完全成熟、定性，但当代中国政治在推动和保障经济社会发展上所展现的强大生命力和制度优势，则是历史上任何一种资本主义政治所不可比拟的。2019 年，也就是新中国成立 70 周年之际，中国共产党史无前例地就社会主义制度作出一个历史性决议，可以说这是中国共产党向世界、向人类发表的第一份社会主义制度“宣言书”。其中，中国共产党宣告了一个历史性事实：在中国特色社会主义制度下，“我们党领导人民创造了世所罕见的经济快速发展奇迹和社会长期稳定奇迹，中华民族迎来了从站起来、富起来到强起来的伟大飞跃”。[①] 如果把这个历史性事实置于近代以来人类文明发展进程中来考察，那就会发现这里的历史性实际上是指创造了人类发展的新速度、新水平，即在中国特色社会主义制度下，中国“用几十年时间走完了发达国家几百年走过的工业化历程”。[②]

事实胜于雄辩，历史是最有说服力的事实。从这样的历史和事实中，任何人都不难得出这样的结论：当代中国政治不仅顺应历史大势，而且符合中国实际；不仅超越了资本主义政治，而且创造了属于自己的成功；不仅展现了前所未有的先进性，而且展现了前所未有的有效性。从这个意义上讲，当代中国政治，既是当代中国发展的体现，也是当代人类政治文明的体现，是新型政治文明形态。

当代中国政治是鲜活的、具体的，也是开放的、可观察的。人们只要真切地走进当代中国政治，平心静气地了解和把握其理论基础、发展道路、制度体系和运行机理，就能充分感受当代中国政治的先进性、合理性和创造性，同时也能充分感受当代中国政治所代表的社会主义政治文明的内在价值的完整性、结构体系的科学性和实践运行的有效性。不论是当代中国政治，还是其所代表的社会主义政治文明，从根本上是一个开放的政治文明形态。正是这种开放性，其发展和实践能够充分吸收人类政治文明发展的优秀成果；同时，也正是这种开放性，其发展和实践始终保持与时俱进，不断开拓创新，不断健全完善。

---

① 《中共中央关于坚持和完善中国特色社会主义制度，推进国家治理体系和治理能力现代化若干重大问题的决定》，人民出版社，2019 年，第 2 页。

② 《中共中央关于党的百年奋斗重大成就和历史经验的决议》，人民出版社，2021 年，第 63 页。

作为新型政治文明形态，当代中国政治对人类政治文明的实际贡献主要体现为，在形式上为人类政治文明发展提供了一种全新的形态，在内容上有效破解了人类政治文明发展长期面临的诸多难题，从而给人类文明发展开辟了新路径，提供了新经验，拓展了新空间，创造了新形态，具体可概括为以下十个方面：

第一，古老文明大国实现了从古代到现代的自我整体转型，创造了五千年文明不断、大一统格局不破的现代国家建构新形态。随着人类历史进程从古代迈入现代，世界各民族都面临告别古代国家并建构现代国家的历史任务。历史的大飞跃、国家的大转型，在给世界各国各民族带来新的历史机遇的同时，也提出诸多意想不到的巨大挑战。在当代世界大国中，能够依靠自己的力量成功实现从古老文明大国整体转型到现代国家的唯有中国。纵观人类文明发展史，这无疑是绝无仅有的伟大奇迹：既确保了五千年中华文明得以在现代历史和世界上延续，也推动多元一体中华民族以超大规模的人口和社会整体共赴现代；既确保了大一统国家结构的现代延续，也推动了最古老的社会确立起最先进的社会主义制度。究其根本，就是在这个“三千年未有之大变局”，中国人民孕育了现代中华民族的伟大脊梁——中国共产党；中国共产党以科学的理论、伟大的革命和强大的领导力为中国开辟了新天地——社会主义社会。没有共产党，就没有新中国；没有社会主义，就没有中国的现代化。这是近代以来的中国历史实践反复证明的历史铁律。

第二，没有自己特殊利益的执政党领导人民治理国家，历史性地解决了国家公共权力由大公无私政治力量来运行的千古政治难题。马克思和恩格斯关于国家的理论，揭示了一个千古政治难题，即社会陷入不可解决的自我矛盾，分裂为不可调和的阶级对立而产生出来的国家，本应是“整个社会的正式代表”①，是维护法律和秩序的“公共权力”②，但在私有制条件下，不论是奴隶

① 恩格斯：《反杜林论》，《马克思恩格斯选集》第三卷，人民出版社，2012 年，第 631 页。
② 恩格斯：《论住宅问题》，《马克思恩格斯选集》第三卷，人民出版社，2012 年，第 211 页。

社会、封建社会，还是资本主义社会，现实中的国家“照例是最强大的、在经济上占统治地位的阶级的国家”①，进而把国家异化为维护统治阶级自己特殊利益的工具，成了“和人民大众分离的公共权力”②。要破解自国家产生以来就存在的千古政治难题，无疑需要三个前提条件：一是以公有制代替私有制；二是人民掌握国家权力并当家作主；三是代表人民执政的政治力量，必须是除了人民利益之外没有自己特殊利益的政治力量。历史发展表明，要同时具备这三个前提条件是十分困难的。社会主义革命可以实现前两个前提条件，但要在革命中和革命后锻造出除了人民利益之外没有自己特殊利益的政治力量，则十分困难，不仅需要社会主义革命和建设强大的历史合力，而且需要领导和组织社会主义革命和建设的政治力量的理论自觉、行动自觉和组织自觉，进而在实践中不断自我净化、自我完善、自我革新、自我提高，内生出自我革命的生存和发展机制。中国共产党在领导人民进行革命、建设、改革和现代化的伟大实践中，始终把党的建设置于首位，以党的建设引领事业发展，以事业发展提升党的建设水平，做到历经千难万苦依然初心不改，铸就百年奋斗奇迹依然坚守使命，成为真正的马克思主义执政党，成为人类文明发展的伟大产物，即把自己锻造成为真正代表最广大人民利益而没有自己特殊利益的政治领导力量。正因为有了中国共产党这样的政治领导力量，当代中国政治才有了发展出一种新型政治文明形态的政治基础和领导核心。

第三，人民当家作主铸就了由人民作主、服务人民、保障人民的人民民主国家，前所未有地把促进人的全面发展和实现全体人民共同富裕统一于国家核心功能和使命之中。科学社会主义主张以人民为主体、以社会为基础来发展社会主义社会、建设社会主义国家，立足于确保全体人民共同发展，把个人全面发展和全体人民幸福统一起来；同时，立足于促进社会公平正义，

---

① 恩格斯：《家庭、私有制和国家的起源》，《马克思恩格斯选集》第四卷，人民出版社，2012年，第170页。

② 同上书，第116页。

把个体自由和社会平等统一起来，既强调人民的国家必须服务全体人民，保障全体人民利益，确保全体人民实现共同富裕，也强调人民的国家必须为每个人的全面发展创造条件，充分发挥每个人的积极性、创造性，不断把社会生产力和社会活力激发出来。所以，在中国政治体系中，人民居于主体地位，不是国家决定人民，而是人民决定国家，几乎所有的国家机器都冠以“人民”二字。实践中，国家权力运行始终以全体人民的共同利益和共同发展为出发点和根本点，其现实的物质基础和制度支撑是公有制为主体、多种所有制经济共同发展的基本经济制度。在谋求全体人民共同发展过程中，社会公平正义所追求的平等，是国家将一个不落地保障全体人民与个体、个体之间权利平等统一起来。正是基于这种统一，当代中国政治体系把促进人的全面发展和实现全体人民共同富裕统一于社会主义国家核心功能和使命之中，使得社会主义国家从价值理念、制度安排和国家运行上都全面超越了崇尚个人自由的资本主义国家，成为更具合理性、有效性、先进性的民主国家，进而制度性地解决了西方宪政中的一大宪法困境：宪法作出了国家主权属于人民、人民是国家权力来源的规定，① 而基于宪法运行的国家却难以把切实服务、保障、造福全体人民作为自己制度安排和政策设计的立足点和根本点。

第四，以公有制经济为基础的中国特色社会主义政治制度，在本质上超越了西方政治制度范式，为现代政治文明发展贡献了新型政治制度。在现代社会，各国的政治制度的确立，不外有三种路径：一是革命创制新制度，基于历史演进；二是深思熟虑建构新制度，基于原理运用；三是刻意模仿确立新制度，基于模式套用。在实践中，这三种路径常常同时发挥作用，只是在不同国家，最终起主导作用的路径不同。中国特色社会主义制度，从根本上讲，是社会主义革命创制的新制度，而其具体创制，则是在把马克思主义基本原理同中国实际相结合而形成的、在深思熟虑实践基础上确立和发展起来

---

① ［荷］亨利·范·马尔赛文等：《成文宪法的比较研究》，陈云生译，华夏出版社，1987 年，第 124—125 页。

的。马克思主义强调，历史上以私有制为基础的一切国家制度都孕育于旧的社会形态，以公有制为基础的社会主义国家制度则完全相反，是在国家政权摧毁私有制、确立公有制基础上确立和发展起来的，在历史逻辑上，同以往的历史是决裂的，在理论逻辑上，同西方宪政是有本质区别的，在实践逻辑上，同多党竞选、三权分立、两院制是风马牛不相及的，其制度精神、制度理论、制度原则、制度结构、制度功能和制度特性，既体现了人类文明发展的内在要求，又完全超越了历史上的各种政治制度，成为具有强大生命力和优越性的新型政治制度。中国特色社会主义政治制度孕育于新民主主义革命实践，确立于社会主义革命实践，发展于中国特色社会主义建设实践，形成了以人民代表大会制度为根本政治制度、以中国共产党领导的多党合作和政治协商制度、民族区域自治制度、基层群众自治制度等为基本政治制度的人民当家作主的制度体系。在实践中，确立在公有制经济基础上的中国特色社会主义政治制度，同公有制为主体、多种所有制经济共同发展，按劳分配为主体、多种分配方式并存，社会主义市场经济体制等社会主义基本经济制度形成了相辅相成、相互促进、共同完善的联动关系，从而共同铸就了中国特色社会主义制度的强大生命力和巨大优越性，共同创造了世所罕见的经济快速发展奇迹和社会长期稳定奇迹。实践证明，这样的新型政治制度在价值上先进、在结构上科学、在功能上高效、在治理上有效，展现了人类政治文明发展的新水平、新高度。

第五，党的自我革命和制度的自我完善有机统一，开辟了以有效领导的社会革命推进国家发展的新路径，为实现执政党长期执政、国家长治久安和民族长盛不衰提供强大历史动力和有效政治形态。历史唯物主义认为："社会制度中的任何变化，所有制关系中的每一次变革，都产生了同旧的所有制关系不再相适应的新的生产力的必然结果。"[①] 新的生产力与旧的生产关系矛

① 恩格斯：《共产主义原理》,《马克思恩格斯选集》第一卷，人民出版社，1995年，第238页。

盾激化到一定程度，就会爆发社会革命，从而为新的生产力发展开辟道路。正所谓社会革命是社会发展的“火车头”。然而，以马克思主义为指导思想、以实现人类解放为历史使命的共产党，直接把引领和推动社会革命作为自己的历史任务和实际运动。马克思、恩格斯在《共产党宣言》指出：“共产党人到处都支持一切反对现存的社会制度和政治制度的革命运动。在所有这些运动中，他们都强调所有制问题是运动的基本问题，不管这个问题的发展程度怎样。”共产党人在推进消灭私有制和剥削制度的革命是如此，在领导社会主义革命、建设公有制社会的实践也是如此，因为共产党人“在当前的运动中同时代表运动的未来”①。领导和推动社会革命，是共产党人与生俱来的使命，也是共产党人为实现人类解放而奋斗的唯一路径。所以，在真正的马克思主义政党执政的国家，共产党执政所形成的实际历史运动，从根本上讲就是不断解放和发展社会生产力、不断解放和激发社会活力的社会革命。在中国共产党领导的建设中国特色社会主义伟大实践中，这种自觉的社会革命行动体现为坚持不懈地推进改革开放。中国共产党在其建党百年的时候，向全世界宣告：改革开放是决定当代中国前途命运的关键一招。中国共产党领导和推动的社会革命的核心就是不断为社会生产力的发展和社会活力的激发提供有效的制度条件和政治保障，这就在客观上赋予了社会主义制度以自我完善的内在属性和能力。同时也要看到，虽然自觉的社会革命行动是中国共产党与生俱来的政治属性和使命担当，但要在千变万化的复杂实践中始终保有这种政治属性和使命担当，中国共产党就必须在领导和推动社会革命的同时，勇于推进党的自我革命，把领导和推进的社会革命和党自身进行的自我革命全面联动起来。不仅如此，还必须在此基础上，形成以党的自我革命引领社会革命的大格局。只有自我革命进行得彻底，党才有推动社会革命的强大领导力。中国共产党之所以能够引领中国经济和社会发展不断迈上新高

---

① 马克思、恩格斯：《共产主义宣言》，《马克思恩格斯选集》第一卷，人民出版社，1995 年，第 306—307 页。

度、推动大党和大国治理不断开辟新境界，就是创造性地把党的自我革命同党领导和推动社会革命联动起来，把党的自我革命同社会主义制度的自我完善统一起来，始终确保社会主义国家建设和发展，不论是在经济和政治上，还是在社会和文化上，都能获得持续、稳定、协调发展的基础和条件，进而为实现党的长期执政、国家长治久安和民族长盛不衰提供强大的历史动力和有效的政治形态。

第六，大党大国在民主集中制原则下的组织和治理，形成党的领导、人民当家作主、依法治国三者有机统一的社会主义民主政治建设框架和国家治理体系安排，创造了治党治国一体共强的中国之治。《中国共产党章程》规定："党是根据自己的纲领和章程，按照民主集中制组织起来的统一整体。""民主集中制是民主基础上的集中和集中指导下的民主相结合。它既是党的根本组织原则，也是群众路线在党的生活中的运用。"党的章程同时规定了民主集中制的六条基本原则。《中华人民共和国宪法》规定："中华人民共和国的国家机构实行民主集中制的原则。"这里所说的"民主集中制的原则"及其相应的宪法规定，虽然不是党章规定的"党的民主集中制的基本原则"翻版，但两者的内在精神和核心原则是一致的，即在党和国家治理中都坚持"民主基础上的集中和集中指导下的民主相结合"。民主集中制这一组织原则，最初是作为共产国际对各支部的统一要求而被中国共产党接受的。但是，中国共产党不是被动接受，而是主动接受，因为实践告诉中国共产党，只有实行民主集中制原则，中国共产党才能成为能够领导中国革命、支撑中华民族的核心力量和强大政党。历史证明，中国共产党因此而走向成功，不仅建立了强大的马克思主义政党，而且建立了强大的人民军队，进而赢得革命胜利，建立中华人民共和国。在中国共产党的上百年奋斗历程中，建党、建军、建国依次展开，而贯穿其中的核心原则都是民主集中制。可以说，没有民主集中制，就不可能有当今的中国共产党、人民军队和人民民主国家，也就没有当代中国的一切进步和发展。

现代政治逻辑表明，民主是现代政治的内在要求，集中是现代国家的本质属性。没有民主，现代政治丧失合法性前提；没有集中，现代主权国家难以确保应有的一体化结构。现代政治在反对和否定集权专制政治基础上确立和发展起来，实践中往往以民主为第一信条，以自由为第一原则。这使得许多国家，甚至包括比较成熟的发达国家，常常把民主绝对化、神圣化，以致忽略了现代市场经济对国家一体化的强烈要求和内在依赖，结果民主搞得热热闹闹，可国家的内在一体和有效集中却一地鸡毛，支离破碎，整个国家陷入低质、无序的“民主之乱”中。此外，美国政治学家达尔认为，建构现代政治和国家，还必须充分考虑国家的规模问题，他说：“规模问题确实很重要。一个政治单位，无论是它的人数或者面积，对民主的形式都会造成影响。”[①]在当今世界，如果把人口规模和国土面积综合起来算，中国无疑是超大规模的国家。正是贯通中国党和国家的民主集中制，很好地把社会对民主的要求和国家对一体化的需求有机地统一起来，确保了世界上最大的执政党以及世界上综合规模最大的国家始终处在组织有力、运行有序、治理有效的状态。这一制度在党内形成了集中统一的领导体系；在国家结构上形成了以单一制维系持续了几千年的大一统格局，以民族区域自治制度巩固了多元一体的中华民族大家庭；在国家治理体系上形成了党的领导、人民当家作主和依法治国有机统一的民主政治和国家治理体系。党的有效领导，确保了国家的有效组织和治理；反过来，国家的有效组织和治理，巩固和增强了党的有效领导。大党大国的组织和治理就是在这样的政治逻辑中实现的，而创造治党治国一体共强格局的基点和支撑就是民主集中制。

第七，人民管理社会和国家事务形成的强共识性政治生活，铸就了超大规模国家社会长期稳定局面，创造了以共识而非竞争为基础和动力的国家政治生活形态。社会是人们生产生活的共同体，作为社会的“有形的组织”的

① [美]罗伯特·达尔：《论民主》，李柏光、林猛译，商务印书馆，1999年，第114页。

国家则是政治共同体。[①] 不论维系社会还是维系国家，除了规范人与社会、人与国家的制度之外，就是作为社会或国家主体的人对社会和国家所拥有的共识。西方学者研究认为："有大量的证据证明，民主制度若不能成功地逐渐创造出和谐一致的基本共识，它是一个难以运转和脆弱的民主制度。"[②] 其中的道理，在理论和实践上都是一目了然的，但真要做到并非易事。这一方面与社会历史文化有关，另一方面则与自由主义的现代民主政治把市场经济的自由竞争原则引入政治生活有更为直接的关系。在自由主义民主下，人们最大的共识是对自由竞争的共识，而人们最大的担忧则是政治极化、社会分裂和国家动荡。其中的内在矛盾已成为自由主义的民主宿命，难以摆脱，许多国家因此常常面临周期性的政治动荡和治理失效。

我国实行的是人民民主，其制度安排的出发点不是个人自由，而是人民当家作主，由此形成的整个政治生活是以党领导人民当家作主，从制度上确保人民依法通过各种途径和形式管理国家事务，管理经济文化事业，管理社会事务。党的领导确保了人民整体性，人民当家作主确保了国家的人民性，人民由此形成的对党和国家的共识，除了有中华民族深厚的家国情怀之外，还有就是强有力的政治认同、理论认同、制度认同和利益认同。强共识的政治生活就是由此得以确立和发展起来的，其主要体现有：党成为民族的脊梁，党的领导成为社会主义事业的领导核心；宪法成为组织、运行和治理国家的根本法和党长期执政的根本法律依据；共产主义远大理想和中国特色社会主义共同理想成为全社会的精神引领；社会主义核心价值观成为全体人民共同价值；辩证唯物主义和历史唯物主义成为全党和全体人民最基本的思想武装和思维方法；人民通过选举、投票行使权利，以及人民内部各方面事务在重大决策之前进行充分协商，尽可能就共同性问题取得一致意见是我国社会主义民主的两种重要形式；共建共治共享成为社会治理制度的原则和形

---

① 恩格斯：《反杜林论》，《马克思恩格斯选集》第三卷，人民出版社，1995 年，第 631 页。

② [美] 乔 · 萨托利：《民主新论》，冯克利、阎克文译，东方出版社，1993 年，第 94—95 页。

态；坚持人民主体地位、促进社会公平正义成为国家治理的基本原则；促进人的全面发展和全体人民共同富裕成为党的使命和国家发展目标。实践表明，这样的强共识政治生活在保持社会长期稳定的同时，也持续不断地激发出社会活力和创造力。中国经济快速发展和社会长期稳定同时达成并形成长期良性联动关系的事实是最有利的印证。基于强共识所形成的中国之治和中国发展，从理论、制度和发展实践上都为人类政治文明发展提供了一个新选择：以共识为基点凝聚社会力量、激发国家活力、创造历史进步。

第八，最广泛、最真实、最管用的全过程人民民主，全方位激发了民主所具有的内在优势，使人民民主成为能同时成就个人、造福社会、治理国家、促进发展的善治民主。民主是人类组织社会、建构国家、达成治理的内在律令，从古至今始终是影响或决定人们的价值选择、理想建构、制度安排和行动举措的文明基因，在人类政治文明发展中创造了繁花似锦的民主发展景观。人们对民主的追求是由衷的，但由于主客观条件的限制，现实中的民主同人们理想的民主总是存在不小的距离。其中最大的难点在于如何确保人民真正当家作主。从古至今，人类社会从理论、制度、组织、方法等多维度探究和实践民主，但更多注重于民主之用，没有根本解决民主之体问题，即人民在社会和国家中主体地位的切实保障和实现问题。马克思主义理论诞生及其所指导的科学社会主义历史运动出现，民主的理论和实践才真正落实到民主之体上。我国的人民民主就是在这样的基础上确立和发展起来的。

理论和实践表明，人民民主的历史和社会前提是人民解放，而其根本就是马克思在巴黎公社革命发现的“能够使劳动在经济上获得解放的政治形式”[①]，即建立以劳动人民成为生产资料的主人、进而建立劳动人民管理的国家。[②]换句话说，人民民主是确立在劳动人民获得经济解放、社会解放和政治解放的基础上的。经济解放的制度基础就是生产资料的公有制；社会解放

① 马克思：《法兰西内战》，《马克思恩格斯选集》第三卷，人民出版社，1995 年，第 59 页。
② 同上书，第 64 页。

的制度基础就是国家不是掌握在社会少部分人手中，而是掌握在全体人民手中，国家重新回落到社会之中，从“统治社会、压迫社会的力量变成社会本身的生命力”[①]；政治解放的制度基础就是作为经济剥削、政治压迫的制度被彻底消除，劳动人民在政治上享有完全同等的权利，并获得全面发展的政治保障。解放的人民是人民民主的真实主体，人民通过自己的力量管理社会和国家是人民民主的制度形态，由此形成和发展的人民民主不仅是最广泛的，而且也是最直接的、最真实的、最管用的。

这种最广泛、最直接、最真实、最管用的人民民主在实践和运行中，必然是全过程的、全方位的。习近平总书记指出：“人民是否享有民主权利，要看人民是否在选举时有投票的权利，也要看人民在日常政治生活中是否有持续参与的权利；要看人民有没有进行民主选举的权利，也要看人民有没有进行民主决策、民主管理、民主监督的权利。社会主义民主不仅需要完整的制度程序，而且需要完整的参与实践。人民当家作主必须具体地、现实地体现到中国共产党执政和国家治理上来，具体地、现实地体现到中国共产党和国家机关各个方面、各个层级的工作上来，具体地、现实地体现到人民对自身利益的实现和发展上来。”[②]我国人民民主的实践表明，这种全过程人民民主，不仅体现在党的领导全过程，而且体现在国家管理和社会治理的全过程，不仅体现在立法的全过程，而且体现在行政的全过程，不仅体现在党的群众工作全过程，而且体现在人民参与国家和社会事务管理的全过程，形成了人民意志、人民权益、人民参与全面性保障，民主选举、民主协商、民主决策、民主管理、民主监督全过程联动，人民群众积极性、主动性、创造性全方位发挥的真实有效高质民主。因此，在实践中，全过程人民民主必然是人民始终参与其中、不断凝聚人民意志力量、全面为人民利益服务、持续促

① 马克思：《法兰西内战》，《马克思恩格斯选集》第三卷，人民出版社，1995 年，第 95 页。

② 习近平：《推进协商民主广泛多层制度化发展》，见《习近平著作选读》第一卷，人民出版社，2023 年，第 269 页。

进人民事业发展的有效政治形式和政治过程，其运作和实践所具有的效能自然是全方位的、全局性的：不仅能够成就每个人的自由发展，而且能够造福社会方方面面；不仅全面提高国家治理水平和能力，而且也能凝聚人民力量创造发展奇迹。人民民主的实践表明，民主的决定力量是人民，民主的使命是造福人民，因而作为一种国家制度的民主，其好与坏的最终标准，就看其是否对人民发展有益、对社会进步有用、对国家治理有效。

第九，制约和监督权力运行的党和国家监督体系的确立和完善，有效解决了让权力在阳光下运行、把权力关进制度的笼子这一重大制度难题，从制度上促进和保障了中国特色社会主义制度的定型、巩固和成熟。公共权力是国家的核心要素，是政权的基础，是政体选择的决定性因素。从古至今，中外思想家和政治家都充分意识到引发国家动荡、政权更迭和政体变异的诸多原因中，最根本、最关键的原因就是权力运行失序、权力结构失衡、权力本质腐化。然而，人性的弱点使得靠人运行的权力很容易发生变异，正所谓“权力导致腐败，绝对权力导致绝对腐败”①。于是，制约和监督权力及其运行就成为人类政治文明史的永恒主题和头号难题。在解决这个头号难题中，资产阶级思想家立足保障个人自由这个基点，提出以权力制衡权力的理论和制度设计。马克思主义立足人民掌握国家权力、当家作主这个基点，提出了人民依靠自己力量监督其所掌握国家权力的理论和制度原则。然而，实践表明，把这个理论和原则转化为社会主义社会科学有效的制度安排的探索，并非一帆风顺。在这过程中，西方一直质疑不搞“三权分立”的国家实现权力自我监督的理论基础和实践可能。中国新时代中国特色社会主义的创造性实践，从理论、制度和实践三个维度有力回应了这种质疑，使社会主义国家的权力自我监督的理论和原则切切实实地转化为有效的实践体系和规范的制度安排。

---

① [英]阿克顿：《自由与权力：阿克顿勋爵论说文集》，侯健、范亚峰译，商务印书馆，2001年，第342页。

中国共产党之所以能够完成这个历史性制度创新，与新时代在理论上、制度上和政治上三大历史性突破有关：一是在理论上，把马克思主义基本原理同中国具体实际相结合、同中华优秀传统文化相结合，实现了马克思主义中国化新的飞跃，夯实了在中国社会构建权力自我监督体系的理论基础和社会历史文化基础；二是在制度上，坚持人民主体地位和以人民为中心的发展，不断加强人民当家作主的制度保障，以发展全过程人民民主为核心，大力强化民主监督的广度、深度、力度和效度；三是在政治上，中国共产党经过不懈努力，找到了自我革命这一跳出治乱兴衰历史周期率的第二个答案，确立并不断完善党的自我革命制度规范体系。正是在这三大历史性突破的过程中，中国共产党全面确立起制约和监督权力运行的党和国家监督体系。2019 年，中国共产党在《中共中央关于坚持和完善中国特色社会主义制度，推进国家治理体系和治理能力现代化若干重大问题的决定》中对该监督体系的制度安排及其发展要求作了具体阐述，强调："党和国家监督体系是党在长期执政条件下实现自我净化、自我完善、自我革新、自我提高的重要制度保障。必须健全党统一领导、全面覆盖、权威高效的监督体系，增强监督严肃性、协同性、有效性，形成决策科学、执行坚决、监督有力的权力运行机制，确保党和人民赋予的权力始终用来为人民谋幸福。"这一体系的具体制度安排包含三大方面：一是健全党和国家监督制度，二是完善权力配置和运行制约机制，三是构建一体推进不敢腐、不能腐、不想腐体制机制。从中国特色社会主义制度巩固发展的内在逻辑来看，党和国家监督体系的确立和发展，既有力巩固了作为中国特色社会主义制度最大优势的党的领导，也有效控制了作为中国特色社会主义制度最大风险的权力腐败的滋生和蔓延，从而为中国特色社会主义制度的定型、巩固和成熟提供更为坚强的政治保障和更为有效的制度保障。

第十，"一国两制"伟大构想和成功实践，既给人类社会解决矛盾和冲突提供了科学方法和有效路径，也给世界展现了中国特色社会主义大国政治非凡的品质和特色。中华人民共和国成立后，在完成国家统一上面临两大问题：一个是香港、澳门问题，二是台湾问题。前者涉及香港、澳门回归，后者涉及两岸统一。面对这两个问题，邓小平认为："解决问题只有两个方式：一个是谈判方式，一个是武力方式。用和平谈判的方式来解决，总要各方都能接受。"[①]基于此，他创造性提出以"一个国家、两种制度"方式解决台湾问题，实现祖国和平统一，随后将这个方针成功运用于香港、澳门问题的解决，实现香港、澳门顺利回归。"一国两制"伟大构想的提出及其成功实践，既体现了以邓小平为代表的中国共产党人的智慧，也体现了海纳百川、有容乃大的中华智慧，更体现了中国特色社会主义非同凡响的特色所在。邓小平强调指出："我们搞的是有中国特色的社会主义，所以才制定'一国两制'的政策，才可以允许两种制度存在。""我们的社会主义制度是有中国特色的社会主义制度，这个特色，很重要的一个内容就是对香港、澳门、台湾问题的处理，就是'一国两制'。这是个新事物。这个新事物不是美国提出来的，不是日本提出来的，不是欧洲提出来的，也不是苏联提出来的，而是中国提出来的，这就叫做中国特色。"[②]可见，"一国两制"是中国特色社会主义的特色所在，既是中国特色使然，也是中国特色体现。这种中国特色全面系统展现了中国特色社会主义政治所具有的非同凡响的品质和特性，展现了社会主义大国政治新追求、新境界和新气象。

"一国两制"的科学构想和成功实践，系统揭示了中国特色社会主义政治非凡的品质和特性：一是和平性，中华民族坚信和为贵，中国人主张和平，希望用和平方式解决争端。二是科学性，正如邓小平所言，"如果'一国两制'的构想是一个对国际上有意义的想法的话，那要归功于马克思主义

① 邓小平：《中国是信守诺言的》，《邓小平文选》第三卷，人民出版社，1993 年，第 84 页。
② 邓小平：《会见香港特别行政区基本法起草委员会委员时的讲话》，《邓小平文选》第三卷，人民出版社，1993 年，第 217 页、第 218 页。

的辩证唯物主义和历史唯物主义，用毛泽东主席的话来讲就是实事求是”。[①]这种实事求是的思想方法和行动原则赋予了中国政治建设和发展的科学性。三是创造性，中国政治的创新性来自实事求是精神所带来的敢于突破传统、摆脱窠臼、开拓创新的思想基础和创新底气。邓小平指出：“我们提出这个构想时，人们都觉得这是个新语言，是前人未曾说过的。也有人怀疑这个主张能否行得通，这就要拿事实来回答。”[②]在这方面，“没有点勇气是不行的，这个勇气来自人民的拥护。”[③]四是包容性，社会主义制度包容资本主义制度才有“一国两制”的伟大构想，其政治逻辑是，在坚持整个国家的主体是社会主义的前提下，可以容许在自己身边，在小地区和小范围内实行资本主义。邓小平说：“我们相信，在小范围内容许资本主义存在，更有利于发展社会主义。”[④]实践证明了这一点。五是发展性，秉持历史唯物主义的中国共产党人和中国人民始终坚信社会是不断发展的，历史大潮总是奔腾向前的，必须以发展的眼光来看待事物，以长远的眼光来把握发展。对于“一国两制”的实践及其前景，邓小平作出了这样长远的安排：“一个是政局稳定，一个是政策稳定，两个稳定。不变也就是稳定。如果到下一个五十年，这个政策见效，达到预期目标，就更没有理由变了。所以我说，按照‘一国两制’的方针解决统一问题后，对香港、澳门、台湾的政策五十年不变，五十年之后还会不变。”[⑤]上述这五大品质和特性，赋予了中国特色社会主义制度强大的生命力、先进性和优越性，使其成为能够引领人类政治文明发展方向、为世界政治和全球治理提供经验的新型政治文明形态。

---

① 邓小平：《中国是信守诺言的》，《邓小平文选》第三卷，人民出版社，1993年，第101页。
② 同上书，第102页。
③ 邓小平：《会见香港特别行政区基本法起草委员会委员时的讲话》，《邓小平文选》第三卷，人民出版社，1993年，第217页。
④ 邓小平：《中国是信守诺言的》，《邓小平文选》第三卷，人民出版社，1993年，第103页。
⑤ 邓小平：《会见香港特别行政区基本法起草委员会委员时的讲话》，《邓小平文选》第三卷，人民出版社，1993年，第217页。

综合上述概括可以看出，当代中国政治对人类政治文明的贡献，是历史性和制度性的。历史性的贡献，体现为当代中国政治把人类政治文明发展切切实实地推进到了社会主义社会这一人类社会发展新时代；制度性的贡献，体现为当代中国政治为恩格斯视为“国家的最高形式”的“民主共和国”创立了一套全新的制度体系，即一套比资本主义民主共和国制度更为先进的社会主义的人民民主共和国制度。中国的经济社会发展奇迹和国家治理水平表明，这种历史性和制度性的贡献，不是理论上讲讲的，而是可以实际检验、可以具体测度、可以借鉴学习的。同时，必须强调的是，这种历史性和制度性的贡献是在对人类政治文明继承和发展、开拓与创新的实践中形成的，因为当代中国政治从一开始就遵循人类政治文明发展规律，追寻人类政治文明最先进的发展方向，创造性地吸纳人类政治文明优秀成果。当代中国政治实践和发展历程表明，铸就中国特色社会主义政治的，不仅有社会主义五百年的理论和实践，而且有中华五千年文明成就，不仅有中国共产党人和中国人民的伟大探索和实践，而且有人类政治文明创造的成果，在这过程中，中国共产党展现了其伟大和正确，中国人民展现了其自主和自信。

事物总是发展的。作为人类政治文明新形态的中国特色社会主义政治，尽管是新型的、先进的、有效的，但并不意味着就是成熟的、完美的，更不能说是至高无上的。从人类发展的大潮流、中国发展的大趋势来看，当代中国政治建设还有不少的愿景要追寻，还有不少的高山要跨越，还有不少的目标要实现，还有不少的体制机制要改革。历史与实践表明，始终以马克思主义为指导、以实现人类解放为理想、以推动社会革命为使命的当代中国政治，志存高远，与时俱进，坚定不移走中国特色社会主义政治发展道路，坚信发展永无止境，坚持在发展中完善，既不会故步自封，也不会自我神话，必然会在领导人民进行的社会革命中主动且积极地进行自我变革、自我创新、自我发展，不断为人类政治文明发展开拓新境界，提供新路径，创造新制度，从而持续促进人类政治文明发展。

目录

第3篇 治理

第4篇　发展

引 论

从中国把握中国政治

中国是一个拥有很长政治文明史的国家。迄今为止，它创造的政治形态大致有两种：一是古典的，二是现代的。古典政治形态，土生土长，创造了大一统的中央集权国家，绵延两千余年；同时，构筑了华夷秩序，创造了东亚文明圈。现代政治形态，源于西方，中国在经历了实验和探索之后，选择了社会主义制度；在综合现代西方政治文明、社会主义制度以及中国现代国家形态的基础上，创立了中国现代政治。这是价值取向完全不同的两种政治形态，它们之间没有直接的历史继承关系，唯一的联系是从古至今没有解体的中国社会。于是，面对现代中国政治，世人常常产生这样的困惑：中国现代政治，到底是西方的，还是中国的？是应该按照西方的逻辑走，还是按照中国的逻辑走？这种困惑使得人们无法全面、深入地把握中国现代政治及其未来的前途和方向。本书力图给出的答案是：应该从中国出发把握中国政治。

一、现代政治文明出发点

对于人类政治文明史，人们常常用由“民主”与“独裁”组成的一双眼睛来观察和透视，并由此来简单判定古代政治与现代政治、东方政治与西方政治的差别。从美国著名政治学家亨廷顿《第三波——20世纪后期民主化浪潮》的分析和判断来看，源于西方的民主化已成为现代政治文明的主流。面对起源于20世纪70年代的第三波民主化浪潮，他发出了这样的感慨：“今天，千百万以前曾在独裁专制统治者下受苦受难的人生活在自由之中。此外，由于历史上民主国家与民主国家之间不发生战争，和平地带也得到了大大的扩展，国家间冲突的可能性也大大的降低。民主制度在如此短的时间内急速成长，毫无疑问，是人类历史上最壮观的、也是最重要的政治变迁。”[①]对于这样政治变迁的未来命运，亨廷顿给出了十分自信的回答：“第三波的一个成就就是使西方文明中的民主获得了普遍性，并促进了民主在其他文明中的传播。如果第三波有一个未来，这个未来就在于民主在非西方社会的扩展。”[②]“在正在兴起的经济发展的浪潮的推动下，每一波浪潮都比前一波进得更多，退得更少。套用一种比喻的说法，历史不是直线前进的，但是当有智慧有决心的领导人推动历史的时候，历史的确会前进。”[③]在此，亨廷顿以非直接的方式表达了一个坚定的信念，即民主最终一定战胜独裁，西方文明的民主一定会成为世界普遍的政治形式。然而，民主在当代人类文明发展中的理论与实践表明，亨廷顿坚定的信念，一半是对的，另一半则是错的。民主最终一定能够战胜独裁，但战胜独裁的民主，并不都是“西方文明中的民主”。从实践来看，西方国家二战后所致力的民主输出实践，许多时候传播的是西方的民主理念与制度，种下的却是分裂、冲突与战争的种子，使无数的百姓不得不承受民主所带来的民不聊生的代价；从理论上看，民主最先出现在西方，但其本质却是人类自我解放的历史必然，西方

① ［美］塞缪尔·亨廷顿：《第三波——20世纪后期民主化浪潮》，刘军宁译，上海三联书店，1998年，序言第3页。

② 同上书，序言第5页。

③ 同上书，第380页。

只是这种历史必然的第一个表现形式，但绝不是唯一的形式。民主在不同的国家，应该有不同的表现形式，其所蕴含的普遍性，不是西方民主形式的普遍性，而是民主所体现的人类自我解放的普遍性。

有一个事实是谁都否定不了的，即民主是现代文明的基本标志，自然也是现代政治文明的根本体现。至于为什么是这样，回答这个问题的理论和答案多种多样，相对而言，马克思的回答更为深刻和科学，因为它是从人类发展的内在逻辑出发的。马克思认为，人与动物的基本区别就在于其拥有意识，而正是这种意识使得人所拥有的动物性欲望上升为追求自由的生命意志，这种生命意志决定了人类发展的历史过程是不断追求自由的过程，即人不断摆脱自然与他人（社会）所带来的束缚的过程。在人尚未有充分的能力摆脱其中任何束缚的时候，人为了生存，都依附于一定的共同体，其现实存在是作为共同体成员而存在。人的这种存在塑造了人类的古代历史。但随着经济与社会的发展，个体独立生存能力不断增强，人就逐渐摆脱了对特定共同体的依赖，获得了独立自主存在的经济与社会基础。这是人自我解放的一大飞跃，是人的类本质的重大变化。这种变化开辟了现代历史，形成了现代社会，建构了与现代社会相适应的现代国家。现代国家与古代国家的最大区别在于：随着个体独立所带来的私人生活的抽象，国家也就从社会中抽象出来，与社会形成二元结构关系。现代政治制度就是二元存在的国家与社会相互适应的产物，以个体为单位组成的现代社会决定了现代政治制度形态选择必然是民主的。①

西方思想家往往都是从个体独立及其所决定的市民社会来解释现代民主的由来与必然性的，但相比较而言，马克思的理论更加彻底，因为马克思并没有因为肯定个体独立与现代社会是现代民主的基础，而将民主的内在必然性确立其上。马克思认为，人类建立国家的目的，是为了借助这第三种力

---

① 参见林尚立：《建构民主——中国的理论、战略与议程》，复旦大学出版社，2012 年。本书第一章比较系统地阐述了马克思相关思想和理论。

量来解决自身的矛盾与冲突，因而从根本上讲不希望作为人类的作品的国家异化为奴役人类的力量。这决定了人类在创立国家的时候，就天然地要解决人对国家的驾驭与控制，从而使国家真正掌握在其创立者，即人民手中。由此，马克思认为，国家制度是人的自由产物，这才是国家制度的本来面目。既然如此，体现和保障人的自由的民主制度，就不是作为一种国家制度形式而存在的，而是作为一切国家制度的本质属性而存在的。这样，在马克思理论中，"民主制是作为类概念的国家制度"[①]，存在于各国的国家制度中，本质上都不过是民主制度在具体国家的具体体现，即使是君主制，其本质也都不过是民主制度缺失而产生的一种变种。"民主制是君主制的真理；君主制却不是民主制的真理，君主制必然是本身不彻底的民主制，而君主环节却不是作为民主制的不彻底性而存在着。"[②] 基于此，马克思的结论是："一切国家形式在民主制中都有自己的真理，正因为这样，所以它们有几分不同于民主制，就有几分不是真理，这是一目了然的。"[③]

分析至此，我们可以看到，现代政治文明的出现是人类自我解放和发展的内在必然。换言之，只要人的自我解放发展到一定程度，就必然将作为一切国家制度真理的民主制呈现为现实的制度形态。因而，现代民主制之所以首先在西方出现，并不是西方文明创立的民主制度，而是西方社会相对超前的变化与发展，使民主制度首先在西方社会被呈现出来。

然而，西方在民主上的历史首创性，很快就扭曲了民主制与人类文明之间的关系，因为西方的思想家和政治家都普遍地要利用这种历史首创性，将西方创造的民主制度变成人类现代政治生活的普遍模式，其具体手段是将西方民主制度内含的价值和原则抽象为人类的普遍理性，使之成为放之

① 马克思：《黑格尔法哲学批判》，《马克思恩格斯全集》第一卷，人民出版社，1956 年，第 280 页。

② 同上。

③ 同上书，第 282 页。

四海而皆准的现代政治的精神与原则。在这种抽象中，不仅人从具体的人变成了抽象的人，而且使所有国家与社会的历史与文化都从具体的存在变成抽象的存在。于是，现实的政治实践，不是从现实出发，而是从如何将带有先验性的西方政治精神与原则标准化地注入具体的国家与社会，改造每一个活生生的个体。借用恩格斯的话来说，这些西方的思想家与政治家将西方的民主视为“绝对真理、理性和正义的表现，只要把它发现出来，它就能用自己的力量征服世界；因为绝对真理是不依赖于时间、空间和人类的历史发展的，所以它在什么时候和什么地方被发现，那纯粹是偶然的事情”①。于是，基于人类本质属性而发展出来的现代政治文明被彻底模式化为西方的政治文明，如此，其他国家与社会自然也就失去了主动性、创造性与发言权，只能等待西方民主浪潮的洗礼。亨廷顿的“第三波”概念就包含着这层意思。

民主是现代文明发展的必然要求，但这绝对不等于民主在现代文明中的发展是一种模式化的发展。其中的道理很简单，国家依然是现代文明建构与发展的基本单位，而国家及其所对应的社会是具体的，有自己的历史与文化，有自己的发展方位与议程。然而，这很简单的道理并没有在现代政治文明的建设与发展中得到充分的尊重与遵守，不仅代表西方文明的西方社会是如此，许多发展中国家在具体的实践中也会自觉或不自觉地失去自我，依附在西方的模式之下。于是，西方的民主模式不仅成为现代政治文明的直接表达，而且成为判断各国现代政治建设与运行是否具有合法性的基本尺度。西方社会将这种局面视为理所当然，并为此骄傲自豪。然而，现代政治文明却因此而危机不断，因为民主的模式化似乎加速了民主的推广，却往往成为直接摧毁国家或社会内在结构或转型进程的力量。

由此可见，现代政治文明得以健康发展的关键，不应该寄托于西方民主

① 恩格斯：《社会主义从空想到科学的发展》，《马克思恩格斯选集》第三卷，人民出版社，1995年，第732页。

发展的第四波、第五波，而应该寄托于出现各种非西方模式的民主实践。民主生成方式、组织方式以及运行方式的多样性，是现代政治文明生命力和创造力的根本所在。从这个角度看，中国现代民主政治的建构实践及其所形成的中国特色社会主义民主政治，对人类现代政治文明的发展有重大的历史贡献，其理论意义和现实价值，值得世人关注和研究。

二、中国现代政治的生成

现代政治文明是人类在寻求自我解放的实践中诞生和形成的。人类寻求自我解放的过程，除了经济与社会的发展过程之外，还需要一个非常重要的过程，即摧毁既有结构体系并创造全新的结构体系的过程，这就是历史上的革命过程。西方文明中的现代民主是在这种革命中诞生的；同样，中国现代政治也是在中国的民主革命中诞生的。于是，不论在西方，还是在中国，革命与现代政治之间有了天然的联系。很多人由此认为，中国和西方一样，其现代政治体系都是整个革命的产物。这个判断，也是一半是对的，另一半是错的。中国现代政治确实像西方现代政治文明一样，其形成和确立都经历了革命的过程；西方现代政治文明是整个革命的直接产物，而中国则不是，准确地讲，中国的现代政治架构是整个国家转型的产物，具体来说，国家转型所需要的政治革命启动了中国现代政治成长，而成长中的中国现代政治则只有在有效推动和完成了社会革命之后才能得到真正的确立和发展。正是在这个意义上，本书认为，中国现代政治是国家转型的产物，因为国家转型最终是要通过社会革命来完成的。

在人类文明发展史中，革命是一个现代的概念，似乎是为迎接现代文明的诞生而创设，因为在西方的政治哲学中，革命本质上是人类为实现自我解放所形成的社会历史运动。阿伦特在其著名的《论革命》一书中就这样写道："革命这一现代概念与这样一种观念是息息相关的，这种观念认为，历史进程突然重新开始了，一个全新的故事，一个之前从不为人所知、为人所道的故事将要展开。18 世纪末两次伟大革命之前，革命这一现代概念并不为人所知。"[①]这里所说的"两次伟大革命"，就是英国革命与法国革命。这两次革命都内生于各自的社会与历史，虽然形态与过程不同，但使命共同，就是建立现代社会，创立现代国家。所以，阿伦特认为，对于革命者来说，革命"更重要的是改变社会的结构，而不是政治领域的结构"[②]，而其使命就是使全人类中受奴役者获得解放，从而让其享受自由与平等。正是在这个意义上，阿伦特认为："从理论上说，法国大革命意义最为深远的后果，就是黑格尔哲学中现代历史概念的诞生。"[③]

由此可见，对于人类文明来说，革命所意味着的不仅仅是推翻绝对君主统治，而是围绕着实现人类的自我解放而展开的全面性的社会结构变换。英国著名历史学家霍布斯鲍姆将发生在 1789 年至 1848 年之间的法国政治革命与英国工业革命视为"双元革命"，并将这个时代称为"革命的年代"。他认为："这种伟大革命，不仅仅是'工业'本身的巨大胜利，而且是资本主义工业的巨大胜利；不仅仅是一般意义上的自由和平等的巨大胜利，而且是中产阶级或资产阶级自由社会的大胜利；不仅仅是'现代经济'或'现代国家'的胜利，而且是世界上某个特定地域（欧洲部分地区和北美少数地方）内的经济和国家的巨大胜利。""这种双元革命改变了世界，并且还在继续使整个世界发生变革。"[④]中国的近代革命就是在这样的革命浪潮冲击和裹挟下出现的，它可以属于近代以来世界革命浪潮的一部分。但这并不意味着现代政治在中国的出现和西方国家一样，都是革命的产物。

---

① [美] 汉娜 · 阿伦特：《论革命》，陈周旺译，译林出版社，2007 年，第 17 页。
② 同上书，第 14 页。
③ 同上书，第 40 页。
④ [英]艾瑞克 · 霍布斯鲍姆：《革命的年代》，王章辉等译，江苏人民出版社，1999年，第2页。

革命在行动上体现为用一个新的结构替代既有的旧结构，使革命的对象发生革命性的变化；但革命在本质上是人实现自我解放的行动实践，在这个过程中实现的新旧结构的更换，只不过是革命行动本身应该包含的内容与任务。由此，创新现代文明的革命应该至少包含三个基本要件：一是拥有寻求自我解放的主体力量；二是新的社会和政治结构获得有效的成长；三是产生了促进新旧社会与政治结构彻底替代的历史行动。用这三个基本要件来衡量中国的近代革命，可以看到中国近代革命虽然属于当时世界革命潮流的一部分，但革命过程所产生的中国现代政治，不是像西方国家那样，是整个革命的直接产物，而是整个国家转型的产物。其中的关键点在于：中国革命不是爆发于内生的革命主体力量为实现自我解放而孕育的革命形势与革命行动，而是爆发于古代的国家与政权在现代化冲击下所深陷的全面危机。这决定了中国现代政治的建构，主要不是从解放现代性的力量出发的，而更多的是从如何使古老的国家在现代化冲击下得以维持并力图再生出发的，因而它虽然诞生于革命过程之中，但其本质不是整个革命的直接产物，即人实现自我解放的产物，而是实现国家现代转型的产物。

就国家转型来说，在马克思的理论中，它必须通过两个革命的有机统一来完成：政治革命与社会革命。近代西方所发生的开启现代历史的革命，内生于西方社会的新力量、新观念以及新制度的成长，因而爆发之后就很快形成了政治革命与社会革命的相互激荡，即所谓的“双元革命”格局。然而，从中国近代革命的发生与展开来看，中国革命是世界革命浪潮冲击所导致的国家危机而引发的，一方面缺乏足够的内生性，另一方面主要局限于政治革命。这决定了中国革命的历史逻辑是政治革命在先，社会革命在后。中国的现代政治是在这个逻辑链条中选择、孕育与确立的，既要符合政治革命的规定性，也要符合推动社会革命的历史要求。正因为如此，毛泽东当年在考虑用于建立新社会、新国家的政治制度的时候，不是作为中国现代政治的终极形态来设计的，而是作为一种过渡形态来设计的。在 1940 年发表的《新民主主义论》中，毛泽东是这样考虑和设计的[①]：

“中国革命的历史特点是分为民主主义和社会主义两个步骤，而其第一步现在已不是一般的民主主义，而是中国式的、特殊的、新式的民主主义，而是新民主主义。

“很清楚的，中国现时社会的性质，既然是殖民地、半殖民地、半封建的性质，它就决定了中国革命必须分为两个步骤。第一步，改变这个殖民地、半殖民地、半封建的社会形态，使之变成一个独立的民主主义的社会。第二步，使革命向前发展，建立一个社会主义的社会。中国现时的革命，是在走第一步。

“这个革命的第一步、第一阶段，决不是也不能建立中国资产阶级专政的资本主义的社会，而是要建立以中国无产阶级为首领的中国各个革命阶级联合专政的新民主主义的社会，以完结其第一阶段。然后，再使之发展到第二阶段，以建立中国社会主义的社会。

“在中国，事情非常明白，谁能领导人民推翻帝国主义和封建势力，谁就能取得人民的信仰，因为人民的死敌是帝国主义和封建势力、而特别是帝国主义的缘故。在今日，谁能领导人民驱逐日本帝国主义，并实施民主政治，谁就是人民的救星。历史已经证明：中国资产阶级是不能尽此责任的，这个责任就不得不落在无产阶级的肩上了。

“现在所要建立的中华民主共和国，只能是在无产阶级领导下的一切反帝反封建的人们联合专政的民主共和国，这就是新民主主义的共和国，也就是真正革命的三大政策的新三民主义共和国。

“这种新民主主义共和国，一方面和旧形式的、欧美式的、资产阶级专政的、资本主义的共和国相区别，那是旧民主主义的共和国，那种共和国已经过时了；另一方面，也和苏联式的、无产阶级专政的、社会主义的共和国

① 毛泽东：《新民主主义论》，《毛泽东选集》第二卷，人民出版社，1991 年，第 666—677 页。

相区别，那种社会主义的共和国已经在苏联兴盛起来，并且还要在各资本主义国家建立起来，无疑将成为一切工业先进国家的国家构成和政权构成的统治形式；但是那种共和国，在一定的历史时期中，还不适用于殖民地半殖民地国家的革命。因此，一切殖民地半殖民地国家的革命，在一定历史时期中所采取的国家形式，只能是第三种形式，这就是所谓新民主主义共和国。这是一定历史时期的形式，因而是过渡的形式，但是不可移易的必要的形式。

“国体——各革命阶级联合专政。政体——民主集中制。这就是新民主主义的政治，这就是新民主主义的共和国，这就是抗日统一战线的共和国，这就是三大政策的新三民主义的共和国，这就是名副其实的中华民国。我们现在虽有中华民国之名，尚无中华民国之实，循名责实，这就是今天的工作。

“这就是革命的中国、抗日的中国所应该建立和决不可不建立的内部政治关系，这就是今天‘建国’工作的唯一正确的方向。”

由此可见，中国现代政治虽然诞生于中国革命的过程中，但并不是整个革命的最终成果，因为它自身实际上还要承担着推动第二步革命，即社会革命展开的任务与使命。而且，从中国革命得以发生的现实逻辑来看，这种政治革命所催生的现代政治体系，只有在有效推动了相应的社会革命之后，才能获得其相应的经济与社会基础。[①] 所以，从严格意义上讲，中国现代政治体系是基于国家整体实现现代转型的需要而确立的，以暴力方式展开的政治革命是这种转型的手段与方式，它催生了中国现代政治体系，并烙上自己的烙印，但丝毫改变不了中国现代政治内在属性：它不是政治革命的产物，而是国家转型的产物。如果把中国现代政治体系简单看作是中国政治革命的产物，那么中国现代政治体系仅仅是为实现和维护一种新的政治统治而服务的政治体系，可毛泽东一再强调，中国现代政治是要建立新社会、新国家的现代政治。

---

① 林尚立：《当代中国政治形态研究》，天津人民出版社，2000 年，第 109—165 页。

作为中国国家现代转型的产物，中国现代政治首先受益于国家转型过程中的一系列革命行动，既包含中国共产党领导的新民主主义革命行动，也包含中华民族近代以来为挽救民族危亡而进行的各种政治革命行动，因而其选择和建构是中国人民与中华民族的共同行动，由于这种共同行动一开始就作为世界革命与发展行动的组成部分来进行，所以其历史取向自然是世界革命与发展的潮流所决定的。其次，它也意味着中国现代政治建构所围绕的轴心是国家的整体转型，是以建立新社会、新国家展开的，因而它尽管有现代政治价值与目标的追求，但其形态、结构和功能的布局与设计，最终都必须落实于中国特有的国家转型与发展的现实任务与内在要求，从而形成中国现代政治的建设逻辑与结构模式。最后，对于中国这样后发的现代化国家来说，国家转型是一个长期的过程，这决定了中国现代政治也将是一个不断发展的过程，既决定于国家转型发展，也服务于国家转型发展，因而它能真正摆脱所谓的绝对真理、理性与正义的先验规定，在有效的自我发展中，创造出能够同时兼顾和推动人的发展、社会进步与国家治理的中国现代政治文明。

三、中国国家转型的逻辑

国家转型是现代化运动的重要组成部分。国家古已有之，但在马克思看来，随着创造国家这种政治组织形式的人类社会的发展，尤其是人对自然和社会的自主性程度的不断提高，出现了逐渐摆脱对共同体的依赖而独立的个人，国家有了现代国家与古代国家之分，所谓的国家转型，从政治哲学上讲，就是古代国家向现代国家转型。在马克思看来，古代国家与现代国家的主要区别在于：在古代国家，国家与社会是一体的，国家就是一切，国家决定人的现实存在，决定公民权的归宿；在现代国家，基于个体的独立自主，国家与社会是分开的，社会决定国家，人的现实存在决定国家现实存在，人权是公民权的基础。古代国家与现代国家的区别表明，任何迈向现代化的国家都必然要经历国家转型。

和现代民主起源于西方一样，国家转型也首先出现在西方。西方的现代民主就是在国家转型过程中，随着现代国家的成长而出现的。国家转型和现代国家确立在前，现代民主出现在后，因为推动西方国家现代转型的制度安排恰恰不是现代民主，而是绝对专制主义。之所以出现这样的历史场景，是因为西方在出现现代国家之前，是处在精神归于基督帝国，而生存归于高度分散的领地与城市的境遇之中。为了摆脱这种困境，欧洲社会以“民族”为单位整合地域与人民，为此发明了具有现实神圣性和至高无上性的主权。主权的出现，既能将分散的整合为一个整体，又能使现实的世俗国家从基督帝国中独立出来，获得充分的现实自主。西方现代的民族主权国家由此出现，配合这种民族主权国家建构的制度自然是绝对君主制。[①]英国学者综合各方的研究后认为，西方民族主权国家在形成和发展过程中，“形成了六个方面颇具意义的明显进步：(1) 与统一的统治体系相一致的国家疆界的确定；(2) 新的立法与执法机制的产生；(3) 行政权力的集中；(4) 财政管理活动的变化和拓展；(5) 通过外交和外交机构的发展而出现的国家间关系的规范化；(6) 常备军的引入”。[②]这样，西方的国家转型与现代国家建构，不仅有了自己的历史轨道，有了围绕人权、主权而形成的契约论的国家观，而且有了现代国家的架构形态以及稍晚形成的现代民主模式。由于“这些国家的兴起，凭借它们提供秩序、安全、法律和财产权的能力，构成了现代经

---

① 对绝对君主制的性质与结构的研究可参见英国学者佩里·安德森：《绝对主义国家的系谱》，刘北成、龚晓庄译，上海人民出版社，2001 年。

② [英]戴维·赫尔德：《民主与全球秩序：从现代国家到世界主义治理》，胡伟等译，上海人民出版社，2003 年，第 38 页。

济世界的萌生基础”①，所以基于这些所提炼出来的模式化的国家转型与现代国家建构，和西方的现代民主政治一样，很快就成为非西方国家现代化过程中国家建构和政治发展的重要依据和样板。人们对西方现代民主神圣化，更加剧了西方国家现代转型模式的标杆性地位与作用。然而，西方殖民体系解体之后以及冷战结束之后，基于民族独立运动所进行的各种国家建设实践表明，西方的现代国家“根本不具有普遍意义”，那些为此而努力的国家，虽然形式不同，但结果往往是一样的，都以失败告终。②然而，尽管如此，西方对非西方国家的认知、考察与评判，依然是从他们的观念、经验与模式出发的，这使得西方的国家转型与国家建构作为现代政治文明的重要范本，很自然地成为非西方国家推进国家转型和进行现代国家建设不得不面对的外在逻辑。

中国是有自己漫长文明史的世界大国，其国家转型与现代国家建设，既是中国现象，也是世界现象。对于中国的实践，西方学者的观念与心态多少有点矛盾：既认为中国的历史与社会是特例，③但又希望中国能够按照西方的逻辑来走，实践西方的模式；既认为中国的国家转型与现代国家建设是比较成功的，④但又认为中国还没有真正成为标准的现代国家，存在诸多的变数。美国著名社会学家蒂利就认为，从历史事实看，中国“有着近三千年的连续的民族国家的经验”，“但是，考虑到它众多的语言和民族，没有一年可以被

① [美]弗朗西斯·福山：《国家构建：21世纪的国家治理与世界秩序》，黄胜强、许铭原译，中国社会科学出版社，2007年，第1页。

② 同上书，第2页。

③ 在这方面的思想观点很多，例如英国历史学家霍布斯鲍姆强调了中国思想、观念以及思考世界的概念体系的独特性与例外性（[英]艾瑞克·霍布斯鲍姆：《革命的年代》，江苏人民出版社，王章辉等译，1999年，第291页），美国著名社会学家查尔斯·蒂利也认为“中国构成了一个特别的例外”（[美]查尔斯·蒂利：《强制、资本和欧洲国家（公元990—1992年）》，魏洪钟译，上海世纪出版集团，2007年，第2页）。

④ [美]弗朗西斯·福山：《国家构建：21世纪的国家治理与世界秩序》，黄胜强、许铭原译，中国社会科学出版社，2007年，第2页。

看成一个民族–国家”[①]。这种矛盾心态多少也影响了中国人的自我认知与判断，使中国人对自身国家转型与现代化建设的实践道路和发展模式缺乏足够的信心，从而导致人们无法在理论上有效地为今天中国成功的实践和发展提供必要的合法性与合理性支撑。

其实，只要真正回到中国自身，科学地把握人类社会发展的基本规律，客观地比较中西之间的差异，任何人都会发现同样是国家转型与现代国家建设，中国不可能按照西方的逻辑与议程来展开，因为中国的古代国家与西方的古代国家是完全不同的两种国家，其中央的整合力、制度的完备性、国家的规模与质量都大大优于转型前的西方古代国家，它们所处的实际状态更是天差地别。再者，就国家转型本身而言，一个是外在冲击引发的，一个是内生的。这些差异决定了中国国家转型有自己的任务、路径、议程、方式与最终目标，而这些都直接影响到中国在国家建构中的制度选择与发展方式。仅就国家转型与现代国家建构所面临的基础和任务来看，西方面临的是如何使高度的分散性整合为内在的一体化，而中国面临的则是如何使传统的大一统在国家转型中延续为现代国家的一体化。仅这一点就足以决定中国的国家转型与现代国家建设逻辑，无论如何不能基于西方的外在逻辑，而必须充分把握中国自己的逻辑。在这方面，中国面临的挑战是：由于这种国家转型与现代国家建设不是内生的，所以就必须人为地将人类现代文明发展所要求的现代国家建设方向与中国的实际有机结合起来，创造性地探索其内在逻辑，走出中国的路。客观地讲，中国在这个过程中，至少经历过两次模式化的实践：一是以西方为样板的模式化实践，二是以苏联为样板的模式化实践。这两次实践都不成功，留下的唯一财富就是促使中国人真正回到自身，寻求自己的道路。但是，应该看到，中国毕竟是一个有自己历史、文化和智慧的国家，有较强的历史与文化的自觉性，有较强的国家自尊性与自

① [美]查尔斯·蒂利：《强制、资本和欧洲国家（公元990—1992年）》，魏洪钟译，上海世纪出版集团，2007年，第2页。

主性，因而即使在模式化实践的过程中，也时刻伴随着反模式化的思索与探索，从而能够在模式化实践受挫的时候，及时地找到自己应有的方向和路径。

所以，中国国家转型，既考虑内在的逻辑，也考虑外在的逻辑。经历了模式化实践的挫折之后，中国充分意识到：只有更加全面深入地把握中国国家转型的内在逻辑，才能超越模式化的简单模仿，从而能够更好地从人类社会发展的规律中把握自身，实现中国的内在逻辑与人类发展的基本逻辑有机结合。基于马克思主义的世界观以及中国天人合一、顺势而为的文化信仰，中国一直将探索发展规律、把握发展规律、按照规律推动发展作为其促进国家转型、进行现代国家建设的基本哲学思想，所以主张各国应从全人类发展的基本规律认识世界、把握世界，并用于指导自身发展，进行各自有效的创新与发展，主张积极学习和借鉴他国的经验，最大限度地避免重复他国的错误。这是中国在上百年的国家转型与国家建设实践中形成的基本战略理念与行动方式。

中国是在尊重人类发展规律的前提下，以非常开放的心态来把握自身的发展逻辑，这决定了中国对自身内在逻辑的尊重，不仅有中国价值，而且有世界意义。它至少能够给丰富多彩的当今世界贡献一种新的文明发展景象：在前现代历史中创造了独特文明成就、形成独特发展模式、建构了特别强大国家的中国，在现代化的历史运动中，实现了整体转型与整体发展，并以自己独特的方式，再造一个新的文明辉煌，贡献一套新的发展形态、制度形态和理论形态。

四、中国政治发展的持续性

在现代国家建设中，政治发展是国家转型与现代国家建设的内在动力机制和外在表现形式。在现代的政治逻辑中，政治发展是以民主化为取向的国家成长、制度完善和民权实践的政治建设过程，有自己的逻辑，不能特立独行，因为它时刻离不开现实经济与社会发展所给予的现实规定性和发展基础。当然，现实的经济与社会发展离不开国家这个政治空间，所以政治对经济与社会发展也能产生重要的作用。政治、经济与社会发展实际上构成了国家建设与发展的主体，它们之间的相互决定关系使得其中的任何一项发展出现问题，都可能直接影响到国家的建设与发展。在今天经济发展日益市场化、全球化、网络化的背景下，保障国家驾驭经济发展能力的政治建设与政治发展，愈发具有全局性和根本性的价值和意义。中国改革开放以来的实践证明，正是形成了中国政治、经济与社会的联动改革和联动发展，才创造了中国发展的成就和奇迹。换言之，中国的政治建设与政治发展保障了中国国家现代化发展的顺利展开。然而，尽管中国的政治处于有效的发展中，但中国特殊的国情、独特的发展道路以及国家制度形态，还是使得不少人无法从一般的经验和常理来把握中国政治发展的前景与可能。对于中国发展的未来，人们是有这样的共识的：如果中国能在巩固现实基础上持续发展下去，中国就一定有无比美好的未来；但是，在中国是否能够实现持续发展的问题上，人们是有不同疑虑的，其中的焦点之一就是中国的政治发展是否具有可持续性。其实，中国政治发展是否具有可持续性的问题，不仅是人们把握中国未来的基本问题，也是中国国家转型与国家发展所面临的关键问题。一个国家政治发展是否是可持续的，不是先验性的问题，而是极为现实的问题，既取决于现实的条件，也取决于国家的正确作为和科学把握。因而，立于当下来应答这个问题，不是要给出一个确定无疑的答案，而是为中国政治实现可持续发展探索各种资源与战略。

有一点是可以肯定的，就是中国发展到今天，已经具备实现政治持续发展的基础与可能，其依据如下：第一，中国经济已经全面进入市场化、全球化和网络化时代，在实在的空间中，中国经济与全球经济交融，全球性的市场经济机制与通则进入到中国经济生活领域；在虚拟的空间，网络经济已全面展开，汹涌澎湃，在赋予中国公民全新的自由空间的同时，也在深刻地改变着中国的经济、社会和文化生活。第二，市场经济所带来的经济生活、社会生活和政治生活的变化，已经深刻改变了中国社会的基本权力结构和权力关系，个体及其所构成的社会成为基本的权力主体，共同决定着国家与政府，影响着政党的政策方针和治理方略。这种权力结构使得民主与法治成为权力合法的根本来源。第三，随着法治国家建设的不断深入，法律全面成为国家治理与权力运行的依据和准绳，制度已成为国家治理与运行的轴心，权威性日益提高。第四，严格的退休制度和任期制度，使得中国的国家权力不仅是开放的，而且实现了全面制度化的定期更替。权力的开放性以及权力更替的全面制度化，既保证了社会内部的有序流动和政治参与，也保证了治国理政权力的全社会配置以及治国理政者的职业化、专业化、任期化。第五，解放思想、改革开放的国家建设品质使得中国尽管有自己的理论、道路和制度的坚持，但从不故步自封，强调开放、学习和创新是中国成长的内在动力，这使得中国社会思想、战略谋划、体制创造、政策安排等都会积极地学习和借鉴一切有益的经验，从而保持思想理论以及战略观念的与时俱进。

以上的分析表明，中国已经拥有了保证政治持续发展的基础和可能，然而，这种基础与可能要转化为可持续的政治发展，在很大程度上就取决于中国政治本身，其中最核心的是三个方面：一是国家权力属性；二是国家权力的制度安排；三是国家治理体系与能力。国家权力属性关系到未来国家掌握在谁的手中的问题。中国是实行人民民主的国家，国家权力掌握在全体人民手中，人民当家作主，其组织保障就是中国共产党领导，其制度保证就是人民代表大会制度。这种国家权力属性的最大特点就是能有效地避免经济与社会分化所带来的国家权力归宿的集团化、私有化，使国家权力能够时刻掌握在全体人民手中。领导全体人民、凝聚整个民族、服务整个国家的中国共产党通过其有效的组织形式、干部制度、领导体制以及群众路线，能够有效保证这种国家权力属性长期不变。从这个角度讲，中国共产党的自身建设和发展就变得尤为重要。邓小平道出了其中的真理：中国的关键在党。[1] 至于安排国家权力的政治制度，尽管有鲜明的中国特色，但其本质是现代的，是符合中国国情的，而且是有效的。尽管中国有两千年的古典政治文明，其制度水平达到了那个时代的最高水平，但今天的中国制度根本就不是中国传统制度部件的现代组装，而是产生于西方的现代制度部件的中国组装，更为重要的是，中国组装这些制度部件的价值取向是民主共和。因而，无论如何，中国的现代政治制度是具有现代性和民主性的制度体系；只不过中国在组装其现代政治制度的时候，是从中国国家转型以及新国家的组织和运行的需要出发的，是从中国建设社会主义社会的要求出发的，一定程度上超越了西方的经典原则与形态，有鲜明的中国特色。实践证明，正因为中国现代政治制度的建构充分考虑了中国的国情与需求，所以在四十多年的改革开放中显示出高度的有效性。制度的现代性、适宜性以及有效性，必然为政治保持自身的持续发展提供强大的制度支撑与制度保障。

但是，应该客观地讲，中国政治制度的现代性、适宜性与有效性，并不意味着中国政治制度的规范性和完善性。从保障国家、整合国家和发展国家的角度看，中国现有的政治制度体系是适宜和有效的，但从治理国家、平衡国家与社会、提升国家组织与运行质量的角度讲，中国的政治制度还需要进行更为系统、更为规范、更为精细的规划与建设。正因为如此，中国在2013年开始的新一轮改革开放中，提出了“国家治理体系和治理能力现代化”的发展目标。如果这个目标能够达成，那么中国的政治也就拥有了巩固国家政权、巩固国家制度以及有效治理国家的能力，而这种能力恰恰是中国政治维持和保障其实现长期持续发展的关键所在。

---

① 邓小平：《在武昌、深圳、珠海、上海等地方谈话要点（1992年1月18日—2月21日）》，《邓小平文选》第三卷，人民出版社，1994年，第380—381页。

根基

第1篇

第一章

大一统与中国政治

从中国现代政治的结构要素来看，中国现代政治与中国传统政治没有直接的渊源关系，其成分来自西方所开启的现代政治文明体系；但从中国现代政治形成的历史过程来看，中国现代政治是中国人自己建构起来的，尽管力图超越中国的传统政治的价值与制度系统，但其立足的还是几千年延续下来的中国社会。结果，在西方人看来，中国现代政治不是西方的正统模式，是另类的；而在中国人看来，中国现代政治不是从中华文明中长出来的，是学来的。这使得中国现代政治缺乏有效的自我认同，无法明晰地告诉世人：我是什么，从何而来，为何如此。

然而，如果回溯中国从古代政治向现代政治转变的整个历史过程，仔细考察其中的种种前因后果，那就会发现，中国现代政治不是凭空而来的，是中国人经历了一次次试错性的探索和实践而慢慢摸索出来的。其中，有两个历史大势起决定作用：其一是人民成为国家的主人，即人民民主；其二是保持国家在向现代转型过程中的统一性和整体性，使千年文明古国实现整体的现代转型。长期以来，人们都从前一个历史大势的作用来理解现代中国政治，于是，中国现代政治就不得不与革命、与民主运动紧密挂起钩来。实际上，这个历史大势构成的是中国现代政治的价值选择；而中国现代政治的具体制度选择及其所决定的国家组织形态，则是由另一个历史大势所决定的。这就是统一性。在“辛亥革命使民主共和国的观念从此深入人心，使人们公认，任何违反这个观念的言论和行动都是非法”[①]的历史大潮流下，对中国现代政治建构起具体决定作用的就是中国人内心最强大的文化信仰和政治使命：在现代化转型中维系住一个统一的中国，使千年古国完整地转型到现代国家。因为大一统是中国之轴，失去了大一统，中国也就失去了整体存续的基础与价值。

一、大一统与中华民族生存与发展形态

马克思和恩格斯有一个判断是思考人类社会所有问题的根本和基础：“全部人类历史的第一个前提无疑是有生命的个人的存在。”[②]有生命的个人存在，创造了社会，创造了历史，也创造了具有无限丰富性的人类文明。进入文明时代，任何个人的存在，实际上是三种形式的存在：作为类的存在、作为族群的存在以及作为社会成员的存在。作为类的存在，是天地自然规定的；作为族群的存在，是历史文化规定的；作为社会成员的存在，是社会发展水平规定的。任何与人的生存和发展相关的文明产物，都是基于人的这三种存在所形成的综合规定性而形成的，必然受到人的自然观、世界观以及人所秉承的民族性、历史与文化传统的决定和影响。这决定了任何历史与现实的行动都不可能完全越出这种内在的规定性。所以，马克思指出：“人们自

---

① 刘少奇：《关于中华人民共和国宪法草案的报告》，《刘少奇选集》（下），人民出版社，1985年，第135页。

② 马克思、恩格斯：《德意志意识形态（节选）》，《马克思恩格斯选集》第一卷，人民出版社，1995年，第67页。

己创造自己的历史，但是他们并不是随心所欲地创造，并不是在他们自己选定的条件下创造，而是在直接碰到的、既定的，从过去承继下来的条件下创造。”[①]可见，任何现实的活动与发展，都必须要面对历史所塑造的现实基础及其所蕴含的内在规定。这对于理解和思考中国现代政治建构是十分重要的。因为面对现代化和民主化的时代潮流，人们往往是基于对民主与现代化的价值的追求以及对未来的期待来设计、规划和建构中国现代政治的，为此，不惜用十分激进的观念和极端的方式否定历史与传统，其程度甚至到了彻底切割和全面否定传统的地步。然而，历史与社会的发展是不以人的意志为转移的。不论现实的运动以及人们的主观意志如何冲击历史运动本身的内在逻辑与发展趋势，都不过是“抽刀断水”。

就中国现代政治建构来说，人们固然可以依据现代化发展所带来的人的社会存在方式变化来建构，但却无法超越中国人在几千年历史、社会与文化发展中形成的族群存在方式。而人们恰恰忽视了这一点。最鲜明的体现就是人们对中国大一统的全面否定。这种否定背后的最强价值支撑就是民主。结果，当人们用民主来否定中国传统社会政治上的大一统君主专制的时候，也否定了中国人作为族群存在和发展而形成的大一统。中国近代以来建构现代国家的历史恰恰表明：中国现代国家的建构，实际上是在告别大一统的君主专制的同时，紧紧围绕着作为中华民族生存和发展形态的大一统而展开的。

维持与巩固内在统一是创造现代中国政治的历史大势，但中国现代政治的形成过程，却是一个在价值上和行动上否定中国传统社会用于维系其内在统一的大一统政治传统的过程。正因为如此，基于民主共和所形成的历史大势几乎完全掩盖了维系国家统一与中华民族大一统的历史大势对现代政治建构所起的决定作用。维系统一与维持大一统确实不是一回事。维系统一是从国家建构来讲的，而维系大一统是从中华民族维系来讲的。对于具有两千多

① 马克思：《路易 · 波拿巴的雾月十八日》，《马克思恩格斯选集》第一卷，人民出版社，1995年，第585页。

年大一统政治传统的中国来说，其在现代国家建构中维系统一国家的行动与维系大一统的中华民族的行动却是紧密联系在一起的，因为在传统中国，国家的统一与中华民族的大一统结构是相互塑造、相互决定的，这使得中华民族大一统结构成为传统中国向现代国家转型所必须面对的现实基础和内在要求。对于传统中国社会来说，“大一统”既是一种政治形态，同时也是中华民族得以生存与发展的组织形态。这一点，英国哲学家罗素看得十分明白，他认为，中国的统一性不在于政治而在于文明。中华文明是古代唯一幸存至今的文明。自从孔子的时代以来，古埃及、巴比伦、波斯、马其顿和罗马帝国都衰亡了，但中华文明绵亘不绝，生存至今。[①] 显然，正是这种大一统，使得中华文明不同于人类历史上的其他文明；也正是这种大一统，使得中华文明能够延续至今。这决定了中国无论以什么样的方式迈入现代，中华文明要延续、中国作为中国要存在，就必须守住这种中华民族的大一统。在传统国家，这种大一统铸造了中国传统的大一统政治；反过来，中国传统的大一统政治也保证了中华民族在多元一体的大一统结构中不断得到成长和壮大。中国要迈向现代化和民主化，可以摧毁传统的大一统政治，但不能摧毁作为中华民族生存与发展形态的大一统，相反应该以维系这种大一统作为其存在的基础和发展的逻辑，因为这是中国现代化和民主化发展的历史、社会与文化之根，是中国建构具有内在统一性的一体化现代国家的社会基础所在。

中国传统的大一统政治奠定于秦统一中国后确立的中央集权统治。汉承秦制，在独尊儒术的意识形态政策中，为大一统政治配置了相应的意识形态基础，明确“《春秋》大一统者，天地之常经，古今之通谊也”[②]。由此，大一统政治成为中国传统国家的根本政治形态，正如毛泽东所说：“百代都行秦政法。”基于这个事实，人们往往将中国传统的大一统政治作为秦制的产物，并将其和秦制一起视为中国长时间封建专制统治的根源所在。于是，现代中

① 参见［英］罗素：《中国问题》，秦悦译，学林出版社，1996 年，第 164 页。
② 《汉书 · 董仲舒传》。

国人力图告别传统专制政治迈向现代民主政治的时候，自然就将秦制及其所塑造的大一统政治视为一种专制政治象征，要将其彻底摧毁，代之以现代的民主共和。

众所周知，中国是一个具有内在多样性的社会，不仅有民族的差异，而且有地区的差异。尽管秦制以中原为核心做到了书同文、车同轨，但是基于方言的差异，在以汉族为主体的不同地域，还是形成了不同的地区认同和文化习俗；另外，中华民族是在两千多年的民族交流和交融中形成的，秦制所支撑起来的传统国家，本身就是多民族构成一体的传统国家。所以，不论怎么讲，迈入现代之前的中国，就基本上是费孝通所说“多元一体”的结构。传统国家的大一统政治维系了多元共存一体的格局。辛亥革命既推翻了传统国家的大一统君主专制，也破除了大一统的信仰体系。如果从线性的历史发展逻辑出发，那么辛亥革命所开启的民主共和就应该是在传统国家碎裂之后所形成的小的政治单位或族群基础上形成的。然而，事实正好相反。尽管辛亥革命之后，国家陷入了外有帝国瓜分、内有军阀割据分裂的局面，但这个“多元一体”的结构，并没有在旧的“一体”消失之后彻底崩解，相反全民族上下都在寻求建构新的“一体”，维系中华民族的血脉和国家的统一。这个努力最终获得成功，并创造了在21世纪重新在世界全面崛起的中华人民共和国。于是，我们不得不提出这样的问题：对中国来说，或者对中华民族来说，大一统是外在的，还是内在的？答案是：大一统政治是外在的，但作为中华民族生存与发展形态的大一统却是内在的，是中华民族的生命之根。

大一统政治的直接体现就是秦制。虽然秦制最终确立于秦始皇统一中国，但秦制不是统一后的制度成果，相反是拥有创造统一功能的秦制为秦统一中国提供了制度基础。有意思的是，秦用于创造统一的制度，不仅在当时的秦国存在，在其他的诸侯国也存在，并且创造了各国的各自统一。[①] 可以

---

① 葛剑雄：《统一与分裂：中国历史的启示》，生活 · 读书 · 新知三联书店，1994年，第42页。

说，秦制不单单是秦国的制度创造，而是那个时代各诸侯国为统一天下所进行的制度创造，只不过秦国的制度创造具有更高的政治和军事效力，从而助秦最后统一中国，并将那个时代所创造的制度全面实践于统一后的中国。之所以秦用于创造统一的制度创新与变革会成为那个时代的各国共同的制度选择，最重要的原因在于各国都试图一统天下，成就霸业。这种强烈的政治与军事动机引发了各国制度变革，而制度变革的根本取向却是共同的：破封建制的周制，建以官僚为核心的中央集权新制，“以流动的官僚制代替世袭的贵族制，封国尽变为由中央任命的郡县职官来治理”。在这种取向下，“各国都不同程度地朝着集权于国君的君主集权制方向发展”，与此相应，郡县的“官员都由国君直接任命而不世袭”。[①] 相对于周制来说，这场制度变革无疑是一场革命，而革命的内在动力就在于要统一天下。所以，秦国所取得的最后胜利，不仅在于完成了统一中国的伟业，而且在于完成了制度革命，全面塑造和确立了秦制。

显然，追求统一天下是这场制度变革的直接动因，而其更深刻的内在动因却是富国强兵。追求统一天下的最直接行为就是军事征服，而军事征服的力量来自国力的强盛。因而，这场制度变革虽然是为了统一大业，但其实际的追求却是富国强兵。为了富国强兵，加强权力集中是无可非议的；而问题在于各国为实现权力集中而进行的制度变革的方向却是共同的：破封建，强君主。其中的重要原因就在于，虽然各国有各国的利益，但各国的社会基础、政体结构和文化内核是共同的。在这一点上，中华文明与西方文明有本质的差异。具体来说，告别原始社会之后，西方的土地私有冲毁了原始共产主义的土地公有，从而解体了部落社会结构，社会依据财富与资源的归宿情况重新组合，不同的社会有不同的社会结构，进而形成不同的国家政权组织形式；相反，包括中国在内的东方社会，土地私有没有直接突破部落社会原

---

① 王家范：《中国历史通论》，华东师范大学出版社，2000 年，第 73—74 页。

有的土地公有，没有被解体的部落社会直接转型为农村公社社会，结果，不同区域所拥有的社会结构是相同的。这样，在不同地域建立起来的国家政权与国家组织形态是一样的，都是基于农村公社所通行的家长制而形成的君主政权。这正是为什么作为中国轴心时代的春秋战国不可能像古希腊那样存在各种不同政体的根本原因。

由此可见，秦的大一统政治虽然确立于秦对中国的统一，但其萌芽和成长却是在秦统一中国之前；同时还必须看到的是，在秦国萌芽的大一统政治形式，并非秦国所独有，而是那个时代各诸侯国的共同政治变革取向。因而，在看到这种大一统政治是当时各国追求统一霸业所形成的共同选择的同时，还应该看到各国对于大一统政治及其所要成就的统一霸业的认识和理解是共同的。这就必须回到春秋战国时代各国所拥有的共同政治理念和世界观。

尽管无法回答中国人上古的知识与思想体系具体形成于何时，但中国进入文明时代的生存方式与社会结构决定了中国上古知识、思想与信仰体系是完全建立在人们对天地、对自我的思考与回答基础上。这与中国人一开始就处于靠天地吃饭的农耕社会有直接关系。葛兆光先生基于传统文献、现代理论和考古资料重构出来的中国上古思想世界是："中国古代思想世界一开始就与'天'相关，在对天体地形的观察体验与认识中，包含了宇宙天地有中心与边缘的思想，而且潜含了中国古代人们自认为是居于天地中心的想法，这与中国这一名称的内涵有一定的关系，对天地的感觉与想象也与此后中国人的各种抽象观念有极深的关系。""由天地四方的神秘感觉和思想出发的运思与想象，是中国古代思想的一个原初起点。""它通过一系列的隐喻，在思想中由此推彼，人们会产生在空间关系上中央统辖四方、时间顺序上中央早于四方、价值等级上中央优先于四方的想法。""这种观念延伸到社会领域，就会成为中央帝王领属四方藩臣的政治结构的神圣性与合法性依据。"[①]显然，

---

① 葛兆光：《中国思想史》第一卷，复旦大学出版社，1998 年，第 88 页。

这种思想和精神不是秦统一中国的产物，相反是秦统一中国的思想和文化基础，为春秋战国时期的各诸侯国所共享。

上古时代的人们正是基于这样的思想来建构现实的政治生活的，从而形成了以与天地对应的王权为核心的王朝体系。在中国传统的政治知识系统中，王朝既是一个政治时代的观念，同时也是一个政治共同体的概念。历史学家将中国出现的第一个王朝称为夏。虽然夏朝所开启的政体形态与秦朝所开启的政体形态完全不同，但基于中国内生的大一统观念所形成的王朝，在本质上也是大一统结构。秦之前的大一统结构是基于宗法制度而形成的，而秦的大一统结构则是基于郡县制而形成的。两者的共同点是都实行中央集权；两者的不同点是中央集权的根基和支撑是完全不同的，前者基于宗法制与分封制，后者基于官僚制与郡县制。后者是在超越前者的基础上形成的，因而后者没有完全根除前者在社会与政治领域中的存在，只是使其不再成为政治权力建构的根本依据与核心原则。从这个角度讲，春秋战国的诸侯割据，不过是旧的大一统结构体系解体的结果；而各诸侯对建构性的大一统结构体系的天生渴望，使得春秋战国最终走向新的大一统局面成为历史的必然。以色列研究中国问题的教授尤里·潘斯从青铜器的研究中发现，在西周时期种种情形之下，人们就萌发出渴望统一的心声。"西周时期国家统一的观点已经有了基础，例如历代周王具有制礼作乐的特权，周王即便不是在整个国家的范围内，但在统治辖区内具有无上的权力，而且，领土的扩张，天下权力集中的观点也已经初步形成。"① 至于西周之前的夏朝与商朝是否也是一个统一的王朝，他持怀疑态度。这种怀疑在中国学者之中也存在，因为缺乏足够有力的证据。② 但基于相关材料的推论，中国学者认为夏商周都是基于中央集权建立

① ［以］尤里·潘斯：《想象中的帝国：先秦史学传统中"原始统一"观念》，见［德］穆启乐、闵道安主编《构想帝国：古代中国与古罗马比较研究》，李荣庆、刘宏照等译，复旦大学出版社，2013年，第60—61页。

② 葛剑雄：《统一与分裂：中国历史的启示》，生活·读书·新知三联书店，1994年，第41页。

起来的王朝，这种中央集权的取向必然是大一统。在这一点上，谢维扬教授的态度比较肯定，但他是从王权来透视这种中央集权的，他说："周朝国家的中央权力同商朝国家一样是一种王权，这是毫无疑问的。"这种王权体现为对"万邦"的控制权，周王将其控制的地域说成"天下"，尽管"万邦"与"天下"不可能包括当时所有的部族，但由于王权控制实际上改变了王朝中央与部族之间的关系，并使得没有统合进王权控制的"戎狄蛮夷"部族失去了与王朝部族之间原有的天然同等地位，所以王权所统合出来的天下自然也是一个大一统的结构，"商朝中央即商王室与地方势力的关系决不是一般的国与国的关系，而是一个国家内的中央与地方的关系。中央与地方处在不平等的地位上这一点是很明显的。同时中央还对地方势力实行控制"。①

正如前面分析指出的，在古典时代，中西古典政治文明的分水岭就出现在迈入文明时代门槛的时候：西方是以部落解体后重新组织政治共同体的历史行动迈入文明时代的，而中国则是以没有完全解体的部落在王权下聚合成一个政治共同体的历史行动迈入文明时代的。这使得中国古典的政体演进是线性推进的，先后经历了王权政体、君权政体与皇权政体，与古希腊城邦政体多元实践、多维演进的模式完全不同。在这线性演进中，首先迎来的就是基于部落通过共主聚合为一个共同体的王权政体时代。夏朝是这个时代的萌芽，商朝是这个时代的继续和发展。王权政体的最大特点在于：中央集权是基于称王的部族对其他部族的聚合，形成以王畿为中心的四方共主格局而确立的。虽然王权政体也可能存在王室对其成员的分封，但与真正的分封制还是有所不同的。以商朝为例，陈梦家教授认为聚集在王畿周围，以商王为共主的各地方部族，"有自己的土地人民，似非殷王国所封赐，与后代的封土式的情形自有不同"②。由此可以断言：夏商的政治体系与周朝在全面兴起的分封制基础上形成的政治体系是完全不同的，因为分封制是确立在血缘宗

① 谢维扬：《中国早期国家》，浙江人民出版社，1995 年，第 413—414 页。

② 陈梦家：《殷墟卜辞综述》，中华书局，1988 年，第 332 页。

法制度基础上的，是以贵族制为支撑体系的。[①] 所以，可以认为随着分封制的全面确立，王权政体时代也就进入到君权政体时代，王权政体被君主政体所替代，与此相应，以共主为机制的大一统向以宗法制为机制的大一统演进。中国历史上出现的诸侯割据是这种君主政体的产物，它不是对大一统的反动，因为不论是周天子，还是各地诸侯，都将寻求天下统一、重建大一统格局作为最基本的政治理想。《吕氏春秋》对君道的执着多少表达了这种普遍的精神与思想取向。《吕氏春秋》认为：君可废，但君道不能废，因为有君才有国，才能创造一统。"国必有君，所以一之也。" [②] 所以，君的现实存在意义在于治国，而内在使命在于创造一统。君道决定了君的合法性所在是创造和维护大一统，从而推动了各诸侯国君主为创造统一霸业而努力，正是在这种努力下推动了制度创新与转型。秦正是在兴郡县、弱分封和兴官僚、弱贵族的制度转型中逐渐强大起来，并在统一中国之后，将中央集权直接确立在郡县制与官僚制的基础之上，从而将中国的政治从君权政体时代带入到皇权政体时代。于是，大一统格局终于有了统一的天下和制度化的中央集权体系。鉴于此，关注中国早期文明与古代国家形成历史的李学勤教授认为："有些人主张秦始皇第一次统一中国，这是不够确切的，因为夏、商、西周已经有了统一的局面，秦不过是在春秋五霸、战国七雄的并峙分立之后，完成了再统一而已。" [③] 这些统一之间的差别，主要体现为统一所基于的权力力量与政体形态有所不同而已。

由此可见，中国迈入文明门槛，开始国家发展历史的时候，就将建立大一统的格局作为国家的理想与使命。这种政治气质来自天地自然赋予中国人特有的自然观与世界观，来自大一统是中华民族的生存与发展的基本形态，

---

① 许倬云教授分析了这种变化的一个侧面，参见许倬云：《西周史》，生活 · 读书 · 新知三联书店，1994 年，第 231 页、第 315 页。

②《吕氏春秋 · 执一》。

③ 李学勤：《失落的文明》，上海文艺出版社，1997 年，第 107 页。

从而塑造了中国历史、社会与文化的内在基因。中国开启王朝以来经历的王权政体、君权政体和皇权政体无不以建构大一统格局为出发点和根本点。不仅如此，由于在传统社会，人的现实社会存在不是作为“个体”的存在，而是作为共同体一员的“共同体成员”的存在，其个人的实际社会存在正如整个族群一样，也都是将大一统作为其生存与发展的基本形态。这使得政治的大一统与作为族群和个人生存与发展形态的大一统具有内在的一致性。这种一致性从中国传统社会信奉的“修身、齐家、治国、平天下”的政治逻辑中得到充分的体现。在这个逻辑中，个体、家族、民族以及国家是贯通的，平天下是个体的人生追求，其背后的心理与文化基础则是基于大一统生存状态所形成的天下情怀。由此可见，在中国传统社会，“大一统”体现为人的社会存在、中华民族的生存与发展形态以及传统政治体系三者的浑然统一，既是政治的大一统，也是中华民族的大一统，进而也是人与家庭、社会、国家的大一统。从这个意义上讲，对于中国社会和中华民族来说，大一统是中国人创造的一种生存与发展的文明形态，传统国家的大一统政治是这种文明形态的时代产物，是大一统的政治表现。这种政治表现会随着时代的变化、人的现实社会存在方式的变化而失去现实意义和价值，但作为中华民族生存与发展形态的大一统则依然会在历史的长河中决定着中国的发展与命运。

二、大一统与中国现代国家建构的基础

当人们将中国放在人类文明的谱系中考察的时候，都会形成这样的基本共识，即作为独立生成与发展的中华民族及其所建构的社会和政治共同体，保持了内在的延续性，绵延几千年，延续至今。近一个世纪前，英国哲学家罗素赞叹其中蕴含的统一性；跨世纪的政治家基辛格则赞叹其中蕴含的绵延性，他说：“中国是独一无二的，没有哪个国家享有如此悠久的连绵不断的

文明，抑或与其古老的战略和政治韬略的历史及传统如此一脉相承。”[①]

著名历史学家吕思勉先生认为，中国能够持久地屹立于世界民族之林，贡献人类文明辉煌发展的根本所在，不是基于大一统政治而形成的传统国家，而是基于中国历史与文化铸造出的大一统的中华民族。因为，中华民族所具有的这种文明特性，不仅能够创造过去的成功，而且也能够创造未来的成功。他深刻地分析指出：“在世界历史上，可以和我们比较的国，只有一个罗马。然而罗马早就灭亡了。这是为什么？因其只造成国家，而未造成民族。罗马的兵力，何尝不强？其疆域，何尝不广？其治法，何尝不完备？其宫室、道路……物质文明，何尝不堂皇富丽？然而一解纽，就风流云散，不可收拾了。欧洲再没有一个大帝国出现了。各民族各自发展，分歧的益复分歧，而且日趋固定，遂成为欧洲今日的局面。为什么罗马不会造成民族呢？即由罗马人的政策，近于朘削四方，以庄严罗马；这就是朘削异族以自肥。所以，‘爱人者人恒爱之，敬人者人恒敬之’；惟不歧视他人者，人亦不能与之立异；在民族与民族，个人与个人之间，并无二致。这就是我国民族，可以为世界民族模范之处；亦即从前的所以成功。从前业已成功了，今后还宜照此进行。”[②]吕思勉先生从历史比较中所道出的历史事实，恰恰是我们认识和把握中国现代化转型以及现代国家建构的最基本，也是关键的事实依据。

必须首先指出的是，所谓的西方现代民族国家，就是在吕思勉先生所指出的罗马解体之后，“各民族各自发展”的“欧洲今日的局面”基础上形成的。从这些“民族国家”的视野出发，在一直没有解体且日益一体化的中华民族基础上建立的中国现代国家，自然就不是欧洲典型意义上的“现代民族国家”，因而由此断言：中国不可能形成与典型意义上的“现代民族国家”相匹配的现代民主政治。于是，就有学者从这个角度来否定中国的大一统。显然，这比从政治上否定中国的大一统要更加深入。然而，问题在于这种否

---

① [美]亨利·基辛格：《论中国》，胡利平等译，中信出版社，2012 年，序言第 7 页。
② 吕思勉：《中华民族源流史》，九州出版社，2009 年，第 76 页。

定是毫无意义的，因为正如罗马的解体是西方历史、社会和文化的发展必然一样，中国拥有持久维系大一统的中华民族是中国历史、社会与文化发展的必然。罗马解体的历史及其效应是不能否定的，同样作为中华民族生存与发展形态的大一统及其历史效应也是不能否定的。这就意味着，我们应该像尊重和接受西方现代民族国家成长和建构的逻辑一样，尊重和接受中国基于中华民族的大一统而形成的中国现代民族国家成长和建构的逻辑。

从吕思勉先生的分析上，我们至少能够得到两个基本观点：首先，中国传统国家之所以能够在朝代更替中得以维持到近代，是因为中华文明不仅造就了大一统的传统国家，更为重要的是造就了大一统的民族；其次，中国之所以能够造就大一统的中华民族，是因为中华民族对异族具有巨大的包容性以及中华民族内部具有雄厚的互敬共存的传统。比照中国的大历史，这两个观点是成立的，从中可以看到：中华民族的大一统是传统国家建构大一统政治的前提；而中华民族的大一统，从根本上讲，不是基于外力，而是基于中国民族所秉承的最基本的生存与发展原则——“天行健，君子以自强不息；地势坤，君子以厚德载物”。自强不息，是中华民族大一统的根本，它保证了中华民族旺盛的生命力和发展力；厚德载物，是中华民族大一统的关键，它保证了中华民族强大的内聚力和吸引力。可见，中华民族的大一统是中华文化与文明之根本；而传统社会所建构的大一统政治，不过是中华民族的这种生存与发展方式对国家和政治要求的产物。客观地讲，不论从中华民族的造就来说，还是从传统国家及其政治体系的建构来说，中国人民的实践和创造都是相当成功的，从而全面造就了独特的中华文明体系。

在人类文明发展史上，民族与国家紧密相关。国家是政治共同体，民族则是历史与文化的共同体。在不同的文明中，民族与国家的关系是完全不同的，这与不同民族建立国家的基础不同有很大关系。就中西方来说，尽管亚里士多德认为西方的城邦也是经历了家庭、村坊，然后进入城邦的，但在马克思看来，希腊所代表的古典国家建构形式与东方国家完全不同：西方古典国家是建构在部落社会解体而形成的阶级社会基础之上的，因而国家实际上是维系既有的阶级结构和阶级秩序的产物；相反，包括中国在内的东方国家是建构在没有完全解体的部落组织转化为农村家族公社的基础之上的，即亚细亚社会基础之上的，其实质是家族公社的聚集而形成的，所以中国有“集家成国”之说。从这个意义上讲，东方社会的国家是基于族群聚合而形成的，相反西方国家则是基于族群的阶级分化而形成的。这使得东方社会往往将族群共同体与国家政治共同体视为同一体；而在西方社会，由于人们在族群属性之外，还存在鲜明的阶级属性，而国家主要是从人的阶级属性出发来建构的，结果人们往往不是把国家看作是族群发展的产物，而是视其为维系陷入阶级对抗社会的产物。正是在这个意义上，英国学者安德森把西方现代民族国家看作是“想象的共同体”。就中国来说，与东方其他国家相比，中国民族聚合是基于中心对外围的强大吸纳和融合而形成的。所以，中国不可能按照西方的“现代民族国家”来建构现代国家，不仅是因为中西历史之间存在巨大的差异，更重要的是因为中西民族的内在结构与存续形态存在巨大差异。在这方面，葛兆光先生的看法是正确的：“在文化意义上说，中国是一个相当稳定的‘文化共同体’，它作为‘中国’这个‘国家’的基础，尤其在汉族中国的中心区域，是相对清晰和稳定的，经过‘车同轨，书同文，行同伦’的文明推进之后的中国，具有文化上的认同，也具有相对清晰的同一性，过分强调‘解构中国（这个民族国家）’是不合理的，历史上的文明推进和政治管理，使得这一以汉族为中心的文明空间和观念世界，经由常识化、制度化和风俗化，逐渐从中心到边缘、从城市到乡村、从上层到下层扩展，至少在宋代起，已经渐渐形成了一个‘共同体’，这个共同体是实际的，而不是‘想象的’，所谓‘想象的共同体’这种新理论的有效性，似乎在这里至少要打折扣。”①

---

① 葛兆光：《宅兹中国——重建有关“中国”的历史论述》，中华书局，2011 年，第 32 页。

在中文中，中华民族这个“中”，首先是个方位概念，但在历史上，一直具有很强的政治和文化含义，并在商代与代表当时的政治单位“国”这个概念结合，构成“中国”这个概念，指称部落共主时代的“共主”所在国。这个所在国，既是政治中心，也是地理中心。到了西周，中国就成为作为“共主”的天子所掌控天下的支撑。[①] 中国传统社会的王朝、帝国及其支撑的民族力量都是基于“中”所形成的政治秩序、地理秩序以及文化秩序而建构起来的。“中”之所以能够成为一个国家、一个民族以及一种文化建构的核心支点，是因为中国人始终将“中”与“四方”结合在一起，“‘四方’是一种‘以我为主’的方位概念，即自居为‘中’，进而整合为所谓‘五方’”，这样“中”就是以聚“四方”为前提和基础的“中”，失去了“四方”，“中”也就失去了存在的价值。于是，“以我为核心的‘统一’意识从这里产生”[②]。这种“统一”在政治上构成中央集权的传统国家，在民族上构成多民族一体的中华民族。

中华民族是在多元一体的结构基础上建构民族大一统的。历史与现实表明，这种民族的大一统，不是以消除民族差异为前提的，相反是以承认并尊重民族差异为前提的，因而，其根本不在于民族的同化，而在于民族的凝聚与团结。从中国的历史发展的内在逻辑来看，促进这种凝聚与团结的力量，主要是内在的力量，而不是外在的。

综合上述的分析，大一统是中华民族生存与发展的产物，也是其生存与发展的根本方式。中华文明的所有创造都直接源于这种大一统，并体现这种大一统。其中不仅有统一的国家，还有统一的文字、统一的纪年，等等。可以说，中华民族大一统的存在与发展方式，铸造了中华文明；同时，中华文明也深化了中华民族的大一统存在与发展方式。因而，在漫长的历史发展

---

① 葛剑雄：《统一与分裂：中国历史的启示》，生活 · 读书 · 新知三联书店，1994 年，第 29—40 页。

② 王家范：《中国历史通论》，华东师范大学出版社，2000 年，第 79 页。

中，尽管出现过王朝更替、少数民族统治中原、国家四分五裂，但中华民族的内在大一统性始终维持，并不断得到巩固，成为“一项举世无比的遗产”①。这决定了中国迈向现代国家的逻辑起点与历史使命与西方国家是完全相反的，即不是以不同民族成为独立单位体为前提，而是以维系中华民族大一统的存在与发展为前提来建构现代国家，并使这种大一统确立在各民族一律平等的基础之上。

三、大一统政治的生命历程及其遗产

在中国前现代历史中，作为中华民族生存与发展方式的大一统与作为维系传统国家的皇权专制统治的大一统政治互为表里、相互决定、相互强化。中国传统国家的皇权专制统治的大一统政治，与西方的君主专制统治完全不同，它不是体现为皇权承继的“万世一系”，而是以皇权为中心的结构形态的前后承继性、统治权力的上下贯通性及其价值系统的广泛渗透性来共同体现国家治理体系。可以说，中国传统国家的大一统政治，不是某个君主、某个统治阶级或集团的产物，而是前现代的中国人基于对天地、自然、社会、生产与生活的理解和把握而逐渐创造出来的产物，既是政治统治的产物，同时也是历史与文化发展的产物。它不是一朝一夕建构起来的，相反是在历史发展过程中，经过不断的实践探索和历史选择而形成的，既包含着统治者的个人意志，也包含着中国历史与文化所形成的内在规定性。它是一种传统政治文明，是中华文明的一部分，创造了中国传统政治独特景象：皇权承继不是“万世一系”，但千年中国却“百代都行秦政法”。

可见，中国传统的大一统政治，与其说表达的是一种皇权统治，不如说

---

① 葛剑雄：《统一与分裂：中国历史的启示》，生活 · 读书 · 新知三联书店，1994 年，第 5 页。

表达的是一种传统国家的制度与治理体系。这套制度与治理体系是皇权实现其统治的前提与基础，皇权统治的所有合法性也就源于此。所以，“国不可一日无君”，但任何时代的皇权，不论其权力有多威严，都不会去动摇这个制度与治理体系的根本，历朝历代至高无上的皇帝能够做的就是调整其内部的部件与权力结构。这不是因为皇权无力动摇这套制度与治理体系，而是掌握皇权的皇帝更多的是担心动摇了根本，就可能动摇大一统政治的格局，从而失去了这套制度与治理体系及其背后价值所赋予的“正统”合法性，进而危及皇权统治本身。

中国传统国家皇权统治是“家天下”的统治模式，体现为两个方面：一是谁家掌握皇权，天下就是谁家的，皇权在家族内依据宗法原则传承；二是中国是百家姓社会，任何一家一姓都拥有掌握皇权的权利与机会，因而谁家都可以发出“王侯将相宁有种乎”的挑战，表达“彼可取而代也”的宏志。所以在这套制度与治理体系下，皇权不可能为一家万世垄断，必然是在百家百姓之间流转，从而形成王朝更替。皇权落入谁家，是争天下的结果；但掌握皇权的任何一家，要江山巩固，则必须守住政权，而守住政权的关键，不在权力本身，而在能否赢得天下，而赢得天下的根本，除了人心之外，就是皇权能否赢得既有制度和治理体系蕴含的“正统”合法性。拥有了这种合法性，皇权既能有效运行制度与治理体系，也能赢得广泛的民心。正是这种独特的政治传统与政治文化，使得传统国家的制度与治理体系，虽依赖君主而运行，但又能超越君主而存在，从而成为维系中国大一统格局的制度与治理体系。白钢教授从政治学角度对欧阳修讨论正统的概括，比较全面地表达了中国传统政治文化对这方面的价值把握，即只有在两种情况下，皇权的正统地位是没有争议的：一是“居天下之正，合天下于一”者，如尧、舜、禹、夏、商、周、秦、汉、唐；二是“虽不得其正，卒能合天下于一”者，如晋、隋。而在另外两种情况下，正统地位是有争议的：一是“天下大乱，其上无君，僭窃并兴，正统无属”之时，“大且强者”，如东晋、后魏；二是

“始终不得其正，又不能合天下于一”者，如魏及五代。[①]由此可见，皇权赢得正统的关键有两点：一是能够居天下之正，二是能够合天下于一。而要做到这两点，就是弘扬维系大一统格局的制度与治理体系权威，并借此创造天下一统与太平。

这套制度与治理体系之所以能够作为中国传统国家的政治文明而存在，是因为它是从中国历史、文化与社会中土生土长出来的，既是政治实践的产物，更是中国人在前现代为维系社会、延续民族、组织国家、发展生产和维持民生所进行的探索和实践的产物。作为中国大一统政治标志的是秦统一中国之后所建立的秦制，但不论秦制的缘起，还是秦制的最终成熟，都不在秦朝本身，这一方面与秦朝延续的时间太短有关，另一面与秦制生成的历史规定性有关。因为，任何一种成熟的政治制度，都不是从统治者的脑袋中蹦出来的，都是长期历史探索与实践的产物，其中既包括这套政治制度萌芽与发展的历史，也包括这套制度形态形成之后完善和成熟的历史，因而需要一个比较长的发展时间和各种的历史机遇，在前现代，这种独自发展的政治制度体系就需要更长的时间了。从这个角度讲，中国大一统政治，应该是缘起于中国历史上的第一个王朝——夏朝，成熟于中央集权强大和国家发展鼎盛的唐宋，这之间前后历经近三千年时间；如果从先秦比较完善的周朝制度确立为起点算起，那么这之间经历近两千年的历史，总之中国传统的大一统政治是经历千年磨砺和锤炼形成的。

在秦出现皇权为核心的中央集权政治之前，先秦制度先后经历了以“共主”为表征的王权政治时代和基于血缘宗法制度所确立的君主专制时代，这两个时代的最重要成就有三个[②]：一是形成华夏国家；二是建立了封土封民，

---

① 白钢：《中国皇帝》，社会科学文献出版社，2008 年，第 522 页。

② 许倬云先生在其《西周史》中对西周在这三方面的成就的分析，比较系统地揭示出先秦时期政治创造者三方面政治文明成就的来龙去脉。参见许倬云：《西周史》，生活 · 读书 · 新知三联书店，1994 年。

构筑以“族”为单位的国家共同体的分封制；三是确立了与宗法社会相匹配，旨在“经国家，定社稷，序民人，利后嗣”[①]的礼制。这三大成就在周朝得到了集中体现，人们往往将其视为“周制”的具体内容与表征。“周制”最终被“秦制”所替代，“秦制”是通过用“郡县制”替代“分封制”、用“官僚制”替代“贵族制”、用“书同文、车同轨”的中央集权终结诸侯割据而建构起来的。但是，秦制的出现丝毫不会降低“周制”在传统中国政治文明发展中的作用与影响，因为源于夏、成熟于周的礼制成为中国传统国家支撑制度、运行治理的根本所在。孔子论礼中讲清楚了这个重要性，礼也由此成为历代治国者必须遵循与重视的治国基础与法则。他说：“夫礼，先王以承天之道，以治人之情，故失之者死，得之者生。《诗》曰：‘相鼠有体，人而无礼，人而无礼，胡不遄死？’是故夫礼必本于天，殽于地，列于鬼神，达于丧、祭、射、御、冠、昏、朝、聘，故圣人以礼示之，故天下国家可得而正也。”[②]由于礼制完全嵌入到中国的文化习俗、社会组织以及国家治理之中，全面协调着人与人、人与自然、人与社会、人与国家、人与天地鬼神之间的关系，所以它“就构成了中国宗法社会的基本伦理观念、组织结构和行为准则，也确立了中国的文化传统”[③]。

周制创造了周朝天下。周制所形成的周朝政权确立在宗法制度基础上，是政权与以血缘、宗法关系为基础的族权相结合的产物。在宗法制度下，族权的权力，一方面来自家族的地位，另一方面来自家族所霸据的天下大小。于是，以封土封民的方式推动家族内部力量霸据天下，并平衡家族内部权力秩序与权力关系，就成为周制政权与族权结合的必然制度选择。但这个制度既是家族霸据天下的制度，也是家族内部割据天下的制度。因为，它是以家族内部族权的自然分化、分立为基础的，而以族权体系为合法性基础的周朝

---

①《左传·隐公十一年》。

②《礼记·礼运篇》。

③ 葛兆光：《中国思想史》第一卷，复旦大学出版社，1998 年，第 108 页。

政权是无力用自身的力量去解决其中的矛盾的，唯一的办法就是改变这种霸据天下的机制与权力配置模式。[①] 所以，当诸侯割据周朝天下时，各诸侯一面遵从周制保证自己势力的合法性，另一面开始放弃周制霸据天下的方式，探索新的制度，即用郡县制替代分封制，派官驻守新领地，逐步减少给家族内部力量封土封民，从而逐渐弱化血缘与宗法制度在国家权力组织和国家治理中的主导作用。这就是后来一统天下的秦制得以实践和发展的重要历史与社会基础。秦制自然源于秦国，但其生成和发展却是构筑在战国时代各诸侯国为赢得统一霸业而展开的各种政治改革和政权建设的实践基础上的，其中秦国是在效法三晋的郡县制实践基础上创设了作为秦制核心的郡县制的。[②] 所以，从一定意义上，秦制是中华文明发展中出现的一种新的制度文明，因秦国借这个制度一统天下，并将其全面深化和巩固，而冠以“秦制”。

秦制与周制的使命一样，就是创造一统的家天下，但两者的取向完全不同，周制是从族权逻辑出发的，而秦制是从政权逻辑出发的，与此相应，推动周制成长的背后力量是礼制及其所形成的贵族势力，而推动秦制成长的背后力量是法家理论以及能够为君王管理天下的官僚。所以，相对周制来说，秦制无疑是革命性的。这决定了秦制的确立过程，不仅是制度替代的过程，而且是用君王－官僚的权力结构替代君王－贵族的权力结构的过程。这个过程最终通过秦统一中国，建立皇权统治得以完成。正如周制所形成的家天下有内在的矛盾一样，秦制所形成的家天下也有内在的矛盾。前者的矛盾导致空间上的诸侯割据，后者的矛盾导致时间上的朝代更替。

在马克思的理论中，家天下是东方社会发展的内在必然，因为东方社会是以没有完全解体的部落社会转化为农村家族公社为基础建立国家的，因而它所建立的政权不像古希腊那样确立在部落社会完全解体之后所形成的阶级统治基础上，而是确立在家族统治基础上。这决定了秦制与周制所赖以存在

---

① 参见王健：《西周政治地理结构研究》，中州古籍出版社，2004 年，第 386—416 页。

② 杨宽：《战国史》，上海人民出版社，2003 年，第 228 页。

的社会性质与基础结构是一致的，即宗法社会。所不同的是，周制直接将宗法社会的宗法制度上升为国家政权建构的制度基础，从而将政权与族权结合一体；秦制没有否定宗法社会与宗法制度，否则它就不可能确立家天下。但秦制政权建构又在很大程度上超越了宗法社会与宗法制度，最重要的体现就是除了君王之外，国家不是靠家族来治理的，而是靠人才来治理的，从而使得家族的社会地位不能直接转化为其在国家治理中的权力地位。这样，基于封建制必然形成的贵族阶级与贵族统治就逐渐被基于人才治理国家形成的官僚制所取代。秦制正是依靠这样的制度，建立了比周制更具统一性和牢固性的家天下格局。秦制创造了中央集权的高度统一以及相应的强大皇权，但它从诞生的那天起就使得秦始皇用秦制统一中国时所追求的“万世一系”变成黄粱美梦，因为秦制在用官僚制替代贵族制的时候，就使得“万世一系”失去了赖以存在的社会基础，即贵族社会。正是这种家天下的内在矛盾，使得国家权力可以被某一个家族所掌握，但不可能永远掌握在一个家族手中。国家权力的归宿和掌握一旦失去了血缘与家族的神圣性，国家权力就自然成为全社会的公器，在以家族为单位的宗法社会中，各家各姓都有权染指。不同家族掌握国家权力，就形成不同的历史朝代。于是，朝代更替就成为秦制家天下的形式。这与诸侯分封与割据的周制家天下形成鲜明反差。

秦始皇统一中国，建立了以皇权统治为核心、以郡县制和官僚制为主干的中央集权体制，并试图用这样的政权体制创造“万世一系”的家天下格局。然而，秦“二世而亡”。汉承秦制，此后秦制得以在中国延续了近两千年。从贾谊总结秦二世而亡的历史教训来看，秦朝早亡的原因，不在于秦制本身，而在秦朝的施政，用贾谊的话说是“仁义不施，而攻守之势异也”，结果一统天下的堂堂秦朝，毁于一介草民陈涉之手。显然，秦朝不是亡于秦制，而是亡于暴政。秦的暴政固然与秦制有关，但更与秦始皇施政不施“仁义”有直接关系。秦不施“仁义”，一方面与国家统一之后，要用政权力量创立与巩固中央集权的新制度，消除被征服的六国残余势力的反抗，固守扩展好几倍的大国边疆这样的客观政治形势有关；另一方面与秦制统一中国过程秉承的法家治国思想有关，过于强调“法、术、势”在固权治国中的作用。正因为如此，秦亡之后而起的汉朝，继承秦制，但不用法家治国，而是用“黄老之学”，走向另一个极端，强调以礼为本，无为而治，与民休养生息，从而创造了汉初的“文景之治”。在这个过程中，汉承的秦制有意识地吸纳了周制中的礼治体系及其背后的思想与原则。

中国虽有原始宗教，但由于中国是以天地自然的法则来安排世俗权力的，是以宗法伦理来安排人伦关系与世俗生活的，所以君王治国所要借助的智力支撑，主要不是来自宗教力量，而是来自掌握天下国家之“道”的士人。君王要治天下，就必须将其所掌握的“势”与士人掌握的“道”有机结合。这种治国形态兴于春秋战国，随后成为一种政治形态贯穿中国传统政治始终，其背后的机理与马克思所强调的制度及其统治必须有相应的意识形态是一样的，同时也符合韦伯所强调的现代政治建构必须基于“工具理性”与“价值理性”的有机统一。从这个角度讲，秦制要得以巩固，必须解决一个问题，就是建构起应有的意识形态基础，获得充分的价值合理性。为此，秦始皇选择了法家思想，汉初王朝选择了黄老之学。这两套立足点不是民情、民心与民生，而是君王的治国之策，所以这两次选择都是从统治的需要和政权的巩固出发的，没有更多地从秦制本身如何立足社会、深入人心、融入传统出发。这在客观上导致了汉武帝所进行的第三次历史性的努力，即同意董仲舒的“独尊儒术”，为秦制配上以儒家为核心的意识形态系统。这个意识形态系统，相对于法家和黄老之学来说，它立足于中国伦理本位的宗法社会，将宗法社会的伦理原则与家天下的皇权统治所需要的治国原则有机统一起来，相互衔接、相互协调，从而形成源于人性、立人心、扎根社会、贯通国家的意识形态运行体系，创造了修身、齐家、治国、平天下一体的大一统的政治统治。在这样的大一统政治中，皇权真正之“势”，不是来自皇权本身，而是来自支撑皇权的“制”及其背后的“道”。秦制的实际运行者是官僚，在天下太平取决于“势”“制”与“道”衔接有序的大一统政治格局下，官僚队伍的选拔及其管理，就成为王朝兴衰的关键。正因为如此，汉承秦制之后，一方面为秦制选择相应的意识形态系统，另一方面努力为秦制搭建其运行必不可少的选官体系，并力图实现两者的有机协调。

不论是周制，还是秦制，都建立了相应的官制系统。直接反映周制形态的《周礼》，就是一部通过官制来表达治国方案的著作，并由此确立了以官制来表达制度体系、国家组织以及治理形态的中国政治传统。在这个传统下，国不可一日无君，同样君不可一日无臣，君臣一体，是立政安国之本。所不同的是，在周制下，天子和诸侯以下的各官都是世袭的，称为世卿。到了春秋战国，随着士的崛起，世卿制度开始动摇，举贤任能逐渐成为公认的治国安邦之道。秦统一中国过程中所确立的按军功授爵的原则，从根本上摧毁了周制的世卿制，拉开了选官制度的序幕。汉承秦制之后，汉武帝在元光元年（前 134）开启每年一次的“举孝廉”活动，从而使选官成为制度性的安排。所以有学者认为，这一举动奠定了中国千年选官制度的基础。[①]此后，选官制度的完善与发展，就成为秦制完善与发展的重要内容，并成为秦制完善性和有效性的关键所在，以至于中国传统国家走向成熟的标志，不是皇权在制度上得以巩固的程度，而是选官制度得以系统化、制度化、规范化的程度。从这个角度讲，隋唐的科举制确立，既标志着选官制度经历了汉代的察举制、魏晋南北朝的九品中正制之后终于定型于规范而系统的科举制，也标志着传统大一统政治所运行的“秦制”也达到了最成熟和完美的形态。辉煌的大唐盛世正是在这样完美的制度形态基础上形成的。

由此可见，中国传统的大一统政治形态，不是基于一日之功而形成的，而是千年成长和演化的结果。它根植于中国传统社会，滋养于中国的文化智慧，成长于中国历史的风云变幻，因而它在形态上与中华民族大一统的生存

---

① 何怀宏：《选举社会及其终结》，生活 · 读书 · 新知三联书店，1998 年，第 90 页。

与发展形态契合，在功能上与中国传统的家天下的皇权国家契合，从而将社会与国家紧密联系为一个有机整体，同时又有效地支撑起膨大的传统大型国家体系的组织与运转。对此仔细考察，可以发现五大特性：

第一，制度性。传统中国之所以能够“百代都行秦政法”，其中一个原因就是秦制不仅作为皇权统治的制度形式，而是也是传统国家组织和治理的制度形式。所以，皇权可以在各家、各族之间流转，但无论何人为皇，都必须以秦制为治国之正统，都必须运行这套制度体系。

第二，厚植性。秦制根植于中国传统社会，与宗法社会具有内在的契合性，最基本的体现就是家国同构，家国协调一体；也正基于此，秦制也逐渐根植到每个人的生活与内心之中，使得整个国家体系成为每个人实践和成就人生的基本平台和空间，其表达模式就是：修身、齐家、治国、平天下。

第三，开放性。这主要体现为秦制的所有权力都不具有专属性，因而具有全面的开放性：皇权不专属哪个家族，为官者也不专属哪个阶层。只不过这种开放性，不是基于权力的制度化安排而形成的，而是基于非贵族制的社会结构而形成的。换言之，是社会形态的内在要求，不是制度设计的结果。

第四，精密性。纵观人类所创设的各种政体以及相应的制度形式，制度得以巩固和完善的关键主要有两个：一个是制度能够与外部保持持久的互动关系，二是制度内部自身具有很强的自我修复与完善功能。由此来透视秦制，不难发现秦制在这两个关键点上都是非常有效的：首先，通过选官制度，秦制既能将其意识形态有效地贯穿到人们的知识体系与日常生活之中，同时又能源源不断地从社会中选拔到既认同意识形态，又具有治国理政知识的为官之才。其次，通过选官制度，将支撑国家体系的三大系统有机整合为一个能够相互支撑、相互塑造的闭合的循环体系。这三大系统就是官僚系统、意识形态系统以及宗法社会系统。最后，虽然秦制是以皇权为核心的，但由于皇权的合法性与合理性是以不触犯整个国家的基本制度体系为前提的，使得皇权能够自我塑造，但必须尊重秦制的内在的机理和基本结构。这样，相对于不同时期、不同朝代的个性化皇权来说，具有历史通用性的秦制拥有了一种相对自主性。由此可见，不论从外往里看，还是从里往外看，秦制的结构与运行具有内在的精密性，环环相扣，任何环节的变化都会影响到整体与根本。

第五，自给性。不论从秦制的整个体系组织与运行，还是皇权的巩固与实施，都离不开选官制度。可以说，选官制度是传统大一统政治体系的中轴，并赋予其独特的自给性。这种自给性体现为：选官制度生成的官僚队伍是秦制得以运行的关键所在，而官僚队伍得以生成的关键是秦制内生的选官制度。由此，官僚队伍、选官制度以及整个秦制之间形成了相生相成的自给性。这种自给性与开放性互为前提，共同为秦制的千年存在与发展提供动力与资源。

上述五大特性，使秦制能够在自我发展与完善的过程中，不断获得相对的自主性，成为能够超越历史阶段和统治力量的传统国家制度，具有高度的历史与文化的正统性。然而，也正是上述这些特征，尤其是自给性的特征，使得秦制越是走向成熟，越失去其内在的弹性空间，最终成为无法变革的体系。秦制的自给性决定了对秦制基本结构的变革，会立刻中断其内在的相生相成关系，使得整个体系无法正常运转，进而也使得整个体系与外部社会所建立的互动和互换关系无法正常展开。

1911 年，运行两千年的秦制之所以会被爆发在离京城千里之外的武昌起义所摧毁，并不是起义本身有多大的破坏力，更重要的因为此前的晚清新政早已把秦制的核心支撑自行变革掉了，这就是 1905 年的废科举改革。所以，武昌起义不过是压垮千年秦制的最后一根稻草。从一定意义上讲，千年秦制最终是在内外力量的作用下自行彻底崩解的，以至于失去了任何复原的基础与可能。秦制历史之长久与秦制崩解之彻底，都构成了人类政治文明发展的一个奇观。然而，随之出现的更大的奇观是与秦制相伴相生两千年的中华民族并没有因为秦制的彻底崩解而四分五裂，相反依然守住国度，依然中华一家，依然能够在历史的大转折中重铸辉煌。创造这更大奇观的力量，一方面来自中华民族在几千年历史发展中所形成的大一统的生存与发展方式；另一方面来自秦制解体之后的中国创造共和民主所形成的机制与力量。

第二章

共和制与国家转型

中国的历史与文化确实没有生成现代民主的基础与能力，但拥有比任何国家都长的专制政治历史的中国，却以最彻底的形式摧毁了运行时间最长、结构最完善的传统的专制制度，建立了现代民主共和制度。其中不仅没有任何的改良成分，而且始终都是用最革命的方式来进行建构的。所以，面对现代中国政治，人们不禁要问：专制政治历史那么长的中国为什么最终没有走向君主立宪的道路；而君主制历史有限的一些欧洲国家却在比较彻底的民主革命中走上了君主立宪的道路。这个问题的答案只能在各自国家现代化转型独特的历史逻辑中才能找到。

从一定意义上讲，正视这个问题比回答这个问题更为重要。因为，这个问题的真实意义在于它揭示了这样一个历史发展现实：民主化是各国现代化的必然追求，但各国的民主化建构，关键不在于建构起纯粹的民主制度模式，而在于建构起能够使民主得以成长的现代国家发展体系。因而，对任何国家来说，真正决定其民主建构，不是一般的民主原则，而是其特定社会、历史与文化所决定的国家发展与转型的内在逻辑。正因为如此，英国的民主化保留了君主；同样也正因为如此，中国的民主化与传统的制度决裂，选择了共和民主，并用完全来自西方的现代政治要素自主组装出中国特色的现代政治体系。

一、大一统中国选择民主共和

对中国来说，民主政治无疑是外来的政治形态，但近代中国走向民主共和之路却是其国家转型的内在要求。这看似矛盾的判断却是完全符合中国实际的，其中的关键在于两千年的大一统政治在彻底崩解之后的历史遗产对民主共和政治形成了强烈的内在需求。

中国考虑用西方的民主政治来替代千年的秦制专制政治，始于19世纪的50年代末、60年代初，[①] 其直接动因是鸦片战争后西方列强入侵所带来的帝国全面危机。面对一个全新的时代与世界，中国人第一次意识到两千年的秦制是国家衰败的根源，开始思考对旧制度进行变革或革命的可能，由此形成了改良派与革命派的两种完全不同的立场与方案。改良派主张改良既有的制度，即千年的帝制，走君主立宪的发展道路；革命派主张摧毁千年帝制，实行民主共和。这两派争论的胜者是革命派。这种胜利看起来是因为革命派的主张在价值上更符合时代潮流，并有直接的革命行动，但实际上这种胜利并不是真正确立在革命派革命的彻底性和理论的建构性上，而是确立在改良派的君主立宪理论及其实践的彻底失败基础上；而这种失败，从根本上讲不是改良理论与实践本身的问题，而是两千年秦制本身所具有的不可变革性所导致的。前面已经指出，两千年的秦制与其说毁于辛亥革命中的武昌起义的枪声，不如说是毁于清末为转向君主立宪制而开启的新政，因为这个新政的任何改革对高度制度化和精密化的千年秦制来说，都是致命性的。可以说，革命派压倒改良

① 熊月之：《中国近代民主思想史》，上海人民出版社，1986年，第99页。

派，与其说是其革命行动的成果，不如说是改良派改良实践失败的产物。

实际上，对两千年秦制及其所铸造的传统帝国的改良实践，在鸦片战争失败后不久就开始了，先后经历洋务运动、太平天国运动、戊戌变法以及清末新政，参与其中的社会与政治力量有传统的官僚系统、追求功名的传统士人、广大的自耕农、地方乡绅以及最后的朝廷力量。可以说，传统帝国所可能有的各类社会和政治力量都从自己的立场和角色出发，以不同的方式进行了改良的努力，但最终都以失败告终。不论从改良本身来看，还是作为改良对象的秦制来看，改良过程中的种种挫折以及改良的最终失败，既是一种历史的必然，也是一种制度的必然，即秦制本身不可改良性所带来的改良失败的必然性。所以，改良最终失败的体现，不是改良目标没有实现，而是所要改良的体系最终彻底崩解。改良彻底失败所衬托出的革命成功，则是不彻底的，所以改良失败后的中国历史必然要进入到将革命推向彻底，并取得最终成功的历史。把中国推上这个历史轨道的力量与机制，就是两千年帝制崩溃所带来的重大历史遗产：共和民主。

共和民主不是中国内生的，但却是中国迈向现代的唯一政治选择。这既决定于中国近代发展所处的时代潮流，但更决定于两千年帝制彻底崩溃之后留下的历史遗产。具体来说，有以下三大历史遗产：

首先，两千年帝制的崩溃，不仅意味着一个朝代、一种制度的终结，更为重要的是意味着维系中华民族大一统生存与发展的传统的大一统政治彻底崩解。由于大一统政治是将人们的政治生活与社会生活融合一体的政治，是将人们信仰体系与国家制度体系融合一体的政治，是将个人、家庭、社会与国家融合一体的政治，所以大一统政治的彻底崩解意味着维系这个社会、国家与民族的价值体系、制度体系以及组织体系的崩解。这种崩解在宣告国家与社会可能面临分崩离析危险的同时，也宣告中国大地失去了重建帝制的能力与基础。无法再建传统帝制来维系中华民族大一统的生存与发展方式、实现超大规模国家内在整合的客观现实，自然要求转型中的中国应该迅速建构能够完成这样使命的现代制度体系。所以，帝制崩解对中国的现代转型形成了两大鲜明的历史规定性：其一，中国无论如何不可能回到帝制；其二，中国在现代转型过程中，必须从维系中华民族大一统生存与发展出发选择和建构现代制度体系。

其次，在现代政治的谱系中，这种新的现代制度体系，既可以是民主共和制，也可以是现代的专制统治，如军人专制。中国之所以最终选择了民主共和，表面上看与袁世凯建立军人政权的失败有关，但从根本上讲，是与传统帝制所铸造的中国传统社会结构形态有关，其中包括两个方面：一是中国传统帝制是文人政权，虽然离不开军队，但军人始终不是政治的核心，其发展不可能超越既有的制度框架和安排，所以袁世凯所统帅的“新军”是在旧制度下形成的，只是相对中国传统军队而言，并非真正的现代军队；二是中国传统帝制是在“民为邦本”的大原则下来确立政治关系、安排政治秩序的，因而国家核心的政治关系和政治秩序基本都是以“民”为一方来建构的，如君与民关系、官与民关系、国与民关系。这种关系决定了一旦帝制崩解，帝制所确立的君、官与国消失，“民”自然就凸显为现实的主体力量，这种变化恰好契合了现代民主的内在倾向。由此可见，在帝制解体后，中国现代转型趋向民主共和具有一定的天然社会基础，而这种天然的社会基础恰恰是传统帝制塑造的。

最后，中国传统的社会结构决定了随着千年帝制的崩解，以劳动者为主体的人民成为中国社会的主体力量，并对中国选择和确立民主共和起到内在的决定作用。在马克思的分析体系中，中国传统社会是亚细亚社会发展的产物，国家不是确立在社会完全分裂为阶级的社会结构基础上，而是确立在农村公社的聚合基础上，即中国传统所说的“集家成国”。这决定了中国传统社会不是典型意义上的阶级结构社会，更像是梁漱溟先生所说的那种“职业分途”社会，即根据政治化的职业安排而形成基本结构与秩序的社会，体现为“士农工商”职业秩序，[①]国家政治权力掌握在来自这四种职业精英分子考

---

① 参见梁漱溟：《中国文化要义》，上海人民出版社，2005 年，第 124—140 页。

取功名后所形成的官僚。于是，整个社会就形成了上下两大阵营：官僚阵营与士农工商职业阵营，它们之间是可以上下流动、左右沟通的。所以，著名近代史学家陈旭麓先生用上等社会、中等社会和下等社会这三个概念来把握近代中国，分析其内在的复杂性与流动性。[①]他所说的上等社会与下等社会，就是官僚与士农工商所构成的上下两大阵营，而所谓的中等社会，就是处于从士农工商阵营向官僚阵营上升过程中形成的群体力量，其核心成员就是变动不居的士这个群体。所以，伴随帝制体系的彻底崩溃的一定是传统的官僚阵营，与此相应，士农工商阵营必然迅速成为社会与国家的决定主体，国家在理论上也因此回到以职业群体为结构的人民手中。这样的社会结构转型与权力转移必然要求新的政治体系应该是以人民为主体的民主政治体系。

上述三大历史遗产决定了中国向现代国家转型，必须重构整个国家的组织与运行体系，其中最关键的就是全面重构政治制度体系。在无法回到过去的历史大趋势下，重构的取向必然是现代。然而，前面提到现代取向的制度重构有两种基本选择：一是以专制为取向的制度选择，如各种类型的军人专制和特权阶级专制，如德国、日本、韩国以及拉美国家等；二是以民主为取向的制度选择。对于维系千年形成的中国大一统社会来说，这两种选择都是可行的，都能产生满足现实需要的功用。客观地讲，辛亥革命之后的现代制度选择与实践，一开始就陷入了军人专制与民主共和的摇摆之中。[②]袁世凯所代表的就是军人专制，只是这种军人专制是以复古为取向的专制，结果以失败告终，国家因此陷入军阀割据状态。这个历史背景最终衬托出中国选择民主共和的历史必然性与紧迫性。在这历史背景中，袁世凯的失败以及随后产生的军阀系统的短命，都与传统的大一统政治及其留下的历史遗产有直

---

① 参见陈旭麓：《近代中国社会的新陈代谢》，上海人民出版社，1992 年，第 257—276 页。

② 从 1911 至 1924 年之间，至少有四种不同的宪法，政治体系也变动不居，先后历经了君主制、共和制、摄政制等变化。[美]齐锡生：《中国的军阀政治（1916—1928）》，杨云若、萧延中译，中国人民大学出版社，2010 年，第 3 页。

接的关系。就袁世凯失败而言，他不是败在其军事与政治势力上，而是败在传统的大一统政治解体之后所留下的现实规定性上，即中国无法重新回到帝制。李剑农明确认为，帝制运动是袁世凯失败的关键原因。[①]至于军阀系统的短命，齐锡生教授认为："最重要的是国家最终必须统一的共同信念。这个信念使这些军人意识到他们的统治是短暂的，使他们有一种固有的不安全感。他们之中没有人存有永远保持现状的幻想。"[②]至此，传统的大一统政治及其历史遗产对中国的现代国家转型所形成的历史规定性已经明晰：这就是民主与统一的有机结合。

可见，中国在现代国家转型选择民主共和，既是出于顺世界潮流而动的选择，但更多的也是基于自身历史规定性与现实发展要求的选择。因而，中国一开始就不是从民主的终极价值和典型模式出发，而是从维系国家的内在统一以及整体转型出发。具体来说，就是从如何将千年的古国在保持内在统一的前提下整体转向现代，建构民主的现代国家体系，发展现代化。这无疑是前无古人、后无来者的现代国家建设实践。在这个实践中，中国一开始就努力将民主的建构实践与保持多元一体的大型国家进行内在统一，与实现由大多数人掌权的人民作主相结合，因而坚定地选择了民主共和，以共和为中国现代民主建构的根本原则。

"民主"（democracy）与"共和"（republic）在中文和英文中都是两个词。美国政治学家达尔认为，这两个词所表达的政体都是一样的，都是民

---

① "但使袁氏不做帝王的幻梦，不唯北洋军阀内部不至于即时发生裂痕，就是进步党人虽然怨恨袁氏，也还不致和国民党人同走上倒袁的途径，试看袁氏方在改造约法的进行中，进步党领袖们还是将顺他，希望他借此实行所谓开明专制以救中国。不料袁氏是要由'专制'而'帝制'，却不是为'开明'而'专制'；'专制'成而'开明'无望，'帝制'继起，于是把平夙拥护袁氏号称稳健派的进步党领袖也逼上倒袁的途径，北洋军阀的内部，也从此发生裂痕。所以帝制运动不唯是民国的大危机，也就是北洋军阀的一个盛衰关键。"李剑农：《中国近代百年政治史》，复旦大学出版社，2002年，第365页。

② [美]齐锡生：《中国的军阀政治（1916—1928）》，杨云若、萧延中译，中国人民大学出版社，2010年，第192页。

选政体，前者来自古希腊，基于古希腊的民主实践，后者来自罗马，基于罗马共和国的民主实践。[①]实际上，中国共产党在选择国号的时候，也是认为“民主”与“共和”是一个意思，所以不用“人民民主共和国”，而用“人民共和国”。问题在于，既然“民主”与“共和”存在同义反复，那为什么用“共和”而不用“民主”呢？周恩来从两个维度给出了解释：一是“人民”在这里代表人民民主，是“民主”的直接体现；二是“作为国家还是用‘共和’二字比较好。辛亥革命以后，中国的国名是‘中华民国’，有共和的意思，但并不完全，可以作双关的解释，而且令人费解”。[②]这个分析再次印证了中国建构现代民主无时不在两个维度上把握：一是人民统治；二是国家统一。与国家统一最贴切的政治话语与制度形态表达，无疑是“共和”。

尽管达尔认为“民主”与“共和”都是民选政府的表达，其现实基础都是强调公民平等参与国家公共事务，如选举代表、组织政府等，但不论是从这两个词的历史来源，还是从这两个词所关照的具体民主实践来看，其立足点或侧重点是不同的：前者侧重于人民的自由权利与政治参与实践，后者侧重于国家权力的人民性与公共性。虽然这两个立足点或侧重点是民主原则与实践都不可或缺的两个方面，但前者更多是从公民自由权利的神圣性出发的，而后者更多是从国家权力公共性出发的。从民主建构与发展的实践来看，对于没有民主传统和基础的国家来说，或者用今天的西方理论来说，对于市民（公民）社会不发达的国家来说，从国家权力公共性出发，即从将国家权力从“私器”变为“公器”出发，奠定共和原则，发展民主政治，无疑是更为切实可行的民主发展选择。从“共和”出发，民主建构的立足点与侧重点自然是国家权力的公共性。所以，孙中山先生将两千多年前孔子所说的

① [美] 罗伯特 · 达尔：《论民主》，李柏光、林猛译，商务印书馆，1999 年，第 9—29 页。

② 周恩来：《关于人民政协的几个问题》，《周恩来统一战线文选》，人民出版社，1984 年，第 138 页。

“天下为公”作为中国民主建构的核心原则，[①]强调国家权力只有定格在“天下为公”之上，才能实现中华民族共和，才能建立平民掌权的民权政府，才能建成真正民治、民享、民有的社会。中国国家现代转型的历史表明，正是这种“天下为公”的共和实践，既维系了中华民主的大一统与千年古国的现代统一，也能达成人民作主的民主政治形态。

二、国家在共和民主中整体转型

转型是各国现代化运动的必然现象，既出现在社会层面，也出现在国家层面，与现代化运动相伴相生。现代化所带来的转型，不论是发端于社会，还是发端于国家，都跃出自身，波及另一层面，这使得人们常常将这两个层面的转型混为一体，并用“社会转型”或“国家转型”来概括。卡尔·波兰尼是从社会层面出发来研究转型的，尽管他同时触及社会转型与国家转型，但为了从人类文明发展的宏大的时空中把握现代化所带来的转型与变迁，他超越了具体的国家及其所对应的社会，从一个时代变迁和一种社会制度体系的转型来把握，为此他使用了“大转型（the great transformation)”这样的宏观概念。[②]然而，一旦将视角聚焦到具体的国家，波兰尼的“大转型”分析只能成为考察具体国家转型的背景因素。如果仅仅从这个背景因素出发，那所能把握的是转型的态势与程度，难以把握具体国家本身转型的内在逻辑及其战略目标和策略选择。所以，把握具体国家现代化所带来的转型，还是应该从社会转型与国家转型两个层面的内在关系入手。

---

① 孙中山借孔子的“大道之行也，天下为公”来表达中国现代国家应该从“家天下”发展为“公天下”。具体来说，就是要建设一个“天下者，是天下人之天下也”。参见孙中山的《三民主义》，《孙中山文粹》，广东人民出版社，1996 年，第 807—927 页。

② 参见［英］卡尔·波兰尼：《大转型：我们时代的政治与经济起源》，冯钢、刘阳译，浙江人民出版社，2007 年。

在转型问题上，马克思关于经济基础与上层建筑关系的理论是最具深刻性和逻辑性的。马克思将作为上层建筑的国家转型与以经济基础为主体的社会转型分开，并认为社会转型的内在动力来自生产的发展。他指出："物质生活的生产方式制约着整个社会生活、政治生活和精神生活的过程。""社会的物质生产力发展到一定阶段，便同它们一直在其中运动的现存生产关系或财产关系（这只是生产关系的法律用语）发生矛盾。于是这些关系便由生产力的发展形式变成生产力的桎梏。那时社会革命的时代就到来了。随着经济基础的变更，全部庞大的上层建筑也或慢或快地发生变革。在考察这些变革时，必须时刻把下面两者区别开来：一种是生产的经济条件方面所发生的物质的、可以用自然科学的精确性指明的变革，一种是人们借以意识到这个冲突并力求把它克服的那些法律的、政治的、宗教的、艺术的或哲学的，简言之，意识形态的形式。"[①]依此理论，在马克思的观念中，国家转型实际上是在生产发展所引发的社会革命、政治革命与文化革命的互动过程中进行的。生产发展是根本，社会革命、政治革命与文化革命是国家转型的路径与实现方式。至于在具体转型中，社会革命、政治革命与文化革命将以什么样的方式展开，马克思在区分两种变革中，给出了这三种革命的双向互动关系：一是基于生产的经济条件所引发的变革，这种变革是物质性的，可用自然科学的精确性指明的，由此人们可以从生产发展量与质的把握中，推测其可能引发的经济、社会和政治的变革；二是人们基于对现实冲突的主观反映而自觉启动的政治、精神、观念，即上层建筑的主动变革。马克思将后者视为"意识形态的形式"，据此我们可以将前者视为"生产形态的形式"。由此，我们可以把马克思理论所演绎出来的国家转型理论逻辑概括为"三种革命，两种形式"。用这个理论逻辑来透视不同国家的现代转型，可以发现不同国家的国情不同，三种革命与两种

---

① 马克思：《〈政治经济学批判〉序言》，《马克思恩格斯选集》第二卷，人民出版社，1995 年，第 32—33 页。

形式之间的关系和内在逻辑也完全不同，从而形成不同的国家转型路径与形式，以及转型之后不同的发展战略与发展形态。在西方的现代国家转型中，这“三种革命，两种形式”总体上混合在一起，即社会革命、政治革命与文化革命相互激荡、相互促进，与此相应，变革的两种形式是相向而行、相互呼应的。中国则完全是另一种情形。

对于古老的中国来说，推动其向现代国家转型的根本动力，也是生产的发展，但主要不是其自身的生产发展，而是西方社会的生产发展。因而，这种生产发展不是从内部来推动国家转型的，而是从外部来推动国家转型，体现为新经济力量、新市场力量以及背后的新政治力量对旧帝国体制的强烈冲击，力图使其符合外部力量的要求，因而这种冲击具有强迫性，甚至具有摧毁性。在这样的情形下，中国的国家转型就不可能像西方国家那样等待自身内部的经济与生产发展，而必须“借以意识到这个冲突并力求把它克服的那些法律的、政治的、宗教的、艺术的或哲学的”变革来进行。因而，这种变革不是基于生产发展所产生的精确动能和明晰变革逻辑来展开的，而是基于主体力量对这种冲突性质的把握以及用于克服冲突的国家与社会意志的设定来推动的。面对强大的外部冲突，出于共同体生存与自保的本能，国家转型所需要的变革自然首先是从维系既有的政治体系以及大一统的共同体出发的。鸦片战争后中国所经历的变革无不在这两个基本点上展开。到了维系既有的传统政治体系彻底无望的时候，维系大一统的民族与国家共同体存在就成为国家转型的根本立足点；与此相应，变革所要解决的问题，就从如何通过维系既有的政治体系来维系大一统共同体转向如何通过建构新的政治体系来维系大一统共同体。

由此可见，中国的国家转型从一开始就是从上层建筑入手的，由于它不是面对内生的生产力量对共同体内部结构的冲击，而是外部力量对整个共同体的压迫和冲击，所以其转型始终不变的立足点是：阻止外部力量摧毁大一统共同体本身，使其能够在现代化过程中存续。推动戊戌变法的康有为和梁启超关于“保全中国”的思想和主张充分体现了这一点。尽管他们时时纠结于“保全中国”与“保皇”之间，但其根本的立足点还是落在保全中国之上，“保皇”最终仅仅成为保全中国的一种策略和手段。① 相对梁启超要保守许多的康有为在这一点上明确将保全中国放在首位，“检视他的著作可知，他的主要关注是经变法以救中国。他保清是为了变法之需。他并不反对因保中国也保了清廷。但是，假如保清成了现代化的阻碍——不可能和平而有序地由专制转变到君宪，他是情愿不保清的。”② 由此可见，中国在推动国家转型过程中，不论观念的更新，还是政体的选择，也不论变法的实践，还是革命的动员，都可以有不同的意见、主张和行动，但其背后偏离的民族意志及其所决定的核心使命是“保全中国”。因而，在国家转型中，“保全中国”是目的，其他都不过是手段。

纵观近代以来中国历史与社会发展，“保全中国”的内在欲求有三：保国家不亡、保民族不散、保天下不弃。这决定了“保全中国”为轴心的国家转型，不是简单地为现代化而现代化、为民主化而民主化的转型，而是要以保全国家内在整体性与发展现代性有机统一的转型，否则国家就可能被现代化潮流所淘汰，被天下所废弃。正如孙中山先生所说：“世界潮流浩浩荡荡，顺之者昌，逆之者亡。”这决定了国家转型中的制度选择，既要考虑其现代性，也要考虑其整合性；既要考虑担当政治革命的可能性，同时也要考虑其推动社会革命的可能性。这正是中国近代变革与革命长时间摇摆于君主立宪与民主共和之中的现实原因。君主立宪失败的关键在于其无法实现应有的现代化转化，这与中国千年帝制的内在特点有深刻的关系。君主立宪制失败从反面提示了民主共和所需要的成功要件是：如何在提供给中国现代化的政治

---

① 1899 年，梁启超为了保全陷入完全内外交困、随时都可能分崩离析的局面，发表了《论保全中国非赖皇帝不可》一文，以保中国不溃、不散。

② [美]萧公权：《近代中国与新世界：康有为变法与大同思想研究》，汪荣祖译，江苏人民出版社，1997 年，第 193 页。

体系的同时，保全中国这个大一统共同体的现代整合，从而实现千年古国整体转型到现代国家。

三、政党与共和民主国家相生相伴

中国国家现代转型所进行的变革显然是“意识形态的形式”。具体来说，就是从政治上层建筑开启，通过政治革命、文化革命来创造社会革命，从而推动整个国家整体转型。在这个过程中，由于借助旧体制所进行的变革，乃至革命性的行动都以失败告终，所以最后通过新旧政治体系完全更替的政治革命来推动，民主共和因此全面进入古老的中国，并开始在这个社会扎根生长。可以说，民主共和是国家现代转型过程中的自主选择，既是反传统专制体制的政治成果，但同时也是在民族与国家危机中“保全中国”的必然政治选择。人们常常认为中国选择民主共和是出于反专制的目的，这不错，但不能因此忽视了另一个重要的目的，就是在国家转型中“保全中国”的整体和结构的转型一体性。正因为如此，当中国开始整体设计国家转型后的政治体系的时候，力图系统效仿的不再是英国或日本，而是美国，其中一个重要原因是：美国与中国一样，都是大型国家。所以，辛亥革命后，《中华民国临时约法》所构想的政治组织形式尽管摇摆于美式的总统制与法式的内阁制之间，但实际的立足点是美式的总统制，并将美式的联邦制视为中国应该效仿的国家结构组织形式。

实际上，近代中国最终选择民主共和，经历了复杂的心路历程。历史学家陈旭麓先生对此有过这样的描述：“南京临时政府的成立以及《中华民国临时约法》的颁布，是‘揖美追欧’的结果，也是‘五四’以前八十年先进的中国人经历几代人奋斗而取得的最富深远意义的结果。从过去浑然一体的泰西到‘揖日追俄’再到‘揖美追欧’，从彼得大帝、明治天皇到拿破仑、华盛顿，在一个继承一个的同时又一个否定一个，如浪层相逐，交错地出现。由此而显示出中国人对西方认识的逐步深入和近代中国社会的进化。当南京临时政府公布了第一首民国国歌的时候，‘揖美追欧，旧邦新造’已由革命派的意向变成了中华民族的共同意向。”[①]从这个变化过程可以看出，中国人一直在西方的实践中选择能够解决中国问题的方案，而其立足点就是实现“旧邦新造”。从第一首民国国歌歌词整体意思来看，这个“旧邦新造”的核心就是用新制度“保全中国”在新世界、新时代依然是一体的国家，依然是能创天下和平的国家。歌词是这样表达的：“亚东开发中华早，揖美追欧，旧邦新造。飘扬五色旗，民国荣光，锦绣河山普照。我同胞，鼓舞文明，世界和平永保。”

因而，对于中国来说，共和民主虽然是外来的，但对其选择，却是主体的自觉选择，并赋予其很强的现实使命，就是要用其实现中国的“旧邦新造”。正是这种主体性，使得中国建构共和民主的过程，实际上既是一个学习、引入西方共和民主，同时也是一个重新装配中国共和民主的过程。不论是孙中山的“三民主义”“五全宪法”和“权能理论”，还是中国共产党的“人民民主”“民主集中制”和“民族区域自治”都是重新装配现代共和民主要件而形成的适合中国国家转型与发展需求的共和民主。在这个过程中，每一项共和民主制度的设计与建构，都力图平衡共和民主的原则要求与“保全中国”“旧邦新造”的现实要求之间的关系。这种平衡的最典型事例就是：中国犹豫再三之后，没有选择所有大国运行共和民主都普遍选择的联邦制。对此，孙中山先生是在将现代国家建构逻辑与中国国家转型的历史基础结合之后才参悟到其中的真理的：“十多年来，我国一般文人志士想解决中国现在的问题，不根本上拿中美两国的国情来比较，只就美国富强的结果而论。以为中国所希望的，不过是国家富强；美国之所以富强，是由于联邦，中国

① 陈旭麓：《近代中国社会的新陈代谢》，上海人民出版社，1992年，第314页。

要象美国一样的富强，便应该联省；美国联邦制度的根本好处，是由于各邦自定宪法、分邦自治，我们要学美国的联邦制度变成联省，根本上便应该各省自定宪法，分省自治；等到省宪实行了以后，然后再行联合成立国宪。质而言之，就是将本来统一的中国变成二十几个独立的单位，象一百年以前的美国十几个独立的邦一样，然后再来联合起来。这种见解和思想，真是谬误到极点，可谓人云亦云，习而不察。象这样只看见美国行联邦制度便成世界顶富强的国家，我们现在要中国富强也要去学美国的联邦制度，就是象前次所讲的欧美人民争民权，不说要争民权，只说要争自由平等，我们中国人此时来革命也要学欧美人的口号说去争自由平等，都是一样的盲从！都是一样的莫名其妙！”[①]孙中山先生所说的莫名其妙之处就在于：人们根本就没有考虑到，实行联邦制，对美国来说，是从原来的邦联走向联邦，即从分散走向集中；而对中国来说，则是中央集权的单一制走向联邦制，即从集中走向分散，而不论是中国千年形成的大一统社会结构的特性，还是现代国家的内在要求，都是需要集中的。没有集中的结构，就不可能有世界上的现代国家，同样也不可能建设真正的现代中国，以维系中华民族的大一统。

然而，对于人口四万万，但却是一盘散沙的中国社会来说，这种主体性，不仅需要主体的自觉，更需要自觉的主体。主体的自觉可以体现为一种思想和观念，而自觉的主体才能将这种思想和观念付诸实施，从而真正建立起适合中国发展需要的共和民主。由于中国国家转型所基于的变革，不是“生产形态的形式”，而是“意识形态的形式”，是从政治变革与政治革命入手的，所以这个自觉的主体不可能是现实经济生产发展的结果，相反只能是基于政治革命运动所孕育出来的力量。政治革命运动一定能够创造两种力量：一是致力于政治革命动员和组织的政治力量，其现代表现形式就是政党；二是政治革命最终所不得不依靠的武装力量，这就是军队。在中国近代

① 孙中山：《三民主义》，《孙中山选集》，人民出版社，2011 年，第 773 页。

国家转型中，这两种政治力量都出现过，中国的社会与历史发展最终选择了政党，即动员与组织人民进行革命的革命党这个力量。之所以最终选择政党，一方面是因为旧体系建构的军队，没有完全现代化，虽名为“新军”，仅组织与装备是新的，但其思想和精神还是旧的，所以最终无力承担起建构现代共和民主的使命。不仅如此，以袁世凯为代表的“新军”还成为复辟“帝制”，反共和民主的力量。另一方面则与中国现代政党在政治革命中逐渐演化为具有动员和凝聚民众力量的革命党有关。中国国家转型中最早出现的政党是完全西方式的政党，即基于议会选举而产生的选举性的政党，这种政党只不过是力争赢得议席或最终政权的阶层与集团的代表，因而无法真正承担凝聚全社会力量进行革命的使命。只有到了中国陷入了军阀混战，共和民主的生存与发展面临全面危机，国家需要救亡图存的时候，以孙中山为代表的革命家为了挽救国家，实现共和民主，提出要建立凝聚全社会力量，并拥有自己军队武装力量的革命党。孙中山指出：“窃以中国今日政治不修，经济破产，瓦解土崩之势已兆，贫困剥削之病已深。欲起沉疴，必赖乎有主义、有组织、有训练之政治团体，本其历史的使命，依民众之热望，为之指导奋斗，而达其所抱政治上之目的。”①孙中山认为，这种政治团体的力量之源在于赢得民心和凝聚民心。“所谓吾党本身力量者，就是人民的心力。吾党从今以后，要以人民的心力为吾党力量，要用人民心力奋斗。人民的心力与兵力，二者可以并行不悖。但两者之间，究竟应以何者为基础？应以何者为最足靠？自然当以人民的心力做基础，为最足靠。若单独倚靠兵力，是不足靠的，因为兵力胜败无常。吾党必要先有一种基本力量做基础，然后兵力有可靠之希望。假使没有一种基本力量做基础，虽有兵力，亦不足恃。”②这种政党的出现使得共和民主在中国的实践，不仅有了自觉的主体，而且有了

① 孙中山：《中国国民党改组宣言》，《孙中山选集》下卷，人民出版社，1956年，第472页。
② 孙中山：《要靠党员成功，不专靠军队成功》，《孙中山选集》下卷，人民出版社，1956年，第474页。

自觉主体所广泛动员起来的民众力量。

分析至此可以看出，中国的国家转型的独特逻辑与要求，赋予共和民主在中国实践与成长以特殊的使命和明确的中国取向；正是这种共和民主实践的努力，孕育和发展了其在中国的实践主体：凝聚民心、民力，全面主导政治革命与国家转型的革命党。更为重要的是，正因为有了这种革命党，共和民主在中国的实践就不仅能够在价值选择与制度安排上满足中国实现国家整体转型对维系内在一体化的要求，而且能够通过其所孕育的组织力量和社会基础，维系和保障国家转型过程中的一体化基础。

从古至今，民主不是要解构共同体，相反是要解决人如何在特定的共同体中得以有效的发展，并有效平衡人与共同体的关系。所以，从一定意义上讲，不论是从共同体需求出发所建构的民主制度，还是从人的自由发展出发所建构的民主制度，其最终都要考虑到人的发展与共同体的维系。相比较而言，自由主义民主更多地以人的自由权利为中心展开，共和民主更多地以国家权力公共性为中心展开，但不管哪种倾向的民主建构，都不会去冲击国家共同体的维系，相反都会以创造和维系国家这个政治共同体为内在使命和现实前提。正因为如此，基于共同原则实践的民主，在不同的国家却创造了差异很大的现代民主制度体系及其不同的现代国家形态，例如英国的君主立宪制、法国的共和制、美国的总统制等。可以说，现代国家在建构民主的同时，民主也在建构现代国家制度。换言之，国家的现代转型必须建构现代民主制度，但是现代民主制度要在特定的国家得以建构，它也会在被建构的过程中反作用于国家建构本身，从而使得民主建构与国家建构有机统一起来。从这个角度讲，担负起建构中国共和民主使命的革命党，既可以看作是国家转型与政治革命的产物，实际上也可以看作是共和民主满足中国国家整体转型的历史事件的具体产物。由此可见，这种以凝聚全体民众力量进行国家建设的革命党实际上是与共和民主在中国的实践相生相伴的。中国如果没有以共和民主推动国家转型的历史选择，中国也就不可能出现以孙中山为代表的中国国民党和最后成为国家建设核心力量的中国共产党；反之，没有孙中山创造的以革命党的力量建设国家的中国国家建设模式，没有中国共产党对全社会、全民族的凝聚，共和民主也不可能在中国最终确立，并使千年古国整体迈向民主和现代化，创造人类经济、社会和政治发展新奇迹。

四、共和民主根本在人民作主

共和民主对国家权力公共性的强调，实际上具有两个面向：一个面向国家这个共同体，强调国家这个共同体不属于部分人，而是属于全体国民，国家保障全体人民；另一个面向个人，强调个人自由不受国家权力的随意干涉，不仅如此个人拥有通过参与国家的公共事务以保障其自由的权利。为此，实践中的共和民主，既要考虑如何平等地尊重与维护每个人的权利；同时也要考虑拥有权利的人如何成为国家的主人，以免除国家权力对自身自由的危害。这是共和民主的基本精神和原则。这意味着具体的共和民主实践，可以在平衡个人与国家关系、维系国家这个政治共同体内在稳定与协调中，形成不同的制度建构，创造不同的国家形态，但其根本立场不能离开对人的自由与发展的保障，不能离开人民是国家主人这个根本原则。

中国的共和民主实践孕育了凝聚全体人民建设国家的政党这样的政治力量，形成了政党与民主共和国家相生相伴的政治形态。虽然这与西方实践的民主共和制度有很大差异，但这丝毫不影响中国共和民主的现代性与民主性，因为作为自觉主体的政党在推动和发展共和民主的过程中，始终坚守共和民主所坚持的根本立场和根本原则，其核心就是人民掌握国家政权，并通过国家政权保证人民的自由与平等。1949 年新中国成立前夕，毛泽东在阐述其所要建立的新政权、新国家的形态时明确认为：在民主所要遵守的基本立场上，中国共产党与孙中山代表的中国国民党是一样的。毛泽东是这样说的："1924 年，孙中山亲自领导的有共产党人参加的国民党第一次全国代表大会，通过了一个著名的宣言。这个宣言上说：'近世各国所谓民权制度，往往为资产阶级所专有，适成为压迫平民之工具。若国民党之民权主义，则为一般平民所共有，非少数人所得而私也。'除了谁领导谁这一个问题以外，当作一般的政治纲领来说，这里所说的民权主义，是和我们所说的人民民主主义或新民主主义相符合的。只许为一般平民所共有、不许为资产阶级所私有的国家制度，如果加上工人阶级的领导，就是人民民主专政的国家制度了。"[①] 由此可见，政党之所以能够成为共和民主建构的自觉主体和支撑力量，首要的关键不在于政党的组织有多么系统，政党的整合力有多么强大，而在于政党不是作为简单的部分而存在，而是作为凝聚全体人民力量核心，作为保证人民当家作主的力量而存在，因而这种政党存在的最大意义，不在政党本身，而在使人民作为一个整体成为国家的主人，使国家真正掌握在人民手中，并保障人民自身的平等与自由。

推动中国国家转型的变革是"意识形态的形式"，即是从政治上层建筑开始的。具体来说，是通过在全体民众中达成变革或革命共识，凝聚人心人力，推动改变既有制度的政治变革或政治革命而展开的。其中，凝聚人心人力是关键。这与原发的、内生型的现代化国家不同，在这些国家，推动国家转型的变革力量来自现代生产的发展及其所孕育的相对独立于国家的新生阶级与社会力量，这些力量对生产发展以及自我实现的追求，直接或间接地开启了变革上层建筑的政治变革或政治革命的运动，从而推动国家的现代转型。其中，经济与社会的发展是国家转型的动力，国家适应经济与社会发展是国家转型的使命，于是国家与社会的相对分立以及相互作用，就自然成为这些国家实现国家转型和建构现代国家的基本行动逻辑。相反，在中国这样

---

① 毛泽东：《论人民民主专政》,《毛泽东选集》第四卷，人民出版社，1991 年，1477—1478 页。

后发的、外生型的现代化国家，由于缺乏内生型的现代化发展力量，所以就必须通过既有阶级或社会力量的自觉来推动，而这种力量要能够创造革命形势，推动国家转型，要么是既有社会中的主导性阶级，要么是既有社会的整体性力量，任何仅靠小众力量自觉和呐喊的努力，最终都是无济于事的。中国传统社会的组织方式与阶级结构，决定了中国在向现代国家转型的过程中不存在现成的主导性阶级力量，于是只能靠自觉的先进力量来动员和唤起全体民众，从而形成推动政治革命与国家转型的整体性的社会力量。在孙中山那里，这个先进的力量就是具有“先知先觉”的革命党与革命党人；而在毛泽东那里，就是先进的工人阶级以及作为其代表的共产党人。于是，先进力量的组织与广大民众动员之间的互动与合作，就自然成为像中国这样的国家推动国家转型的基本行动逻辑。没有这个层面的行动及其所推动的国家的转型，就不可能有现代化成长所需要的经济与社会基础的健康发育，因而也就不可能形成现代国家建构与发展所需要的国家与社会相对分立与相互作用的行动结构与行动逻辑。正因为如此，中国现代国家转型以及共和民主建构，不是简单地基于国家与社会的二元互动结构展开的，而是基于政党与民众、国家与社会的二维四元结构展开的。政党与民众构成现代国家建设不可缺少的一维存在，决定国家转型与现代国家建构的基础与主轴，没有这一维关系的存在，国家基本组织关系、制度体系以及价值系统就难以得到确立和维系。而国家与社会构成现代化发展不可缺少的一维存在，决定着国家现代化发展以及国家制度体系的丰富与完善。在中国这样后发的现代化国家，国家与社会关系不能简单地从政党与民众关系中完全抽象出来，孤立地决定国家建构与现代化发展，其原因就在于这样的国家很难自发地产生推动国家转型与建构现代国家的核心力量，自然也就很难形成能够自行有机互动的国家与社会关系及其所需要的相应的经济与社会基础。总之，对于国家转型、现代国家建构以及国家的现代化发展来说，政党与民众这一维最根本的价值和意义在于：将民众凝聚为一个有机整体，使其真正成为现代国家的主体力量，进而使现代国家成为掌握在全体人民手中，并服务全体人民的共和民主的国家。

显然，在政党与民众这维关系中，政党的取向与作用是关键性的。对于中国共和民主来说，政党只有全面凝聚起人民，使人民成为国家的主体力量，政党才有实际的价值与意义；否则，政党就可能成为共和民主健康发展的羁绊。因为政党在这方面的作用，既能使共和民主有了强大的社会和政治基础，即人民对国家的主导地位以及对国家事务的广泛参与，也能使共和民主在推动国家整体转型以及保全国家内在一体性上，拥有了可依靠的政治和社会力量。具体来说，就是通过政党的组织网络和凝聚起来的人民来支撑国家的整体性和一体化。实践表明，不论在革命年代，还是建设年代，政党与民众这维关系的建构、巩固与发展，都具有很强的"意识形态的形式"，它不是靠某种简单的物质与生产关系来建构和维系的，而是靠党的主义、党的组织以及党的实际行动。孙中山先生当年就指出："建国方法有二，一曰军队之力量，二曰主义之力量。"①党一旦将自己"主义宣传到全国，使全国人民都赞成，全国人民都欢迎，便是用这个主义去统一全国人民的心理。到了全国人民的心理都被本党统一了，本党自然可以统一全国，实行三民主义，建设一个驾乎欧美之上的真民国"。所以，"所谓以党治国，并不是要党员都做官，然后中国才可以治；是要本党的主义实行，全国人都遵守本党的主义，中国然后才可以治。"②不仅孙中山有这样的思想和主张，中国共产党也始终坚持靠主义动员人民，靠为人民服务凝聚人民。毛泽东指出："马克思列宁主义的基本原则，就是要使群众认识自己的利益，并且团结起来，为自己的利益而奋斗。"③而"共产党基本的一条，就是直接依靠广大革命人民群

① 孙中山：《党员应协同军队来奋斗》，《孙中山选集》下卷，人民出版社 1956 年，第 486 页。

② 孙中山：《国民党员不可存心做官发财》，《孙中山选集》下卷，人民出版社 1956 年，第 462 页、第 464 页。

③ 毛泽东：《对晋绥日报编辑人员的谈话（1948 年 4 月 2 日）》，《毛泽东选集》第四卷，人民出版社，1991 年，第 1318 页。

众。”[①]所以，邓小平在中华人民共和国成立后不久就明确指出：“共产党——这是工人阶级和劳动人民中先进分子的集合体，它对于人民群众的伟大的领导作用，是不容怀疑的。但是，它之所以成为先进部队，它之所以能够领导人民群众，正因为，而且仅仅因为，它是人民群众的全心全意的服务者，它反映人民群众的利益和意志，并且努力帮助人民群众组织起来，为自己的利益和意志而斗争。”[②]由此可见，在中国的共和民主中，政党与人民是必须始终共存一体的，政党不能凝聚人民，就不可能成为共和民主的建设和发展力量；反过来，人民不能够借助政党而真正赢得其对国家的主体地位，将国家权力掌握在全体人民手中，共和民主也就失去了生存与发展最关键的基础。

总之，共和民主所要求的国家权力的公共性，在中国的集中体现就是国家权力真正掌握在全体人民手中，人民当家作主。政党领导的所有合法性基础以及现实意义，都是由此出发的。因为有了人民民主的实践和根本保障，党的领导与人民民主才能在中国的共和民主实践中有机统一起来，并创造出能够保障国家整体转型和内在一体的现代国家建构与发展的中国国家形态。可以说，党的领导与人民民主的有机统一，是中国以共和民主的方式创造千年古国现代转型的必然政治形态，有其内在的现实性与合理性。随着社会主义法治国家建设目标与任务的展开，共和民主就拥有了在中国全面成长所需要的所有基础和切实可行的行动逻辑。

---

① 毛泽东：《共产党基本的一条就是直接依靠广大人民群众（1968 年）》，《建国以来毛泽东文稿》第 12 册，中央文献出版社，1998 年，第 581 页。

② 邓小平：《关于修改党的章程的报告（1956 年 9 月 16 日）》，《邓小平文选》第一卷，人民出版社，1994 年，第 218 页。

第三章

社会主义国家与共产党

中国现代国家转型在政治上的重要标志，就是中国共产党领导人民在千年古国建立社会主义政权，开启了建设社会主义新中国的现代国家建设之路。中国之所以选择社会主义，建设社会主义国家，一方面与中国历史、社会、文化所决定的中国国家现代转型的内在规定性和时代使命密切相关，另一方面也与中国民主革命时期的人类社会为摆脱自由资本主义危机而整体转向社会主义直接相关。所以，在推动国家现代转型，建设新社会、新国家的过程中，不论孙中山领导的中国国民党，还是中国共产党，都明确把免除中国人民重蹈自由资本主义所必然带来的各种苦难、建设超越自由资本主义的社会主义作为奋斗使命。不过两党所说的社会主义有所不同，孙中山先生所强调的社会主义更多地体现为资产阶级强调的民主社会主义，而中国共产党领导强调的则是科学社会主义，其理论基础是马克思主义，其核心使命就是实现劳动人民的解放。中国共产党的胜利，决定了中国将通过建设以科学社会主义为指导的社会主义现代化国家来全面开启中国的社会主义道路。

中国社会、历史与文化决定了不论是实行共和民主，还是建设社会主义国家，其根本点都必然是以人民为本位，人民当家作主。这也是中国现代政治的根本点和关键点。对于社会主义国家来说，以人民为本位，人民当家作主，不是一个简单的价值追求，而是社会主义国家的根本所在。在马克思理论中，这里的“人民”，不是简单的社会成员集合体，而是人们在共同占有生产力总和中形成的不可分解的“全体个人”。正因为以人民为本位，实践人民当家作主，使得社会主义国家建设的逻辑起点、行动议程以及目标追求，都完全不同于资本主义所代表的现代国家。这种差异关键，不在于国家的制度结构形态上，而在于国家的历史发展形态上，即处于现代化发展历史阶段的社会主义国家，不是原来意义上的国家，它是从国家到非国家的过渡。这决定了人民为本位，既是社会主义国家价值原则，同时也是社会主义国家架构的基础，共产党的领导就建构在这个基础之上，其历史使命就是既保证了人民成为不可分解的“全体个人”，同时也使得个人获得全面发展，成为有个性的个人。总之，以人民为本位，既是社会主义国家的根本与基础，也是共产党领导社会主义国家建设的合法性所在。

一、以人民为本位的国家观

在人类政治文明发展史中，国家的发展经历了古典国家与现代国家两种形态。在马克思看来，不论是国家的诞生，还是国家形态的转型升级，都是人类社会历史运动的结果。古典国家的诞生，标志着人类从野蛮时代进入到文明时代，其背后的动力就是人类开始逐渐从自然力量安排的“群的存在”发展到基于共同意识、公共意志及其公共权力而形成的“共同体存在”。这标志着人类基于共同体的组织和机制，对自然力量拥有了相对自主权。然而，拥有强大自由意志的人类不会就此停滞，其对发展的追求使人类逐渐拥有了对其赖以生存的共同体的相对自主权，在社会上成为自主的个体，由此人的社会存在也就从“共同体存在”发展为“独立个体存在”。这是人的“类本质”的重大变化，这种变化开创了人类文明新的发展运动，就是现代化。现代社会的成长以及现代国家的建构就是在这样的历史发展运动中孕育、诞生和发展的。然而，人的个体独立并不等于人的完全自由，因为这种个体独立仅仅摆脱了对共同体的依赖，但并没有摆脱对“物”的依赖，而恰恰是这种依赖，使得独立的个体不得不接受市场经济下的“雇佣劳动”所形成职业体系和劳动关系的安排，以解决生计问题。马克思认为只有在物质极大丰富，人类所面临的“匮乏”得到解决的条件下，人的独立才能转化为完全的自由，进而使独立的个体跃升为真正的“自由人”。这是人的“类本质”再次重大发展，其必然开启以“自由人”为主体的人类发展运动，即马克思所说的“共产主义”的“现实的运动”，[①]由“自由人”构成的联合体，就是共产主义社会。科学社会主义就是以将人类的现代化发展运动导向共产主义的发展运动为使命的，它立足现代社会与现代国家，探索如何通过比资本主义更高形态的社会主义的革命和建设，孕育和开启共产主义历史运动的人类文明新时代。由此可见，科学社会主义虽然是以共产主义为取向的，但其理论与实践是在现代化这个历史范畴之中的，因而关注的是如何在现代化的历史范畴中，创造一个比资本主义更高历史形态的社会与国家。所以，科学社会主义批判资本主义的目的，不是将社会主义从资本主义开启的现代化发展运动中抽取出来，使社会主义成为空中楼阁，而是力图在资本主义所创造的现代文明基础之上，创造更为合理、更具有发展能力的社会与国家，从而使现代文明得到更全面、更深刻的发展。

由此可见，科学社会主义的历史方位决定了科学社会主义的现实实践依然面临一个重要的现实任务，就是建设超越资本主义的社会主义现代化国家。换言之，科学社会主义所指导的社会主义革命与实践过程，实际上是建

---

① 马克思、恩格斯：《费尔巴哈》，《马克思恩格斯选集》，第一卷，人民出版社，1995 年，第 87 页。

立以社会主义为取向的现代国家建设过程。如果认为现代国家建设是资本主义的专利，而不是社会主义的任务，那么科学社会主义就不可能从理论的科学转变为正确的现实运动。1883 年，恩格斯在批判无政府主义时指出："无政府主义者把事情颠倒过来了。他们宣称，无产阶级革命应当从废除国家这种政治组织开始。但是，无产阶级在取得胜利以后遇到的唯一现成的组织正是国家。这个国家可能需要作很大的改变，才能完成自己的新职能。"[①]这决定了无产阶级革命胜利之后，不是破坏国家，而是通过打碎旧的国家机器，将其改变为社会主义国家。但要指出的是，无产阶级在革命后所面临的这个国家，不是抽象的国家，而是资产阶级实实在在建立起来的现代国家。尽管马克思在《哥达纲领批判》中认为"现代国家"是一种虚构，因为"现代国家"在不同的国家中是具体的，各不相同，但由于它们都是建立在现代资产阶级社会基础之上，又具有"某些根本的共同特征"。在这个意义上可以谈"现代国家制度"。由于"在资本主义社会和共产主义社会之间，有一个从前者变为后者的革命转变时期，同这个时期相适应的也有一个政治上的过渡时期，这个时期的国家只能是无产阶级的革命专政。"[②]按照马克思的逻辑，这个无阶级的革命专政制度形态，依然是"现代国家制度"形态，因为作为"现代国家制度"的根基资本主义社会，即存在于"一切文明国度中的"现代社会，是随着共产主义社会的出现而消亡的，因而它必然存在于资本主义社会向共产主义社会的过渡过程中，即存在于实践中的社会主义社会。结合恩格斯和马克思的思想和理论，我们自然可以得出这样的结论：科学社会主义实践面临的重要任务就是要使建立在资产阶级社会基础上的现代国家制度，改变为建立在无产阶级社会基础上的社会主义的现代国家制度。

---

① 恩格斯：《恩格斯致菲利普 · 范－派顿》，《马克思恩格斯全集》第三十六卷，人民出版社，1956 年，第 10 页。

② 马克思：《哥达纲领批判》，《马克思恩格斯选集》第三卷，人民出版社，1995 年，第 313—314 页。

正如马克思所说“工人阶级不能简单地掌握现成的国家机器，并运用它来达到自己的目的”[①]那样，处于现代化历史范畴的科学社会主义也不能简单用资本主义所表达的现代化理论和逻辑来建构自己的理论体系，并用于指导社会主义实践。在恩格斯看来，这正是科学社会主义与空想社会主义的根本区别所在。在恩格斯看来，尽管空想社会主义所批判的资本主义制度，关注的是资本主义现实社会的矛盾与斗争，但其批判的理论武器和思维方式却是继承的资本主义启蒙时代流传下来的东西。恩格斯指出：“就其理论形式来说，它起初表现为18世纪法国伟大的启蒙学者们所提出的各种原则的进一步的、似乎更彻底的发展。”在这种理性形式下，“宗教、自然观、社会、国家制度，一切都受到了最无情的批判；一切都必须在理性的法庭面前为自己的存在作辩护或者放弃存在的权利。思维着的知性成了衡量一切的唯一尺度。”正因为如此，圣西门、傅立叶和欧文三个人“有一个共同点：他们都不是作为当时已经历史地产生的无产阶级的利益的代表出现的。他们和启蒙学者一样，并不是想首先解放某一个阶级，而是想立即解放全人类。他们和启蒙学者一样，想建立理性和永恒正义的王国。”只不过“他们的王国和启蒙学者的王国是有天壤之别的”。所以，“对所有这些人来说，社会主义是绝对真理、理性和正义的表现，只要把它发现出来，它就能用自己的力量征服世界；因为绝对真理是不依赖于时间、空间和人类的历史发展的，所以它在什么时候和什么地方被发现，那纯粹是偶然的事情。”这样，正如资本主义是从永恒的、绝对的理性出发建立资本主义国家一样，空想社会主义是从绝对真理、理性和正义出发来建立社会主义社会与国家。然而，资本主义实践证明，“当法国革命把这个理性的社会和这个理性的国家实现了的时候，新制度就表明，不论它较之旧制度如何合理，却决不是绝对合乎理性的。理性的国家完全破产了。”基于同样的思维和理论逻辑而形成的空想社会主义也

① 马克思：《法兰西内战》，《马克思恩格斯选集》第三卷，人民出版社，1995年，第52页。

难逃破产的命运。[①]

这决定了科学社会主义一定是以与空想社会主义以及整个资本主义完全不同的理论形式来建构社会主义社会与国家的。首先，科学社会主义不是从绝对的理性出发，而是从客观的现实出发来建构社会主义。因而，科学社会主义所要建立的制度、社会与国家，是从现实社会运动的要求以及人民的共同意志出发的，不是像黑格尔所理解的法国革命那样，用思想立地并按照思想去构造现实，从而将作为一切依据的宪法建立在所谓的正义思想基础之上。[②]其次，科学社会主义不是基于“某个天才头脑的偶然发现”而出现的，它是作为“两个历史地产生的阶级即无产阶级和资本主义之间斗争的必然产物”而出现的，[③]因而不是观念运动的偶然，而是现实运动的必然。最后，科学社会主义所要建立的制度、社会与国家，不是一种超越现实的历史运动和历史关系的永恒的“圣物”，而是出于现实历史运动与历史关系之中，并随历史发展而变化的客观存在，因而它是历史的，是现实的，是不断发展变化的。恩格斯认为，科学社会主义所具有的这种科学性，完全归功于马克思的两个伟大发现：“唯物主义历史观和通过剩余价值揭开资本主义生产的秘密”[④]。

科学社会主义的科学性，使得同处于现代化历史范畴的社会主义国家与资本主义国家是按照完全不同的逻辑建立起来的。从一定意义上讲，这种逻辑的差别比它们之间的制度差别更具根本性，因为正是这种逻辑的差别，使得它们各自建构的制度、社会与国家所依据的现代化原则有了完全不同的价值取向和实现路径。如果说资本主义以抽象的自由、空想社会主义以抽象的

---

① 恩格斯：《社会主义从空想到科学的发展》，《马克思恩格斯选集》第三卷，人民出版社，1995 年，第 719—732 页。

② 同上书，第 719—720 页。

③ 同上书，第 739 页。

④ 恩格斯：《社会主义从空想到科学的发展》，《马克思恩格斯选集》第三卷，人民出版社，1995 年，第 740 页。

正义为出发点来布局现实的制度、社会与国家，那么科学社会主义则是以人的现实发展为出发点来布局现实的制度、社会与国家，从而将作为现代化原则的自由与正义落实于人的进步与发展，落实于人民当家作主的社会发展实践。从这个意义上讲，科学社会主义代表一种全新的现代国家建设观念，即以人民为本位的社会主义现代化国家建设观念。

二、社会主义共和国

从人类文明发展的历史运动逻辑来看，社会主义社会依然处于现代化发展运动的时期，与资本主义社会所不同的是：它是以共产主义发展运动为最终取向的。正因为如此，社会主义社会就自然成为人类文明发展的从一个发展运动形态向另一个发展运动形态转变的“过渡时期”。对于处于这样人类文明转型的大过渡时期的社会主义国家形态，列宁在总结马克思主义国家理论基础上，给出了概括性的说明：“无产阶级专政是‘政治上的过渡时期’；显然，这个时期的国家也是从国家到非国家的过渡，就是说，‘已经不是原来意义上的国家了’。”[①] 在这一概括中，列宁用所提炼出来的马克思和恩格斯思想与理论，给实践中的社会主义国家一个十分明确的定位：作为过渡时期的国家，社会主义国家处于“从国家到非国家”形式，而这里所说的“国家”，就是现代化发展运动所形成的“现代国家”，因而社会主义国家既具有现代国家的现实规定性，但同时又不直接是现代国家本身，是与原来意义上的国家、进而与经典意义上的“现代国家”不同的社会主义国家。这种不同：一方面体现为与“原来意义上的国家”不同，即不是一个阶级对另一个阶级统治的国家；另一方面体现为与经典“现代国家”不同，即它不仅是从

① 列宁：《马克思主义论国家》，人民出版社，1964 年，第 29 页。

人自由权利出发建构国家，而且是从人民整体掌握国家权力，即人民统治出发建构的国家。马克思与恩格斯从巴黎公社中看到了这种国家的可能；列宁在十月革命后的俄国实践了这种可能；中国则努力用中国特色社会主义的探索与实践使这种可能变成的的确确的现实。

基于马克思主义对社会主义国家历史方位与性质的定位，我们至少能够解决社会主义国家建设与发展实践中的三个基本困惑：第一，社会主义社会尽管是以共产主义为取向的社会，以推进国家消亡历史运动为使命的，但它的现实存在依然需要国家与国家政权。第二，社会主义国家与国家政权，不是资本主义国家与国家政权的继承，是在打碎资本主义国家与国家政权基础上重新建立起来的，即用社会主义的国家机器代替资本主义的国家机器。第三，人类文明发展形态的规定性决定了依然处于现代化发展运动中的社会主义国家与国家政权形态，在形式上应该与现代国家的要求相适应，因而贯穿马克思和恩格斯思想与理论中毋庸置疑的一个观点就是："我们的党和工人阶级只有在民主共和国这种政治形式下，才能取得统治。民主共和国甚至是无产阶级专政的特殊形式，法国大革命已证明了这一点。"[①]这决定了社会主义国家与国家政权的组织，依然是在现代国家要素的基础上的组织，其组织形式以及相关的原则，依然离不开现代国家的规定性，但是其出发点以及所决定的国家与国家政权实质与经典的"现代国家"，即资产阶级建立的现代国家完全不同，最根本的体现就是社会主义国家是以人民为本位的，它决定了社会主义国家与国家政权现实存在与未来发展的内在规定性，具体体现为以下三大方面：

第一，社会主义共和国是劳动与社会同时获得解放的"社会共和国"。马克思在总结巴黎公社时指出："在法国和在欧洲，共和国只有作为'社会共和国'才有可能存在；这种共和国应该剥夺资本家和地主阶级手中的国家

---

① 恩格斯：《1891 年社会民主党纲领草案批判》，《马克思恩格斯全集》第二十二卷，人民出版社，1965 年，第 274 页。

机器，而代之以公社；公社公开宣布‘社会解放’是共和国的伟大目标，从而以公社的组织来保证这种社会改造。”[①]这种社会改造所要实现的“社会解放”是基于“劳动在经济上获得解放”[②]而展开的。马克思指出：如果劳动不能在经济上获得解放，“公社体制就没有实现的可能，就是欺人之谈。生产者的政治统治不能与他们永久不变的社会奴隶地位共存。所以，公社要成为铲除阶级赖以存在、因而也是铲除阶级统治赖以存在的经济基础的杠杆。劳动一解放，每个人都变成工人，于是生产劳动就不再是一种阶级属性了”。为此，公社“要剥夺剥夺者”，从而使“主要用作奴役和剥削劳动的手段的生产资料、土地和资本完全变成自由的和联合的劳动的工具，从而使个人所有制成为现实”。[③]马克思和恩格斯在《德意志意识形态》中认为，这种“个人所有制”所体现的个人对“现有的生产力总和”的占有，实质上破除的是资本主义社会生产资料与生产者分离所带来的人的两大困境：其一是因无法占有实际的生产资料，“个人丧失了一切现实的生活内容，成了抽象的个人”，于是与个人相关的所有自由与平等，也只能是抽象的自由与平等；[④]其二是因为劳动者只有与生产资料结合才能生存，因而他们不得不屈从于分工和自己所拥有的生产工具，从而使生产劳动中的许多个人的社会存在是受局限的有限存在，其社会交往是受束缚的有限交往，从而失去了自主的存在与活动。这决定了“个人所有制”所带来的劳动解放的本质就在于，使“抽象的”“偶然的”“局限的”的个人，变为“自主的”“有个性的”“完整的”的个人。这种个人就是马克思所说的“自由人”，其联合就能创造人类文明的新发展运动，即共产主义社会运动。

---

① 马克思：《法兰西内战》，《马克思恩格斯选集》第三卷，人民出版社，1995年，第104—105页。

② 同上书，第59页。

③ 同上。

④ 马克思、恩格斯：《德意志意识形态（节选）》，《马克思恩格斯选集》第一卷，人民出版社，1995年，第128页。

但是，马克思和恩格斯都认为，这种“个人所有制”所体现的个人对“现有生产力总和”的占有，“只有通过联合才能得到实现”。这决定了“个人所有制”背后实际上是联合起来的个人所组成的社会所有制。这种社会所有制，必然带来社会解放，即“社会把国家政权重新收回，把它从统治社会、压制社会的力量变成社会本身的生命力”。[①]于是，伴随着劳动成为生产资料的主人，社会重新成为其所创造的国家的主人。从这个意义上讲，“社会解放”实际上是“劳动解放”的政治形式；“劳动解放”是“社会解放”的经济基础。社会共和国就是在“劳动解放”与“社会解放”辩证统一基础上确立，并以发展这种辩证统一为使命的。

第二，社会主义共和国是全体人民掌握国家权力的共和国。基于“劳动解放”与“社会解放”所形成的共和国，是劳动为生产资料的主人以及社会为国家的主人的共和国，其集中体现形式就是人民当家作主的共和国。马克思认为社会把国家政权重新收回自己手中的实践主体就是广大的人民群众，因而在马克思看来，社会共和国实质上“是人民群众把国家政权重新收回，他们组成自己的力量去代替压迫他们的有组织的力量；这是人民群众获得解放的政治形式，这种政治形式代替了被人民群众的敌人用来压迫他们的假托的社会力量（即被人民群众的压迫者所篡夺的力量）（原为人民群众自己的力量，但被组织起来反对和打击他们）。”[②]正是这一点，使得社会主义共和国国家不是原来意义上的国家，因为在这样的国家中，尽管还有专政的一面，但其实质不再是阶级统治的工具，而是全体人民共同掌握国家政权，共同治理社会，促进社会发展的政治平台；相应地，在这个平台上的政府，不是某个阶级利益的代表，而是“一切健全成分的真正代表，因而也就是真正的国民政府”，“它所采取的各项具体措施，只能显示出走向属于人民、由人民掌

① 马克思：《法兰西内战》，《马克思恩格斯选集》第三卷，人民出版社，1995年，第95页。
② 同上。

权的政府的趋势”。[①]这种由全体人民掌握权力，并共同治理国家，自然是以人民为本位的国家，其具体体现为两个方面：其一，国家是基于人民意志建构与治理的，因而人民对体现人民意志的宪法与制度的服从，同时也是对自我意志的服从。人民既是主权者，同时也是主权的服从者。其二，国家以及国家政权以人民的利益为根本利益，用中国特色社会主义的理论来说，就是国家的一切工作必须做到“权为民所用、情为民所系、利为民所谋”[②]。

在马克思理论体系中，人民为本位的社会主义国家在政治上是以社会不分化为两大对抗阶级为前提的。换言之，它在政治上始终不是国家权力掌握在某个阶级或集团手中，从而形成一部分人对另一部分人的统治。马克思在分析巴黎公社时指出：“公社一举而把所有的公职——军事、行政、政治的职务变成真正工人的职务，使它们不再归一个受过训练的特权阶层所私有。”[③]正是这一点，使得社会主义国家不再是原来意义上的国家；同时也正是这一点，社会主义国家政权组织的方式与逻辑，不可能与现代国家完全相同。实践中的社会主义国家都是依据自身的内在逻辑来组合现代国家以及国家机器的各种要素的，其结果往往是社会主义国家中拥有现代国家政权要素以及这些要素运行所需要遵循的一些原则，但其权力的组织、结构与运行则与典型的“现代国家”有很大不同，其中包括社会主义国家不实行三权分立、不实行多党制等。

从国家政权运行来看，人民为本位的社会主义国家都拥有实践人民整体掌握国家权力、决定国家权力运行全局的制度安排，如苏东国家当年运行的苏维埃制度；中华人民共和国运行的人民代表大会制度。这个制度拥有两大基本特点：其一，为了体现全体人民掌握国家权力，其代表机构的代表结构与整个社会的人民结构具有整体的对应性，可以说它是缩小的“人民群体”。

① 马克思：《法兰西内战》,《马克思恩格斯选集》第三卷，人民出版社，1995年，第63—64页。
②《中国共产党第十七次全国代表大会报告》。
③ 马克思：《法兰西内战》,《马克思恩格斯选集》第三卷，人民出版社，1995年，第97页。

这就决定了代表的选举方式与西方议员的选举方式完全不同，因而它对选举出来的人员结构必须有一个总体安排和平衡，而西方选举出来的议员，不过是选区选举出来议员的集合体，其结构不是预设的，因而它是选区选民意愿反映的复合，而不是人民整体意愿的综合。其二，代表机构掌握国家最高权力，并借此产生和监督政府以及执法机构。这种制度安排保障了人民整体拥有国家权力，同时也使得三权分立在社会主义国家变得不可能。但这并不意味着社会主义国家之间没有确立制约与制衡机制，所不同的是这种制约不是横向的，而是纵向的，即人民制约代表机构、代表机构制约其所产生的政府与执法机构。

第三，社会主义共和国是追求现代化深度发展的共和国。社会主义既是现代化发展运动的成果，同时也是将现代化发展运动引导到共产主义发展运动的推动平台。这决定了社会主义国家不仅要具备相当充分的现代化要素，而且要具有使现代化要素得到更加充分、更加全面、更加深入发展的基础与能力。为此，马克思认为，社会主义应该为现代化的深度发展提供两大要素：一是以联合起来的社会力量共同占有生产资料为基础的新型生产关系；二是基于劳动者与生产资料的重新占有而形成的真正自主的个人。前者使经济与社会实现巨大发展获得新的可能；后者使个人的自主发展获得巨大的空间与可能。社会主义共和国所创造的这两大可能，正是现代化获得深度发展的内在动力。因而，对于处于现代化发展运动之中的社会主义共和国来说，其所有的价值与意义就在于能够通过促进人与社会的全面发展，使人类的现代化发展运动走向深入；同时，也通过不断深入的现代化发展，使得人与社会的发展不断跃升到新的境界，直至迈入共产主义的现实运动。这决定了创造人与社会全面发展是社会主义共和国所有合法性与合理性的轴心。围绕着这个轴心，社会主义国家建设必须在三个方面做出努力：

首先，必须创造更加真实而全面的民主。更加真实的民主，一方面体现为作为民主主体的人民，不仅拥有更加自主的经济与社会地位和权利，而且拥有更加直接的途径来参与国家事务的管理；另一方面体现为国家的组织方式与运行方式，能够拥有更加成熟的制度安排与运行方式来保证人民群众参与国家事务，担当国家事务的管理。而更加全面的民主，则体现为民主不仅在政治领域，而且在更加广泛的经济、社会以及文化领域得到全面发展，并逐渐从一种制度形式，发展为一种生存方式与生活方式。由此可见，社会主义民主的发展，不应该是以资本主义所创造的现代民主为目标，而是应该以社会主义内在使命与发展阶段所决定的民主形态为目标。

其次，必须创造更加先进的生产力。在现代化的大逻辑中，更加先进的生产力，一方面取决于人的全面发展；另一方面取决于科学技术的快速进步与跃升。这意味着社会主义制度的优越性的一个重要体现就是能够使人的创造力，包括科学技术的创造力得到极大的迸发。为此，社会主义国家必须拥有最先进的制度安排来推动科技创新；必须拥有最先进的大学来进行知识的生产与创造；必须拥有最健全的法律和政策来保护和鼓励所有的创新与创造。如果社会主义不能在这些方面拥有比资本主义更高的形态，其现实存在与未来发展的合法性和合理性就不可能得到真正的提高与保障。

最后，必须创造更加崇高的价值信仰。人是有精神的，精神水平的高度往往决定人的境界、能力与贡献力的高度和水平，进而决定社会发展的状态与水平。所以，社会主义社会不仅应该提高先进的制度，并使其不断充实、丰富与完善，而且要创造更加崇高的价值信仰，来提升人们的精神世界与思想水平，进而来整体提升社会的精神水平与文化境界。没有人的精神健全，也就不可能有健全的社会；同样，没有人的思想崇高，也就不可能有高品质的社会。

这三大规定性是社会主义国家建设行动与发展的价值基础与目标指向，从而使得社会主义国家建设的行动，不仅要有现实的功用与意义，而且要有全局的效应与长远的意义。由于社会主义国家不是原来意义的国家，社会主义国家建设的价值选择、目标设定、任务安排以及路径规划，都不可能是资本主义国家建设的简单翻版。社会主义国家所要承担的时代任务与历史使命，决定社会主义国家建设与发展必须是高质量的、长远性的，因而其建设和发展过程，既需要国家的积极作为，同时也需要社会的有效参与和配合，其中还包括作为现代化发展重要机制的市场力量。在马克思看来，在发达的欧洲社会，工人阶级革命之后，工人阶级可以通过自身的联合以及国家政权来形成推动国家高质量建设与发展的主体与制度机制。然而，实践中的社会主义往往是在落后国家建设起来的社会主义，既缺乏工人阶级的整体力量和先进性基础，又缺乏社会主义国家建设与发展所需要的制度资源与制度质量。在这样的条件下，要快速推进社会主义建设与发展，就必须在工人阶级基础上形成一个强大的组织力量，一方面担负起领导、组织和发展工人阶级的任务与使命；另一方面担负起建构与完善社会主义国家制度体系的任务与使命。这个力量就是共产党。所以，严格意义上讲，共产党不是民主政治运行的产物，而是建设社会主义革命与国家建设的产物，其与生俱来的使命就是：代表先进生产力，通过先进生产力的组织来组织和建构社会主义国家，发展社会主义国家，履行社会主义国家的历史使命。中国特色社会主义以其成功的实践证明，共产党的使命担当以及作用的发挥，直接决定着社会主义国家的发展可能与发展成效。

三、共产党在社会主义国家的合法性

政党是现代国家组织与运行的基本要素。而且，现代国家发展的历史表明，政党对现代国家的重要性随着现代民主的发展而不断提高。于是，政党以及政党制度就自然成为评判与分析现代国家性质与民主发展水平的重要风向标。到目前为止，政党与国家、社会的关系以及由此形成的政党制度，各国都不完全相同。在各种差异中，最具泾渭分明的差异是社会主义国家的政党制度与资本主义国家的政党制度，因为社会主义国家始终坚持共产党是唯一的执政党，而在资本主义国家看来，这种政党制度是违背现代民主原则的。于是，共产党领导就往往成为资本主义国家攻击社会主义国家的最大口实。而对社会主义国家来说，如果放弃了共产党领导，社会主义国家与政权也就不成立了，是关系社会主义国家合法性的根本问题。由此，我们能够再度深刻地感受到社会主义国家所处“从国家到非国家”的历史状态带来的现实紧张。当然，这种紧张不是社会主义内生的，它一方面来自社会主义与当今世界格局、与当代人类社会发展的历史进程之间的不对称；另一方面来自共产党对社会主义国家组织、建设和发展的制度安排与领导方式的不完善。

如果在现代国家建设的框架内来理解与把握共产党，人们会自然地从现代国家的民主逻辑出发来定位和把握共产党在社会主义国家的地位与作用。其中最具共识性的是：共产党是社会主义国家的执政党。而最具争议性的是：共产党是社会主义国家唯一的执政党。① 但是，如果从科学社会主义来把握共产党，人们自然就会从阶级革命来把握共产党，视其为领导无产阶级革命，并最终掌握国家政权，建立社会主义国家的领导力量。于是，对同一个共产党，人们就可以从两个不同的维度来把握：一是执政的维度；二是革命的维度。从社会主义社会的性质与历史使命来看，社会主义要推动人类历史发展完全过渡到共产主义的发展状态，就必须不断进行现实结构的革命性改造：从摧毁旧的国家机器到不断创新现代化发展的内在结构，因而革命的维度并不会因为无产阶级取得政治革命的胜利、掌握政权而失去存在的价值和意义。不同的维度，在同一个共产党身上塑造了两个不同的政治角色：一是领导力量；二是执政力量。到目前为止，实践中的社会主义国家在理论上与制度安排上没有彻底协调好共产党的双重角色。这也是社会主义国家遇到

① 列宁就认为俄国十月革命后建立的苏维埃政权的国家是：“由唯一的执政党在管理”的国家。参见列宁：《俄共（布）中央委员会的政治报告》，《列宁选集》第四卷，人民出版社，1995年，第653页。

现实存在的紧张感的重要原因。

于是，社会主义国家建设与发展长久以来一直面临着这样的问题：对社会主义国家建设与发展来说，共产党是不可或缺的核心力量；但共产党在社会主义国家的实际存在与运行往往与由现代国家要素建构起来的国家制度及其原则产生紧张关系，进而面临执政合法性与合理性的挑战。过往的政治实践与理论探索证明，要在理论上和实践上缓解，并最终解决紧张，既不能简单附会现代国家理论与实践，也不能简单强调社会主义国家建构与实践的现实逻辑，因为这些努力都只能说明部分问题，缓解局部紧张，无法从理论上获得根本的解决。要从理论上解决这个问题，唯一的途径还是要回到科学社会主义本身，回到科学社会主义创立者马克思所提供的理论逻辑之中。

马克思主义的科学与伟大之处在于，对于历史与现实的任何关怀，都是从人类社会发展的大趋势以及人类社会的现实大格局出发的。马克思明确指出："旧唯物主义的立脚点是市民社会，新唯物主义的立脚点则是人类社会或社会的人类。"[①]这决定了马克思对社会主义社会的把握，既不是从一般的普世价值出发，也不是从历史运动的当下逻辑出发，而是从整个人类发展的总体规律出发。马克思的历史唯物主义强调："全部人类历史的第一个前提无疑是有生命的个人的存在。"这个个人在成为人类历史第一个前提的同时，也成为人类社会的第一个要素。人之所以能够创造人类历史，是因为人拥有生产自己的生活资料能力。人的生产劳动是以"个人彼此之间的交往[Verkehr]为前提的"[②]。人的生产和交往必然组成社会；而生产发展所导致的社会利益冲突，必然形成国家，以维系社会，进而维系人的生存与发展。这样，个人、社会与国家就成为人类社会组织和发展的三个基本要素，它们之

① 马克思：《关于费尔巴哈的提纲》，《马克思恩格斯选集》第一卷，人民出版社，1995 年，第 57 页。

② 马克思、恩格斯：《德意志意识形态（节选）》，《马克思恩格斯选集》第一卷，人民出版社，1995 年，第 68 页。

间循环作用，共同决定着人类文明发展的进程。在这三个要素中，个人的因素是决定性的，国家作为历史产物，将在个人获得充分自由，能够完全主宰自己的存在的时期消亡。

马克思就是在这样的逻辑框架下思考历史、观察现实的，而其逻辑起点始终是个人。因而，个人的生产和生活决定着整个人类社会的形态与发展。马克思认为："我们越往前追溯历史，个人，从而也是进行生产的个人，就越表现为不独立，从属于一个较大的整体；最初还是十分自然地在家庭和扩大成为氏族的家庭中；后来是在由氏族间的冲突和融合而产生的各种形式的公社中。只有到18世纪，在'市民社会'中，社会联系的各种形式，对个人来说，才表现为只是达到他私人目的的手段，才表现为外在的必然性。"[①] 在这里，马克思以18世纪为界，将个人的社会存在分为两种：一种是不独立的个人存在，体现为从属于共同体；另一种是独立的存在，包括共同体在内的各种社会联系，不再是人的目的，而是人的手段。马克思认为正是因为人的存在在18世纪从不独立的存在发展为独立的存在，人类文明发展进入了现代化发展时期；与此同时，个人、社会与国家的内在逻辑关系，也自然发生了革命性变化。为此，马克思详细比较了人的这两种存在状态所带来的全方位的差异：

"在前一种情况下，各个人必须聚集在一起，在后一种情况下，他们本身已作为生产工具而与现有的生产工具并列在一起。因此，这里出现了自然形成的生产工具和由文明创造的生产工具之间的差异。耕地（水，等等）可以看作是自然形成的生产工具。在前一种情况下，即在自然形成的生产工具的情况下，各个人受自然界的支配，在后一种情况下，他们受劳动产品的支配。因此在前一种情况下，财产（地产）也表现为直接的、自然形成的统治，而在后一种情况下，则表现为劳动的统治，特别是积累起来的劳动即资

① 马克思：《〈政治经济学批判〉导言》，《马克思恩格斯选集》第二卷，人民出版社，1995年，第2页。

本的统治。前一种情况的前提是，各个人通过某种联系——家庭、部落或者甚至是土地本身，等等——结合在一起；后一种情况的前提是，各个人互不依赖，仅仅通过交换集合在一起。在前一种情况下，交换主要是人和自然之间的交换，即以人的劳动换取自然的产品，而在后一种情况下，主要是人与人之间进行的交换。在前一种情况下，只要具备普通常识就够了，体力活动和脑力活动彼此还完全没有分开；在后一种情况下，脑力劳动和体力活动之间实际上应该已经实行分工。在前一种情况下，所有者对非所有者的统治可以依靠个人关系，依靠这种或那种形式的共同体 [Gemeinwesen]；在后一种情况下，这种统治必须采取物的形式，通过某种第三者，即通过货币。在前一种情况下，存在着小工业，但这种工业决定于自然形成的生产工具的使用，因此这里没有不同的个人之间的分工；在后一种情况下，工业只有在分工的基础上和依靠分工才能存在。”①

这个深刻而详细的对比，揭示了现代与前现代之间的根本差别。这种差别除了必然反映在个人与自然、个人与生产过程以及个人与个人的关系上之外，也必然反映在个人、社会与国家的关系上。实际上，马克思在这里已经多少指出了个人与社会、国家关系所存在的前后差异：在前一种情况，基于人对共同体的从属，统治可以通过个人关系或共同体来实现；而在后一种情况，基于个人互不依赖的关系，统治者必须通过第三者，即货币这种物的形式来实现。马克思指出，“社会结构和国家总是从一定的个人的生活过程中产生的。”因而，随着“个人的生活过程”的革命性变化，现代化运动中形成的个人、社会与国家的关系，必然完全不同于前现代的个人、社会与国家的关系。其中最大的差别就是：从个人从属共同体，国家与社会一体，发展为个人独立，国家与社会二元存在。马克思指出：“在古代国家中，政治国家就是国家的内容，其他的领域都不包含在内，而现代的国家则是政治国家

① 马克思、恩格斯：《德意志意识形态（节选）》，《马克思恩格斯选集》第一卷，人民出版社，1995 年，第 103—104 页。

和非政治国家的相互适应。”[①] 所以，“在中世纪，人民的生活和国家的生活是同一的。在这里，人是国家的真正原则。党则是不自由的人。所以这是不自由的民主制，是完全了的异化”。到了现代，随着个人的独立存在，私人的生活也就自然从国家中抽象出来，与此相应，政治国家也就从社会中抽象出来，从而与社会形成二元的结构关系。[②] 马克思认为，这种私人生活的抽象是经济与社会发展的结果。他说：“在这个自由竞争的社会里，单个的人表现为摆脱了自然联系等等，而在过去的历史时代，自然联系等等使他成为一定的狭隘人群的附属物。这种 18 世纪的个人，一方面是封建社会形式解体的产物，另一方面是 16 世纪以来新兴生产力的产物。”这种独立个人的出现，很快就被当时的理论与预言家抽象为现代历史运动的逻辑起点，并由此来建构用于指导现代国家建设理论。马克思指出：“在 18 世纪的预言家看来（斯密和李嘉图还完全以这些预言家为依据），这种个人是曾在过去存在过的理想；在他们看来，这种个人不是历史的结果，而是历史的起点。因为按照他们关于人性的观念，这种合乎自然的个人并不是从历史中产生的，而是由自然造成的。这样的错觉是到现在为止的每个新时代所具有的。”[③] 于是，在现代化背景下，个人与社会、国家就在理论上被规范为这样的关系：个人通过契约联合组成社会，即现代社会；现代国家是与这样的现代社会相适应的产物，其权力来自人民的转让与托付。在这样的理论逻辑中，相对于现代社会与现代国家来说，人民是自由的主体；正因为这种自由，才有理论上人民通过契约组成社会、组建国家之理性推导。现代国家建构的理论、组织原则和运行方式，都源于这样的个人、社会与国家关系。人们对社会主义国家党的领导的困惑与质疑也都来自这样的理论逻辑及其背后的历史错觉。

---

① 马克思：《黑格尔法哲学批评》，《马克思恩格斯全集》第一卷，人民出版社，1956 年，第 283 页。

② 同上书，第 284 页。

③ 马克思：《〈政治经济学批判〉导言》，《马克思恩格斯选集》第二卷，人民出版社，1995 年，第 2 页。

然而，马克思认为“这种18世纪的个人”，实际上并非完全独立与自由的个人。因为在现代的生产体系和社会组织中，这些独立的个人虽然可以不再从属于具体的共同体，但却无法逃脱分工所形成的规定性；与此同时，由于社会没有走出阶级对抗，任何个人的存在不免要组成阶级，而组成的阶级对个人来说，又是独立的。于是，这些独立的人“可以发现自己的生活条件是预先确定的：各个人的社会地位，从而他们个人的发展是由阶级决定的，他们隶属于阶级。这同单个人隶属于分工是同类现象，这种现象只有通过消灭私有制和消灭劳动本身才能消除”[①]。所以，在马克思看来，这种个人自由，实际上是源于“他们的生活条件对他们来说是偶然的”，因而事实上，“他们当然更不自由，因为他们更加屈从于物的力量”。[②]马克思将这种个人称为“偶然的个人”。正是这种个人自由的被规定性、偶然性以及脆弱性，使得实践中的资本主义国家很快就将作为其逻辑起点和制约力量的社会，紧紧地缠绕在自己的怀中，“无处不在的复杂的军事、官僚、宗教和司法机构像蟒蛇似地把活生生的市民社会从四面八方缠绕起来”[③]，以至于国家差不多又回到了专制君主时代的中央集权的国家。现代化运动建构的个人、社会与国家的关系也由此逐渐走向全面异化。社会主义的出现就是以超越这种异化，从而将人类社会带上共产主义发展运动为使命的。

这决定了社会主义国家虽然与资本主义国家同处于现代化发展的历史阶段，但其建构的现实前提、价值基础和历史使命是完全不同的。由于它不是原来意义上的国家，所以它既必须具有国家的功能，同时又必须具有非国家的架构。从国家功能的角度来看，它必须具备现代国家运行所应有的基本

---

① 马克思、恩格斯：《德意志意识形态（节选）》，《马克思恩格斯选集》第一卷，人民出版社，1995年，第118页。

② 同上书，第120页。

③ 马克思：《法兰西内战》，《马克思恩格斯选集》第三卷，人民出版社，1995年，第91页。

要素和能力；从非国家的架构来看，它必须用全新的逻辑来组合这些基本要素，使其既具有很强的发展能力，同时又能为人与社会的全面发展提供最大的可能与空间。

根据马克思的理论，个人要获得真正的自由，社会要获得真正的解放，最关键就是要消除生产资料与劳动的分离，以及这种分离所带来的物对人的统治，而要做到这一点，就必须使“个人占有现有的生产力总和”成为现实；而从实现占有所采用的方式来看，这种占有“只有通过联合才能实现，由于无产阶级本身固有的本性，这种联合又只能是普遍性的，而且占有也只有通过革命才能得到实现”。正如“只有在共同体中，个人才能获得全面发展其才能的手段”,“才可能有个人自由”一样，[①]也只有在这种联合中，个人才真正实现“自主活动”，获得真正的自由，从而使原来“偶然的个人”发展为能够“自主活动”的“有个性的个人”。[②]于是，在国家建构的现实进程中，社会主义国家与资本主义国家是完全颠倒的，即它不是通过解放个人，建市民社会，进而建民主国家；而是首先将个人联合起来，通过占有生产力总和，实现个人的自由，创造社会的解放，进而使社会主义国家成为不是原来意义的国家。从国家建设的具体实践来看，这种个人联合，既是社会主义革命的需要，同时也是社会主义国家得以维系和发展的前提。实现这种个人联合的力量和机制只能来自无产阶级自身，共产党由此应运而生。

由此可见，共产党既是无产阶级革命的要求，同时也是建立不是原来意义上国家的社会主义国家的要求。个人的联合是社会主义国家建构的逻辑起点，同时也是社会主义国家架构的基础。这决定了“社会解放”要成为真正现实，并在实践中保持社会对国家的主导性，就必须以个人的联合为前提。必须指出的是，这种联合不是创造基于个人组成的“个人的全

---

① 马克思、恩格斯：《德意志意识形态（节选）》，《马克思恩格斯选集》第一卷，人民出版社，1995 年，第 119 页。

② 同上书，第 122—123 页。

体”，而是创造每个人都是生产资料与国家财富主人的“全体个人”。马克思指出：“在迄今为止的一切占有制下，许多个人始终屈从于某种唯一的生产工具；在无产阶级的占有制下，许多生产工具必定归属于每一个个人，而财产则归属于全体个人。现代的普遍交往，除了归全体个人支配，不可能归各个人支配。”[①] 从这个意义上讲，全体个人对现有生产力总和的占有，既不是国家权力作用的结果，也不是社会自行组织的产物，而是力图占有生产力总和的个体联合。显然，这种联合反而成了社会主义国家与社会存在和运行的前提。

这样，处于“从国家到非国家”过渡形式的社会主义国家就形成了与原来意义国家不同的架构：联合起来的个人，即全体个人，自主的社会与人民作主的国家。在这样的架构中，联合起来的个人是独立的前提与基础，其现实体现就是以生产资料为社会占有所形成的人民力量。这个不可分解的力量掌握国家权力，才能构成社会主义社会与国家，而维系这种不可分解的人民力量，用马克思的话来说，就是“全体个人”，自然就是共产党。共产党与不可分解的人民力量是一体的，失去了共产党，不可分解的人民力量也就不可能存在，与此相应，全体个人就不可能占有生产力总和，这样社会主义国家也就失去了存在与发展的所有基础。由此，再次证明，共产党的领导与作为执政党的存在合法性，就在社会主义国家构成形态本身，它决定于社会主义国家的历史使命及其所处的“从国家到非国家”的过渡形式。

---

① 马克思、恩格斯：《德意志意识形态（节选）》，《马克思恩格斯选集》第一卷，人民出版社，1995 年，第 129 页。

四、中国的行动逻辑与实践路径

依据经典马克思主义的理论逻辑，社会主义现代化国家由于承载的是从资本主义到共产主义的过渡，所以，它“已经不是原来意义上的国家”了。[①]列宁解释道：“原来意义上的国家是由脱离人民的武装队伍来控制群众。”[②]换句话说，就是少数人通过国家机器统治多数人的国家。这决定了社会主义现代化国家建设历史行动的逻辑起点，就是如何使广大的人民成为社会主义现代化国家建设的主体。马克思和恩格斯认为，这个逻辑起点不是绝对理性的产物，相反它是一定现实历史运动的结果，具体来说，就是资本主义生产力与生产关系矛盾运动所带来无产阶级与资产阶级对立的结果。所以，社会主义现代化国家建设的历史行动，不像资本主义现代国家建设那样，从神圣化绝对的理性出发，进而掀起革命的浪潮；而是从把握无产阶级现实的根本利益出发，使其成为推翻一切阶级统治、建设社会主义国家的历史动力与实践主体。为此，恩格斯强调指出：“深入考察这一事业的历史条件以及这一事业的性质本身，从而使负有使命完成这一事业的今天受压迫的阶级认识到自己的行动的条件和性质，这就是无产阶级运动的理论表现即科学社会主义的任务。”[③]

在马克思、恩格斯观念中的无产阶级的历史运动是世界性的，因而更多的是从人类发展的历史运动，具体来说，就是从整个资本主义世界的历史运动去把握无产阶级建构社会主义现代化国家的历史实践的。然而，实际展开的社会主义现代化国家建设实践，虽然有国际共产主义运动的时代背景，但其实践的实际空间都是地域性或国别性的。列宁就明确指出：“资本主义的

---

① 恩格斯：《给奥·倍倍尔的信》，《马克思恩格斯选集》第三卷，人民出版社，1995 年，第 324 页。

② 列宁：《无产阶级在我国革命中的任务》，《列宁选集》第三卷，人民出版社，1964 年，第 63 页。

③ 恩格斯：《社会主义从空想到科学的发展》，《马克思恩格斯选集》第三卷，人民出版社，1995 年，第 760 页。

发展在各个国家是极不平衡的。而且在商品生产的条件下也只能是这样。由此可以得出一个确定不移的结论：社会主义不能在所有国家内同时获得胜利。它将首先在一个或几个国家中获得胜利，而其余的国家在一段时期内仍然是资产阶级的或者资产阶级以前时期的国家。”[①]在此，列宁不仅道出了“社会主义可以在一国率先胜利”的著名论断，同时也道出了实践中的社会主义现代化国家建设，可以有共同的历史取向，但不可能有完全相同的历史与社会基础。这决定了社会主义现代化国家建设，不仅要从劳动阶级的现实利益出发，而且要从所在国家特定的历史与社会条件出发。社会主义国家建设与发展史出现的模式化的社会主义国家建设实践都以失败告终，从而再度证明了科学社会主义坚持的历史唯物主义和辩证法的科学性，再度表明科学社会主义的实践一定要从社会、历史与文化的现实出发。这个真理在中国特色社会主义成功实践中获得了充分证明。

因而，社会主义虽然强调共产主义是人类历史的必然，但其国家建设的具体实践却不像资本主义国家那样，从资本主义所追求的绝对理性及其包含的绝对价值出发，而是从人类发展的基本规律与本国发展的实际国情出发。这决定了社会主义在世界上发展，不是基于绝对的绝对价值的输出来推广其制度与社会，也不是基于意识形态的传播与征服来拓展其势力范围与国际空间，而是基于人类经济与社会发展所形成的内在历史力量以及各国人民的自觉选择。换言之，科学社会主义在世界上的发展与资本主义在世界上的不同之处在于：不是从绝对的理念出发，而是从人类社会发展规律出发；不是从普世价值出发，而是从客观的实际出发；不是从神圣的模式出发，而是从自主的探索出发。显然，这是两种完全不同的理论与行动逻辑，与此相应地也形成了两种完全不同的社会制度建构与国家建设模式。尽管由于人类历史发展阶段以及经济、社会全球运动结构的限制，科学社会主义的现实实践尚未

---

① 列宁：《无产阶级革命的军事纲领》，《列宁选集》第 2 卷，人民出版社，1972 年，第 873 页。

发展为世界性的潮流，但其在中国的有效实践证明：苏东剧变摧毁的不是科学社会主义本身，而是科学社会主义错误实践所形成的“苏联模式”；中国特色社会主义的成功实践证明，科学社会主义只要遵循马克思主义的科学发展与实践，其所拥有的内在生命力与活力依然是巨大的，依然能够实现比资本主义更加合理、更加有效、更加全面的现代化发展。

从1917年十月革命以来，科学社会主义的发展运动与现实实践已近一个世纪，它既成就了当年的苏联以及今天中国的崛起，也遇到了“苏东剧变”所带来的“苏联模式”的失败，既有成功的经验，也有失败的教训。正因为有过失败与成功的反复洗礼，科学社会主义在当代的人类文明发展中逐渐成熟为一种可建构、可运作、可发展、可信仰的社会制度体系与社会发展形态，从而在资本主义占主导的世界中开辟出人类未来发展的新路径、新前景与新未来。结合科学社会主义现实实践所得出的经验与教训，以及科学社会主义理论所揭示的人类社会发展的内在规律，可以将社会主义现代化国家建设行动逻辑与实践路径展现如下：

第一，立足国情。马克思始终认为，社会主义不是观念的产物，而是人类社会发展的结果。这决定了社会主义的具体实践，不是从理念或教条出发，而是从实践所根据的国情与民情出发。对于任何社会来说，不论社会主义对其是多么远大的目标、多么崇高的理想，其发展都是从历史、社会与文化所规定的现实出发的。现实的国情决定发展的历史阶段，决定发展的战略选择、路径选择，从而决定发展的模式与道路。所有的经验与教训都证明，任何脱离国情的社会主义国家建设和发展，最终都将遇到挫折，甚至是失败。

第二，遵循规律。遵循发展的规律是立足国家发展的必然要求。不论是从超越资本主义的社会主义理想出发，还是从落后国家实践的社会主义初级阶段出发，都应该从人类社会发展的基本规律把握社会主义，进而从社会主义内在的规律把握社会主义。从人类文明发展规律来看，社会主义是在资本主义之后出现的，没有资本主义的有效发展，也就不可能有社会主义发展的可能，这决定了社会主义对资本主义的超越，不是以割断社会主义与资本主义的关系为前提的，而是以将资本主义的发展成就有效地转化为社会主义发展的动力与资源为前提的。就社会主义发展本身，社会主义再如何超越资本主义，其所处的时代已然是前共产主义的现代化时代，因而虽然其所有制的核心是公有制，但这并不意味着其现实的发展能够超越现代化历史运动的现实规定性，例如现代化的逻辑、市场经济的逻辑、民主化发展的逻辑，以及今天日益强盛的全球化的逻辑和网络化的逻辑。所以，遵循规律发展国家，不仅能够很好地定位其发展的历史方位；同时，也能很好地把握社会主义发展所应该借助的时代潮流、制度资源与发展空间。只有这样的发展，才是真正理性的社会主义现代化发展与现代化国家建设，从而创造社会主义社会实质性的进步与发展。

第三，以人为本。现代化是以承认并促进人在政治和法律的独立自主为前提的。社会主义超越资本主义之处在于：不仅承认并促进人在政治和法律上的独立自主，而且从两方面来保证这种独立自主能够转化为人的全面发展：其一是逐渐消除劳动的异化，使劳动者成为国家的主人，同时劳动者能够共享整个国家的进步与发展；其二是个人的自由确立在人民掌握国家政权基础之上，最大限度地摆脱了阶级对抗与统治所带来的种种局限，获得更大的自由、平等空间与发展可能。因而，社会主义社会所强调的以人为本，与资本主义的不同之处在于：这里的人不是抽象的，而是具体的；这里的人，不仅指作为个人存在的人，而且指作为当家作主的人民的人；这里的人，不仅限于自由的状态，更重要的是追求人的全面发展。正是从这样的“以人为本”出发，社会主义的政治、经济、社会、文化乃至人与自由关系的建设与发展都拥有了不同于资本主义、但同时又力图超越资本主义的逻辑与形态。

第四，持续发展。解放和发展生产力，实现更全面、更大规模的发展是社会主义社会的本质使命，也是社会主义取代资本主义的最基本的合法性所在。可以说，没有生产力的有效发展，就没有社会主义；社会主义不能创造生产力持续有效的发展，就没有社会主义制度的优越性。相比较资本主义发展来说，社会主义所创造的发展应该是能够克服周期性经济危机的可持续的发展。这决定了社会主义组织经济与社会发展的制度形态、组织形态、运行形态以及管理形态，应该在充分吸收人类文明发展成就的基础上，形成自己的特色与优势。中国的发展表明，社会主义国家只要真正从全体人民的利益出发，充分尊重经济与社会发展的历史阶段与发展规律，是有能力预防与克服可能出现的经济危机，有能力创造可持续发展的。这是社会主义国家建设应该追求的境界。

第五，依法治国。法治是现代社会与现代国家建设的基本要求。处于现代化发展时代的社会主义建设，既需要国家的有效作用，同时也需要国家的规范作为，从而使国家能够真正成为人民掌权、人民治理的国家。为此，应该将人民治理国家确立在依法治理国家的基础之上，其本质有两个：一是将体现人民意志的宪法与法律作为治理国家的根本依据，从而使人民对国家权力的服从和认同等同于对自己的意志的服从与认同，并由此体现人民当家作主；二是用制度全面规范国家运行体系，使民主真正制度化、使法治真正规范化、使治理真正法律化。为此，社会主义国家建设，应该努力建立社会主义法律体系与法治体系；应该让制度在国家治理中起根本作用；应该使法治成为普遍的原则；应该让权力与权利的制度化平衡作为国家稳定与发展的基础。

第六，公平正义。任何国家都是通过组织、制度与价值建构起来的。资本主义国家如此，社会主义国家也是如此。其中，价值是国家建构的灵魂，决定着制度使命与组织形态。与资本主义国家的价值体系不同，社会主义国家的价值体系不是基于抽象人性所形成的理性设定，而是来自人与社会发展的具体而普遍的要求，因而其使命不在于赋予抽象的人以价值规定，而在于赋予实实在在的人与社会关系以合理的原则。因而，社会主义的价值体系超越了自由、平等、博爱，而凝聚为公平正义。这个价值原则既协调了自由与平等的关系，也协调了个体与社会的关系；既协调了机会平等与结果平等的关系，也协调了个人发展与制度规范之间的关系；既协调了价值与制度的关系，也协调了权力与权利之间的关系。实践中，公平正义是一种道德秩序，是一种社会制度，进而也是一套政策体系，因而它能够从道德、制度与政策三个层面建构和支撑社会主义国家体系，并决定国家的运行与行动。

第七，合作共享。相对于劳动者与生产资料分离所产生的创造财富的人不享有财富的资本主义社会的劳动异化，社会主义社会的一个重要优越性就是最大限度地保障劳动者在创造财富的同时拥有财富，其途径就是生产资料的公有制，从而逐步消除劳动者与生产资料的分离。尽管现实表明，市场经济的存在决定了消除这种分离是不可能的，但作为协调社会财富资源分配的社会主义国家应该从公平正义的价值原则出发，让劳动创造的社会总财富能够最大限度地实现社会共享，用中国特色社会主义的理论来说，就是劳动人民共享国家经济与社会发展的成果。然而，这种共享不应该是权力主导的社会财富再分配的结果，而应该是各财富创造主体在经济与社会运行的各环节创造合作，实现共赢的结果。没有合作与共生的基础，共享就缺乏其内在的机制与现实的合法性、合理性。因而，在资源有限的背景下，共享一定是建立在各共享主体在创造财富、促进发展中是相互合作、携手共进的。因而，社会主义国家的制度与治理体系，应该创造与巩固合作的制度与治理体系，应该是能够让社会每个人共享国家发展总体的制度与治理体系。

第八，和平共处。任何国家的生存与成长，既需要内部的协调与成长动力，也需要外部的环境与资源。社会主义是以追求人类的进步与发展为使命的，因而国际主义与和平主义是其内在的本质属性，其具体体现就是在追求国家发展，建构国家发展的外部环境中，秉持的原则与战略就是和平共处。和平共处，既是处理国与国关系，建构与发展合理的国家政治、经济与社会秩序的基本原则，同时也是各国在国际舞台上赢得尊严，创造发展机遇与空间，贡献人类与世界的基本战略，因而实践中的和平共处蕴含丰富的内容与实践形态。社会主义对人类文明发展的根本贡献，就是创造人类社会的和平共处、共同发展。因而，实践中的社会主义对这个原则与战略的任何偏离，都是对科学社会主义的侵蚀和伤害。

以上的概括和提炼，确实是以中国特色社会主义道路与中国发展模式为现实依据的，但提炼出来的这种社会主义国家建设的行动逻辑与行动路径有一定的参考价值。人们既可能由此按图索骥地开展社会主义建设的探索和实践，也可以将其视为一套可借鉴的体系，来评估相关国家的社会主义实践。然而，这一切努力的目的，不是在于清晰地判明哪个国家是社会主义，哪个国家不是，而是在于为世界各国进行社会主义探索和实践提供原则、战略与路径。

第四章

中国共产党与中国道路

中国共产党是在五四运动的时代潮流中孕育和诞生的。对于中华五千年文明发展来说，五四运动，既开启了中华文明的现代化转化，也开启了中国走向社会主义的社会革命，这两大历史任务责无旁贷地落在了中国共产党肩上。本着为中国人民谋幸福、为中华民族谋复兴的初心和使命，中国共产党自成立以来，在解决中国问题、探索中国道路、谋划中国未来的实践中，始终坚持从历史唯物主义出发，立足中国社会、历史和文化，顺应世界发展大势和时代发展潮流，紧扣具有五千文明史的中华民族生存、发展和复兴这一全民族关切的时代课题，把中国同世界紧密联系起来，结合世界发展潮流把握中国革命方向和进程；把现实的中国同历史的中国结合起来，从中华五千多年的文明历史把握现实，先后探索出适合中国实际的中国革命道路、适合中国发展进步的中国特色社会主义道路、适合中国全面且快速建成社会主义现代化国家的中国式现代化道路。中国共产党对初心使命的坚守、对历史唯物主义的信仰、对探索中国道路的自觉、对远大理想和共同理想的追求，既秉承了中华五千多年文明发展的文化基因、守护了中华五千多年文明发展的历史命脉，也践行了科学社会主义、创造了中国特色社会主义，从而开拓了中华五千多年文明发展的远大前程，开启了中国全面建设社会主义现代化国家新征程，使中华民族迎来了以中国式现代化全面建设社会主义现代化国家，全面推进中华民族伟大复兴的新时代。

一、中国共产党是人类文明的新型政治力量

人类社会任何一种文明，都是人类的伟大创造。然而，每一种文明的诞生和发展，都要经历艰难曲折的历史过程，要经历大浪淘沙的历史选择，更要经历万般实践的历史检验。不同文明发展，都有自己的出发点和根脉。人类社会在当代联系为一个世界，汇成人类前进的历史潮流，但这不可阻挡的历史潮流从不否定不同国家选择自己发展道路的权利、从不否定继续在前进道路上创造新的文明的权利。也正因为如此，现代人类社会创造了比历史上任何时代都灿烂辉煌的文明成就。

不否认西方文明打开了人类现代文明大门，但这绝不意味着人类现代文明的主人就是西方文明。被打开的人类现代文明大门给全人类带来了一个崭新的、无限的天地，每一个文明都可以在这新天地借助新资源进行新创造，共同装点人类现代文明的百花园。中国共产党的成功之处，就在于破解了西方文明是人类现代文明主宰的假象和迷思，自觉、自主且大胆地在人类现代文明中进行新的伟大创造，不仅把五千多年中华文明成功带入人类现代文明的天地，而且在此基础上，使自己的所有创造实践都变成一种有根、有源、符合人类发展前进方向和时代要求的新型文明。尽管中国共产党从成立到今天仅有一百年多一点的历史，但是中国共产党团结带领中国人民在不长时间里所进行的一切革命性创造，不论对中华民族、对世界发展，还是对人类进步都产生了决定性影响，在人类文明发展史上具有重大的里程碑意义。

中国共产党是人类文明发展的伟大产物。中国共产党是中华民族和中华

文明产物，其诞生和出现，使大一统的中华民族挺起了现代脊梁，使五千多年历史的中华文明得以延续拓展并成功迈向现代社会。中国共产党也是马克思主义创造的社会主义文明产物，作为在落后社会组织起来的先进力量，其成功实践并全面发展科学社会主义理论，使古老的东方社会从半封建半殖民地社会大步跨入社会主义社会。中国共产党也是人类文明长期发展的产物，第一次解决了阶级社会出现以来长期困扰人类社会的历史性难题，即如何生成一个真正代表公共利益的公共力量来执掌和运行国家公共权力，中国共产党在领导中国人民革命、建设、改革和复兴的伟大奋斗历程中，把自己锻造成为真正代表最大人民利益、而没有自己的特殊利益的领导力量。

大道之行、天下为公，这是中华民族自古以来遵循的大道理。中国人民信这个理，中国共产党也信这个理。在这个理中，“公”为天下之大利，“为公”为天下之大义，“公道”为天下之大道。只有行天下为公者，才能赢得天下。对于任何一个人来说，公是对私的最大挑战，要行公道，就必须抑制私欲，最好办法就是以大我代替小我，这个大我就是把天下装在心中，努力去赢得天下。从这个意义上讲，中华民族是追求大我的民族，中国共产党是追求大我的政党。这个大我，不是要否定个人之私，而是要把个人之私和全体人之公融为一体，实现每一个人全面发展和全体人民共享幸福的有机统一。两千多年前，孔子就以“己欲立而立人，己欲达而达人，己所不欲勿施于人”这个最个人化的感受表达，说明了这个天大的道理。两千多年之后，毛泽东把“立人”“达人”中的人，从一般意义的人升华为“广大人民”，同时也把“己欲立”和“己欲达”升华为为天下苍生计、为人民和民族谋的境界，强调指出“以中国最广大人民的最大利益为出发点的中国共产党人，相信自己的事业是完全合乎正义的，不惜牺牲自己个人的一切，随时准备拿出自己的生命去殉我们的事业，难道还有什么不适合人民需要的思想、观点、意见、办法，舍不得丢掉的吗？”“无数革命先烈为了人民的利益牺牲了他们的生命，使我们每个活着的人想起他们就心里难过，难道我们还有什么个人利益不能牺牲，还有什么错误不能抛弃吗？”[①]真可谓：有大公之追求，才有无私之境界；有了伟大的牺牲精神，才有平天下之大我。

从1840年第一次鸦片战争到1949年中华人民共和国成立、再到2010年成为世界第二大经济体，中国用了一百七十年时间实现了三大跨越：一是从古代跨越到现代，实现了文明转型，使五千多年文明得以延续并迈向现代；二是从半封建半殖民地社会跨越到社会主义社会，进行了一系列伟大社会革命，使中华民族走在了世界前列；三是从贫弱跨越到富强，实现了快速发展，使中国走向富强。推动这三大跨越的力量，来自三个方面：一是中华民族一往无前的不懈奋斗；二是浩浩荡荡的世界发展潮流；三是中国人民孜孜以求的学习和探索。第一个动力是内在驱动力；第二个动力是时代推动力；第三个动力是自主驾驭力。这就像一艘大船或一辆大车一样，缺了其中任何一种力，中国就无法前进。其中，把三个力统一起来并最大限度发挥其效能的，就是自主驾驭力。在这方面，中国人民最庆幸的，就是选择了中国共产党；中国共产党最庆幸的，就是把马克思主义同中国实际和中华优秀传统相结合，找到了自主驾驭中国发展进步的科学方法，找到了自主驾驭中国发展进步的正确道路，找到了自主驾驭中国发展进步的不竭动力。

中国共产党领导革命、建设、改革和现代化的伟大实践表明，中国共产党自主驾驭中国的智慧和能力源于四个方面：一是科学社会主义理论；二是中华几千年文明智慧；三是中国共产党探索实践；四是世界各国经验教训。可以说，中国共产党是在历史和现实相统一、中国和世界相比较、理论和实践相结合中不断增长自己的智慧和才干的。在这过程中，中国共产党同时从两大社会制度实践中汲取经验教训：一是以美国为代表的西方资本主义国家发展的经验教训；二是以俄国（苏联）为代表的社会主义国家发展的经验教训。从一定意义上讲，当代中国发展为什么能够取得人类历史上前所未有的

① 毛泽东：《论联合政府》，《毛泽东选集》第三卷，人民出版社，1991年，第1096—1097页。

巨大成就，很重要的一点就是作为历史巨人的中国，在中国共产党正确领导下，赶上了当今世界发展的时代潮流，站上了人类发展的时代巨人肩上，从而拥有了一般国家所无法拥有的独特历史位势和独特发展优势。中国的发展没有像历史上一些强国那样，依靠武力征服世界其他地区实现自己发展，但很好利用了当代世界各国现代化发展积累的经验和教训及其客观上给人类社会带来的广阔发展空间。

从以美国和西欧国家为代表的世界资本主义发展中，中国获益最大的有两个方面：一是从资本主义经济危机和两次世界大战中深刻认识到资本主义不能救中国，只有社会主义才能救中国；二是从资本主义创造的战后世界经济和政治秩序中，找到中国赶上时代发展潮流的时代机遇和发展平台。同时，从俄国（苏联）为代表的世界社会主义发展中，中国获益最大的也有两个方面：一是借俄国（苏联）社会主义革命成功所掀起的世界社会主义革命和建设运动，迅速推动中国社会迈上社会主义道路、建设社会主义国家；二是从苏联和东欧社会主义国家建设失败中，找到防范社会主义国家建设可能遭遇危机的两大法宝：不断解放社会生产力和社会活力，不断加强党的领导和全面从严治党。

在现有大国中，中国是后来者，也是学习者；在现有大国交往中，中国是合作者，也是推动者。不论是文化特性和价值包容性，还是制度特性和发展合作性，都决定了中国是最具学习力和包容性的大国。中国很好利用了后发优势，实现后来居上。就像一个人的成功，很大程度上同其为人做事的品位、境界有关一样，一个政党、一个国家的成功，也在很大程度上同其立命立功的品位、境界有关。在这方面，中国共产党倡导和践行实事求是的精神和包容宽和的文化心态起到了十分重要的作用。实事求是，让中国共产党和中国人民摆脱了教条主义和盲目崇拜，坚信实践是检验真理的唯一标准，立足实际，依靠自己，自立自强；包容宽和，让中国共产党和中国人民能以天下胸怀与他人共处、向他人学习、同他人合作，走天下大道，赢天下大势，创天下大同。

中国共产党成立至今，已超过百年，虽然历经艰难困苦，但持续发展壮大，始终立于不败之地，始终能够赢得新的胜利。作为政党，中国共产党是伟大的；作为组织，中国共产党是强大的；作为奋斗力量，中国共产党是成功的。不论从那个角度讲，中国共产党已成为人世间干事创业的成功典范，其成功之道具有普遍意义，能在各个层面、各个维度给世间以启迪，给世界以智慧。

中国共产党从弱小到强大、从边缘到中心、从稚嫩到成熟、从成功到伟大的历史进程和历史经验，同中国共产党作为一种人类历史上新型文明力量所具有非凡特质分不开，具体可概括为十二大方面：

第一，坚守远大理想。有无理想，决定政党境界；理想大小，决定政党前程。中国共产党始终坚定共产主义远大理想，并在实践中带领中国人民形成中国特色社会主义共同理想。远大理想使中国共产党始终保持崇高境界和本质属性；共同理想使中国共产党能够在实践中不断凝聚力量、开辟前程；共同理想和远大理想有机统一，使中国共产党成为始终有使命感、奋斗力、创造力的伟大政党。

第二，发展自身理论。理想决定志向，思想决定行动。志向再大，没有科学有效的行动，最终还是空想。中国共产党相信马克思主义，并以马克思主义理论为指导思想，更为重要的是把马克思主义理论通过中国化和时代化发展，转化为中国共产党自己的理论，实现理论自觉和思想独立。这既提升了党的理论水平，同时也彻底解放了党的思想和理论的创造力，使党的创新理论具有无限的创造力和发展力。理论自觉和思想独立，是任何政治力量取得事业成功的思想基础和理论支撑。

第三，通晓中国实际。做事，不仅要懂得做什么，更要懂得能怎么做以及怎么做得最好。这就需要立足现实，把握实际，把理想和实际有机结合起来。立足现实是态度，把握实际是能力。中国共产党不仅有这种态度，更重要的是有这种能力。这种态度和能力不是天生的，是在实践中形成的，一定程度上可以说是用血的代价换来的。现实是残酷的，许多时候只有低下被现实撞得血流满面的头颅，才能真正贴近现实、看清现实、弄懂现实。只有通晓中国实际和现实，党才能找到自己的立足点，才能开辟出自己的路。

第四，坚持人民至上。任何生命都离不开根脉。中国共产党以人民为根脉，更为重要的是主张人民至上，既做到一切为民，同时也做到处处敬畏人民。一切为民，确立了政党的根本宗旨；敬畏人民，找到了政党的安生之道。这样，人民既是党的初心使命所在，同时也是党的内外约束所在，所以只要保持同人民的血肉联系，党就能依靠人民这个力量，从正反两个方面规范自己、完善自己、提高自己，使自己更完善、更成熟、更坚强、更巩固。

第五，崇尚独立自主。立足自身实际，是独立自主的前提；走自己的路，是独立自主的根本；自强不息，是独立自主的保证。中华民族是崇尚自立自强的民族，这种民族性格是中国共产党的文化基因。历史发展表明，中国共产党从挫折中奋起、并最终走向成功的关键，就是从内心激发出独立自主的精神气质，依靠自己的智慧解决自己的问题，依靠自己的奋斗开辟自己的道路，依靠自己的道路去追求自己的奋斗目标。中国共产党因此而快速走向成熟，同时也因此而具有了独立自主的精神品格和处事能力。

第六，尊崇发展规律。中国共产党相信历史唯物主义，认识事物是发展的，事物发展是有规律的，只有把握事物发展规律，才能掌握战略主动，从而赢得事物和历史发展主动权。在实践中，中国共产党不断探索并尊崇共产党执政规律、社会主义建设规律和人类社会发展规律。这三大规律是大规律，尊重这三大规律，也就意味着要按照这三大规律所蕴含的各个层面、各个领域的内在规律处理和解决问题。一个崇尚科学和真理、尊崇发展规律的政党，一定是行大道、谋大利、避大害的政党，其取得成功概率和机会也一定会高出许多。

第七，坚持从长计议。对远大理想的追求、对发展规律的尊重，决定了中国共产党使命远大、视野高远、战略深远，任何时代都会立足全局，做到从长计议，既从历史把握未来，又从未来把握当下，从而赋予现实中的一切发展以长远的战略使命，使现实中的事业和行动都同时具有现实功效和战略价值。从长计议，需要规划，但更需要高超的哲学境界和把握能力。一个政党一旦具备了这种精神境界和把握能力，就有了非凡的价值判断力、战略把握力，既能知进退、明取舍，又能辨轻重、把时机。

第八，勇于自我革命。这种勇气，不是猛士之勇，而是贤者之勇。贤者之勇，不仅来自义，而且来自理，是义理之勇，既能有舍生取义的猛士之勇，也能有止于至善的士人之勇。远大理想和初心使命，决定了中国共产党必须时刻保持应有的先进性和纯洁性。要在复杂现实中和永恒变动中保持先进性和纯洁性，就需要不断进行自我净化、自我完善、自我革新、自我提高。这种自我革命，仅仅有决心和勇气是不够的，需要相应的理论、制度、实践和文化的有机统一，是在长期发展形成的，不是谁想做就能做到的。

第九，拥有天下情怀。天下，在天地之间，也在心灵之中心。心中有天下，才能成就世间之天下。有无天下情怀，决定能否成就天下。这种天下情怀，不仅来自包容之心，而且来自理想使命，只有理想使命无限，包容之心才能无限宽广。中国共产党的天下情怀，就是美美与共、天下大同，其基点就是尊重生命、尊重劳动、尊重差异、尊重多元，走大道、谋大利。共产主义理想和天下大同理念，使得中国共产党的天下情怀，不是停留在情怀层面，而是落实于实际的战略、政策和行动之中。

第十，不停创业奋斗。不停创业是理想使命使然，不停奋斗是革命气质使然。中国共产党追求共产主义理想的现实社会运动，就是领导人民不断推进社会革命，使社会革命成为社会主义社会存在和发展的基本状态。于是，变革成为社会主义的内在使命，创新成为社会主义的内在动力，奋斗成为社会主义的本质特征。以实现共产主义为使命的社会主义事业是无限的，必须在不停歇的创业奋斗中不断开拓。这种创业奋斗的无限性和永恒性，使得中国共产党和中国人民能够不断创造伟大发展奇迹，也使得中国共产党能够超越时代、引领时代，发展成为引领世界、引领未来的先进性力量。

第十一，不怕困难牺牲。毛主席说过“要奋斗就会有牺牲”，“为有牺牲多壮志，敢教日月换新天”，只有不怕困难，敢于牺牲，勇于奋斗才能不断从胜利走向胜利。不怕牺牲是中国共产党伟大建党精神的核心内涵和鲜明标识，是中国共产党领导革命、建设、改革和现代化过程中始终坚信“世上无难事”的信心和底气所在。不怕困难牺牲，在行动上表现为大无畏的英雄气概，是一种大勇，而其内在的精神支撑就是源于理想信念和初心使命的大义，可谓大义铸就大勇，大勇成就大义。作为中华人民共和国国歌的《义勇军进行曲》唱响了中国共产党、中国人民和中华民族的义勇精神。

第十二，始终谦虚谨慎。只有拥有天下胸怀的人，才会意识到个体之渺小；只有看惯历史长河秋月春风的人，才会意识到人生之须臾。中国共产党是立志于中华民族千秋伟业、致力于人类和平与发展崇高事业的马克思主义政党，始终面向未来、面向人类，坚定不移为实现共产主义理想而奋斗，因而对于现实取得的任何成就和胜利，不论多么伟大，都只是其创造新成就、走向新胜利的起点。正是这种天下观、历史观和奋斗观，铸就了中国共产党恪守谦虚谨慎、艰苦奋斗的精神品质。1949 年 3 月 5 日，新中国成立前夕，在党的七届二中全会报告中，毛泽东同志告诫全党：“夺取全国胜利，这只是万里长征走完了第一步。”“中国的革命是伟大的，但革命以后的路程更长，工作更伟大，更艰苦。这一点现在就必须向党内讲明白，务必使同志们继续地保持谦虚、谨慎、不骄、不躁的作风，务必使同志们继续地保持艰苦奋斗的作风。”[①]中国共产党就是以这样的精神和态度开启新中国建设的，在古老的中国大地上建设新社会新国家，取得了令世人惊叹的伟大发展奇迹。在新时代的今天，在领导人民迈向以中国式现代化全面推进中华民族伟大复兴新

---

① 毛泽东：《在中国共产党第七届中央委员会第二次全体会议上的报告》，《毛泽东选集》第四卷，人民出版社，1991 年，第 1438—1439 页。

征程的伟大奋斗中，中国共产党依然郑重号召全党同志务必不忘初心、牢记使命，务必谦虚谨慎、艰苦奋斗，务必敢于斗争、善于斗争。恪守三个“务必”，正是中国共产党能够不断自我完善、自我提高，始终充满生机活力、永远奋斗、继续创造奇迹、取得更大成功的精神所在和力量所在。

非凡特质成就非凡力量、铸就非凡事业。当今中国发展进步的成就表明，中国共产党既是人类文明发展的伟大产物，同时也是创造人类文明发展新形态的伟大力量。中国共产党是马克思主义指导的世界社会主义革命运动同中国革命运动相结合而孕育的，是秉持中华民族精神的中国人民在民族生死存亡关头作出的历史选择。时代和历史、思想和文化、中国人民和中国社会共同铸就了中国共产党。科学社会主义和中华文明同时赋予了中国共产党特有的鲜明政治品格，这就是大公无私。换言之，中国共产党是近代以来世界发展运动和中国革命运动以及马克思主义和中华五千多年优秀传统文化在历史性交汇中熔铸出的既超越西方、也超越东方，既超越古代、也超越现代的新型政治力量，即没有自己特殊利益，一心一意为人民谋幸福，为人类谋进步、为世界谋大同的天下为公的政治力量。实践证明，这样的政治力量一旦确立起来，解决了永葆本色的内在机制，就将成为能够引领未来、引领世界的人类之力量。

在人类历史长河中，形成这样的新型政治力量很难，而要在变化的世界中不断锻造这样的新型政治力量则更难。中华民族要对人类文明有更大的贡献，最首要的任务就是要把这个政治力量锻造好，不仅使其成为永不倒的中华民族脊梁，而且使其成为人类社会进步的强大引领力量。从这个意义上讲，中国共产党的建设和发展，尤其是永葆其先进性纯洁性的自我革命的理论体系、制度体系和实践体系，必将超出中国共产党自身建设的范畴，也必将超出中华民族和中国社会发展的范畴，而成为对人类文明发展有深远意义的伟大实践、伟大工程。

总之，中国共产党这样的政治力量，不仅是中华民族伟大复兴所需要的，而且也是人类文明发展所需要的。立足这样的历史高度推进中国共产党建设的伟大工程、进而确保中华民族实现伟大复兴，其对时代进步的作用和影响，必将超越国家和地区，而成为世界性意义的人类文明发展现象。可以想见，中国共产党领导的以中国式现代化全面建设社会主义现代化国家、全面推进中华民族伟大复兴的伟大社会革命，将因此开启人类现代文明发展的新时代，即以科学社会主义为历史进步方向的新时代。

二、以科学理论引领中国发展进步

1954年9月15日，中华人民共和国第一届全国人民代表大会第一次会议开幕。毛泽东在大会开幕词中向全世界宣告："领导我们事业的核心力量是中国共产党。指导我们思想的理论基础是马克思列宁主义"，而我们的事业就是把中国"建设成为一个工业化的具有高度现代文化程度的伟大的国家"。[①] 为此，我们将制定宪法以"大大地促进我国的社会主义事业"。社会主义中国的建设和发展由此全面起航。在此后的征程中，中国共产党的领导和马克思主义的指导，始终是社会主义中国建设和发展的根本政治基础和思想理论基础。

没有共产党，就没有新中国；而没有马克思主义科学理论，就没有中国共产党，就没有中国共产党带领人民创造的社会主义建设伟大奇迹。所以，党的二十大报告精辟指出："马克思主义是我们立党立国、兴党兴国的根本指导思想。实践告诉我们，中国共产党为什么能，中国特色社会主义为什么好，归根到底是马克思主义行，是中国化时代化的马克思主义行。拥有马克思主义科学理论指导是我们党坚定信仰信念、把握历史主动的根本所在。"

① 毛泽东：《为建设一个伟大的社会主义国家而奋斗》，《毛泽东文集》第六卷，人民出版社，1999年，第350页。

中国共产党是有信仰的政党，是坚定的马克思主义信仰者。马克思主义是关于人类解放的科学思想和理论，作为马克思主义信仰者，中国共产党坚信人类社会发展是有规律的，人类解放是人类社会发展的主题，实现人类解放的共产主义社会是人类社会发展的历史必然。因而，中国共产党不是信仰天上的神，而是信仰人类本身，相信人类一定能够最终掌握自己的命运，建立作为自由人的联合体的共产主义社会，实现人类的彻底解放。中国共产党人心中的最高位置，就是人民，就是全人类；中国共产党人心中的事业，就是中华民族千秋伟业，就是实现全人类解放的伟大事业。

马克思主义者是唯物主义者，也是世界的改造者，相信自然的存在是物质存在，世界是人创造的，只有依靠人的力量以及人的改造，才能不断变得更好；同时，人只有在不断改造世界、推动人类社会发展和进步中，才能最终解放自己。所以，信仰马克思主义，也就相信一切的幸福和美好，都取决于人类自身的奋斗，人类的最终命运掌握在人类自己手中。相对于宗教信仰来说，这种信仰不是把希望寄托于天国世界，而是把希望根植于现实世界并寄托于现实行动；不是依靠神的力量来拯救人类，而是依靠人类自身力量来拯救人类；不是在信仰中寻求自我救赎，而是在信仰中实现自我全面发展。在这种信仰中，信仰的力量来自信仰者自身，即对人自身、人民以及人类的深刻领悟，来自为人民幸福、为民族发展、为人类进步而奋斗的理想和信念。

要确立这种信仰，不需要神的启示，只需要对自身与社会、与人民、与人类的关系有正确的认识和感悟，只要想为社会、为人类做贡献的人，都会从这种信仰中找到生命价值、人生方向和奋斗力量。中国人民之所以能够创造世所罕见的中国发展奇迹，最根本的就在于中国共产党人以及广大中国人民拥有这种信仰，坚信奋斗改变人生、发展社会、推动进步。必须指出，尽管这种信仰在中国是广泛而坚定的，但长期以来只是在政治和政治教育上唱响，没有真正转化为人们的信仰自觉、思想自觉和行动自觉，其原因在于没有系统阐明作为一种信仰的马克思主义信仰到底包含什么。也就是说，信仰马克思主义到底应该确立哪些科学的理想信念，没有理直气壮、科学明白地说清楚、讲明白，结果虽然其中的不少理论和理念入耳、入心了，但没有真正进入灵魂深处。

马克思主义是科学真理，对马克思主义的信仰，就是对科学真理的信仰。要使这种信仰进入灵魂深处，最根本的就是把马克思主义科学真理性充分展现出来，让人们认识到其科学性和真理性，更重要的是让人们用自己的生命体验和人生奋斗去感知、感悟。理论一经被群众掌握，就会转化为强大物质力量，同样道理，信仰一旦被真正感知，也会转化为强大的物质力量。从中国共产党信仰马克思主义所形成的伟大实践来看，马克思主义为中国共产党建构了信仰体系、铸就了初心使命。牢不可破的坚定信仰是永葆初心本色的强大精神根基。实践证明，只要坚定党的信仰体系，中国共产党就能永葆初心本色，就能始终沿着正确的方向前进，中国人民就能在党的领导下始终拥有把握自己命运、创造历史伟业的信念、意志和伟力。

第一，对规律的信仰。中国共产党坚信事物运动是有规律的，人类社会发展也是有规律的。把握世间的本质，掌握个人、社会和国家的命运，最关键的就是认识规律、掌握规律、按照规律办事，在规律决定的历史进程推进历史，赢得历史主动。为此，中国共产党始终把深化对共产党执政规律、社会主义建设规律和人类社会发展规律的认识作为自己的使命，作为践行初心使命、推动一切发展的前提和基础。

第二，对共产主义的信仰。中国共产党始终坚信实现全人类解放的共产主义社会，是引领人类社会发展进步的远大理想，为实现共产主义远大理想而奋斗的共产主义运动，是推动人类为社会发展进步的持久动力。社会主义代替资本主义是历史的必然，从社会主义社会迈向共产主义社会也是历史的必然，因而，共产主义者任何时候都不仅要代表运动的现在，而且要代表运动的未来，不仅代表本国人民的利益，而且代表全人类的利益，成为始终推进历史进步、为人类进步事业而奋斗的力量，任何时候都不能在历史进程中停步，都不能在人类进步事业面前犹豫，不论取得多大的成就、赢得多大的胜利，都不过是历史进程的一个阶段、人类进步的一个环节，绝不是历史的终点，因而永久奋斗是共产党人的本性，不断推进历史发展和人类进步是共产党人的使命。

第三，对人民的信仰。人民是自己的主人、社会的主人、人类社会发展的主人，是历史的创造者，“人民，只有人民，才是创造世界历史的动力。”中国共产党是为人民而生、忠诚于人民的政党，与生俱来的使命就是为人民幸福而奋斗，永生不变的宗旨就是为人民服务，所以中国共产党与人民休戚与共、生死相依，没有任何自己的特殊利益，从来不代表任何利益集团、任何权势团体、任何特权阶层的利益，始终代表最广大人民的根本利益。

第四，对发展的信仰。人要生存，就要生活；要生活好，就要生产。人在生产劳动中推动历史向前发展。不论对个人还是对社会，也不论对国家还是对人类，只有发展才能解决面临的各种问题，也只有发展才能创造更加美好的幸福生活。中国共产党领导革命、建设、改革和现代化的根本使命，就是解放和发展生产力、解放和增强社会活力从而推动人的全面发展和社会的全面进步，在不断满足人民对美好生活的向往中增强发展能力、提高发展质量、健全发展体系。同资本主义社会相比，社会主义社会的最大优越性就是使发展成为无限可能、成为造福全体人民的事业。

伟大信仰孕育伟大使命，科学信仰孕育伟大战略。中国共产党以革命党身份登上中国和世界历史舞台。1942 年，毛泽东同志在中共中央党校开学典礼上这样说道：“为什么要有革命党？因为世界上有压迫人民的敌人存在，人民要推翻敌人的压迫，所以要有革命党。就资本主义和帝国主义时代说来，就需要一个如共产党这样的革命党。如果没有共产党这样的革命党，人民要想推翻敌人的压迫，简直是不可能的。我们是共产党，我们要领导人民打倒敌人，我们的队伍就要整齐，我们的步调就要一致，兵要精，武器要好。如果不具备这些条件，那末，敌人就不会被我们打倒。”[①] 作为革命党，中国共产党既富有使命感，又富有行动力。只有让使命落实于行动，用行动来践行使命，中国共产党才能凝聚人民去战胜敌人并赢得胜利。为此，中国共产党十分重视落实使命、指导行动的理论建构和战略安排，形成了以理论指导战略，以战略实践理论的领导体系和领导方式。

纵观中国共产党百年的奋斗历程可以看出，不论在革命、建设时期，还是在改革开放时期和新时代，中国共产党都形成了相应的理论和战略部署。在革命时期，中国共产党就中国革命形成了系统的理论思考和战略部署，形成了毛泽东思想，并通过《中国革命和中国共产党》这样的教材向全党全军进行宣讲，统一思想认识。在建设时期，中国共产党形成了过渡时期总路线，提出了赶英超美的时间表，形成了各种系统全面的工作条例。在改革开放时期，中国共产党在改革开放总设计师邓小平理论指导下，走出了中国特色社会主义道路，确立了中国特色社会主义理论体系，形成了分三步走的发展战略。在新时代，中国共产党围绕“两个一百年”奋斗目标作出了全面建成小康社会、全面建成社会主义现代化国家的战略部署，形成了习近平新时代中国特色社会主义思想，推进了以新发展理念构建新发展格局的创造性伟大实践。各个时期的理论和战略部署，都有效谋划、指导和推动了各个时期的发展，并使得各个时期发展相互衔接，创造了接续发展、不断从胜利走向胜利的发展景象。尽管在社会主义建设时期，我国的发展因“文化大革命”遭遇到挫折，但总体来讲，各个时期的发展都是符合实际的、并都取得了巨大发展成效。依靠各时期发展的成功，加上各时期发展之间的接续性和逐级上升性，中国共产党通过领导中国人民进行改天换地革命和翻天覆地改革发展，实现了人类历史上前所未有的发展和进步。

实践充分表明，作为富有使命感的党，中国共产党坚定理想、坚守使

① 毛泽东：《整顿党的作风》，《毛泽东选集》第三卷，人民出版社，1991 年，第 811 页。

命；作为有强大行动力的党，中国共产党把握规律、科学谋划。中国共产党对使命实现的基础、动力、路径和历程的把握，做到理论把握和长远规划并重，因而其领导党和人民事业的行动都具有极强的战略指导性，有明确战略路径、有具体时间表和路线图，所有大规模行动的展开都有比较充分的理论准备、规划部署和实践基础。这是为什么中国共产党领导的革命、建设、改革和现代化建设行动，总能形成态势宏大、进展有序、超额达标效应的重要原因。就具体战略行动的落实来说，充分的理论准备、系统的规划部署和先期的实践基础，确保中国共产党的每一次历史性、战略性行动都能够动员和凝聚起广大人民群众的力量。广大人民群众的激情投入和团结奋斗是中国共产党能够不断从胜利走向胜利的根本保证。

一个重规律、讲科学、有理论、善谋划的党，也一定是崇尚理性、重视实践、着力行动的党。中国共产党的强大理论创新力、战略规划力和行动组织力，使其成为无往不胜的领导力量。

但是，世界是运动变化的，充满矛盾和挑战。中国共产党一路走来，就是在不断适应变化、不断解决矛盾、不断应对风险、不断战胜困难的伟大斗争中前进的。今天的成功，不等于未来的成功，今天的胜利，不等于永远胜利。所以，中国共产党自掌握政权、建立人民共和国以来，就不断告诫自己要时刻准备进行具有许多新的历史特点的伟大斗争。实践表明，中国共产党面临的最大风险和挑战，不是外部，而是内部，从根本上讲就是如何始终保持党的先进性、纯洁性、战斗力，保持党的团结和集中统一，保持党和人民群众的血肉联系，保持党领导和执政的高水平。这四个保持蕴含深刻的理论逻辑和实践逻辑，其立足点是永葆党不忘初心、牢记使命，根本点是永葆党不变色、不变质、不变味，着力点是永葆党的团结和集中统一，落脚点是永葆党的坚强领导。全面从严治党就是从立足点和根本点抓起，只有立足点抓好了，根本点抓住了，解决了党永远立得住、站得稳、得到人民衷心拥护问题，才有条件谈党的领导能力和执政水平的提高问题。从党的建设伟大工程的长期实践来看，抓党的先进性、纯洁性和战斗力是一项长期性、基础性、决定性工程。

抓党的先进性，最根本的就是抓党的理想信念、初心使命和思想理论。只有坚定共产主义理想信念，党才能在政治上、思想上、行动上始终遵循人类社会发展规律，顺应人类社会发展要求，立于时代潮头，引领时代方向；只有坚守初心使命，党才能始终立足人民、民族、人类的期待和愿望推动发展，促进进步，成为最具有创造性、引领性和贡献性先进政治力量；只有始终坚持以马克思主义的科学思想理论为指导，与时俱进推进马克思主义中国化时代化，不断把理论创新和实践创新、制度创新以及其他各方面创新结合起来，党才能始终以先进的、科学的理论武装全党、教育人民，引领全党全社会始终沿着正确的方向前进、始终走在时代前沿。

抓党的纯洁性，最根本的就是抓党和人民群众的关系。中国共产党诞生、成长于人民，根基在人民、血脉在人民、力量在人民，是人民的选择，以赤子之心全心全意为人民服务，始终代表最广大人民根本利益，没有任何自己的特殊利益，也不代表任何利益集团、任何权势团体、任何特权阶层的利益。这是中国共产党的本质属性，也是党的纯洁性所在。抓党的纯洁性，就是要保持党的人民本色、为民本性和无私本质。所以，对于纯洁性的最大挑战就是两条：一是脱离人民群众，淡化群众意识，心中没有人民；二是以权谋私、以权欺民、以权乱政。党的纯洁性建设，要抓在日常，要经常抓，如果出了问题再抓，就可能陷入被动，甚至可能面临巨大政治风险。党的建设伟大工程，根基在日常建设，关键在抓好党的纯洁性，坚决防止出现党性不纯、思想不纯、组织不纯问题的萌芽和滋生。

抓党的战斗力，就是抓党的团结和集中统一。党是代表最广大人民根本利益、带领人民为实现美好生活而奋斗的政治力量，党的战斗力是党坚强领导的基础和体现。团结就是力量。团结是党的战斗力的源泉，集中统一是党战斗力的灵魂。从党的基层支部到中共中央政治局和政治局常委，都必须讲团结、做到团结，不仅要加强党内团结，而且要加强党与非党、党和人民群众的团结。团结是马克思主义政党本质属性和鲜明特征，马克思主义政党大公无私的本质是其成为一个高度团结政党的根本之所在。是否保持团结、是否具有保持团结的强大思想、组织和制度保障能力，是检验马克思主义政党是否成熟和完善的最基本标志。团结是集中统一的基础和保障，有了团结，集中统一就有政治基础和组织力量，就能依靠党组织和制度来生成、巩固和优化。

毛泽东在党的七大上作的政治报告深刻指出："理论和实践这样密切地相结合，是我们共产党人区别于其他任何政党的显著标志之一。""我们共产党人区别于其他任何政党的又一个显著的标志，就是和最广大的人民群众取得最密切的联系。全心全意地为人民服务，一刻也不脱离群众；一切从人民的利益出发，而不是从个人或小集团的利益出发；向人民负责和向党的领导机关负责的一致性；这些就是我们的出发点。共产党人必须随时准备坚持真理，因为任何真理都是符合于人民利益的；共产党人必须随时准备修正错误，因为任何错误都是不符合于人民利益的。"①历史事实表明，中国共产党赢得胜利、取得成功有三点是极为关键的：一是在理论上，坚持理论联系实践，创造出以马克思主义理论为基础、切切实实符合中国实际的马克思主义理论；二是在实践上，坚持密切联系群众，坚持人民至上，一切为了人民，全心全意为人民服务；三是以科学理论和为民服务实践引导人民、教育人民、凝聚人民、赢得人民。

习近平总书记指出："历史充分证明，江山就是人民，人民就是江山，人心向背关系党的生死存亡。赢得人民信任，得到人民支持，党就能够克服任何困难，就能够无往而不胜。反之，我们将一事无成，甚至走向衰败。"②

---

① 毛泽东：《论联合政府》，《毛泽东选集》第三卷，人民出版社，1991 年，第 1094—1095 页。
② 习近平：《开展党史学习教育要突出重点》，《习近平著作选读》第二卷，人民出版社，2023 年，第 421 页。

所以，“民心是最大的政治”[①]。党在团结带领人民进行的长期奋斗中，始终把唤醒、教育、动员、组织和凝聚人民群众作为中心工作，并逐渐形成一整套工作体系。党的群众工作，一方面不断提高自身的先进性和纯洁性，使自身的发展从边缘到中心、从弱小到强大；另一方面以改天换地大气象点燃中华民族精神世界，使中国人的精神从被动转为主动、从失望转为希望、从消沉转为激昂，不仅奋起反抗、舍生忘死，而且精诚团结、万众一心。中国共产党在唤醒民众中推动救亡图存，在激发民众中走向独立解放。中国共产党既是呼唤者、教育者，同时也是先行者、引导者。新中国成立前夕，毛泽东深刻指出：“一九一七年的俄国革命唤醒了中国人，中国人学得了一样新的东西，这就是马克思列宁主义。中国产生了共产党，这是开天辟地的大事变。”“自从中国人学会了马克思列宁主义以后，中国人在精神上就由被动转入主动。”“从此以后，中国改换了方向。”[②]可以说，没有唤起民众、重振中华民族精神的成功，也就没有中国共产党的成功。

一百多年来，中国共产党始终把人民群众的精神力量作为推动社会进步和发展的关键力量，并以持续不断的社会进步和发展来充实和提升人民群众的精神境界和内在力量。伴随着革命、建设、改革和现代化建设的不断胜利，中国人民的精神世界也经历了觉醒、觉悟、自尊、自立、自信、自豪的发展历程，在不断激活五千多年文明塑造的中华民族精神力量同时，又不断从党和人民奋斗所铸就中国共产党的精神谱系中获得新的更强大力量。这种精神力量的不断壮大，既是中国崛起的具体彰显，也是中国崛起的内在支撑。

在领导中国人民进行伟大奋斗的各个历史时期，中国共产党始终把理想信念教育作为立党立国的根本，作为强党强国的关键，实现了党的理想信念

---

① 习近平2020年9月17日在基层代表座谈会上的讲话。

② 毛泽东：《唯心历史观的破产》，《毛泽东选集》第四卷，人民出版社，1991年，第1514页、1516页。

教育体系和人民理想信念教育体系的有机统一，使中国人民和中华民族的精神力量得到培养和滋养，成为全党全社会的共同任务，成为支撑中华民族屹立世界民族之林、迈向伟大复兴的关键基础。所以，理想信念教育、思想政治教育，对于当代中国来说，不是可有可无的，而是关系国家前途、民族命运的根本，是中华民族伟大复兴的生命线。

三、坚定不移走自己的路

中国共产党始终牢记毛泽东说的那句话："革命党是群众的向导，在革命中未有革命党领错了路而革命不失败的。"[①]所以，中国共产党在各个历史时期都始终强调：道路问题是关乎国家前途、民族命运、人民福祉，要立足中国历史、社会和文化的实际探索正确的道路，走出自己的路，走好自己的路。在当代，中国共产党治国理政，强调"路"，就是要为人民指对路，为国家发展开出路，并把指路、引路、开路作为党领导人民的第一使命、第一任务。如果说中国古代强调的大道之行中的"道"，是从天人合一、道法自然政治逻辑出发的，是对天地自然的尊重，那么中国共产党今天强调的"路"，则是从共产党执政规律、社会主义建设规律和人类社会发展规律出发的，强调要立足现实，尊重规律，依靠自己探索走出属于自己的道路，是对客观现实的尊重，同时也是对自主探索实践的尊重。在当今时代，面对复杂多边的世界格局、浩浩荡荡的世界潮流、相互激荡的世界思潮、多种多样的世界经验，要找到符合自己的道路并非易事。只有走对了路，社会才可能进步、国家才可能稳定，人民才可能幸福。这是性命攸关的重大问题。要找到路、走对路，唯一的办法就是亲自去探索、去开辟，走出真正属于自己并把

① 毛泽东：《中国社会各阶级的分析》，《毛泽东选集》第一卷，人民出版社，1991 年，第 3 页。

前途命运掌握在自己手中的光明之路和康庄大道。中国共产党之所以能够成功，就是始终坚持以马克思主义科学理论为指导、立足中国实际，把科学理论和中国实际结合起来，把先进理论和中华优秀传统文化结合起来，探索符合中国文化、中国实际、中国发展的正确道路，走出属于自己的道路，并坚定不移走好自己的路。

不论是走出自己的路，还是走好自己的路，都不是一件简单的事，既要有探索精神，也要有实事求是态度；既要实践勇于创新，也要理论与时俱进；既要有远大理想，也要有强大战略定力；既要有面向世界的胸怀，也要有自尊自信的底气。所以，走出并走好自己的路，不是谁想走就能走得通、走得好的。对于许多后发现代化国家来说，选择一种现代制度或者确立一种现代制度并不难，而最难的是选择并铸就能够把握民族命运、为国家发展开路的先进政治力量。历史表明，这是可遇不可求的。中国之所以能够产生中国共产党，中国共产党之所以能够成为中华民族的脊梁，是历史、社会、文化多重力量相互作用、合力推动的结果，其中有中国的历史、社会和文化，也有世界的历史、社会和文化，既有短时段的历史风浪推动，也有长时段的历史潮流引领。如果说其中有什么是内在决定因素的话，那就是中国人民对中华民族多元一体的格局的坚定守护、对绵延不断的中华文明在现代延续的共同渴望、对中华民族伟大复兴的强烈期盼。正是基于这样的守护、这样的渴望和这样的期盼，中国人民选择了马克思主义，选择了中国共产党，选择了社会主义，从而在中国共产党领导下走出了不断从胜利走向胜利的革命、建设、改革和现代化建设的中国之路。中国实践证明，只有走出并坚持走好自己的路，才能把国家和民族发展的命运掌握在自己手中，社会才能进步，国家才能不败，人民才能幸福。

路是人走出来的。走出一条通往成功的道路，不仅要有披荆斩棘的开拓奋进精神，而且还要有实事求是的探索求真精神。从确立奋斗目标到明确前进方向、再到找到一条正确的道路，都要经历艰难的开拓和摸索过程，这个过程难免出现失误、挫折甚至失败，不少探路者由此倒下，只有那些能够从失误中吸取教训、从挫折中重新奋起、从失败中追求成功的人，才能走过艰难困苦，踏出康庄大道。中国共产党领导人民走出的正确革命道路和中国特色社会主义道路，就是这样走出来的。其中最可贵的，不仅仅在于走出的正确道路本身，还在于中国共产党在探索道路过程中始终没有被失误、挫折甚至失败所击倒。正确的道路来之不易，而道路探索中的勇毅前行、不屈不挠也无比可贵。

纵观中国共产党的百年奋斗史，不论是革命时期，还是社会主义建设和改革开放时期，在没有找到正确道路之前，党内往往要经历比较激烈的思想或路线争论和斗争，往往体现为“左”右之争。“左”的往往比较激进、比较教条，以理想决定现实，以理论规定行动；右的往往比较保守，比较短视，为了现实放弃理想，为了利益牺牲原则。当然，在思想或路线的具体争论和斗争中，有真实的“左”倾和右倾存在，也有因与主流意见相左而被视为“左”倾或右倾。真理确实越辩越明，但是辩明真理的过程一旦被政治化，滑向主义之争、权力之争或者被人为带上类似的帽子，就可能演化为党内的政治斗争。中国共产党在这方面有过教训，也因此付出过惨痛代价。革命时期的大革命挫折、第五次反“围剿”的失败以及社会主义建设时期出现的“文化大革命”都给中国共产党留下刻骨铭心的历史教训。

但难能可贵的是，中国共产党都没有在这些挫折和失败中倒下，相反每一次从挫折中重新站起来之后，都迎来了前所未有的成功。这种经历和能力是世界上所有其他政党所没有的，其中有四大关键是中国共产党所独有的。

第一，中国共产党汇聚了一批优秀的精英人才，并从中不断涌现出既能力挽狂澜，又能独领风骚的杰出领袖。有人才，没有领袖，纷争时，无法分清是非、凝聚共识；迷茫时，无法拨云见日、看清方向；关键时，无法一锤定音、领航把舵。从毛泽东开始的中国共产党的每一代领袖，都在自己的时代把握住了党和人民事业的前进航向、都创造了属于那个时代的辉煌。

第二，中国共产党具有严密的组织纪律，在党最困难、最迷茫甚至最动荡时，是维系党的整体、纠正党的行动的最有力保障线。历史实践表明，只要党组织还在、党员还为党的事业而奋斗，这种组织纪律不论遭到怎样的冲击，最终都会成为党重新走回正轨、重新团结凝聚、重新开拓前进的强有力武器。只要这个武器被正确的人正确使用，就能产生巨大能量，推动党走出困难，走上正道，走向胜利。

第三，中国共产党具有勇于面对困难、敢于战胜困难的大无畏精神品格和高超的战略能力。毛泽东指出："我们共产党人是以不怕困难著名的。我们在战术上必须重视一切困难。对于每一个具体的困难，我们都要采取认真对待的态度，创造必要的条件，讲究对付的方法，一个一个地、一批一批地将它们克服下去。根据我们几十年的经验，我们遇到的每一个困难，果然都被克服下去了。种种困难，遇到共产党人，它们就只好退却，真是'高山也要低头，河水也要让路'。这里就得出一条经验，它叫我们可以藐视困难。这说的是在战略方面，是在总的方面。不管任何巨大的困难，我们一眼就看透了它的底子。所谓困难，无非是社会的敌人和自然界给予我们的。"①这种要压倒一切困难、而决不被困难所屈服的一往无前的精神，既蕴含有坚定的理想信念，也蕴含有不变的初心使命；既蕴含有崇高的牺牲精神，也有蕴含有非凡的战略能力。

第四，中国共产党具有极强的自我反省、自我批评和自我修正能力。这种能力来自三方面：一是马克思主义的科学世界观和方法论；二是中国社会和文化崇尚的实事求是精神；三是中国人对历史负责、对前人和后人负责的文化传统。科学的信念和深沉的信仰，使得中国共产党能够正视自己，不以犯错误为耻、而以犯了错误却不知悔改为耻；不以自我揭短为耻，而以不总结历史经验教训、重蹈覆辙为耻。

---

① 毛泽东：《在中国共产党全国代表大会上的讲话》，《毛泽东文集》第六卷，人民出版社，1999 年，第 392—393 页。

历史表明，中国共产党每走出一条正确的路，都像经历了一次凤凰涅槃。过程虽然艰难困苦，但最终达成的却是党的全面升华和提高。因为探索的艰辛，中国共产党十分珍惜来之不易的正确道路；同时因为探索带来的成长，中国共产党逐渐从幼稚走向成熟、从迷茫走向坚定、从莽撞走向理性、从盲从走向自主、从教条走向科学、从僵化走向包容。这正是中国共产党越发展，越团结，越能彻底超越“左”右之争窠臼的根本原因所在。

人类社会发展规律表明，社会主义是比资本主义更高形态的社会，社会主义代替资本主义是历史发展的必然，而资本主义发展及其周期性危机的深化，是社会主义社会孕育和诞生的历史前提。然而在实践中，包括俄国在内的社会主义国家却是在资本主义发展十分有限，甚至还处于资本主义发展前夜的社会建立起来的。所以，十月革命后的社会主义革命和建设，同时面临两大难题：一是如何补上资本主义发展这个历史阶段，为建设社会主义社会奠定必要的发展基础；二是如何建设社会主义社会本身，社会主义社会到底是什么样的，谁也没有见过、更没有经历过。中国共产党结合中国国情和实际，把这两个难题概括为三大时代课题：一是什么是社会主义；二是落后国家如何建设社会主义；三是超大规模国家如何建成社会主义现代化国家。要回答这三个时代课题，需要同时进行理论、实践和制度探索，任何一方面探索不到位，都会影响到对三个问题的整体把握和回答。

中国共产党成立不久，就给自己提出了三大前所未有的“新”任务：一是进行新民主主义革命；二是建立新社会，即社会主义社会；三是建设新国家，即社会主义国家。中国共产党首先成功解决了中国如何完成新民主主义革命问题，背后的原因有两方面：一是新民主主义革命的理论比较成熟，而且有苏联的成功经验；二是辛亥革命以来的旧民主主义革命，多少还是为新民主主义革命奠定了一定历史前提和社会基础。但是，在如何构建社会主义社会问题上，中国共产党遇到了巨大困难和挑战，其中最大困难，不在于对生产资料的私有制改造，而在于如何找到能够有力推动社会生产力发展的社会主义社会组织形态和相应的制度体系。实践表明，由于在理论和实践上没有解决如何建设社会主义这个根本问题，社会主义社会和国家建设就难以全面落地生根，形成体系化建设，结果在新中国成立后的相当长时间里，社会主义社会和国家建设主要围绕着新政权体系的确立和巩固上。由于当时这种建设总是以革命运动的方式展开，所以不论是社会主义社会建设，还是社会主义国家建设，都难以形成科学化、制度化的建设形态。

没有毛泽东的正确领导，中国共产党就难以找到中国革命的正确道路，中国革命也就因此还要在黑暗中摸索很长时间。同样，没有邓小平的正确设计和领导，找到中国特色社会主义道路，从理论上和实践上解决了什么是社会主义以及落后国家如何建设社会主义这两个根本问题，中国的社会主义社会和国家建设也要经历更长时间摸索。毛泽东找到中国革命道路的关键，就是立足中国国情；同样，邓小平找到中国特色社会主义道路的关键，也是立足中国国情。由此，中国共产党深刻领悟到：不论革命，还是建设，都不能为革命而革命、为建设而建设，都必须把革命和建设落脚于解决中国面临的历史任务和现实问题。基于这样的立足点，革命也好、社会主义建设也好，就不是从理论或概念出发，而是从现实需要出发；就不是理想关照现实，而是现实决定理想。这正如邓小平在20世纪50年代说的那样："只有认识自己的特点、自己的实际，才能把革命搞好，才能把建设搞好。""中国革命就要按照中国的情况写中国的文章。"[①] 邓小平建设有中国特色社会主义的理论就是按照中国情况写出的大文章。找到立足中国实际、解决中国问题这个立足点，犹如杠杆有了支点一样，中国共产党才能成功地用马克思主义和社会主义有力地撬动了中国社会发展。

到目前为止，新民主主义革命已取得成功、社会主义社会已走上正轨，与此相应，社会主义国家走上了全面建设社会主义现代化强国之路。基于长

① 邓小平：《按照中国的情况写中国的文章》，《邓小平文集》中卷，人民出版社，2014年，第391页。

期的历史探索和建设实践，同时也基于长远的历史使命和发展目标，中国共产党找到了中国式现代化道路，形成了中国式现代化这一人类文明新形态。对此，习近平总书记阐述道：“我国现代化是人口规模巨大的现代化，是全体人民共同富裕的现代化，是物质文明和精神文明相协调的现代化，是人与自然和谐共生的现代化，是走和平发展道路的现代化。”[①] 以中国式现代化建设社会主义现代化强国、实现中华民族伟大复兴，是新时代实现第二个百年奋斗目标的决定性战略安排，由此形成的中国式现代化实践和中国式现代化国家建设，将继以西欧为中心和以美国为中心的两波现代化浪潮之后，开启人类历史上的第三波现代化浪潮，这就是以中国中心的第三波现代化浪潮。

所以，新时代中国所掀起的第三波现代化浪潮，对中国来说，将使具有五千多年历史的文明古国成为世界上最新型的社会和国家，使古老东方文明焕发出全新活力，并成为引领人类文明发展的新力量；对世界来说，将使社会主义经历了从理论到实践之后，迈向从全面创新实践到全面成功成熟的新发展历程。所以，中国式现代化发展必然成为人类发展的新路径、人类文明的新形态和人类进步的新方向。

每个国家的社会、历史和文化都有自身的内在逻辑，走自己的路，就要遵循这内在逻辑，否则就可能偏离正道。决定国家前途命运的道路是如此，国家各方面发展要走的路也是如此。2021 年 3 月 22 日，习近平在福建武夷市考察时来到朱熹园，了解朱熹生平及理学研究等情况，他表示：“我们走中国特色社会主义道路，一定要推进马克思主义中国化。如果没有中华五千年文明，哪里有什么中国特色？如果不是中国特色，哪有我们今天这么成功的中国特色社会主义道路？我们要特别重视挖掘中华五千年文明中的精华，弘扬优秀传统文化，把其中的精华同马克思主义立场观点方法结合起来，坚

---

① 习近平：《把握新发展阶段，贯彻新发展理念，构建新发展格局》，《习近平著作选读》第二卷，人民出版社，2023 年，第 401 页。

定不移走中国特色社会主义道路。”①历史实践表明，中国共产党的成功就在于坚持走自己的路，形成了中国特色。中国共产党这种坚持和自信的底气，一方面来自中国共产党始终秉持的历史唯物主义世界观方法论；另一面来自中华五千多年文明史的文化底蕴。

中国特色社会主义道路是中国共产党带领中国人民从中华五千多年文明历史中走出来的。中国共产党开辟这条道路、并坚定不移走这条道路，既是对社会主义理想信念的坚守，也是对实现中华民族伟大复兴使命的坚守。只有对理想信念坚守，才能在没有路的地方走出自己的路；只有对人民、对民族使命的坚守，才能坚定不移沿着自己走出的路不断开拓前进，不断迈向新的远方。

---

① 人民日报：习近平考察朱熹园谈文化自信：没有中华五千年文明，哪有我们今天的成功道路，2021 年 3 月 23 日，https://weibo.com/2803301701/K7tVS4n2O?refer_flag=1001030103_。

领导

第
2
篇

第五章

党领导中国

在古代，不论东方还是西方的思想家，都不约而同地把国家或政权比作在水上航行的船：中国思想家从船与水的关系，强调治国要顺民心，这样“水可载舟”，否则“水可覆舟”；古希腊思想家则从驾舟的原理出发，强调一艘船要劈波斩浪，就需要全船的人各司其职，精诚团结，舵手把握船的航向。虽然中西思想家强调的角度不同，但有一个认识是共同的，即国家或政权，犹如水上的船，处在风浪的风险之中，驾驭不好，就可能翻船，舟沉人亡，所以国家的安康兴旺，在很大程度上取决于“驾舟”者，即领导者。没有领导者或者领导者不力，国家的风险就大，国破家亡的危机随时都可能爆发。这也就是为什么从古至今都必须把决定国家交给谁来治理的问题作为政治的首要问题的原因。

在现代政治中，领导决策不仅仅出于维持秩序的需要，更多地还出于保障社会利益，促进社会发展的需要。正因为这样，由谁来领导，必须经过社会的选择或者社会的同意，这就是民主的本意。中国是一个大国，要在幅员广大、民族结构多元的国家保持内在的一体化，需要领导；要使 14 亿人口的国家解除生存的危机，实现温饱和和平，需要领导；中国要快速实现经济与社会发展，迈向现代化，需要领导；要使人口巨大、资源有限的国家成为世界大国，实现民族复兴，需要领导；要保证中国在全球化的世界中，不惧风险，不惧压力，站稳脚跟，拥有一席之地，需要领导；中国要完成国家建设，建设经济繁荣、社会和谐、政治民主、文化厚实的国家，需要领导。经过历史的选择和现实的考验，中国人选择了中国共产党。

一、共产党对现代中国的意义

后发现代化国家面临的首要挑战，就是现代化对其传统政治体系的挑战。在这种挑战下，传统政治体系的生存与发展只有两种结果：要么实现自我转型，要么走向彻底自我毁灭。一旦自我转型失败，传统政治体系也就必然被现代化的浪潮彻底摧毁。中华帝国政治体系在被摧毁之前，实际上经历了一次又一次的转型努力，传统政治中的各种政治力量，官僚、士大夫、乡绅以及最后的皇室，都在推动这种转型中扮演过角色、出过力，最终都无济于事。转型的失败，使得中华帝国政治体系在辛亥革命中被彻底摧毁。然而，同样是亚洲国家，同样面临着现代化的冲击以及这个冲击背后的帝国列强的压力，日本却成功实现了传统政治体系的转型。1868 年的明治维新，使日本社会迅速地从传统步入现代，并获得迅速发展，甲午战争后，一跃而成世界列强。那么，决定日本传统政治体系转型成功和中国传统政治体系转型失败的关键因素是什么呢？胡适在 20 世纪 30 年代就做出了十分明确的回答。

日本是一个典型的贵族社会，天皇作为贵族的代表，万世一系，明治维新就是依靠开明贵族与天皇的结合，成为日本社会的核心，并由此支撑日本传统政治体系的转型。而对于中国来说，中国传统国家政治体系却是在摧毁这样的社会结构基础上确立和发展起来的，它实现了持久的延续，但失去了自我转型的基础与能力，这样最后的崩解也就成为它的必然命运。

支撑性主体力量的存在与否，决定着传统政治体系转型的成与败。对于政治体系转型失败的后发现代化国家来说，其中的问题并没有因为传统政治体系彻底毁灭而消失，因为传统政治体系彻底毁灭之后，即刻就面临着现代政治体系的建构问题；要在传统政治体系废墟上耸立起现代政治体系，并由此重新整合国家与社会，全面启动现代化，也还是面临着什么样的社会力量能够成为支撑性的主体力量，承担起这样的历史使命，支撑起新的政治体系的问题。显然，如果这个力量在传统政治体系转型之前就不存在，那么转型之后也不可能存在。问题的关键在于，没有这样的支撑性主体力量，新的政治体系就确立不起来，现代化发展就无法得以启动和展开。既然社会自身的结构不能孕育这样的支撑性主体，那唯一的路径就是通过人为的努力去组织和创造这样的力量，否则现代化必将是胎死腹中。中国革命的先行者孙中山先生以自己的亲身实践证明了这一点。

孙中山先生主张中国要摆脱帝国主义列强欺凌，实现民族与国家复兴，就必须彻底推翻帝制，实行共和民主。辛亥革命之后，他开始全面推动中国的共和民主建设。在他看来，共和民主对于中国来说，不仅仅是推翻帝制本身，更为重要的是要在中国社会建立起民主的现代国家体系。为此，他提出了“三民主义”与“建国方略”。从理论上讲，这些思想和主张都符合资产阶级民主革命的逻辑，其中提出的国家建设任务也是符合现代化发展规律和中国发展要求的。然而，辛亥革命后十三年，孙中山无限感慨地指出，这十三年，国家不但没有进步，反而退步了，陷入军阀混战之中，他的“建国方略”和“三民主义”也无法得到有效的实践和落实。他认为，究其原因：一是没有强大的政党；二是没有强大的军队。没有强大的政党，这些主义和方略就失去了落实的主体；没有强大的军队，军阀割据、混战的局面就无法消除。为此，在他提出的“新三民主义”中，明确要求国民党应该向“列宁式的政党”发展，即变成有组织、有纪律、联系大众、支撑国家的组织化政党。他认为有这样的政党，“三民主义”就能通过党的组织和广大党员传播到社会和民众之中，就能有效推动国家建设，开辟党治国家的训政时期。从1924年召开的国民党一大来看，孙中山先生实践到最后，实际上也就把其所有的希望寄托在这样的政党身上。因此，1925年，他在临终前，一方面号召国民党党员“革命尚未成功，同志仍需努力”；另一方面写信给俄共，要求俄共帮助国民党建设。

客观地讲，孙中山先生的最终选择是正确的，他实际上已经清楚地意识到，中国要建共和，关键要有一个支撑性的主体力量，国民党如果不能成为这样的力量，那么他提出的主义和方略再好，也都只能是纸上谈兵。但是，他的这个认识成熟得太晚了些；而且国民党本身的局限，也使得国民党即使想成为这样的支撑力量，也必须经历从头到脚的彻底改造。主客观条件都决定了孙中山先生的最后努力和最后号召，无法使国民党成为现代化过程中的民族脊梁和国家栋梁，去支撑其对中国现代政治体系的建设，去推动中国现代化的发展。历史就自然而然地把这个角色、这个责任交给了中国共产党。

中国的发展需要一个非同一般的现代政党，即不是满足于议会选举的政党，而是能将一盘散沙的中国社会重新凝聚为一个有机整体，并主导中国社会发展的核心力量和支撑力量的政党。这是中国历史发展的逻辑决定的，是中国在现代化的潮流中得以生存、延续和复兴的内在要求。这种现实要求为中国共产党的诞生提供了基本的社会基础。诞生后的中国共产党之所以最后能够成为领导中国社会发展的中坚力量，主要有五方面原因：一是它高举解放劳动大众、建设社会主义的目标和理想，符合中国社会发展的内在要求。二是它勇敢地承担起领导中国民主革命的任务，开辟了既符合世界革命发展潮流，又符合中国革命历史任务的新民主主义革命。三是它一开始就以“列宁式的政党”，即以民主集中制组织原则的政党出现，具有强大的组织性和纪律性，并在革命实践中始终加强党的思想建设、组织建设和作风建设。四是大革命失败之后，中国共产党迅速将党的建设与军队建设、与社会动员有机统一起来，形成了既有武装基础，又有社会基础的强大政党组织框架。五是它找到了既能生存发展，又能削敌强我的革命战争战略，即走农村包围城市的革命道路，以游击战实现持久战；最大限度地发展统一战线。这些多元的综合因素，使中国共产党从一个成立时只有五十多个党员的弱小组织，逐渐发展成为主导中国革命进程和发展方向的领导核心和支撑力量。三年的解放战争，全面检验了国共两党的组织力和战斗力。中国共产党全面战胜拥有政权资源、经济资源和优良军备资源的国民党军队，取得解放战争全面胜利的历史事实表明：中国共产党所拥有的组织力、战斗力和革命性，足以使其有能力、有资格成为民族的脊梁和国家的栋梁，承担起支撑和推动中国现代化发展的领导核心作用。

在中国共产党的领导和推动下，中国人民经过长期的奋斗和努力，终于打败了日本帝国主义，摆脱了西方列强的压迫，实现了国家的独立；同时，也终于结束了军阀势力对中国的割据和统治，实现了国家的统一和人民的解放。中国共产党因此创造了一个新中国，即中华人民共和国；这个新的国家通过政党发展所形成的不断扩展的组织网络，将整个社会整合为一个整体，并由此开始建设社会主义现代化国家的历史进程。

中国共产党的成长与成熟，使帝制崩解之后的中国现代国家建设终于有了支撑性的主体力量。这个主体力量必须在古老的中国大地耸立起现代的政治文明，而作为其具体体现的社会主义的现代国家，也只有在这个政党的领导和支撑下才能得以建成。这样，共产党主导中国社会主义国家建设，而中国社会主义国家建设需要政党主导，就成为中国现代化发展的基本政治逻辑。

二、共产党建设现代国家

在马克思看来，人的政治解放是现代社会产生的重要历史前提，同时也是现代化得以快速发展的根本动力所在；而现代化的最终使命还是实现人与社会的全面进步与发展。马克思认为，现代化发展所创造出来的生产方式和物质财富，为人类在政治解放基础上实现经济与社会的解放提供了可能。作为人类社会迈向共产主义的过渡社会形态，社会主义社会就是建立在现代化发展基础之上。所以，任何落后国家要建设社会主义，都必须首先经历现代化发展，没有现代化发展，社会主义最终都将是一纸空文。

然而，对于后发现代化国家来说，其现代化发展不是内生的，而是外在的现代化潮流推动的结果。所以，这些国家现代化发展的基本逻辑是：通过转型或重建，形成有现代权威的国家力量，并由国家力量引入现代化经济与生产要素，改变旧的经济与社会结构，在发育市场经济的基础上，培育起现代经济与社会，与此同时培育和建设现代国家体系，以保持政治建设与经济、社会建设的协调和统一。这与西方国家的现代化路径完全不同：西方国家现代化是以其内生的现代经济与社会发育为历史起点的，而后发现代化国家则是以建构现代国家权威力量为历史起点的；西方的现代国家是现代社会发展的结果，而后发现代化国家则完全相反，其建构现代国家是发育现代社会的前提。所以，对后发现代化国家来说，建构一个有权威的现代国家体系是其现代化的重要前提。

现代国家由领土、主权和人民三大要素构成，其权力来自人民，并按照基于人民意志制定的宪法建构权力体系，依法运行权力，管理国家与社会事务，对人民负责，接受人民的依法选择和监督。所以，现代国家体系，首先是一个主权独立的现代民族国家，其次是民主共和的现代政治体系。现代国家体系在西方社会的诞生，虽然也是一个十分复杂的过程，但都是基于自身的历史逻辑进行的；而后发现代化国家，要建立这样的现代国家体系，就不得不面临如何使自己的历史逻辑与世界现代化历史运动的逻辑相衔接，并由此开辟新的历史进程，创造新的国家体系。前面的分析表明，要实现这样的历史跨越和发展，就需要一个强大的主导力量，要么支撑国家转型，要么主导国家重建。中国的发展显然属于后一种类型。所以，任何领导中国现代化发展的力量，都首先面临如何在传统国家政治体系解体之后，建设现代国家体系的问题。

从现代化发展的线性进程来看，后发现代化国家建设和发展历程似乎应该是：先建立现代主权国家，通过国家权威进行经济与社会的现代化改造，培育现代经济与社会，在现代经济与社会发育的基础上，全面发育民主共和的现代政治体系。然而，现实的发展不论在发展形态上，还是在发展阶段上，都不可能按照这样的进程按部就班地进行，基本上都打乱了它们之间的时空关系。其中的原因除了经济与社会发展的复杂性外，还有就是这些国家都力图实现跨越式发展，这种跨越式发展往往会人为地打破发展之间的时空界限，寻求最佳的路径与战略组合。所以，后发现代化国家发展对其现代国家建设的内在要求是：拥有强大的领导权威，以保证经济与社会的转型和发展；同时必须使民主共和的政治体系得到有效发展，以及时适应和满足经济与社会发展所提出的民主要求。这意味着后发国家的现代国家体系建设要满足双重需求：一是满足经济与社会对国家权威的需求；二是满足经济与社会发展之后对国家民主的需求。在西方国家，这双重需求不是同时出现的，因而它可以依次解决，而且有足够的时间和空间来解决；然而，后发现代化国家则没有这份轻松，一是它们所面临的双重需求几乎是同时出现的；二是这种双重需求，虽然来自本国的经济与社会发展，但在全球化时代的压力下，这种需求一旦形成就很快被世界性的现代化潮流和民主化潮流急剧放大，并相互呼应，从而使这双重需求很容易转化为国家发展所不得不面临的政治压力。

对后发现代化国家来说，经济与社会发展对国家建设提出的这双重需求，是发展的必然，既合理又正常。要满足这双重需求，不会是轻而易举的。首先，要平衡这双重需求，把经济与社会发展保持在有序、可持续的状态，任何偏离，都可能导致经济与社会发展的危机，偏离民主的需求，难免要出现政治的紧张，从而影响经济与社会的正常发展；偏离权威的需求，难免出现经济与社会的失序，从而影响现代化的稳定与持续。① 其次，这双重需求都是持续性的，要有效满足这样持续性需求，就必须有一套比较成熟的现代制度体系。然而，对于处在建设中的国家来说，这是不可能的。所以，对后发现代化国家来说，首先出来面对经济与社会发展双重需求的，一定不是现代国家制度体系本身，而是具有强大组织性的权威力量，要么是军队，要么是政党。这种力量，一方面通过权威和政策平衡双重需求，另一方面通过不断进行的制度建设，来吸纳双重需求，从而逐步减缓双重需求之间的紧张，降低双重需求对制度的压力。孙中山先生充分认识和理解其中的规律，他为宪政在中国的全面确立提出了三步走的发展战略，即首先行军政，其次行训政，最后行宪政。军政，主体是军队，使命是建构秩序，恢复和发展生产；训政，主体是政党，使命是建设制度，培育现代公民，在推进政治、经济与社会发展走向制度化的同时，培育出适应制度规范、具有制度能力的现代公民；宪政，主体是民众，使命就是运行宪政制度，创造民主生活，以全面建成现代国家体系，实现现代化。② 孙中山先生的“党治国家”的政治主张就是在这样的背景下提出的，对中国的国家建设产生了深刻影响。

显然，“党治国家”的本质就是党领导人民建设现代国家，其使命有两个：一是全面建立现代国家制度；二是全面培育现代国家公民。有制度、有公民，现代国家体系也就有了确立的基础和运行的条件。当然，对于后发现

---

① [美]塞缪尔·亨廷顿：《变化社会中的政治秩序》，王冠华等译，生活·读书·新知三联书店出版社，1989 年，第 7—9 页。

② 孙中山：《国民政府建国大纲（1924 年 1 月 23 日）》，《孙中山选集》，人民出版社，2011 年，第 624—627 页。

代化国家来说，这种建设不局限在政治领域，还应充分扩展到经济、社会和文化领域，因为对这些国家来说，没有经济与社会发展，制度建设也好，公民培养也好，都将因缺乏坚实的基础而无法巩固和持久。从这个角度讲，政党在后发现代化国家所承担的使命是多元的，既要在现实层面，平衡经济与社会发展的战略要求，保持经济与社会发展的稳定性和持续性；又要在现代化的战略层面，全面推进现代化的快速成长，并完成现代国家体系建设。然而，政党承担的使命再多，都不意味着政党要替代国家本身；政党对国家建设所具有的决定作用再大，也都不意味着政党的这种作用是永恒的。政党替代国家，现代化就无法最终实现；国家建设永恒决定于政党，那也就意味着政党建不成现代国家，实现不了现代化。

所以，在后发现代化国家中，政党建设现代国家是可行路径，政党主导国家建设是合理的选择。一旦走上政党建设现代国家的发展路径，在现代国家体系尚未形成的条件下，任何放弃政党主导的做法，表面上毁弃的是政党，实际上毁弃的是整个现代化进程和现代国家建设的全局，其后果是可怕的，不是内乱，就是国家四分五裂。但是，我们也必须看到，政党主导本身不是目的，政党主导的目的是建成现代国家体系，全面实现经济、社会、政治的制度化发展。邓小平在改革开放伊始就为党推进民主法治建设确立了这样的基本目标："必须使民主制度化、法律化，使这种制度和法律不因领导人的改变而改变，不因领导人的看法和注意力的改变而改变。"[①]中国共产党正是在这样的指导思想下，改变治国方略，提出依法治国，建设社会主义法治国家目标的。实践证明，中国共产党领导中国的社会主义国家建设方向是正确的，党在其中的主导作用是积极而有效的。

在后发现代化国家，政党建设国家的发展逻辑，一方面决定了政党在国家建设中的主导作用；另一方面也决定了政党只有真正推进了现代国家体

① 邓小平：《解放思想，实事求是，团结一致向前看》，《邓小平文选》第二卷，人民出版社，1994年，第146页。

系的成长，其主导才有价值和意义。在中国，完成现代国家体系建设，是中国共产党领导新民主主义革命以来就明确的历史使命，毛泽东早在《新民主主义论》中就对此有过深刻的论述，提出了新民主主义政治建设、经济建设和文化建设。但从建设社会主义现代化国家的高度来看，这个历史使命至今没有完成。中共十六大提出了建设社会主义政治文明战略任务，再度显示了中国共产党完成这样历史使命的决心和境界。2005 年，随着社会建设目标的提出，国家建设的框架也就从原先的政治、经济和文化建设“三位一体”，发展为政治、经济、社会和文化建设的“四位一体”，形成了相当完整的国家建设新框架。[①] 党的十八大，明确了中国的国家建设总体布局从“四位一体”发展为“五位一体”，即在原来四大建设基础上，加上了生态文明建设。在这样的国家建设布局与框架中，党的建设与发展以及党的领导水平和执政能力的提高，始终是决定性的，所以在中国共产党的重要官方文件中，在论述这五大建设的同时，一定要强调党的建设对全局的重要作用。有时候人们把党的建设纳入中国国家建设框架之中，认为其内在的结构应该是“5 + 1”，即“五位一体”加上“党的建设”。

理论的逻辑和中国的实践一再表明，中国共产党要完成国家建设的历史使命，必须坚持党的主导地位，增强党的领导和推进现代化发展的能力；同时，为了完成这样的历史使命，党必须全面推进政治文明建设，让现代国家体系在中国现代化过程中发育成长，只有这样，以党的领导，人民当家作主和依法治国三者有机统一为本质特征的社会主义民主政治，才能得以真正的确立和发展。

---

① 胡锦涛：《在省部级主要领导干部提高构建社会主义和谐社会能力专题研讨班上的讲话》，《人民日报》，2005 年 06 月 27 日，第一版。

三、大党与大国

中国共产党从诞生那天起，就明确了要改天换地，创造新中国的使命。中国共产党从自身建设开始探索，努力使中国共产党成为有理想、有纲领、有组织、有领导的现代政党。为了进行武装斗争，中国共产党把党的组织建立在军队之中，并因此改造了中国军阀式的军队组织，建立起了强大的人民武装和新型的革命军队。在领导革命的过程中，中国共产党坚持党的建设与军队建设有机统一，通过党建，提高军队的战斗力；通过军队的不断获胜，巩固党在军队中的领导地位，从而使革命军队完全成为党领导的军队。在这个过程中，党的组织全面渗透到军队组织之中，同时军队的纪律与作风也渗透到党的组织之中。党军的高度统一，使中国共产党同时拥有了强大的政治力量、组织力量和军事力量。凭借这种无坚不摧的力量，领导“小米加步枪”的革命军队，战胜了强大的敌人，夺取政权，取得革命胜利，建立了中华人民共和国。

中华人民共和国成立之后，为了在传统国家政治体系崩解之后长期处于散乱状态的中国社会获得重新组织，并由此在中国奠定社会主义制度，中国共产党在基层社会广泛建立党的组织，发展党员，并通过党的组织将整个国家网罗为一个有组织的整体。党的组织向全社会的渗透，深刻改变了中国传统的社会结构体系，同时也扭转了中国社会长期存在的散沙般无序的状态，创造了新型的社会组织结构，即所有的个体，纳入组织之中；在所有的组织中，建立党的组织；所有党的组织，在民主集中制下形成科层形的组织网络体系。中华人民共和国就是在这样的基础上得以全面确立，并开始社会主义建设实践的。通过这样的组织网络，党形成了全面领导国家、领导社会的组织和制度体系。党的领导制度体系，相对独立于宪法所规定的国家制度体系，但其领导实践是在宪法框架下展开，实行依法执政。至于如何协调其中的党与国家的关系，即习惯上所说的党政关系，中国共产党的原则是：党必须依法领导国家制度；为此，党自身必须是有党规党法的政党。改革开放之初，邓小平基于对“文化大革命”教训的深刻反思，明确提出中国民主必须实现制度化、法律化，而其中的关键就在于政党。如果政党是不受规范和约束的，那么国法就不受保障，这样民主的制度化和法律化也就无从谈起。他强调指出：“国要有国法，党要有党规党法。党章是最根本的党规党法。没有党规党法，国法就很难保障。各级纪律检查委员会和组织部门的任务不只是处理案件，更重要的是维护党规党法，切实把我们的党风搞好。对于违反党纪的，不管是什么人，都要执行纪律，做到功过分明，赏罚分明，伸张正气，打击邪气。”① 在这样的政治逻辑下，在长期革命和建设形成的治党、治国、治军三大主线的结构中，治党就成为治国、治军的重要前提，是中国共产党能否有效执政和长期执政的关键；失去了这个前提，中国社会发展的一切都无从谈起。

中国是一个大国，拥有 14 亿以上的人口，是世界上人口最多的国家之一。中国共产党组织社会、治理国家的组织体系和制度体系，决定了它也必然成为世界上最大的政党。目前，中国共产党拥有党员达到 9000 多万，相当于中等以上规模国家的人口数，构成中国共产党有效执政和长期执政的重要人力资源、组织资源和社会资源。但中国共产党能否把这些资源组织好、开发好、利用好，以适应不断变化和发展的中国经济与社会对党的领导和执政提出的要求，无疑又是一个重大的挑战。处于高速变化和发展的社会之中，把这些队伍和组织治理好了，党将因此而获得巨大的领导和执政资源，相反如果治理不好，那么这个庞大的队伍和组织就可能因其无序、无效和无力，而成为中国共产党治国理政的巨大负能量。中国共产党十分清楚其中的利害关系，并从苏东剧变的悲剧中获得极为深刻的警醒。所以，一直坚持把党的建设作为其掌握政权、巩固执政的关键。邓小平一语中的地指出：“中

① 邓小平：《解放思想，实事求是，团结一致向前看》，《邓小平文选》第二卷，人民出版社，1994 年，第 146—147 页。

国问题的关键在党。”

治党是中国共产党执政的前提与基础。大国孕育了大党，大党决定大国的崛起。中国共产党认为其中的真理是：只要中国共产党站住了，发挥出作用了，谁都无法阻挡中国前进的步伐。今天的中国已全面进入社会主义市场经济发展时代，市场已成为资源配置中的决定性力量，与此相应，社会成员以及各种社会力量借助市场机制和法律保障获得了更大的相对自主性，这决定了中国共产党要在快速变化发展的中国社会站稳脚跟，不是靠对国家权力的集中和垄断所能实现的，相反必须依靠其先进性和执政能力才能赢得社会、赢得民众，才能站稳脚跟，发挥作用。进入21世纪，中国共产党提出了21世纪的党建工程：“我们必须继续围绕在新的历史条件下建设一个什么样的党和怎样建设党这个基本问题，进一步解决提高党的执政能力和领导水平、提高拒腐防变和抵御风险能力这两大历史性课题，全面推进党的建设的新的伟大工程。”[①]虽然要把21世纪的中国共产党建成什么样的党以及怎样建设党的问题，还需要时间和实践来回答，但党建的战略核心已经明确，即全面巩固党的社会基础，全面提高党的领导水平与执政能力。由此，大党的建设与大国的发展获得了有机统一：根据大国治理与大国发展的需要来建设中国共产党，同时通过大党的有效建设，为大国治理和大国发展提供强大领导力量。有了这样的领导力量，大型国家的转型、建设和发展也就有了基本的政治保障。

对于大国治理来说，“大党”的关键不在党的规模，而在其强大的领导力，具体体现为战略领导能力、国家整合能力、制度运行能力、社会协调能力。拥有了这些能力，大党就能在推动大国转型与发展中发挥如下的作用：一是发挥组织优势以支撑大型国家的稳定转型；二是有效整合与协调快速分化的社会以保持社会稳定；三是有效统筹有限资源以保证整体的快速发展；

① 江泽民：《在庆祝中国共产党成立八十周年大会上的讲话》，中共中央文献研究室编：《十五大以来重要文献选编》（下），人民出版社，2003年，第1901页。

四是有效统一社会共同理想以集中全部力量实现发展；五是发挥集中统一领导优势以降低国家转型与现代化全面启动所可能带来的成本和损耗，实现发展的稳定性、持续性和全面性。大党对大国发展的这些积极作用，使得中国共产党在推进国家建设中不可能轻易放弃其长期形成的大党战略。但是中国共产党从来没有想过要使自己变成“全民党”，相反从中国提出执政能力建设的战略任务来看，中国共产党要努力做实做强的是其领导和执政能力。为此，中国共产党自我告诫：“在机遇和挑战并存的国内外条件下，我们党要带领全国各族人民全面建设小康社会，实现继续推进现代化建设、完成祖国统一、维护世界和平与促进共同发展这三大历史任务，必须大力加强执政能力建设。这是关系中国社会主义事业兴衰成败、关系中华民族前途命运、关系党的生死存亡和国家长治久安的重大战略课题。只有不断解决好这一课题，才能保证我们党在世界形势深刻变化的历史进程中始终走在时代前列，在应对国内外各种风险和考验的历史进程中始终成为全国人民的主心骨，在建设中国特色社会主义的历史进程中始终成为坚强的领导核心。”①

四、革命党与执政党

在中国的政治语汇中，革命党与执政党不是新概念，都有相当长的历史。近代以来，它们一直是中国探索和实践民主共和的重要概念工具。中国共产党是以革命党的角色登上中国历史舞台的，掌握政权之后，成为执政党。1949 年，即将全面走向国家政权舞台的中国共产党意识到，随着革命战争的结束，中国共产党必须开始进行自我转变，即从领导乡村的政党转变为领导城市的政党；从熟悉革命战争的政党转变为熟悉国家管理的政党。

---

① 参见《中共中央关于加强党的执政能力建设的决定》（2004 年 9 月 19 日中国共产党第十六届中央委员会第四次全体会议通过）。

在当年的中国共产党七届二中全会上，毛泽东系统阐述了这种转变的必要："从一九二七年到现在，我们的工作重点是在乡村，在乡村聚集力量，用乡村包围城市，然后取得城市。采取这样一种工作方式的时期现在已经完结。从现在起，开始了由城市到乡村并由城市领导乡村的时期。党的工作重心由乡村移到了城市。在南方各地，人民解放军将是先占城市，后占乡村。城乡必须兼顾，必须使城市工作和乡村工作，使工人和农民，使工业和农业，紧密地联系起来。决不可以丢掉乡村，仅顾城市，如果这样想，那是完全错误的。但是党和军队的工作重心必须放在城市，必须用极大的努力去学会管理城市和建设城市。必须学会在城市中向帝国主义者、国民党、资产阶级作政治斗争、经济斗争和文化斗争，并向帝国主义者作外交斗争。既要学会同他们作公开的斗争，又要学会同他们作荫蔽的斗争。如果我们不去注意这些问题，不去学会同这些人作这些斗争，并在斗争中取得胜利，我们就不能维持政权，我们就会站不住脚，我们就会失败。在拿枪的敌人被消灭以后，不拿枪的敌人依然存在，他们必然地要和我们作拼死的斗争，我们决不可以轻视这些敌人。如果我们现在不是这样地提出问题和认识问题，我们就要犯极大的错误。"[①]以毛泽东为代表的中国共产党人对革命胜利前后的政党的战略和使命的认识，是科学的，符合掌握政权、巩固政权的基本规律。这种科学的认识，为新中国的确立和新生政权的巩固奠定了重要基础。

在这个政治方针中，毛泽东强调了两点：一是转型，即政党领导对象、工作重点和工作方略的转型；二是斗争，即为巩固政权而展开的斗争。对于开国时期的中国共产党来说，这两点都是十分重要的。转型不成，政权无法产生真正的效能；斗争不力，政权就无法得到有效巩固。然而，这两者之间既有统一，又有区别：统一于政权的巩固，而且是暂时的；区别于国家的建设，而且是长久的。从国家建设的角度来看，随着政权的巩固和国家建设

---

① 毛泽东：《在中国共产党第七届中央委员会第二次全体会议上的报告》，《毛泽东选集》第四卷，人民出版社，1991年，第1426—1427页。

的展开，为巩固政权而准备的那些斗争是必然会逐渐让位于国家建设，从主要地位转为次要地位；相反，政党的转变和政党治理国家能力的提高则具有根本性、全局性和战略性，在决定国家建设成败的同时，也直接决定着国家政权的巩固。如果说在革命时代，斗争是巩固政权的主体手段，那么在建设时代，建设则是巩固政权的主体手段。但是实践表明，中国共产党在中华人民共和国成立后的相当长时间里，把这两者之间的统一常态化了，即在政权得以基本巩固的条件下，依然把阶级斗争置于党的工作的核心地位，并全面渗透到党的领导和党的工作的全部逻辑之中。这种常态化导致的现实效果就是：阻断了中国共产党在革命后应该实现的真正转型，即从领导人民革命的革命党转变为领导人民当家作主、建设国家的执政党。党不转型，自然就在革命的逻辑中领导中国现代化建设，结果既扭曲了党的领导，也扭曲了国家建设，其教训是极为深刻的。

改革开放开始之时，邓小平和三十年前的毛泽东一样，提出了党领导的转型的问题。如果说前一次转型还在革命的逻辑上展开的话，那么这一次的转型从一开始就聚焦在建设的逻辑上，其目的是要全面提高中国共产党领导经济建设和社会发展的能力。1978 年，邓小平在为全面启动中国改革开放的十一届三中全会所做的主题报告中向全党发出了这样的号召：“我们要学会用经济方法管理经济。自己不懂就要向懂行的人学习，向外国的先进管理方法学习。不仅新引进的企业要按人家的先进方法去办，原有企业的改造也要采用先进的方法。在全国的统一方案拿出来以前，可以先从局部做起，从一个地区、一个行业做起，逐步推开。中央各部门要允许和鼓励它们进行这种试验。试验中间会出现各种矛盾，我们要及时发现和克服这些矛盾。这样我们才能进步得比较快。今后，政治路线已经解决了，看一个经济部门的党委善不善于领导，领导得好不好，应该主要看这个经济部门实行了先进的管理方法没有，技术革新进行得怎么样，劳动生产率提高了多少，利润增长了多少，劳动者的个人收入和集体福利增加了多少。各条战线的各级党委的领导，也都要用类似这样的标准来衡量。这就是今后主要的政治。离开这个主要的内容，政治就变成空头政治，就离开了党和人民的最大利益。”[①]在这样的要求下，中国共产党也就渐渐地从领导革命的党，彻底地转向领导经济建设和社会发展的党。从革命党向执政党的转型就是在这个过程中展开的。

这里无意比较两代中国共产党领导人在推进政党转型上的战略与目标选择，因为在不同时空中，党的处境不同，把握党的角度和出发点也就不同，因而不具有可比性。但是，它们之间有一点是共同的，就是强调党要开辟新局面，创造新时代，就必须通过学习实现自我转型，必须重新定位党领导的使命、任务、方略和方式。正是在这样的努力之中，中国共产党才逐渐从革命党转变为执政党的。虽然其中有过曲折，但从另一个角度看，这种曲折则构成了中国共产党转型的重要财富。在中国共产党建立八十周年的时候，中国共产党明确提出了要完成中国共产党从领导人民革命的政党向领导人民当家作主、建设国家的执政党转变，并提出了提高中国共产党执政能力建设的党建新战略。这种党建战略的转变，使得中国共产党出现了世纪之变：从领导20世纪中国革命的政党转变为领导21世纪中国建设、发展和崛起的政党。

从学理上讲，革命党与执政党是特性上有很大不同的政党，其生存、发展、使命、任务和方略都有明显的差异。但是，在一个政党身上去比较这之间的差异没有本质的意义，因为对于这个政党来说，这种差异只是发展所带来的。正如在一个人身上去机械地比较其青年与少年之间的差异一样，即使列出无数的差异，但都改变不了还是原来这个人的现实。对于一个人来说，当他步入青年的时候，要考虑的问题是如何结合自身从小到大形成的特点，开掘自身的潜能，争取在社会立足，并创造自己的人生。这个道理对于一个政党来说也是同样的。从革命党走向执政党，表面上是一个转型，本质上是一种发展：既是党自身发展的结果，也是党所领导的事业发展的结果。

① 邓小平：《解放思想，实事求是，团结一致向前看》，《邓小平文选》第二卷，人民出版社，1994年，第150页。

所以，在中国共产党身上，执政党的角色与革命党的角色不是对立的，而是统一于党自身，执政党是从革命党发展而来的，正如一个青年是从少年发展而来的一样。这就决定了中国共产党围绕执政能力提高而展开的执政党的建设，固然有适应当下现代化发展新要求的一面，但其建设和发展不能割断自己的历史，更不能与其革命党时代所形成的传统完全对立，相反应该保持历史和发展的连续性，应该将优良的传统作为中国共产党的资源在新的时代中得到弘扬和发挥，并产生新的功能和作用。

所以，对拥有一个多世纪历史的中国共产党来说，其所要建立的执政体系，就内在于中国共产党的历史、传统、组织、思想和制度之中，其任何要素都是历史与现实、经验与教训、理想与实践、智慧与创造锤炼形成的。党在不同时代所进行的努力，就是在原有的基础上，进行添加和组合，从而创造出能够适合时代发展要求和执政任务的执政体系。

在现代政治中，执政体系都是围绕着政党展开的，是政党为合法掌握国家政权，并有效运作国家政权所形成的一套综合工作体系，其中包括组织体系、制度体系、价值体系、战略体系和干部体系。在执政逻辑中，政党位于国家与社会之间，作为一定社会利益的代表掌握国家政权，负责国家管理与社会发展。在民主政治条件下，政党只有赢得社会，才能掌握国家政权；而政党要赢得社会，就必须代表社会，与社会建立紧密的关系；掌握政权的政党，要有效运行国家政权，就必须有合格的干部队伍、协调的党际关系、优良的战略体系和具有号召力的价值观念。政党协调与社会关系是基础，合法、有效掌握国家政权是目的，而建设一个强大的、有实力的政党是关键。政党是执政体制的本体，本体出了问题，其他方面也必然出问题。作为以执政为目标的政治组织，政党这个本体的建设，不能超越其所处于的社会与国家的内在规定性，所以本体的建设和本体的健康，不是抽象的，而是具体的，体现为在一定的社会与国家之中的生存与发展的基础与实力，体现为整合社会、治理国家，促进发展的能力与水平。换言之，任何执政体系成长的主干是政党，其生长的土壤则是社会与国家。至于长什么枝叶以及可能结什么果，则是这个社会或国家的历史、社会与文化的共同因素决定的。

任何执政党的执政体系，都是在其与社会、国家的紧密互动过程中，通过有目的的政党建设、社会建设和国家建设而确立和发展起来的。不同政党执政体系之间的差异，要么与政党、社会、国家本身的性质差异有关，要么与政党建设、社会建设和国家建设的战略选择和行动方式的差异有关。不同国家政党执政体系之间差异，一定是综合的制度性差异；而同一个国家不同政党执政体系之间的差异，则更多地体现为组织与策略取向的差异。由于现代政党的执政体系都是在现代民主政治的背景下形成的，所以任何一个国家政党可以从借鉴人类政治文明的角度，大胆地借鉴和吸收他国政党执政体系的长处。任何借鉴的目的都只有一个，那就是增强和完善自身，是固本之策，不是毁本之举。这决定了借鉴是有目的的，是从自身发展与完善的需要出发的，否则就是盲目的，其结果往往可能危及根本。

执政体系，犹如一棵树，是地里长出来的，不是人为造出来的。事实上，想造也造不出来。由于任何一个国家的政党不可能是外来的，所以这棵树要真正长大，支撑国家，庇荫大地，就不可能是移植的，必须靠自己成长。它可以接受外来的阳光雨露，但根植的一定是本土的国家与社会，吸收的一定是人民的滋养、民族的光芒和时代的春风。中国共产党要有效领导未来中国的建设与发展，就必须保持其执政体系的有效性，而执政体系的内在结构决定了这种有效性的获得，必须建筑在其内在结构要素的有机统一基础上，即建筑在其内在五大体系的有机统一基础上。

第一，组织体系。政党本身就是一个特殊的政治组织。所以，执政的组织体系，首先是政党自身组织体系的完备与有效。中国共产党是中国社会的领导核心，其组织力量直接支撑着中国社会与国家，所以其自身组织体系的完备和有效是执政党执政的首要前提。其次，是党联系大众、整合社会的组织体系。现代社会是组织化的社会，政党固然可以直接依靠自身的组织来联系大众、整合社会，但社会是多样化和多元化的，这就要求政党除了依靠自身的组织体系之外，还需要从自身组织体系出发，联络各种社会组织，从而形成有向心力又有覆盖面，有核心又有外围和边缘的庞大的组织体系，以广泛地联系大众、整合社会。最后，是党的组织工作体系，这是关系到党具体组织中活力与战斗力的工作体系。

第二，制度体系。中国共产党执政的制度体系，在这里不是指其所运行的国家制度体系，而是指其执政所赖以确立和展开的领导制度体系。党对国家和社会生活的领导是其执政的政治前提，其本质在于凝聚人民、整合国家、领导发展、保障执政。中国共产党对中国社会的领导是制度性的，即它通过自身的一套制度体系，领导自身、领导国家、领导社会、领导军队，以便有效地推进自身、国家、社会和军队的建设和发展。虽然随着国家制度和社会制度的日益健全和完善，党对国家和社会的领导制度将逐渐与国家制度和社会制度相交融，但作为世界上最大的执政党，不论是从维系党自身的事业出发，还是从提高党的执政能力出发，党都必然保有一套相对独立的制度体系，以保持党对全局的领导。中国共产党十五大提出的“总揽全局、协调各方”的原则，为新时期党的领导制度体系建设提供了原则和方向。中国共产党的领导制度体系包含三个层面：第一层面是党内的制度体系，如党委会制度、党内纪律检查制度等；第二层面是党领导国家与军队的制度，如党领导人大和政府的制度安排、党管干部制度、党领导军队的制度、党领导的多党合作和政治协商制度等；第三个层面是党领导经济与社会发展的制度，如党领导经济的制度化工作体系，党对工会的领导，党对企业、大学、社区的领导以及党对人民团体和社会组织的领导等。

第三，价值体系。任何政党都会有自己特定的价值、目标与理想，并用于指导执政的过程，从而构成执政的价值体系。中国共产党是以马克思主义为思想和理论指导的政党，并努力将马克思主义的基本原理与中国革命和建设的实际相结合，形成中国共产党自身的理论体系，即中国化的马克思主义。理论指导实践，在实践中创新理论，是中国共产党在中国实践和发展马克思主义的基本原则，所以在中国共产党的实践中，理论创新是制度、政策和实践创新的思想前提。基于马克思主义世界观、方法论和中国化马克思主义发展所形成的一套理论和价值体系，对中国共产党执政具有根本性和全局性的指导意义。在一定条件下，价值体系中的理论创新直接关系到党执政的合法性和有效性。这也就是中国共产党在领导革命和建设的各个时期都十分重视理论建设，强调意识形态工作的原因所在。对于中国共产党执政来说，执政的价值体系包括这样几个方面：一是马克思主义的世界观和方法论；二是中国化的马克思主义；三是凝聚人民的共同理想和核心价值；四是用于教育公民、维持基本社会秩序的基本道德信仰。

第四，战略体系。执政的政党要在风云变幻的世界中把握国家建设，要在不断发展和变迁的社会中把握政党建设，就必须对世界、对国家、对社会、对政党有系统的战略把握，做到运筹帷幄、从长计议、掌控全局、把握未来。中国共产党是在近代中国社会的夹缝中生长出来的，能够实现从弱小到强大的发展，完全得益于中国共产党人具有高超的战略能力。有战略能力，就能抓住一切机遇发展自身，就能在全局中获得主动。所以，中国共产党一直将把握全局、抓住机遇作为党和国家生存和发展的关键点，要求各级领导掌握这方面的本领。这决定了中国共产党执政所形成的战略体系，不仅有长期、中期和短期的发展战略，而且有国家和地方的发展战略；不仅有政治与经济的发展战略，而且有社会与文化的发展战略，形成了战略体系的全覆盖。就形态而言，战略体系包含的战略规划形态有：基本的路线、方针和政策，国家经济与社会发展五年规划，政治、经济、社会、文化与军事的具体发展战略与规划，各类区域建设和各领域发展战略规划等。

第五，干部体系。在中国共产党的领导实践中有这样一句名言：路线方针确定之后，干部就是决定的因素。这表明党一旦确立起了科学的路线、方针与政策，干部就成为执政能力的决定性因素，直接决定着党的战略规划的落实和推进。为此，中国共产党始终坚持党管干部。干部是党执政的核心主体，决定着党的领导水平与执政能力。造就优秀的干部队伍一直是党的领导和执政的重要任务。虽然随着公务员制度的确立，国家事务的管理日益职业化，但是党依然将有一定行政领导级别的公务员的管理，同时纳入党的干部管理范畴，形成了干部制度和公务员制度的相互交叉。干部制度涉及干部的储备、培训、选拔、任用、管理、监督等一系列环节，参与其中的有党的组织部门、党的纪律检查部门和政府的人事部门等；有从中央到地方的党校、行政学院以及一些相关的高等院校等。

上述五大体系统一构成中国共产党执政体系。至于这五大体系之间的结构关系，则是由党领导国家所面临的现实条件和战略任务决定的。所以，执政体系内在要素有机统一的基本体现就是保持其结构关系的动态发展，以保障党的执政能够有效应对经济与社会发展不断带来的新的任务和挑战。

五、执政党与政党制度

中国共产党之所以能够取得领导革命战争的最后胜利，毛泽东认为主要靠三大法宝：党的领导、武装斗争和统一战线。这三大法宝缺一不可。革命战争结束之后，武装斗争这个法宝已成为历史，继续活用的就是党的领导与统一战线。中国共产党正是通过有效领导统一战线，最终奠定了中华人民共和国的政权基础和国家架构的。

毛泽东之所以那么看重统一战线，是因为统一战线为党的建设和党领导中国革命与建设解决了一个关键性的问题：将中国共产党置于中国社会的核心地位，并由此来凝聚除了工农大众之外的各方社会力量。统一战线的最高原则，就是团结一切可以团结的力量，以壮大自己、削弱敌人，以调动一切积极因素、削弱消极因素，从而时刻保持党的领导力、战斗力、整合力，并积聚全社会的力量为实现党所提出的奋斗目标而努力。在革命年代，通过统一战线，中国共产党不管时局如何变幻，都能够保持其领导革命进程、表达社会心声、引导民族前进的先进地位。抗日战争时期，中国共产党建立了抗日民族统一战线，成为领导中国人民进行抗日斗争的核心力量。解放战争时期，中国共产党建立了人民民主统一战线，联合一切民主力量，开辟出反对国民党一党统治的政治斗争战场，为新中国的诞生和发展奠定了重要的社会基础与政治基础。1949 年 6 月 15 日，毛泽东在新政治协商会议筹备会议上发表讲话，明确阐明了统一战线所建立的政治基础是新中国得以建立的基础和保障："新的政治协商会议，是中国共产党在一九四八年五月一日向全国人民提议召开的。这个提议，迅速地得到了全国各民主党派、各人民团体、各界民主人士、国内少数民族和海外华侨的响应。中国共产党、各民主党派、各人民团体、各界民主人士、国内少数民族和海外华侨都认为：必须打倒帝国主义、封建主义、官僚资本主义和国民党反动派的统治，必须召集一个包含各民主党派、各人民团体、各界民主人士、国内少数民族和海外华侨的代表人物的政治协商会议，宣告中华人民共和国的成立并选举代表这个共和国的民主联合政府，才能使我们的伟大的祖国脱离半殖民地的和半封建的命运，走上独立、自由、和平、统一和强盛的道路。这是一个共同的政治基础。这是中国共产党、各民主党派、各人民团体、各界民主人士、国内少数民族和海外华侨团结奋斗的共同的政治基础，这也是全国人民团结奋斗的共同的政治基础。这个政治基础是如此巩固，以至于没有一个认真的民主党派、人民团体和民主人士提出任何不同的意见，大家认为只有这一条道路，才是解决中国一切问题的正确的方向。"①

至此，我们看到，统一战线奠定了中国共产党自身的发展路径，奠定了中国共产党领导中国革命和建设的战略策略，奠定了中华人民共和国成立

① 毛泽东：《在新政治协商会议筹备会议上的讲话》，《毛泽东选集》第四卷，人民出版社，1991 年，第 1463—1464 页。

的政治基础与政治形式。中华人民共和国成立之后，它还奠定了党领导和执政的基本制度基础，就是中国共产党领导的多党合作和政治协商制度，即有中国特色的政党制度。这个制度，是中国共产党长期执行的统一战线的政治成果，是中国共产党实行多党派合作、协商建国的政治成果，既符合人民民主的内在要求，也符合中国共产党领导和执政的内在要求。所以，1993 年，中国共产党在修改宪法的时候，将这个制度作为中国的基本政治制度写入宪法。

如果把统一战线、多党协商建国、政党制度三个前后关联、依次决定的政治要件放在一起观察，就会清楚地看到：党的领导、国家建设以及党的执政之间有着深刻的内在关系。具体来说，就是党的领导方式决定着国家建构方式，进而决定党的执政方式。这依次决定的三者关系再次说明，中国共产党的执政体系，不是一时一地形成的，而是长期发展和积累的结果。这种积累不仅与党的建设有关，而且也与国家建设有关。这客观上要求现有的党的执政体系，既要契合党的领导传统，也要契合中国的国家形态，当然也要更好地契合中国经济与社会发展的要求。在具体的观察、研究和实践中，人们往往习惯于从党的执政如何契合中国经济与社会发展要求的角度来思考中国共产党的执政体系，强调要用经济与社会发展的新逻辑、新制度设计来安排和规划其执政体系的形态与运行方式。这种努力是有意义的，但不能因此忽视党的历史、社会主义制度以及中国深层次的社会、历史与文化对党的执政体系建设和发展所具有的内在规定性。这意味着在推动中国共产党从领导人民革命的党转向领导人民执政的党的发展过程中，不能用抽象的执政原理来设计抽象的中国共产党执政体系，如果这样，不管用什么原理和方法设计出来的执政体系，都一定是脱离历史、脱离国情、脱离党情的执政体系，不过是空中楼阁，经不起任何风雨。

在建设和发展统一战线的过程中，中国共产党始终强调党对统一战线的领导，始终坚持党在统一战线中的领导地位。所以，作为统一战线实践的制度形式的中国政党制度与一般国家的政党制度完全不同，其根本取向在于实现党的领导与人民民主的有机统一，即同时要承担双重的政治功能：一是为人民民主发展提供有效的实践路径和制度平台；二是为巩固和完善党的领导提供有效的政治基础和制度保障。仔细分析这个制度，实际上是“一二三”的结构，即一个轴心支撑，这就是党的领导；两个方面联动，这就是多党合作与政治协商；三个要素统一，这就是党的领导、多党合作和政治协商的有机统一。在这样的结构中，多党合作也好，政治协商也好，都直接或间接地决定和规范着党的领导行为和执政行为。多党合作，不仅形成共产党执政、多党派参政的执政格局，而且形成了多党派监督共产党的权力监督体系；政治协商，不仅要求共产党执政必须基于其与多党派、各社会力量协商合作的基础上的，而且要求将多层面、多领域的政治协商纳入到国家重大政策的制定过程之中，从而为人民当家作主的实践提供必要的途径和平台。

多党合作、政治协商对中国共产党领导和执政所形成的监督和规范，对于提高中国共产党的领导水平和执政能力，不是消极的限制作用，相反是积极的辅助和推动作用。首先，这种制度的存在使中国共产党的统一战线在治理国家的过程中获得制度性的实现，这种制度性的实现反过来使得源于党的领导的统一战线，从党的领导和党的工作的重要机制和法宝，逐渐延伸为国家建设和发展所不可或缺的机制。具体来说，统一战线借助政党制度所协调的党派关系、民族关系、阶层关系、宗教关系以及海外同胞关系都是中国国家建设所必须面对的基本关系；其次，这种制度使中国共产党的领导和执政与日益多样化、多元化的社会之间有了积极调适和平衡的政治空间与制度空间，使党的领导和执政能够有效吸纳和安排多元化的要求和多样化的力量，以保障党领导和执政得到社会各方面的支持与认同，夯实合法性基础；再次，这种制度使中国共产党与人民民主之间有了更丰富的制度契合性，因为多党合作和政治协商的制度设计，是以实现各阶级联合统治的人民民主为重要初衷的；最后，这种制度使中国共产党的领导和执政有了天然的制约和监督力量，这对于保证中国共产党领导和执政的民主性、科学性和先进性都有十分积极的政治意义和制度价值。

政党制度所包含的这些功能和价值，对中国共产党执政无疑是重要的政治资源。中国共产党要巩固执政，建构有效的执政体系，就必须积极开发和利用好这些政治资源。在日益制度化的中国，未来中国政党与国家的关系到底应该如何合理建构和发展，将越来越取决于中国政党制度的开发和建设。所以，如何从中国政党制度的内在逻辑出发来发展中国共产党的执政体系，是中国共产党面临的重大战略问题。为此，中国共产党的执政能力建设也好，执政体系完善也好，都必须把有中国特色的政党制度建设和发展置于十分重要的战略地位。

第六章

党与社会

党可以通过各种方式产生，但其生命之源都在社会；党可以有各种的纲领和目标，但其最终的号召力则来自社会的认可与认同。根在社会、心在社会，拥有了社会认同和拥护的党，才是有力量的党。党的强大，不在其自身的组织与规模的大小，而在其社会根基的深厚。可见，最大限度地代表社会、动员社会和整合社会，是党的生存与发展的根本之道。中国共产党的每一次成功都证明了这一点。

一、中国需要先锋队

孙中山晚年一直追问和反思这样一个基本问题：为什么“俄国革命在中国之后，而成功却在中国之前”？[①] 为什么辛亥革命之后，革命的努力最终又都是无功而返的呢？且“综十数年已往之成绩而计效程功，不得不自认为

① 孙中山：《关于列宁逝世的演说（1924年1月25日）》，《孙中山选集》，人民出版社，2011年，第629页。

失败”[①]。孙中山最后给出的回答是，使革命落到这个境地的原因有三个：其一，政党不力。辛亥革命之后，政党的革命热情消退，认为革命任务完成，“革命事业不肯继续去做”，[②]且组织涣散、萎缩，脱离民众，党员不为主义，专为私利。其二，思路不对。革命只靠兵力，不求心力，只靠军队，不靠政党。“我们当知军队革命成功非成功，党人革命成功乃真成功。”[③]党人革命的使命就是为主义而奋斗，即力行主义，宣传主义，动员民众。先知先觉者扭转普通人的不知不觉，动员不了民众，自然也无法整合社会，组织国家，深化革命。其三，志向不远。孙中山认为，只有志向高远，长远规划，才能找到革命的正确路径和方法。他比较俄国革命和中国革命后认为：“俄国人立志革命，希望一百年成功，现在不过二十多年便完全达到成功的目的。我从前希望数年成功，现在已经到了三十年，还没有大功告成。这是因为中国人革命的方法和气魄不及俄国人。俄国人因为有了这种气魄与方法，所以革命一经发动，得到机会，便大告成功。俄国革命的成功为什么那样大而且快呢？因为俄国人立志稳健，眼光远大，把国家大事算到一百年，什么方法都计划到了，这就是经验多而成功快。”[④]鉴于这三个原因，他改组了国民党，并召开了国民党第一次全国代表大会，力图开启迈向最终成功的新的革命历程。

孙中山从自身经历和俄国的成功中充分意识到，要在中国实现成功的革命，仅有军队是不够的，还需要一个能动员社会，能整合力量，能把握中国整个革命历程，通国情、合民心的党。为此，他以苏俄为榜样，以列宁为模

---

① 孙中山：《中国国民党改组宣言（1923 年 11 月 25 日）》，《孙中山选集》，人民出版社，2011 年，第 558 页。

② 孙中山：《人民心力为革命成功的基础（1923 年 11 月 25 日）》，《孙中山选集》，人民出版社，2011 年，第 562 页。

③ 孙中山：《党义战胜与党员奋斗（1923 年 12 月 9 日）》，《孙中山选集》，人民出版社，2011 年，第 572 页。

④ 孙中山：《欢宴国民党各省代表及蒙古代表的演说（1924 年 1 月 20 日）》，《孙中山选集》，人民出版社，2011 年，第 607 页。

范。他说："吾党此次改组，乃以苏俄为模范，企图根本的革命成功，改用党员协同军队来奋斗，俄国以此能抵抗列强之侵迫，其时正当俄国革命初成功，而俄党人竟能战胜之，其原因则由党员能为主义的奋斗。"[①]看起来，孙中山似乎是在反思革命受挫的教训，为国民党改组寻求依据，为新的革命历程建构新的革命战略，而实际上孙中山在有意无意之中道出了中国革命和建设的根本逻辑，即中国这样落后的国家要取得最终的革命胜利，现代军队固然重要，但能够将全社会革命力量与从传统迈向现代所需要经历的革命历程完全整合在一起的强大革命政党则更为重要。没有政党，军队的胜利就转化不了革命的胜利，而没有革命的胜利，就没有革命的最后成功。显然，这样的党，不是一般的党，应该是能够聚合民众、引领军队、决定革命进程的党。在孙中山眼里，列宁领导的苏俄共产党就是这样的政党。他不无感慨地指出："我觉得于中国的革命党有很大教训。什么教训呢？就是大家应把党基巩固起来，成为一有组织的、有力量的机关，和俄国的革命党一样。"[②]在列宁的建党思想中，这样的党不能是一般的党，而是那些能够引导革命、阶级和国家发展方向的党。这正如马克思、恩格斯在《共产党宣言》中写到的："共产党人同其他无产阶级政党不同的地方只是：一方面，在无产者不同的民族的斗争中，共产党人强调和坚持整个无产阶级共同的不分民族的利益；另一方面，在无产阶级和资产阶级的斗争所经历的各个发展阶段上，共产党人始终代表整个运动的利益。"[③]

孙中山晚年的反思和领悟所得出的结论是对的，抓住了中国革命的关键：需要一个强大的且现代的革命政党。他从俄国共产党中看到这样政党的

① 孙中山：《党义战胜与党员奋斗（1923年12月9日）》，《孙中山选集》，人民出版社，2011年，第571页。

② 孙中山：《关于列宁逝世的演说（1924年1月25日）》，《孙中山选集》，人民出版社，2011年，第629页。

③ 马克思、恩格斯：《共产党宣言》，《马克思恩格斯选集》第一卷，人民出版社，1995年，第285页。

形，却没有看到这样政党的神。所以，他只能在组织形态上改组国民党，不能从组织性质上改组国民党。这也就注定了他寄托的所有希望最终必然落空。然而，只要中国还在革命的路上，还在继续现代化的努力，就必然要呼唤这样的政党出现。在国民党改组过程中与国民党合作的中国共产党，正是在这样的革命呼唤中走上中国舞台的。中国革命历史的逻辑十分清楚地表明：中国共产党的崛起，是中国革命真真切切的内在需求。中国共产党成功地把握了这个需求，其基点就是中国共产党要成为中国革命的领导力量，成为中华民族的核心力量，从而在时间和空间上整合中国的革命、建设和发展。

实际上，中国共产党在成立的时候就已经看到了中国革命和国家建设对这种政党的强烈需求，所以一开始就不仅在主义上，而且在组织和社会基础上定位自己为一个具有先锋队性质的政党。早在 1921 年 3 月，李大钊就发表文章指出：为了领导革命势力，“从事革命的运动”，实现“中国彻底的大改革”，“中国 C 派（即共产主义者们）的朋友”，现在继续组织一个“强固的紧密的”团体，“这个团体不是政客组织的政党，也不是中产阶级的民主党，乃是平民的劳动家政党，即是社会主义团体。”如果有这样的团体，并通过这样的团体训练其成员，那么“中国彻底的大改革”也就“有所附托”。[①]中国革命的要求以及中国共产党的性质与使命，决定了中国共产党从诞生起，就立足在中国社会的轴心和中国革命的前沿，因而其天生就注定了其最终的成败，集中体现的不在于是否赢得政权，而在于是否实现了国家独立、人民的解放和民族的复兴。

孙中山想按照苏俄的共产党改组国民党，以便完成中国的革命，但没有成功；相反，中国共产党取得了巨大成功。毛泽东说：“中国共产党就是依照苏联共产党的榜样建立起来和发展起来的一个党。自从有了中国共产党，中

① 李大钊：《团体的训练与革新的事业（1921 年 3 月）》，《李大钊文集》（下），人民出版社，1984 年，第 444 页。

国革命的面目就焕然一新了。”[①] 中国共产党之所以能够成为这样的政党，并最后取得革命的成功，关键的关键就在于它以其先锋队的性质和力量，赢得了整个社会和整个中华民族，赢得了这个国家的现在与未来。换句话说，这个政党之所以有力量，是因为它扎根于这个民族之中、扎根于普通百姓之中，并承担着引领、组织、服务作用和确定民族与国家未来的使命。英国记者冈瑟·斯坦因在其《红色中国的挑战》中记录了他与毛泽东的交谈，其中两段交谈清晰地道出了中国共产党与中国社会、中华民族的内在关系，摘录如下：

“重庆的中国朋友要我找出究竟是‘中国第一’还是‘共产党第一’，所以我就向毛泽东提出了这个问题。

他微笑着。‘没有中国民族就不会有中国共产党。你也可以同样地问，先有谁？孩子呢还是父母？这不是一个理论的问题而是一个实际的问题；正像国民党区域里的人们向你提出了其他的问题——我们是在为我们的党工作还是在为人民工作。随你要到什么地方去问我们的人民，他们都充分地知道，中国共产党是替他们服务的。他们曾经有着和我们同在最患难的时候的经验。’”

“我问，在战后，中国共产党准备扮演的是一种怎么样的政治角色。

‘我们党的全体党员当然只是中国人民中的一小部分，’他说，‘只有那一小部分反映了大多数人民的意见，并且只有那一小部分为了大多数人民的利益而工作才能使人民与党之间的关系健全。’

‘今天共产党不仅反映了农民和工人的意见，而且也反映了许多抗日地主、商人、知识分子等等的意见，也就是：在我们区域内的一切抗日人民的意见。共产党是愿意而且将来一直准备着和那些预备和它合作的一切中国人民紧密合作的。’”[②]

---

① 毛泽东：《全世界革命力量团结起来，反对帝国主义的侵略》，《毛泽东选集》第四卷，人民出版社，1991 年，第 1357 页。

② 马连儒、柏裕江编：《毛泽东自述》，人民出版社，1996 年，第 284 页、第 289—290 页。

二、先锋队的属性

迈入现代，中国问题的解决需要政党，反过来政党只要能够满足中国的实际需要，就能赢得这个民族与国家。所以，认识中国，把握中国的历史、现实与未来，从而抓住中国发展的每一个时代特征及其现实需求，就成为政党立足这个社会，领导这个国家走向进步的关键。为此，以孙中山先生为代表的中国国民党努力过，孙中山先生提出了三民主义主张和系统的建国方略；而中国共产党则从根本上思考中国，认为中国要建设现代国家，迈向现代化，首先要解决民族的独立和人民的解放问题，这是中国最迫切的问题，这个问题不解决，中国的一切发展都无从谈起，因而这也是中国革命的首要问题。中国共产党认为，中国的革命因现代世界革命而起，是世界革命的组成部分；基于现代世界革命的逻辑，中国革命必须首先进行资产阶级民主革命，同样基于现代世界革命发展的潮流，中国革命必须在资产阶级民主革命之后，应“准备在一切必要条件具备的时候把它转变到社会主义革命的阶段上去。这就是中国共产党光荣的伟大的全部革命任务”①。

中国共产党确实是从中国的现实需要出发来确立自己的革命任务的，这个现实需要就是：对外进行推翻帝国主义压迫的民族革命以实现民族的独立和对内进行推翻封建地主压迫的民主革命以实现人民的解放。但中国共产党在人类必然迈向社会主义和共产主义的革命逻辑上赋予了中国民族独立和人民解放以新的目标和使命：民族独立，不仅体现为摆脱帝国主义压迫，实现国家独立，而且体现为中华民族的伟大复兴；人民解放，不仅体现为推翻封建地主压迫，而且体现为使劳动人民获得自由与平等，真正享受当家作主的权利。所以，在中国共产党的理论体系中，其所推动的革命，既是阶级解放的革命，也是民族复兴的革命，并且始终把这两个革命紧密地联系在一起，

① 毛泽东：《中国革命和中国共产党》，《毛泽东选集》第二卷，人民出版社，1991年，第651页。

只是在不同的历史时期和时代条件下，赋予具体的内容与使命。[①]这一点，毛泽东在1940年1月发表的《新民主主义论》中阐述得十分明确："我们共产党人，多年以来，不但为中国的政治革命和经济革命而奋斗，而且为中国的文化革命而奋斗；一切这些的目的，在于建设一个中华民族的新社会和新国家。在这个新社会和新国家中，不但有新政治、新经济，而且有新文化。这就是说，我们不但要把一个政治上受压迫、经济上受剥削的中国，变为一个政治上自由和经济上繁荣的中国，而且要把一个被旧文化统治因而愚昧落后的中国，变为一个被新文化统治因而文明先进的中国。"[②]

要实现革命的任务，就必须有革命的行动。党作为革命的主要行动者，要达到革命的最终目的，就必须解决三个基本问题：其一，革命的合法性；其二，革命的对象；其三，革命的动力。这三个问题也是联系在一起的，其中革命的合法性问题实际上多少涵盖了革命的对象和革命的动力问题，因为革命的合法性一定取决于对"为什么革命"以及"革谁的命"的问题的正确把握，而明确了革命的对象，也就自然找到了可以开发的革命动力资源。在解决这三个问题上，中国共产党所秉承的历史唯物主义的世界观和方法论提供了正确的思路和科学的逻辑。中国共产党认为，中国革命虽然因世界革命冲击而起，但其基础和动力在中国社会，所以应该从中国社会性质出发来把握中国革命的所有问题以及中国共产党在其中的定位。"只有认清中国社会的性质，才能认清中国革命的对象、中国革命的任务、中国革命的动力、中国革命的性质、中国革命的前途和转变。所以，认清中国社会的性质，就是说，认清中国的国情，乃是认清一切革命问题的基本的根据。"[③]革命可以从革命合法性出发思考所有的革命问题，但决定革命最终成败的却是革命的内

① 毛泽东于1939年和其他几个在延安的同志合作写作了《中国革命和中国共产党》这个教材，其中第二章第三节关于中国革命任务的阐述，就说明了两个革命是相互联系和相互统一的。参见毛泽东：《毛泽东选集》第二卷，人民出版社，1991年，第636—637页。

② 毛泽东：《新民主主义论》，《毛泽东选集》第二卷，人民出版社，1991年，第663页。

③ 毛泽东：《中国革命和中国共产党》，《毛泽东选集》第二卷，人民出版社，1991年，第633页。

在动力是否强大和厚实。中国共产党认为，中国的社会性质、阶级结构、力量对比以及革命的使命，决定了中国革命成败的关键在于能否唤起民众，能否使作为中国民众绝对主体力量的工农阶级成为革命的主力军。所以，“谁要是想撇开中国的无产阶级、农民阶级和其他小资产阶级，就一定不能解决中华民族的命运，一定不能解决中国的任何问题”。①这也就意味着中国共产党要实现其革命的目标，就时刻不能脱离工农大众，并且应该把实现工农大众的阶级解放作为推动整个中国革命的根本动力之源。为此，中国共产党必须始终保持其作为工农大众，尤其是工人阶级先锋队的性质，以便有效地动员、组织和领导工农大众为国家的独立和民族的复兴而奋斗。

实际上，作为工人阶级的先锋队存在，中国共产党在其成立的那一天就已经明确了。②随着革命运动的展开，中国共产党充分意识到，要实现中国革命的最终成功，不仅要代表工农的利益，而且同时也要代表民族的利益。“我们党的第六次全国代表大会所规定的十大政纲，不但代表了工农的利益，同时也代表了民族的利益。”③这种认识的提升，一方面得益于中国共产党自我认识的深入，另一方面也得益于中国共产党对中国革命认识的深入。中国共产党十分清楚地意识到其所代表的工农大众本身就是中国社会的主体，占据了百分之八十到九十的比例；但是，即使这样，中国革命要取得最后的胜利，除了依靠工农大众之外，还需要调动一切可以调动的资源，团结一切可以团结的力量，建立最广泛的统一战线，从而使中国共产党真正成为中国社会的核心力量，整体而全面地带动全中国人民和整个中华民族的进步与发展。日本帝国主义入侵后所激发出来的民族危亡意识，使中国共产党

---

① 毛泽东：《中国革命和中国共产党》，《毛泽东选集》第二卷，人民出版社，1991 年，第 649 页。

② 江泽民在《纪念中国共产党建党八十周年大会的讲话》中说：“我们党从成立之日起，就把自己定为中国工人阶级的政党，始终坚持工人阶级先锋队的性质，为保持自身的先进性奠定了坚实的阶级基础。”参见江泽民：《论“三个代表”》，中央文献出版社，2001 年，第 167 页。

③ 毛泽东：《论反对日本帝国主义的策略》，《毛泽东选集》第一卷，人民出版社，1991 年，第 158 页。

更加明确了面对中华民族的生存和发展应该承担的责任和应该扮演的角色。1935年底的瓦窑堡会议是中国共产党发展的一个重大转折，首先会议明确了中国共产党不仅是工农的先锋队，而且也是中华民族的先锋队，会议决议指出："中国共产党是中国无产阶级的先锋队。他应该大量吸收先进的工人雇农入党，造成党内的工人骨干。同时中国共产党又是全民族的先锋队，因此一切愿意为着共产党的主张而奋斗的人，不问他们的阶级出身如何，都可以加入共产党。一切在民族革命与土地革命中的英勇战士，都应该吸收入党，担负党在各方面的工作。""能否为党所提出的主张而坚决奋斗，是党吸收新党员的主要标准。"[①] 其次，会议把中国共产党建设国家的理想，从建立工农共和国改变为建立人民共和国，而这种基于"各革命阶级联合专政"的人民共和国既是实现劳动阶级解放的共和国，同时也是实现中华民族根本利益的共和国。毛泽东说："总括工农及其他人民的全部利益，就构成了中华民族的利益。"[②] 由此，中国共产党就为其所要领导的革命的最终实现提供了合适的政治形式。后来的革命历程表明，瓦窑堡会议所形成的这两大政治跃升，不论对中国共产党全面发展和最终成熟，还是对中华民族取得抗日战争的胜利和实现最后的独立解放，都具有决定性的意义，而这种跃升的关键就在于中国共产党不仅把自己看作是工人阶级的先锋队，而且看作是中华民族的先锋队，从而更加坚实、更加全面地担负起这个民族、这个国家对政党所提出的历史责任。

所以，进入21世纪，为了使站立起来的国家和民族走向全面复兴，中国共产党自然也就再度明确了自己的两个先锋队角色和使命。2002年，在党的十六大报告中，再度明确中国共产党"始终是中国工人阶级的先锋队，

---

① 1935年12月25日中共中央在瓦窑堡会议上，为批判"关门主义"和扩大巩固共产党而作出的论断，参见中央档案馆、中共中央文献研究室编：《中央关于目前政治形势与党的任务决议》，《中共中央文件选集》第十册，中共中央党校出版社，1982年。

② 毛泽东：《论反对日本帝国主义的策略》，《毛泽东选集》第一卷，人民出版社，1991年，第159页。

同时是中国人民和中华民族的先锋队，始终是中国特色社会主义事业的领导核心，始终代表中国先进生产力的发展要求，代表中国先进文化的前进方向，代表中国最广大人民的根本利益”。以往的成功昭示着这样的真理：只要保持着这样的先锋队角色，中国共产党就立于不败之地，自然也就能实现中华民族的伟大复兴。

三、党的使命与能力

政党都是应一定的使命而诞生的。政党的使命定位与政党的目标有关，而政党目标的选择在很大程度上取决于其生存的现实状况及其对这种状况的把握。所以，政党的使命是客观规定与主观选择的结果。政党一旦承担起了其所应承担的使命，就与相应的国家和社会形成紧密的关系，并因承担了相应的使命而成为国家或社会的中心，同样国家或社会也因为有政党承担有关的使命而获得发展。政党为使命而诞生，而使命也将成就政党伟业。高远的使命，铸造政党的品格；而对使命的忠诚，则是政党不败的立足之本。

后发现代化国家的政党都往往与变革、革命的需要相伴而生，“革命党”普遍是其最初的展现形态，而创造独立、民主和现代化则往往是其革命的基本使命。在中国，国共两党的诞生也没有越出这个逻辑。中国共产党是在孙中山先生所开辟的旧民主主义革命的基础上开辟出新民主主义革命道路，并明确其使命是要完成中国革命的两重任务：“资产阶级民主主义性质的革命（新民主主义的革命）和无产阶级社会主义性质的革命。”①这样的使命定位决定了中国共产党所努力的不仅仅要把中国带入现代社会，而且要在中国创造比现代社会更高形态的新型社会，即社会主义社会。为了能够将高远的理想

① 毛泽东：《中国革命和中国共产党》，《毛泽东选集》第二卷，人民出版社，1991年，第651页。

与现实的发展有机结合，中国共产党将其纲领定位为最高纲领和最低纲领的有机统一；为了使伟大的使命能够激化出实实在在的、持之以恒的努力和奋斗，中国共产党努力保持其先锋队的本性，发挥其先锋队的作用。

中华民族与中国社会锻造了中国共产党，而中国共产党以其信念、追求和不懈的奋斗，塑造了这个民族、国家和社会的现代性。于是，中国共产党自然而然地成为这个国家和社会的轴心，这个国家与社会也通过这个轴心得以不断地攀升和成长。在这样的政党、国家与社会相生相长的结构中，政党所承担的使命，不仅决定着政党的命运，而且也决定着国家和民族的命运。中国共产党在中国社会的存在，首先是作为领导力量和核心力量的存在，其次才是作为革命力量和执政力量的存在。这是中国共产党与其他国家政党的根本区别所在。这也是中国共产党作为阶级的和民族的先锋队存在的政治意义和现实价值的集中体现。政党的实际力量与价值，不仅要体现在其所承担的道义上的使命与责任，更重要的是要体现在其战略、政策和行动所表达的使命与责任。中国共产党领导中国革命以来，努力践行的基本使命有四大方面：

第一，民族复兴。这是源于有数千年文明史的民族在现代化冲击之后，尤其是饱受西方帝国列强欺凌之后的真心呼唤，其实质就是摆脱落后，自立自强，实现民族独立和国家富强。正是这种真心呼唤，呼唤了中国共产党，同样中国共产党也用这种真心呼唤动员了整个中华民族，凝聚了全体中国人民革命和建设的决心和力量。

第二，国家建设。传统的帝制国家体系崩解之后，中国就面临着在现代的原则下重建国家体系的历史任务。孙中山的“建国方略”回应了这个任务。同样，中国共产党也在领导人民革命的过程中思考和实践新中国的国家体系。毛泽东在《新民主主义论》中也系统地回应了这个历史任务，指出了国家建设的方向。中国共产党在延安的十三年初步实践了其所设计的国家政权体系。可以说，对国家建设的思考、设计和实践，伴随中国共产党成长的全过程，是党的基本使命。进入 21 世纪，中国共产党将其在革命时期提出的“三位一体”的国家建设战略布局逐步发展为“四位一体”和“五位一体”的战略布局，明确将社会建设和生态文明建设纳入到国家建设的战略布局之中，与政治建设、经济建设和文化建设一起构成“五位一体”的国家建设战略布局。四十多年的改革开放促进了中国巨大发展，中国已成为有世界影响的第二大经济体，但中国共产党依然努力推进更为全面和深刻的国家建设，在推动“五位一体”国家建设的同时，提出了推进国家治理体系和治理能力现代化的新使命。

第三，现代化发展。现代化发展是民族复兴的基础，也是国家建设的基本目标所在。对于中国来说，它不仅体现为人、社会与国家的全面进步，而且也体现为技术、物质和精神的全面发展；不仅体现为现代性的全面建构，而且体现为文化传统的再造与复兴。显然，在中国，现代化不仅仅是发展的问题，在更多方面，它是再造、复兴与整合的问题，所以它不仅需要动力，而且需要领导；不仅需要速度，而且需要效率；不仅需要成就，而且需要最终的成功。为此，中国共产党努力推动着，同时也努力把握着。

第四，劳动解放。追求劳动解放是中国共产党得以同时成为工人阶级的先锋队和民族的先锋队价值基础。劳动解放的政治取向在于使劳动人民拥有当家作主的权利；经济取向就是使劳动创造财富的人享有财富；社会取向就是消除贫困，创造富裕、公平、和谐的生活。围绕着劳动解放，中国共产党通过新民主主义革命实现了劳动阶级在政治上获得解放，当家作主，成为国家的主人，实现了阶级解放；通过改革开放，实现了劳动阶级的每个个人获得政治、经济与社会的独立与自主，实现了个体解放。基于社会主义社会的本质要求，中国共产党的未来使命就是努力创造经济与社会领域的公平，使共建与共享获得高度统一。

践行这四大使命，不仅需要信念和努力，而且需要能力与智慧。在党发展的不同历史时期，党在锤炼其信念和使命感的同时，也在努力提升其领导革命、组织建设和创造发展的能力。从党的大历史来看，这三大能力在革命时期、计划经济时期和改革开放时期分别得到了具体体现，取得了相应的成功。与一般政党不同的是，中国共产党十分强调使命感和领导能力背后的精神力量。这种精神力量是来自党在领导革命过程中战胜艰难险阻，创造人间奇迹所形成的，如长征精神、“两弹一星”精神。所以，中国共产党始终将党对使命的践行，确立在对社会主义的信念、为人民服务的能力和不畏艰险的奋斗精神的三者统一之上。新中国成立前夕，面对即将到来的全国胜利，毛泽东在审阅新华社为纪念中国人民解放军建立二十二周年而写的社论稿的时候，把社论的题目改定为《我们是能够克服困难的》，以表达中国共产党之所以能够最终获胜的力量就在于它能够克服一切的困难，并不断地创造前进的动力。他还为社论加写了这样一段话：“我们是能够克服困难的，不管什么样的困难也不怕。人民解放军的二十二年的斗争史给了我们这样一种经验和信心，只须共产党、人民解放军和全国人民明了自己所遇困难的性质，坚决地执行克服困难的各项根本政策，我们就能达到目的。”[①]可见，中国共产党践行使命的过程统一于自我铸造的过程；在任何时候，只要这个政党被真正的困难动员起来，它就会焕发出常人难以想象的勇气和力量。这应该是中国共产党这支先锋队的真正力量所在。这种力量对于中国这样国家的建设和发展来说，无疑是极为宝贵的。党凭借这样力量不断建功立业，国家与民族凭借这种力量而兴旺发达，崛起于世界。

四、政党的行动原则

从最简单的语义来解释，先锋队就是披荆斩棘、引领大队人马前进的先锋力量。在中国共产党的组织文化和中国政治文化中，先锋队既是冲锋陷

---

① 参见新华社电讯稿：《我们是能够克服困难的——纪念中国人民解放军的二十二周年》，1949 年 7 月 31 日。

阵的带头力量，也是率先垂范的模范力量；既是领导全局的坚强核心，也是引导发展方向的先进代表。对于任何的组织或共同体来说，这样的力量无疑是重要的动力资源，不仅能够创造组织的生机活力，而且能够创造组织发展的无限空间。时刻保持先锋队的先锋性和先进性，是先锋队发挥有效作用的首要前提。维系和弘扬这种先锋性和先进性，既要靠理论的创新和组织的发展，也要靠信仰的支持和行动的规范。先锋队首先体现为一种理想、勇气和精神；其次体现为一种行动、作风与能力。前者必须通过后者来体现，后者必须通过前者来推动。作为一个阶级、一个民族、一个国家的核心力量，其先锋队的作用，最终都要集中地体现在其领导作用上。从先锋队的定位和原则出发，中国共产党形成了保持党的有效领导的基本原则：

第一，把握历史进程，确定正确目标。政党的伟大，固然可以体现在它的道义目标和组织实力上，但更为关键的是其是否有能力把握历史进程，抓住时代特征，并适时地提出能够凝聚全体民众为之奋斗的目标。中国共产党认为这是党有效领导，发挥先锋队作用的首要原则。1937年，毛泽东在《中国共产党在抗日时期的任务》一文中深刻阐述了这个原则："无产阶级怎样经过它的政党实现对于全国各革命阶级的政治领导呢？首先，是根据历史发展行程提出基本的政治口号，和为了实现这种口号而提出关于每一发展阶段和每一重大事变中的动员口号。例如我们提出了'抗日民族统一战线'和'统一的民主共和国'这样的基本口号，又提出了'停止内战'、'争取民主'、'实现抗战'的口号，作为全国人民一致行动的具体目标，没有这种具体目标，是无所谓政治领导的。"①

第二，全力依靠群众，全心为民谋利。美国前总统尼克松在考察世界伟大领袖时说过："领袖人物当然要突出地走在老百姓的前面。在国家该朝什么方向前进、为什么要这样前进、怎样达到目的地等问题上，要比老百姓有

① 毛泽东：《中国共产党在抗日时期的任务》，《毛泽东选集》第一卷，人民出版社，1991年，第262—263页。

更清楚的认识。但是，领袖必须带领老百姓前进。如果吹起冲锋号之后，回头一看，没人跟上来，那就没意思了。”①领袖是如此，作为先锋队的政党也是如此。中国共产党强调，政党要真正成为群众的领导者，首先不能脱离群众，必须与群众打成一片；其次，必须全力依靠群众，相信群众的智慧和热情，积极地团结和动员群众的力量，维护群众的积极性和创造性；最后，必须全心全意为人民服务，为民谋利，造福于民。在这三方面，最根本的是全心全意为人民服务。做不到这一点，其他两个方面也就无从谈起。在中国共产党看来，为人民服务，不是一个简单的道义原则，而是中国共产党生存与发展的根本之道。能做到这一点，这个政党就立于不败之地。中国共产党在战争年代的成功充分证明了这一点。在执政时代，这个原则依然是至高无上的真理。

第三，消除内外宗派，保持团结统一。在现代政治文明发展史的初期，不少西方学者反对政党，认为政党会导致两大后果：一是带来社会领域中的宗派之争，导致社会断裂或分裂；二是政党内部因利益、原则或情感，分裂为宗派，从而使政党成为一个派阀纷争的舞台。②美国第一任总统华盛顿在1796年的告别演说中这样告诫人们要警惕宗派的危险：“党派性总是在涣散人民的议会，削弱政府的行政机构。它以毫无理由的妒忌和虚假的警报使社会动荡不安，它点燃一方的仇恨之火反对另一方，甚至煽动骚乱和暴动。它向外来势力和腐化敞开大门，这些就是通过党派感情的渠道找到了通向政府的方便之路。就这样，一个国家的政策和意志却听命于另一国家的政策和意志。”③中国共产党对这个问题的认识，虽然不是从政党政治的危险出发的，而是从维护党和国家的整体事业出发的，但对这个现象所可能造成的危害的认识却是十分相近的。1942年2月，毛泽东在中央党校开学典礼上的讲

① [美]理查德·尼克松：《领导者》，尤勰等译，世界知识出版社，1983年，第386页。
② 参见[意]G. 萨托利：《政党与政党体制》，王明进译，商务印书馆，2006年。
③ [美]乔治·华盛顿：《华盛顿选集》，聂崇信等译，商务印书馆，1983年，第319页。

话中明确提出了反对宗派主义，要求彻底消除可能存在的任何残余。他说："由于二十年的锻炼，现在我们党内并没有占统治地位的宗派主义了。但是宗派主义的残余是还存在的，有对党内的宗派主义残余，也有对党外的宗派主义残余。对内的宗派主义倾向产生排内性，妨碍党内的统一和团结；对外的宗派主义倾向产生排外性，妨碍党团结全国人民的事业。铲除这两方面的祸根，才能使党在团结全党同志和团结全国人民的伟大事业中畅行无阻。"① 显然，中国共产党不是为反对宗派主义而反对宗派主义，而是为了追求党的高度团结与统一反对宗派主义，为了追求党与全体人民团结而反对宗派主义。中国共产党认为，作为先锋队，不仅应该是一个团结的力量，而且还应该是能够创造团结的力量。20 个世纪 80 年代末，邓小平也以同样的道理告诫新一代领导集体，指出只要我们的党和我们的领导安定团结，"那末谁也拿中国没有办法"②。

第四，不断自我建设，保持先进本色。中国共产党十分清楚其自身与这个国家的关系：没有中国共产党，这个国家将四分五裂；反过来，这个国家的关键就在中国共产党。所以，中国共产党与国家之间的逻辑关系就是：党强则国强、国兴，党弱则国弱、国败。中国共产党的性质与使命，确定了其强大不是简单地体现为组织的规模或拥有的资源，而应体现为其内在素质的好坏以及能力水平的高低。组织的规模与物质资源可以通过各种渠道积累起来，而素质与能力则只能通过不断的自我建设、自我发展来达成。为此，中国共产党一直把加强自身建设作为党生存与发展的根本之道，而这种建设的价值取向就是保持和提升党的先进性。这种价值取向决定了这种建设，既是克服不足、消除缺陷、清源固本的建设，也是适应变化、与时俱进、创新发展的建设。实践证明，中国共产党所创造的思想建设、组织建设和作风建

① 毛泽东：《整顿党的作风》，《毛泽东选集》第三卷，人民出版社，1991 年，第 821 页。
② 邓小平：《改革开放政策稳定，中国大有希望》，《邓小平文选》第三卷，人民出版社，1994 年，第 318 页。

设三位一体的党建体系对于提升党的战斗力，弘扬党的先进性是有积极作用的。

第五，建立广泛同盟，巩固核心地位。在中国共产党的历史上，曾经有过开门建党还是关门建党的争论，争论的结果是：关门主义既不利于党的发展壮大，也不利于党领导能力和领导地位的提升。毛泽东在批评关门主义时意味深长地指出："人中间有三岁小孩子，三岁小孩子有许多道理都是对的，但是不能使他们管天下国家的大事，因为他们还不明白天下国家的道理。"[①]这也就是说，在毛泽东看来，党的建设不能仅仅从党的性质和特征出发，即不能仅仅从党的逻辑出发，还应该从治国平天下的"天下国家的道理"出发。基于后者，党要拥有其核心地位，并巩固其核心地位，就必须不仅要把群众凝聚到党的周围，而且要把各种的组织、团体和阶层都团结在党的周围。这种团结既增强了党的力量，也巩固了党的社会基础，更为重要的是，造就了一个"弱敌、甚至是无敌"的生存与发展空间。这样的空间，利于巩固党的领导的核心地位，利于党的团结和党整合全社会力量。

---

① 毛泽东：《论反对日本帝国主义的策略》，《毛泽东选集》第一卷，人民出版社，1991 年，第 155 页。

第七章

党与人民

中国共产党自成立以来，就是把实现民族独立、人民解放，国家富强、人民幸福作为自己的两大历史任务。对于坚定共产主义远大理想的中国共产党来说，这两大历史任务不是一时的，而是长远的；不是止于一定水平的，而是止于至善，将贯穿党领导中国人民为远大理想和共同理想而奋斗的全过程。没有共产党，就没有新中国，也就没有今天的中华民族伟大复兴。中国共产党对中国、对中国人民、对中华民族的贡献无疑是全面而巨大的，从根本上改变了中国人民和中华民族的命运，使古代的中国走上比资本主义还先进的社会主义发展道路。用一句话来概括和提炼这巨大的历史性贡献和历史性成就，那就是中国共产党使中国人民得到全面解放：一是政治上得到解放，中国人民成为国家主人，当家作主；二是精神上得到解放，中国人民掌握最先进的马克思主义理论，摆脱各种教条束缚，解放思想，不断创造，走自己的路，发展自己的理论；三是经济上得到解放，中国人民共同拥有生产资料，社会主义制度不断解放和发展社会生产力，不断解放和增强社会创造活力。中国特色社会主义制度就是立足人民解放而确立起来的，并在实践中不断健全和完善，从而使得人民解放不是政策性的，而是制度性的，不是一时的，而是持续深化和拓展的。正是在这样的基础上，中国共产党把促进人的全面发展作为领导和执政的核心价值和目标。

没有人民解放，也就没有人的全面发展前提；同样没有人民解放的制度性保障，人的全面发展也就缺乏应有的政治基础和制度保障。不论在理论上，还是在实践上，西方的“自由”“民主”价值和制度，带给人民的仅仅是“自由”“民主”的权利，而不是“自由”“民主”理应带来的人民解放本身。人们从拥有权利到真正得到解放、成为自己和社会的主人，需要两大基础：一是人民掌握国家权力，当家作主；二是人民掌握基本社会生产资料，人民创造的财富属于人民。前者是政治基础，后者是经济基础。可以预见，只要中国共产党永葆初心本色，永葆先进性、纯洁性，中国共产党领导和推动的中国社会发展和进步，定是长期持续、不断前进的，必将为人的全面发展带来无限可能。

一、坚持人民至上

在中国传统思想和文化中，人相对于天地而言，民相对国家而言。不论在天地之间，还是在国家之中，人和民都拥有核心地位。

在天地之间，老子认为，人高于物，与天地相同，“故道大，天大，地大，人亦大。域中有四大，而人居其一焉。人法地，地法天，天法道，道法自然”。[①]儒家认为：“人者，天地之心也”[②]，“天地人，万物之本也。天生之，地养之，人成之”[③]。

---

①《道德经 · 第二十五》。

②《礼记 · 礼运》。

③《春秋繁露 · 立元神》。

在国家之中，孟子强调“民为贵，社稷次之，君为轻”[①]。荀子强调“天之生民，非为君也；天之立君，以为民也”[②]。老子说“圣人无常心，以百姓心为心”[③]。于是，《左传》从历史角度作出论断：“国将兴，听于民；将亡，听于神。”

可见，在中国传统文化中，现实中的每个个体，不论作为人，还是作为民，在道义上都是至高的，也都是决定性的，不仅决定国家社稷，而且决定天地万物。这种人本观念和民本思想，视重人重民为人间正道、国家常态，视非人非民为生灵涂炭、病国殃民，铸就了中华民族基本价值观念、基本社会秩序和基本治国之道。

所以，在中国传统文化中，国泰和民安是一体的，民安方能国泰，国泰确保民安。人民是稳定国家的根基，国家必须以人民的意志为意志、以人民的力量为力量、以人民的幸福为幸福。

中国共产党的成功之处就在于，既传承了中华优秀传统文化中关于人和民的基本理念与思想，又以马克思主义思想为指导建立了以人民为中心的人民共和国，创造了人民当家作主的社会主义制度，从制度上保障人和民的至高性。人民共和国的人民性，体现在四大方面：一是生命至上、人民至上是党和国家的核心价值；二是人民当家作主，社会主义民主制度保证人民依法通过各种途径和形式管理国家事务，管理经济文化事业，管理社会事务；三是代表广大人民根本利益的中国共产党全心全意为人民服务，是人民的领导核心；四是建立了以公有制为基础、全体人民共享国家发展成果的社会主义制度体系。

不论是在中国政治文化中，还是在马克思主义政治理论中，人民既不是与个体相对立的集合概念，也不是一个抽象的政治概念，而是实实在在的社

① 《孟子 · 尽心章句下》。
② 《荀子 · 大略》。
③ 《道德经 · 第四十九》。

会和国家的本体，是生存天地之间、构成社会的本体。所以，对中国共产党来说，人民不是抽象的而是具体的，在今天，其主体就是包括广大劳动人民群众在内的社会主义建设者。

历史和现实都表明，中西社会、历史和文化之间的最大差别就在于，中国以人民为本体，而西方以个体为本体。西方的个体，是以一般自然人为逻辑起点的，其价值和意义是通过天赋人权、社会契约建立国家的政治逻辑来体现的，从而把对人本身的肯定局限于对个体价值的肯定。中国的逻辑正好相反，把对人置于天地之间，以对人本身的肯定为逻辑起点，并由此肯定人民在社会、国家中的地位和价值。这种肯定既尊重每个人的生命本身，也尊重每个人的社会存在和国家地位，从而把个体存在和个体组成的社会存在统一起来。

当代中国发展实践表明，以人民为本体、以人民为中心的中国社会发展，相较于以个体为本体的西方社会发展，具有西方社会不可比拟的四大优势：一是能够最大限度激发全社会的力量，既包括个体的积极性和创造力，也包括全体人民的积极性和创造力；二是能够确保国家始终掌握在全体人民手中，不被少数人或少数利益集团所掌握；三是能够确保国家能始终为广大人民服务、保障广大人民利益；四是能够确保人民在中国共产党领导下团结一体，奠定了国家一体化和稳定性的坚实社会基础。正是借助这些优势，中国共产党领导的中国特色社会主义事业才能创造比西方资本主义更快、更好的现代化发展。

毛泽东同志曾说过："世间一切事物中，人是第一个可宝贵的。在共产党领导下，只要有了人，什么人间奇迹也可以造出来。"[①]"人民，只有人民，才是创造世界历史的动力。"[②]中国共产党是这样认为的，也是这样实践的，并以"一切为了人民、一切依靠人民"的中国成功发展向世界证明：相较以

---

① 毛泽东：《唯心历史观的破产》，《毛泽东选集》第四卷，人民出版社，1991 年，第 1512 页。
② 毛泽东：《论联合政府》，《毛泽东选集》第三卷，人民出版社，1991 年，第 1031 页。

个体为中心的资本主义社会发展，坚持人民至上、以人民为中心的发展，能力更强、速度更快、效益更广、后劲更大。

二、代表人民根本利益

社会和自然界一样，其结构不是单一的，而是多元的。万物生长靠太阳。这意味着不论在地球的什么地方，任何生命体都必须服从于地球的自转和公转所带来的白天黑夜交替、春夏秋冬轮换，只有这样才能在地球生存并繁衍生息。同样的道理，构成社会的不同人群，要在社会中生存和发展，就需要驾驭社会秩序的公共权力，即国家。然而现实表明，不同社会组成不同的国家，在不同国家下，社会发展是不同的，有的好，有的差，有的甚至面临种种危机。

国家作为一种公共权力，既是创造社会秩序的力量，也是引领社会发展的力量，其如何发挥作用，朝什么方向发挥作用，发挥成效如何，直接取决于国家权力由谁来掌握以及掌握国家权力的人为谁服务。从理论上讲，现代国家与传统国家的本质差别在于：国家权力由谁来掌握，不是由一部分人决定，而是由全体人民决定。在西方代议制民主下，所谓的全体人民决定，实际上由全体选民决定，根据选举规则，最终的决定权掌握在多数人手中，由此选举出来的掌权者看似超越了多数人，但为了守住手中的权力，不可避免地要更多地服务这个特定多数人。这种代议制民主虽有其一定的合理性，却并非最优方案，因为由此产生的掌权者能够维护基本的公共秩序，却无法代表和维护全体人民的根本利益，因而也无法准确把握社会发展的内在需求和根本方向。在这种政治下，即使赢得绝对多数选票的执政者也不可能拥有代表全社会的立场和能力，原因很简单，这些执政者都有自己的特殊利益。

古人讲：人不为己，天诛地灭。西方代议制民主政治就是以这种所谓天经地义的人性为前提确立起来的，通过不同党派轮流执政，来平衡人人为自己谋利所带来社会利益分化和冲突。代表不同利益政党的轮替，看似民主，其实就是一种利益平衡。然而，这种平衡缓和了社会冲突，却使得国家失去了切实从社会根本利益、根本要求以及根本趋势出发把握社会秩序和社会发展的能力。许多国家经济社会发展之所以那么艰难、那么曲折，一个重要原因就在于国家的这方面能力不够、不行，甚至就没有。

中国共产党领导的社会主义中国，之所以用几十年时间就能实现西方国家上百年甚至几百年发展才能实现的发展目标，根本在于掌握公共权力的中国共产党不是代表特定阶层、集团利益，而是代表全体人民的根本利益，不仅如此，更为重要的是拥有近一亿党员的共产党没有自己的特殊利益。人民的根本利益就是中国共产党的利益。基于此，中国共产党不仅成为国家与社会的核心力量，给经济社会发展以秩序规范和动力支撑，而且最大限度地从经济社会发展的内在要求、历史趋势和最大利益出发把握经济社会发展航向，推动经济社会发展有效运行、持续推进、不断跃升。事实证明，中国共产党领导是中国特色社会主义制度的最大优势，是中国经济社会稳定高效、持续发展的最大保障。中国特色社会主义制度造就了中国共产党长期执政，塑造了中国共产党大公无私、全心全意为人民服务的执政品格；同时也因为中国共产党有效领导和长期执政，中国特色社会主义制度拥有西方制度所不可比拟的优势和能量。由此可见，共产党长期执政所创造的国家内在统一，不但没有限制社会利益诉求的多样性，相反为社会不同利益群体的充分发展提供了有效秩序、开拓了空间、开辟了路径。这样的优势和绩效是西方国家所无法想象的。一些西方国家从其制度逻辑出发根本无法想象中国共产党的特殊属性，无法想象中国特色社会主义制度运行逻辑和方式，因而在认识和理解中国共产党和中国制度上，也就难以摆脱其根深蒂固的意识形态偏见。

三、以民心为最大政治

中国共产党长期执政的实践表明，检验马克思主义政党执政党能力和水平的标准，主要是四看：一看执政党心中有无人民；二看执政党执政是否造福人民；三看执政党是否处处以人民利益为根本利益；四看执政党执政是否处处保障人民利益。只要在执政中确实把人民利益放在心中，切实做到一切为人民、一切依靠人民，那么党的理论、战略、政策和行动就能更科学、更全面、更权威、更有效。

执政党执政是通过其执政队伍进行的。对于执政党来说，认识其中的道理、把握其中的原则、确立相应的价值、形成相应的政策容易，但要让其执政队伍，特别是要让全体党员领导干部把一切为了人民、一切依靠人民、全心全意为人民服务的党的宗旨和执政理念，融化进感情里，落实到行动中，展现在作风上，并非易事，需要系统而全面、日常而持久的党内思想教育、组织培养、制度规范和实践考验。其中，最根本是要培养党员干部的仁爱之心、群众之情、为民之行。

中国共产党自成立以来，就以全心全意为人民服务、为人民谋幸福为根本宗旨和初心使命，并为此确立了实事求是的思想路线和从群众中来、到群众中去的工作路线。全心全意为人民服务是中国共产党党员应有的党性，也是中国共产党领导干部执政的根本点。只有时时处处践行全心全意为人民，中国共产党执政才是合格的、到位的、有效的，才能赢得人心，才能夯实执政的根基。

为人民服务，最根本的前提就是不谋私利，必须谋公利、谋人民利益、谋民族利益、谋国家利益。一句话，必须做到大公无私。任何人要做到大公无私，都会面临诸多的现实性挑战，这就需要作为执政者的党员干部在精神上有高境界、在心中有大情怀。境界越高、情怀越大，就越能情系民意、心怀国家，拥有不受名利诱惑的立大局、谋大利、成大事的执政能力。为此，中国共产党十分重视理想信念教育，一方面以理想建构情怀，心怀国之大者、党之大计；一方面以信念坚定宗旨，践行初心使命，保持一心为民本色。实践表明，这种理想信念教育，最好的课堂不在学校教室，而是在密切联系群众、与群众同甘共苦的实践一线。只有在群众工作所获得的真情实感中，人民才会真真切切地感受到什么是真实的社会，什么是真正的人生，什么是伟大的理想，什么是成功的事业，什么是人世间的真善美。对这些问题有了正确答案，党员干部自然就能在心中种下为人民服务的种子，萌发出大公无私的情怀。

基于自身百年奋斗的成功经验和世界大党执政失败的教训，中国共产党反复告诫全党，党执政的最大危险就是党员领导干部忘记初心使命、远离根本宗旨、脱离人民群众、无视人民利益。为此，中国共产党要求全党必须明白，今天的成功不等于永远成功，今天执政不等于永远执政，其中存在的风险和挑战时刻相伴，稍有懈怠，就可能有灭顶之灾。在党执政实践中，以人民为中心，不是一句口号，而是党魂，须臾不能丢失。一旦魂丢了，不但找不回，而且党所创造的一切也将灰飞烟灭。实践表明，中国共产党的领导和执政之所以能够创造前所未有的历史伟业，之所以历经百年依然风华正茂，就在于始终坚守初心使命，牢牢守住以民为中心的党魂，从上到下、从巨到细都切实做到忠于人民、一心为民，始终把“民心是最大的政治，正义是最强的力量”这一信条贯穿党执政的全过程、各方面。

四、全心全意为人民服务

民为国之本，民生问题是治国理政的基础性问题，解决好坏，事关百姓生活，事关国家稳定。解决民生问题，既要从根本上把握，把促进发展和保障民生统一起来，也要从整体上统筹，努力建立健全惠及全体人民的民生保障体系，更要从小处着手，切实解决民众急难愁盼的问题，解民忧、应民急、纾民困。对民众来说，他们遇到的急难愁盼的问题，不论大小，一旦过不去，可能就是人命关天的事情。所以，民生无小事。

中国共产党是世界上最大的执政党，之所以能够从小发展到大，之所以能够长期执政，就在于不论是革命斗争时期，还是建设、改革时期，都始终把人民群众日常遇到的急难愁盼的小事当作治国理政的大事来抓，把工作做到实处，做到人民群众的心坎上，以实实在在为民办事、为民服务的行动赢得人民的信任和拥护。民心大如天，得民心得天下，这是通行中国几千年的治国理政逻辑，更是中国共产党安身立命之本。

密切关注、及时回应、认真解决民众急难愁盼的问题，既是党践行全心全意为人民服务的基本出发点，同时也是党不断提高领导和执政能力、管党治党水平和治国理政水平的关键着力点；既是党执政为民的政治原则，也是党实现长期执政的关键机制。中国共产党的领导和执政牢牢抓住这个关键，努力使其成为党提高管党治党水平、提高长期执政能力的重要抓手。

首先，努力使其成为党密切联系群众、关心群众疾苦、保持同人民群众血肉联系的重要抓手。党和人民群众是否真正干在一起、过在一起，不是喊口号、表决心，而是要见诸行动，落实在为人民群众解决急难愁盼的问题上。

其次，努力使其成为党为人民群众创造美好生活，使人民群众有更多获得感、幸福感、安全感的重要抓手。人民群众对美好生活的向往，首先是其急难愁盼的问题能够得到政府回应、党的关心和社会帮助。急难愁盼往往是人民群众最揪心、最烦心的问题，一旦得到回应、得到缓解、得到解决，给群众带来的获得感、幸福感、安全感是倍增的，能够极大改善党群关系、干群关系，从而极大增强人民群众对党和政府的信任、拥护和支持。

再者，努力使其成为维持社会长期和谐稳定、不断提高社会治理能力的重要抓手。化解矛盾、纾解民怨、缓解民困是社会治理的题中之意，是维护社会和谐稳定的基础性工作。只有这些工作做好了、做到位了，社会长期和谐稳定才有厚实根基和持久保障。中国共产党领导之所以能够创造社会长期和谐稳定奇迹，就在于抓住了这个基础和根本，从小事做起，从根本抓起。

最后，努力使其成为培养立党为公、执政为民的干部队伍和执政队伍的重要抓手。立党为公、执政为民是中国共产党对党员干部的根本要求，也是党员干部执政实践的根本原则。真心实意、全情投入地关注、关心和解决人民群众急难愁盼的问题，既是对党员干部为民情怀的考验，也是对党员干部为民办事能力的检验。只有经得起这种考验和检验的干部，才是能担负为民执政使命的干部，才是能成为共产党员执政队伍中的合格一员。

所以，不论过去、现在、还是未来，看中国共产党执政根基是否厚实、执政队伍是否强大、执政时间能否长久，就看其在解决人民群众急难愁盼的问题上是否出现了态度懈怠、机制失调、工作失序、能力失效。

五、促进公平正义与共同富裕

平等和自由是人类普遍而持久的追求，而不平等和不自由则是人类普遍而持久的现实。理想和现实之间的这种差距，是难以消弭的。人类社会唯一的选择，就是坚持不懈地保障自由、促进平等，并使其始终保持在相对合理、可控、可持续的状态。

自由是平等的前提，平等是自由的保障。自由权利的平等是平等的第一律令，做不到这一点，所有的平等则不是虚幻的，就是虚假的。然而，自由必须是相对的，一旦突破了应有的界限，就可能成为平等的破坏者。相对的自由，是由社会发展和秩序的内在要求决定的，是现实规定性和制度规范性的有机统一。这种相对自由能够在多大程度上为平等提供必要的基础和前提，就看治国者的制度安排和政策设计。其中有治国智慧的因素，也有治国者利益取向的因素。从理论上讲，治国者越是能够超越利益差异、最大限度代表最广大人民根本利益，就越能成为平等的推动者、创造者和保障者。从这个角度看，中国社会在促进社会公平正义实践中拥有独特政治和制度优势，这就是中国共产党的领导和以公有制为主体的社会主义基本经济制度。

第一，平等是社会主义的本质要求。社会主义不能促进平等、做到平等、实现平等，社会主义就无优越性可言，也就无法巩固和发展。邓小平指出："社会主义的本质，是解放生产力，发展生产力，消灭剥削，消除两极分化，最终达到共同富裕。"[①]"如果富的愈来愈富，穷的愈来愈穷，两极分化就会产生，而社会主义制度就应该而且能够避免两极分化。"[②]"社会主义的目的就是要全国人民共同富裕，不是两极分化。如果我们的政策导致两极分化，我们就失败了；如果产生了什么新的资产阶级，那我们就真是走了邪路了。"[③]"社会主义有两个非常重要的方面，一是以公有制为主体，二是不搞两极分化。"[④]在这里，邓小平在明确了平等是社会主义本质要求的同时，也指明了社会主义确保和实现平等的三大支柱，即消灭剥削、坚持公有制为主体、促进共同富裕。这三大支柱互为前提、相互统一，而每一个支柱都是相应价值、制度和政策的统一体。

平等面临的最大挑战就是贫富差距的扩大。贫富差距的表现是多方面的，其衡量也是多尺度的。解决贫富差距问题，最首要的不是把差距缩小，而是把贫穷程度减轻。因为，如果贫困者的生存问题都没有解决，消除贫富差距是没有实质性意义的。换言之，解决贫富差距的第一路径，不是劫富，

---

① 邓小平：《在武昌、深圳、珠海、上海等地的谈话要点》，《邓小平文选》第三卷，人民出版社，1993年，第373页。

② 同上书，第374页。

③ 邓小平：《一靠理想二靠纪律才能团结起来》，《邓小平文选》第三卷，人民出版社，1993年，第110—111页。

④ 邓小平：《改革是中国发展生产力的必由之路》，《邓小平文选》第三卷，人民出版社，1993年，第138页。

而是济贫，使贫困者脱贫，获得生存条件、生产能力和发展空间，然后在此基础上不断改善其生存、生产和生活条件，逐步使其过上幸福生活。在贫困者脱贫、过上幸福生活的基础上，消除贫富差距，不仅有基础和条件，而且也有路径和空间，因为一旦消除绝对贫困，国家就能从更加广泛的公共利益出发，在更高水平上统筹社会公共服务和社会基本保障。这就为国家财富分配和资源配置提供了新的标准和平台。由此观照中国实践，中国共产党解决拥有十四亿人口大国的社会公平正义问题的路径是正确的：第一，在政治和制度上让每个人共同成为自己的主人、社会的主人和国家的主人，共同创造并拥有社会财富。第二，从制度上解放每个人的生产能力和创造能力，成为能够自主决定自己社会生产和社会创造活动的主体力量，鼓励一部分人先富起来，以此激发和释放社会生产力和社会活力，推动社会财富快速增长。第三，消除绝对贫困和兜底社会保障，利用国家和社会力量彻底解决每个人的生存问题，让每个人衣食无忧，缩小贫富差距、扩大中等收入群体。第四，不断推动和落实满足人们对美好生活需要的共同富裕，在经济资本、社会资本、文化资本等多维度上促进共同富裕，使共同富裕既有物质层面的，也有精神层面的。

促进平等，不仅需要国家和社会推动，也需要每个社会成员的努力。具体来说，就是需要每个社会成员为改变自己不利境遇而努力。这种努力，一方面来自主观意愿，另一方面来自客观条件，最重要的条件就是每个人都拥有自由流动的地理空间和社会空间，其中自由流动的社会空间极为重要。这种社会空间，除了有赖于制度和法律对个体自由权利保障之外，还有利于国家和政府对于弱势群体提供应有的支持和帮助，弥补客观条件限制造成自由流动能力和空间的客观劣势。这意味着看一个社会、一个国家是否有意愿、有决心解决贫富差距问题，很重要的就要看其是否真正关心、帮助、保障社会弱势群体的利益及其全面发展。中国共产党在这方面的实践是实实在在的，建成世界上最大的、最切合实际的义务教育体系和社会保障体系，为每个人的成长和全面发展提供了必要基础；与此同时，对特定弱势群体的制度性关怀和组织性帮助也不断增强，如持续不断缩小城乡差异等。

第二，共同富裕是社会主义社会的内在要求，也是中华民族自古以来追求的梦想。中国人民选择了中国共产党，为实现共同富裕提供了前所未有的核心力量；中国共产党领导人民走出中国特色社会主义道路、确立了中国特色社会主义制度，为实现共同富裕确立了正确的社会形态和有效的制度保障。实践表明，中国共产党为实现全体人民共同富裕而奋斗的所有实践，在价值、制度和政策上不断完善和发展中国特色社会主义，使得中国特色社会主义越发展，越具有保障和实现促进社会公平正义、实现全体人民共同富裕的制度优势和发展能力。所以，在当今世界，尽管中国是人口数量最多的国家之一，但却是最有可能最大程度实现共同富裕的发展中国家。

中国共产党能够赢得人民、能够治理中国这么大的国家、能够创造经济快速发展和社会长期稳定的两大奇迹，离不开其对平等价值的尊重和对社会公平正义的追求。尽管新中国历史上曾经出现把搞平均主义视为平等的失误，但这失误客观上使中国共产党在建设人人平等、公平正义、共同富裕的社会上有更科学的理念、更明确的方向，进而确立了更有效的制度和更可行的目标。立足平等这个核心价值，抓住促进社会公平正义这个关键，中国共产党既成就了自己，也成就了中国特色社会主义，也必将在为实现全体人民共同富裕而奋斗中最终成就中华民族的伟大复兴。

对任何社会发展来说，共同富裕，既是目标，也是手段，其使命任务是动态的，随着经济和社会发展而不断充实和丰富。立足平等的消除贫富差距实践，是一个持续的过程，需要时间、需要资源、更需要用心努力。用毛泽东同志讲过愚公移山寓言来说，比实践和资源更重要的是意志、是持之以恒的用心和努力。中国共产党和中国人民在这方面底气和优势就在于始终拥有这种心志并不断努力进取。

我国是在解决贫穷问题的时候提出共同富裕思想，其政治逻辑是：贫穷不是社会主义，发展社会生产力、创造人民群众幸福生活是社会主义的本质要求，在落后的东方大国搞社会主义，必须首先让一部分人先富起来，并通过先富帮后富，逐步实现共同富裕。中国实践表明，一部分人先富起来的过程，实际上也是中国社会整体逐渐从贫穷到富裕的发展过程，所以随着历史性地解决中国绝对贫困问题、全面建成小康社会的目标实现，全面提上议事日程的共同富裕，同改革开放之初为鼓励对少部分人先富起来而强调的共同富裕相比，其使命任务有了丰富和发展。

我国的发展实践表明，在中国共产党以人民为中心的发展战略下，一部分人先富起来、然后实现共同富裕的发展战略的实施过程，实际上就是走向共同富裕的过程。所以，当共同富裕成为党和国家事业的中心任务时，其实际的使命任务就是如何在已经富裕起来的社会实现共同富裕。具体来说，就是人民共同创造的富裕让全体人民共享、造福全体人民。为此，在指导新时代促进全体人民共同富裕的伟大实践中，习近平新时代中国特色社会主义思想着重强调了以下几点：

第一，人民的团结奋斗。富裕是奋斗出来的。我国是社会主义国家，人民是国家的主人，是社会财富的创造者。要实现更高水平、更高质量的富裕，就必须充分发挥社会主义制度的优越性，激发全体人民团结奋斗的精神，以全体人民的力量为实现共同富裕创造更为坚实和丰厚的物质基础。

第二，党的坚强领导。共同富裕是一项伟大事业，需要来自市场、社会、政府的各方力量、各种机制协同配合，共同发力。这就需要充分发挥党的领导这个社会主义制度的最大优势，在党统揽全局、协调各方的坚强领导下，统筹推进“五位一体”总体布局和协调推进“四个全面”战略布局、统筹发展和安全、统筹市场和政府、统筹中央和地方，统筹城市和乡村、统筹发达地区和不发达地区，为促进共同富裕提供强大的组织保障、制度保障、政策保障。

第三，社会主义核心价值引领。共同富裕价值基础就是公平正义。只有政府和社会都遵循公平正义、倡导公平正义、维护公平正义，才能推动各方力量共创共同富裕、共享共同富裕的社会共识和集体行动。共同价值，既是共同行动的基础，也是孕育共同遵守秩序的前提。有了共同价值、共同行动和共同秩序，共同富裕才能在实践中落地生根、开发结果。

第四，依靠现代化发展来解决。共同富裕本身就是社会主义现代化的一个重要目标，是中国式现代化的特色和使命，要始终把满足人民对美好生活的新期待作为发展的出发点和落脚点，在实现现代化过程中不断地、逐步地解决好这个问题。

第五，决不能搞平均主义。中国要实现共同富裕，但不是搞平均主义，而是要先把“蛋糕”做大，然后通过合理的制度安排把“蛋糕”分好，水涨船高、各得其所，让发展成果更多更公平惠及全体人民。

第六，必须保持久久为功的战略定力。实现全体人民共同富裕是一个长期的历史过程，不可能一蹴而就，必须保持历史耐心，坚持尽力而为、量力而行、循序渐进、久久为功，在推进高质量发展中推动共同富裕取得更为明显的实质性进展。

第八章

党与国家

中国共产党在中国的领导地位，一方面基于其先锋队的组织性质，另一方面则基于其所拥有的领导权。领导权是党的先锋队作用得以有效发挥的政治基础。领导权的背后实际是政治学意义上的国体问题。国体既体现为国家的阶级属性，同时也体现为国家的社会历史形态，最终落实于特定的国家政治体系。中国共产党的领导权决定于中国国体。中国宪法规定：中华人民共和国是工人阶级领导的、以工农联盟为基础的人民民主专政的社会主义国家。中华人民共和国国体决定了作为工人阶级先锋队组织的中国共产党拥有领导地位，担负着领导和推动国家与社会全面发展的使命。从中国革命与建设的历史来看，党的领导地位和领导权，既是中国进行社会主义革命和建设的历史过程所决定的，也是革命后确立起来的社会主义国家的国体所决定的。理论和实践都表明，只有真正发挥了领导作用，成为全心全意服务人民、民族和国家的先锋力量，中国共产党拥有领导地位和领导权才具有实质性的意义和作用。

一、领导国家前途

关于现代化出现之后人类历史发展的形态问题，马克思在《资本论》第一卷第一版序言中作了这样的阐述："问题本身并不在于资本主义生产的自然规律所引起的社会对抗的发展程度的高低。问题在于这些规律本身，在于这些以铁的必然性发生作用并且正在实现的趋势。工业较发达的国家向工业较不发达的国家所显示的，只是后者未来的景象。"后来的历史证明，马克思道出了现代化发展的真实现实。这个铁的规律也同样作用于中国社会，它引发了千年古国的现代危机和对抗，同时也提出了中国的现代化前途与道路选择的问题。

面对不可阻挡的世界潮流，中国必须走出传统，迈向现代，为此必须进行革命；为了自强复兴，立于世界民族之林，中国必须快速发展，不断赶超。"革命"与"赶超"一接触，迅速形成相互放大的效应：赶超放大了革命，同样革命也放大了赶超。而实际的中国，是既不具备革命的基础，也不具备赶超的实力的。就前者而言，中国有革命的必要性，但是没有革命的现实力量，因为这场革命是列强的入侵和现代化的冲击带来的，不是内生的，而是刺激形成的，因而缺乏自觉性的革命主体，如果真有这样的革命主体，哪怕是弱小的，毛泽东 1928 年在给中央的信中就不会发出这样的感慨："我们一年来转战各地，深感全国革命潮流的低落。"[①] 中国是一个传统的农业社会，小农经济占主导地位，从根本上就缺乏现代化发展所需要的经济基础和生产要素。但是，历史的发展是无情的，顺之者昌，逆之者亡。中华民族要生存下去，只有顺潮流而动，"无中生有"。于是，就必须有一场人为的"改天换地"的革命。这场革命不是内生的，但却是时代要求的，其取向是现代化，其目的是要使中国融入世界历史潮流，追赶世界发展的前沿。由此，

① 毛泽东：《井冈山的斗争》，《毛泽东选集》第一卷，人民出版社，1991 年，第 77 页。

古老的中国开始了“少年中国”的梦想。梁启超说：“造成今日之老大中国者，则中国老朽之冤业也；制出将来之少年中国者，则中国少年之责任也。彼老朽者何足道，彼与此世界作别之日不远矣，而我少年乃新来而与世界为缘。”[①]然而，谁来承担少年中国之责任呢，以及这样的责任如何才能承担起来并最终得以实现呢，梁启超没有回答。因为，这不是容易回答的问题，它涉及两大重大问题：其一，中国革命和现代化赶超发展的道路问题；其二，中国革命和现代化发展的核心主体问题。这两个问题是相互决定的，更为重要的是，他们在中国都没有相应的现实基础，都必须人为地去组织、规划和设计。

中国人确实像马克思所说的那样，努力在发达国家中寻找自己未来的景象。他们不仅找未来的理想蓝图与目标，而且找迈向未来的捷径，有过以英美为师的探索，也有过以日本为师的冲动，但最后，不论是国民党还是共产党，都选择以俄为师。之所以最后是这样的选择，是因为人们首先发现，不管以谁为师，路都得自己来走，都必须从自身的实际出发，走自己的路，因而在寻求未来的发展中，不能为了那必然的趋势而忽视了自身的状况，丧失自我。那么，中国自身的状况是什么呢，20 世纪 20 年代后期到 30 年代初期的关于中国社会性质的论战就力图回答这个问题，以定位中国革命与建设的方向、任务与路径。其次，人们也就在这个过程中，越来越强烈地意识到 20 世纪初的世界是一个危机四伏的世界，资本主义周期性的经济危机充分暴露了自由资本主义的困境，中国如果依然沿着这条路走，也必然会迎来相应的困境与痛苦，因而选择能够克服资本主义之害的社会主义也就成为一种合理性的选择，而当时苏俄在这方面所展现出来的景象，为这种选择以及这种选择背后的革命逻辑提供了很好的注脚。随着对中国命运的思考进入这样的轨道，孙中山在改组国民党的过程中提出了联俄、联共、扶助农工的三大

---

① 梁启超：《少年中国说》，见李华兴、吴嘉勋编《梁启超选集》，上海人民出版社，1984 年，第 126 页。

政策，以便更好地落实三民主义；同时，中国共产党也就开始逐渐跃升到中国革命与发展的前台，努力成为“中国少年之责任”的责任者，担当起领导中国的革命、建设与发展的历史责任。

在革命的时代，任何革命的政党都必须把自身的命运与国家、民族的命运紧紧地联系在一起，只有这样，才有前途，才有生命力。虽然中国共产党最初的纲领多少带有一些空想的色彩，但是要“创造一个新社会”的理想，足以表明中国共产党对人民和国家的使命感。这种使命感要转化为党领导革命的合法性基础，关键是要把握好中国革命的内在逻辑以及中国共产党在其中的地位和作用。相比较而言，把握好中国革命的内在逻辑最为关键，因为这将决定中国革命的起点与进程、手段与目的。中国共产党对这个问题的认识经历了一个过程，其中有马克思主义的启蒙和教育，也有对中国社会的研究与反思，更有大革命失败之后的感悟和觉醒。1927 年，大革命失败后，中国社会和中国革命的走向问题成为国际共产主义运动的争论焦点，形成明显对立的两种看法：托洛茨基等认为中国已经是一个资本主义国家，中国革命主要是争取国家自主的革命；斯大林、布哈林等则认为封建势力是中国政治生活中的基本力量，帝国主义利用封建势力统治中国，因此中国当前的革命就是反帝反封建。这看似关于社会性质的理论争论，但实际上关系到中国革命的必要性以及中国共产党在中国革命中的前途问题。争论很快影响到中国共产党，1928 年 7 月，中国共产党第六次全国代表大会通过决议，初步认定了中国是半殖民地半封建的社会性质，明确了中国革命是资产阶级性质的民主主义革命。同年十一月，毛泽东在写给中央的报告中，也明确表示：“我们完全同意共产国际关于中国问题的决议。中国现时确实还是处在资产阶级民权革命的阶段。中国彻底的民权主义革命的纲领，包括对外推翻帝国主义，求得彻底的民族解放；对内肃清买办阶级的在城市的势力，完成土地革命，消灭乡村的封建关系，推翻军阀政府。必定要经过这样的民权主义革命，方能造成过渡到社会主义的真正基础。”“中央要我们发布一个包括小资产阶级利益的政纲，我们则提议请中央制订一个整个民权革命的政纲，包括工人利益、土地革命和民族解放，使各地有所遵循。以农业为主要经济的中国的革命，以军事发展暴动，是一种特征。我们建议中央，用大力做军事运动。”[①]在这里，毛泽东已经比较明确地点明了中国革命的历史起点、历史进程、历史目标以及武装革命的革命方式。十年后，以毛泽东为核心的中国共产党在《中国革命与中国共产党》这部教材中，对中国革命进行了系统化的阐述，并明确指出：不论是资产阶级民主主义革命还是社会主义革命，“离开了中国共产党的领导，任何革命都不能成功”[②]。

实际上，中国共产党认为，随着第一次国共合作形成，中国共产党就开始全面登上中国历史舞台，并担负起领导中国革命的历史任务。对此，毛泽东在为总结第二次国内革命战争经验而写的《中国革命战争的战略问题》中阐述得十分明确：“自一九二四年开始的中国革命战争，已经过去了两个阶段，即一九二四年至一九二七年的阶段和一九二七年至一九三六年的阶段；今后则是抗日民族革命战争的阶段。这三个阶段的革命战争，都是中国无产阶级及其政党中国共产党所领导的。”“在无产阶级已经走上政治舞台的时代，中国革命战争的领导责任，就不得不落到中国共产党的肩上。”[③]这也就说，随着中国社会走上了中国共产党所开辟的革命与建设的道路，中国共产党也就成为中国革命和建设的领导核心。这条革命与建设的道路，决定着中国的前途与命运，同样作为这条革命与建设道路的开辟者和领导者，也就自然地成为决定中国的前途和命运的责任者，有效地领导革命与建设是其根本使命与责任。由此可见，是否掌握领导权与是否担负起政党对国家和人民应该承担的责任是完全一体的。正如责任是这个国家、这个时代所赋予的一样，领

---

① 毛泽东：《井冈山的斗争》，《毛泽东选集》第一卷，人民出版社，1991年，第77—79页。
② 毛泽东：《中国革命和中国共产党》，《毛泽东选集》第二卷，人民出版社，1991年，第651页。
③ 毛泽东：《中国革命战争的战略问题》，《毛泽东选集》第一卷，人民出版社，1991年，第183页。

导权也是这个国家、这个时代所赋予的，不论是赋予责任，还是赋予领导权，其内在的目的只有一个：通过一个先进的政党，创造一个新社会、新国家，实现中华民族的伟大复兴。

纵观中国近代史，可以发现，通过先进政党领导建设现代国家的中国革命与建设道路，不完全来自于那个具体的学说或理论，也不完全来自那个党派的一党之主张，而是近代中国革命探索和实践的产物。孙中山先生改组国民党的一个目的，就是要走通这条道路。孙中山先生努力的方向是对的，这也是他经历多次革命挫折之后所参悟出来的，但由于种种的局限，他所领导的国民党没有走通这条道路。相反，中国共产党凭借其对中国社会的深刻理解和把握，凭借其与中国社会大众的密切团结与合作，走通了这条道路，成为决定中国前途和命运的责任者和领导者。因而，掌握好领导权，有效领导中国社会发展，既是中国共产党的责任，也是中国社会现代化发展的内在要求。

二、工人阶级领导

中国共产党是以马克思主义为指导的政党，其社会理想是建设社会主义社会，实现劳动者的政治和经济的解放。所以，中国共产党一登上中国历史舞台，就表明自身的理想与目标要远高于任何革命党，包括孙中山所代表的国民党。中国共产党认为，在建立民主的现代化国家这一点上，中国共产党与孙中山先生的三民主义没有冲突，并且也认为中国革命必须经历一场资产阶级民主革命，[①] 但中国共产党认为民主革命只是整个革命的一个过程和环节，中国革命要建立的不仅仅是独立的现代民主国家，而是一个独立的人

---

① 毛泽东：《中国共产党在抗日时期的任务》，《毛泽东选集》第一卷，人民出版社，1991 年，第 259 页。

民民主国家，这样的国家，不仅要有民主的形式，而且要有民主的实质，即人民当家作主。在中国共产党人看来，人民当家作主仅仅有民主的形式是不够的，必须实现劳动阶级作为国家的主人获得应有的解放。劳动阶级解放的本质就是使劳动阶级，不仅在政治上成为统治阶级，而且在经济上摆脱一切剥削与压迫，包括资本主义的剥削和压迫。中国共产党人认为，孙中山先生“三民主义”中“平均地权”“节制资本”的主张虽然表示了对穷苦大众的同情和对资本剥削的仇恨，并力图使中国社会的发展摆脱自由资本主义发展所带来的罪恶和痛苦，但由此理想所建立起来的民主国家，依然不是人民的国家，因为这个国家所发展出来的社会依然是资本主义社会，只是限制了剥削与压迫，而没有根本上使劳动大众摆脱这种剥削和压迫。中国共产党所要建立的人民民主国家不是一般意义的现代民主国家，它是以劳动阶级为主体的民主国家，在这个国家中，民主体现为广大人民的当家作主，体现为作为先进生产力代表的工人阶级的领导。毛泽东在《论人民民主专政》一文中认为，孙中山提出的民权主义与共产党提出的人民民主之间，除了领导权问题之外，基本上是相符合的。他这样说道：“一九二四年，孙中山亲自领导的有共产党人参加的国民党第一次全国代表大会，通过了一个著名的宣言。这个宣言上说：‘近世各国所谓民权制度，往往为资产阶级所专有，适成为压迫平民之工具。若国民党之民权主义，则为一般平民所共有，非少数人所得而私也。’除了谁领导谁这一个问题以外，当作一般的政治纲领来说，这里所说的民权主义，是和我们所说的人民民主主义或新民主主义相符合的。只许为一般平民所共有，不许为资产阶级所私有的国家制度，如果加上工人阶级的领导，就是人民民主专政的国家制度了。”[①]所以，中国共产党领导革命所要建立的国家，就是“经过工人阶级领导的人民共和国”[②]。

既然革命最终导向的是劳动阶级得以解放的人民民主的国家，那么中国

① 毛泽东：《论人民民主专政》，《毛泽东选集》第四卷，人民出版社，1991 年，第 1477 页。
② 同上书，第 1471 页。

革命一开始就应该以劳动阶级为主体，首先经历资产阶级民主革命，最后导向使劳动阶级得以解放的社会主义革命。这样，中国共产党所指出的中国革命任务、目标和历史进程，在呼唤中国共产党领导的同时，也呼唤中国的劳动阶级应该成为革命的主导阶级，并要求中国共产党必须以劳动阶级为其阶级基础。与此相应，领导权问题在体现为中国共产党能否把握决定中国革命和建设前途的同时，也体现为中国共产党能否有效动员和组织劳动阶级成为革命和建设的核心力量，并通过革命和建设使其成为国家的主人，建设人民民主的国家。

尽管中国共产党所领导的革命是“以农业为主要经济的中国的革命”[①]，并且走的是“农村包围城市”的革命道路，但是中国共产党认为中国革命的领导阶级应该是工人阶级，中国共产党应该是作为工人阶级的先锋队来领导中国的革命和建设。中国共产党认为，农民应该是而且也确实是中国革命的主力军，但是以农民为主力的革命，只有在工人阶级领导下，才能走出传统的农民革命逻辑，导向符合时代要求的现代民主革命；[②]只有在工人阶级领导下，中国的革命才能在完成资产阶级民主革命之后转变为社会主义革命。但是，资本主义在中国发展有限，速度也比较缓慢，这决定了工人阶级不是中国社会最强大的力量，所以工人阶级的领导必须建立在工农联盟基础之上，这种领导是必须通过其先锋队中国共产党来实现。

从整个中国革命的逻辑来看，领导权实际归属于工人阶级。这与工人阶级本身的历史地位有关，同时也与中国革命的历史取向有关。关于这一点，中国共产党的基本理论是：“人类社会必然要从阶级社会走向没有阶级、没有剥削和压迫的社会，这是一个不以人的意志为转移的总趋势。能够领导这种社会变革的力量，只有工人阶级。它同现实大工业紧紧联系在一起，有严格的组织性、纪律性，富于革命的坚定性和彻底性，能够以解放全人类为己

① 毛泽东：《井冈山的斗争》，《毛泽东选集》第一卷，人民出版社，1991 年，第 79 页。
② 瞿秋白：《国民革命中之农民问题》，《瞿秋白选集》，人民出版社，1985 年，第 304—305 页。

任，代表先进生产力和生产关系，代表全体人民的根本利益。工人阶级的这种历史地位和作用，是任何别的阶级所无法取代的。”[①]所以，工人阶级领导是中国进行社会主义革命和现代化发展的必然要求。工人阶级的领导，在赋予中国革命的现代性的同时，也赋予了中国革命的人民性。同样，革命胜利之后，工人阶级领导国家，在赋予国家发展的现代性的同时，也赋予了中国国家的人民性。但在中国这样农业、农村与农民占了相当大比重的国家，工人阶级领导所体现出来的劳动阶级的解放和当家作主，不仅要通过工人阶级领导来体现，而且要通过工农联盟来体现。没有工农联盟，工人阶级领导就不可能体现出社会主义革命的本质取向：使劳动获得最大限度的解放。这也就意味着工人阶级领导在中国的实现，不仅需要依靠这个阶级的成长和有效作为来实现，而且需要这个阶级的先锋队组织中国共产党有效领导来实现。瞿秋白当年明确指出：“要工人阶级能争得革命的领袖权，必须工人阶级的政党主观上有正确的战术。”[②]

领导权属于工人阶级，党是领导权运行的主体。[③]依据前面分析的逻辑，党要巩固领导权，并通过其所掌握的领导权达到革命和建设的目标，党的领导就必须始终坚持三点：第一，始终坚持党的工人阶级先锋队性质，即始终坚持中国共产党是工人阶级的政党，是代表先进生产力发展方向的政党，是代表最广大人民根本利益的政党。第二，始终在政治上坚决维护工人阶级的领导地位，支持和领导人民当家作主。工人阶级领导地位动摇，党领导的阶级基础与合法性基础也必然动摇。第三，始终维护和发展工农联盟，使工人和农民共同成为革命与建设的主力军。维护和发展工农联盟的关键，就是不

① 中共中央文献研究室编：《毛泽东邓小平江泽民论党的建设》，中央文献出版社、中共中央党校出版社，1998 年，第 544 页。

② 瞿秋白：《谁能领导革命》，《瞿秋白选集》，人民出版社，1985 年，第 323 页。

③ 毛泽东在《论人民民主专政》一文中关于“人民民主专政”有这样的表述：“工人阶级（经过共产党）领导的以工农联盟为基础的人民民主专政。”参见毛泽东：《论人民民主专政》，《毛泽东选集》第四卷，人民出版社，1991 年，第 1480 页。

论革命和建设，中国共产党都必须时刻关心农民问题。农民问题关心不够，解决不力，工农联盟就不稳，工农联盟不稳，工人阶级的领导地位就不巩固，党的领导就无法有效实现。

工人阶级的先进性，都与其产生与发展所赖以实现的现代产业紧密相连。所以，上述所说的三点，固然需要政治上的努力和组织上的安排，但更重要的是需要现代经济与社会的发展。因为，只有保持经济与社会的发展，工人阶级队伍才能随着现代产业的提升和发展而不断发展，其先进性和领导地位才能有更为充实的物质基础和生产形态支撑；与此同时，工农联盟所需要的农民问题的解决才有更大的资源空间和政策空间。所以，具体运行领导权的中国共产党，应该总结中国革命的成功经验，犹如不断推进中国革命走向全国、走向深入一样，不断推进中国的经济与社会发展。党只有把握了革命，才能动员和组织工农大众；同时，党也只有动员和组织了工农大众，才能最终决定革命的成功。这是中国共产党领导中国革命成功的基本原理。这个原理也同样可以运用于党领导人民进行现代化建设。改革开放至今的实践已经表明，中国共产党只有把握了发展，才能激发起大众的积极性和创造性，同样党只有激发起了大众的积极性和创造性，并且使他们在所创造的发展中获得进步与发展，那么中国共产党就能取得其领导改革发展和社会主义现代化事业的最终成功。

三、统一战线

在国家发展与党的领导紧密联系的条件下，党运用领导权所形成领导必须是全方位的。这种全方位的领导不是体现为领导者对权力的高度集中，而应该体现为领导者能够整体把握民众、社会与国家，并通过卓有成效的领导实践而真正成为整个国家与社会发展的轴心力量。不论在革命年代还是在执政年代，中国共产党所取得的一系列成功都与其建立了这种全方位的领导有密切的关系。中国共产党是在领导革命的过程中逐渐形成这种全方位领导的。党对整个革命进程和国家前途的领导，可以看作是在时间维度上展开的领导，那么党代表工人阶级对工农联盟的领导这是在空间维度上展开的。实际上，党在空间维度上展开的领导，除了工农联盟之外，还是党对其他政治和社会力量的领导。中国共产党把在空间维度上所形成的这两方面领导，统称为对“统一战线”的领导。1953 年，毛泽东概括说：“现在有两种统一战线，两种联盟。一种是工人阶级和农民的联盟，这是基础。一种是工人阶级和民族资产阶级的联盟。”[①] 由于工农联盟是中国共产党生存与发展的天然基础，所以在许多时候，统一战线主要用来指称后一种联盟。这一种联盟实际上是中国共产党与工农大众之外各种积极的、可团结的社会和政治力量的联盟。在革命时代，这种联盟起到了“强我弱敌”的作用，改变了整个政治实力的格局；在执政时代，这种联盟起到了团结大众、整合社会、协调利益的作用，促进国家的内在统一与团结。

关于统一战线的具体问题，本书后面再做具体分析。这里主要分析党对统一战线的领导权问题。统一战线的出发点就是中国共产党通过建立广泛的阶级与党派联盟，在壮大自身，扩大和巩固基础的同时，保证党的战略目标能够获得各方力量的支持，以获得有效实现。所以，这个联盟自然是以中国共产党为领导中心的，党理所当然地拥有领导权。但是，统一战线所联合的各种社会与政治力量，不是虚化的，都实实在在地代表一定的阶层、组织和团体的利益，也有自己利益取向、价值取向和行动取向。因而，党所组成的这样阶级与党派联盟，必然时时会遇到不同观念、利益与主张的协调与整合问题。党对统一战线的领导的重要任务之一，就是如何在联盟之内有效整合各种利益和主张，以保持党的领导。中国共产党一直坚信，这样的政治联盟

① 毛泽东：《反对党内的资产阶级思想》，《毛泽东选集》第五卷，人民出版社，1977 年，第 93 页。

要巩固，要发挥积极的作用，必须要有一个核心力量的领导，不然要么出现“树倒猢狲散”，要么这个阶级与政党联盟的性质发生变化，成为其他党派或政治力量的政治联盟。所以，党一旦放弃领导权，不论出现哪一个结果，都将使中国共产党领导中国革命与建设失去了重要的政治基础，这对中国共产党领导的事业所造成的冲击和伤害是直接的。所以，毛泽东指出：“中国新民主主义的革命要胜利，没有一个包括全民族绝大多数人口的最广泛的统一战线，是不可能的。不但如此，这个统一战线还必须是在中国共产党的坚强的领导之下。没有中国共产党的坚强的领导，任何革命统一战线也是不能胜利的。”①

从统一战线的性质与使命出发，党的坚强领导不是体现为党对各种外部力量的直接整合或控制，而是体现为党积极地团结和联合各种外部力量，使这些力量成为党领导革命和建设的重要支撑与合作力量。所以，在统一战线的问题上，党的领导权，不是体现在“权”上，而是体现在“领”与“导”上。“领”体现为党能够把握革命与建设的大局，不断在理论上、战略上和制度上开辟新空间、新境界；“导”体现为党能够积极联合和团结一切可以团结的力量，调动一切可以调动的积极因素，并将这些力量和因素引导到党和国家的事业之中，以共同促进社会进步、国家发展和民族复兴。所以，党对统一战线的领导，不是为了领导而领导，而是为了发展统一战线和发挥统一战线而领导。毛泽东指出：“所谓领导权，不是要一天到晚当作口号去高喊，也不是盛气凌人地要人家服从我们，而是以党的正确政策和自己的模范工作，说服和教育党外人士，使他们愿意接受我们的建议。”②

以上分析表明，党对统一战线的领导，与其说是领导统一战线本身，不

---

① 毛泽东：《目前形势和我们的任务》，《毛泽东选集》第四卷，人民出版社，1991年，第1257页。

② 毛泽东：《抗日根据地的政权问题》，《毛泽东选集》第二卷，人民出版社，1991年，第742页。

如说是把握和领导整个国家革命与建设的现代化进程本身。因为，党如果不能从国家与社会发展的大局中确立起整个社会能够为之奋斗的目标和共同理想，是无法从思想上联合和团结党外的各种力量与党一起奋斗的。没有共同的奋斗目标和理想，仅仅有组织关系的联合，是构不成真正的统一战线的。所以，党对统一战线的领导与党能够在国家与社会发展的不同历史时期提出不同的时代主题与历史任务是紧密相关的。在革命和建设发展的不同历史时期，党是根据不同的时代主题和历史任务来定位和发展统一战线的，先后经历了工农民主统一战线、抗日民族统一战线、人民民主统一战线、爱国统一战线等不同发展历史时期。历史经验表明，正因为中国共产党能够根据时代的发展和形势的变化及时调整统一战线的定位与方向，党对统一战线的领导才能在革命与建设的实践中不断焕发出强大的政治力量。从这个角度看，统一战线对党领导权的要求，所考验的主要不仅是党团结与联合党外力量的能力，而且是党把握国家与社会发展脉搏与前进方向的能力。中国共产党之所以能够不断地以弱胜强，创造出从一个胜利到另一个胜利的革命奇迹，与党对整个革命的历史进程和不同革命时代的具体任务的准确把握是分不开的。党对革命时代把握的每一次深入，都在不同程度上深化和巩固了统一战线，都在更大的范围和空间中发挥了统一战线的法宝作用。

四、建设国家

今天的中国是在革命中诞生、建设中成长的国家。然而，这个国家不是内生于这个社会自身发展的逻辑，而是这个社会回应现代化的大潮流冲击，走出国家民族危机，实现中华民族复兴而建构起来的。它得以建构的现实基础，就是这个社会和民族对于国家独立、人民幸福与民族复兴的强烈期待。所以，中华人民共和国是为了创造一种新经济、新社会和新文化而确立的，而这种“新”都是基于社会主义的内在要求和现代化逻辑而形成的。这是落后国家迈向现代化发展的通常逻辑，即革命创设一个新的国家，新的国家创造现代化发展，现代化发展使新的国家实现现代化。

中国共产党也是在这样的大逻辑下来领导革命与建设的，一切努力与奋斗的目的“在于建设一个中华民族的新社会和新国家”。所以，党领导革命的成功，也就意味着党真正成为国家建设的主体，并承担起国家建设的使命。党的领导与国家建设由此紧密地联系在一起，而把握好领导权则成为党建设国家的重要政治前提。党失去了领导权，新社会、新国家的建设也就失去了承载的轴心和建设的主体。可见，领导权，对于政党来说，就是独立承载起建设国家的历史使命。

党因有领导权，而成为国家建设的轴心与主体；同样，领导权因为党，而成为国家建设的动力与机制。对于国家建设来说，领导权的本质在于把握国家建设的方向，奠定国家建设的基础，搭建国家建设的支架，开发国家建设的资源，巩固国家建设的成果。领导权的实现是通过一个复杂的、系统的领导行为来实现的，体现为政治领导、思想领导、组织领导、政策领导、制度领导等。领导权所蕴含的内在历史使命，赋予了这些领导实践必须以现代化的历史取向和社会主义的内在规定为参照。为此，中国共产党始终强调党的领导，不能是主观主义的领导，应该尊重客观规律来领导中国社会发展。具体来说，就是应该尊重人类文明的发展规律，尊重社会主义建设的规律，尊重中国社会发展的规律。中国共产党认为，这是马克思主义政党领导国家建设与社会发展必须遵循的基本原则，是历史唯物主义的基本体现。1987 年，邓小平在回答美国记者迈克 · 华莱士采访时阐述了这种基本精神：“我是个马克思主义者。我一直遵循马克思主义的基本原则。马克思主义，另一个词叫共产主义。我们过去干革命，打天下，建立中华人民共和国，就因为有这个信念，有这个理想。我们有理想，把马克思主义基本原则同中国实际相结合，所以我们才能取得胜利。革命胜利以后搞建设，我们也是把马克思主义的基本原则同中国实际相结合。我们搞四个现代化建设，人们常常忘记是什么样的现代化，是社会主义的四个现代化。这就是我们今天做的事。”[①]从这段话中，我们可以提炼出党运行领导权必须遵循的三个原则：一是符合社会主义要求，推进社会主义建设；二是符合现代化要求，推进现代化建设与发展；三是符合中国国情，推进中国进步与发展。

前面已指出，党领导国家建设与社会发展的过程，也是党培育和促进国家与社会领域各项制度成长的过程。党的领导自身是有强大制度体系的，它要能培育而不是替代其所领导领域的制度体系的成长，关键就在于运行领导制度的领导者要有领导的使命意识、责任意识和不断创新的领导方法。为此，中国共产党认为，党应该在领导经济与社会发展的过程中，不断改革和调整领导体制与领导方式，使党的领导能够适应现实的经济与社会发展变化，从而在适应现实发展中调整自身，在调整自身中为现实发展创造新的成长空间的良性发展态势。所以，改进党领导体制和领导方式的效用是双重的：一是保证党在变化发展中的领导地位和领导能力；二是不断推进国家与社会的组织与管理走向制度化。

总之，党基于领导权建设国家与社会的过程，应该是一个不断培育国家与社会制度并使其充分发挥作用的过程。党的领导制度与领导方式应该在这样的过程中得到调整与转变，从而在增强党在新的历史条件下的领导作用的同时，推进国家与社会制度体系的全面发育和成长，使国家与社会真正走向制度化、法律化，成为民主与法治的社会主义国家。邓小平在改革开放之初，就把这个原则充分体现在他对党和国家领导制度改革的主张和设想上，其精神对于党在中国建设现代化国家有长远的意义，摘录如下：

“有准备有步骤地改变党委领导下的厂长负责制、经理负责制，经过试

① 邓小平：《答美国记者迈克·华莱士问》，《邓小平文选》第三卷，人民出版社，1993年，第173页。

点，逐步推广，分别实行工厂管理委员会、公司董事会、经济联合体的联合委员会领导和监督下的厂长负责制、经理负责制。还有党委领导下的校长、院长、所长负责制等，也考虑有准备有步骤地加以改革。过去的工厂管理制度，经过长期的实践证明，既不利于工厂管理的现代化，不利于工业管理体制的现代化，也不利于工厂里党的工作的健全。实行这些改革，是为了使党委摆脱日常事务，集中力量做好思想政治工作和组织监督工作。这不是削弱党的领导，而是更好地改善党的领导，加强党的领导。这些单位的行政负责人要努力学习各种有关管理和技术专业，再不能长期泡在各种会议里，老是当外行，那样我们就永远实现不了现代化。这些同志大多数是党员，管理制度改变了，他们除了要受上级行政部门的行政领导以外，还要受上级党组织的政治领导和同级党组织的监督。同级党组织的任务也没有减轻，而是真正加强了党的工作。工厂、公司、院、校、所的各级党组织，要管好所有的党员，做好群众工作，使党员在各自的岗位上发挥先锋模范作用，使党的组织真正成为各个企业事业的骨干，真正成为教育和监督所有党员的组织，保证党的政治路线的执行和各项工作任务的完成。”①

总结上述分析，中国共产党从三个方面主导国家建设：一是从人类社会发展的基本规律确定国家的社会历史形态，把握中国建设社会主义的道路与方向；二是从社会主义国家建设出发，建构一套社会主义国家制度体系，并推进其法律化和制度化；三是从坚持党的领导出发，建构推动中国发展的领导核心力量以及保证其发挥作用的领导制度体系。对于一个后发的现代化国家来说，选好国家发展的方向、完善国家运行的制度以及巩固国家的领导核心是国家建设的基础与关键。这三大关键把握好了，国家的发展也就有了基本保障。这是中国共产党把超大规模的千年古国迅速地发展为现代化的社会主义国家的成功经验所在。

---

① 邓小平：《党和国家领导制度的改革》，《邓小平文选》第二卷，人民出版社，1994年，第340页。

五、全面领导

1954年9月15日，在中华人民共和国第一届全国人民代表大会第一次会议上，毛泽东向全中国人民、全世界人民宣告："我们的事业是正义的。正义的事业是任何敌人也攻不破的。领导我们事业的核心力量是中国共产党。指导我们思想的理论基础是马克思列宁主义。我们有充分的信心，克服一切艰难困苦，将我国建设成为一个伟大的社会主义共和国。我们正在前进。我们正在做我们的前人从来没有做过的极其光荣伟大的事业。我们的目的一定要达到。我们的目的一定能够达到。"[①]经过半个多世纪的努力，中国共产党创造了令人刮目相看的中国发展奇迹，开创了中国特色社会主义新时代。中国共产党能够在"前人从来没有做过的极其光荣伟大的事业"上取得这样巨大成功和巨大成就，根本在于始终坚持毛泽东宣告的那样：领导我们事业的核心力量是中国共产党，指导我们思想的理论基础是马克思列宁主义。党的坚强领导，确保了中国特色社会主义事业始终有领导、有组织、有步骤地进行；马克思主义理论的科学指导，确保了中国特色社会主义事业始终遵循共产党执政规律、社会主义建设规律和人类社会发展规律，走自己的路，沿着正确方向前进。所以，2017年党的十九大通过的宪法修改建议要求把"中国共产党领导是中国特色社会主义最本质的特征"这个重大历史性论断写入宪法正文。2018年3月11日第十三届全国人民代表大会第一次会议通过的《中华人民共和国宪法修正案》对宪法第一章《总纲》第一条第二款作了这样表述："社会主义制度是中华人民共和国的根本制度。中国共产党领导是中国特色社会主义最本质的特征。禁止任何组织或者个人破坏社会主义制度。"这样，作为社会主义最本质特征的党的领导，就成为社会主义制度的内在属性，作为中国特色社会主义制度的最大优势而得到宪法和制度的肯定与保障。

---

① 毛泽东：《为建设一个伟大的社会主义国家而奋斗》，《毛泽东文集》第六卷，人民出版社，1999年，第350页。

中国共产党领导对社会主义中国的建设和发展之所以这么重要，至少有四大原因：一是社会主义社会在本质属性上是以工人阶级为领导的社会，中国共产党作为中国工人阶级先锋队是领导核心。二是社会主义新中国是党领导人民建立起来的，其历史过程和逻辑是，建党、然后建军、进而建国，建党是建军、建国的历史前提，党的领导是军队的魂、是国家的核。三是中华人民共和国立足中国历史、社会和文化，结合社会主义国家组织和建设的内在要求，实行单一制国家结构形式，稳定而统一的单一制国家结构需要有个强大的领导核心。四是新中国是在革命后形成的新社会基础上建立起来的，而新社会是以党的基层组织为社会组织单元和社会网络体系节点组织起来的，因而中国特色社会主义事业发展的各方面、全过程都必须围绕着党的领导这个轴心展开，否则就难以正常运行和发展。由此可见，坚持中国共产党领导，对中国特色社会主义事业的决定性作用，有其强大的历史逻辑、理论逻辑和实践逻辑，具有高度的合理性、合法性和有效性。

1939 年 9 月，毛泽东在回答美国记者斯诺时，对党的领导做过这样的阐述："所谓共产党对工农的领导，可以分为政治上的领导与组织上的领导两方面。""共产党不但在政治上领导着，而且组织上也领导了。"[①] 在这里，毛泽东把党的领导概括为两个方面：一是政治方面；二是组织方面。政治上的领导，基于党的领导地位、党的路线方针政策以及党的领导体制来实现；组织上的领导，通过由"支部建在连上"原则形成的广泛组织体系、完备组织功能以及广大党员干部的先锋模范作用来实现。政治领导使国家有了掌舵人和主心骨；组织领导使国家有了整合机制和支撑轴心。政治领导是组织领导的前提和关键，政治领导出问题，组织领导就必然失去号召力和凝聚力；同时组织领导是政治领导的基础和保障，党员和干部的先锋作用和各类组织的堡垒作用，是实现党的政治领导的动力和载体，一旦组织涣散、失去应有

① 毛泽东：《同美国记者斯诺的谈话》,《毛泽东文集》第二卷，人民出版社，1999年，第244页。

的组织力，党的政治领导就可能地动山摇，甚至可能山崩地裂。

历史发展表明，中国人民从革命到解放、中华民族从独立到自立、中华人民共和国从孕育到确立，都是在中国共产党领导下实现的。没有共产党，就没有新中国。这是谁都颠扑不破的真理。没有党在长期革命斗争始终走在时代前列、始终担负全民族使命、始终团结凝聚人民、始终发挥中流砥柱作用，中国共产党就不可能赢得领导地位，掌握领导权力，有效发挥领导作为，成为中国人民事业的领导核心。所以，中国共产党的领导，不是源于某种制度安排或权力托付，而是来自党团结人民、服务人民、为人民奋斗的伟大实践，是人民赋予的，是历史决定的，是在为人民奋斗中确立的。正因为如此，党能否掌握好领导权、发挥好领导作用，始终是检验党是否对人民负责、对民族担当、对国家尽责的最重要尺度，同时也是党能否带领人民推动事业发展、赢得事业胜利的根本保证。

习近平总书记指出："中国最大的国情就是中国共产党的领导。什么是中国特色？这就是中国特色。中国共产党领导的制度是我们自己的，不是从哪里克隆来的，也不是亦步亦趋效仿别人的。"[①]党的领导，在决定今天中国一切发展的同时，也塑造了与西方国家完全不同的经济社会发展结构和逻辑，即超越于西方国家的政府与市场、国家与社会二元结构和逻辑，形成了政党、政府与社会以及政党、国家与社会的复合结构和逻辑。习近平总书记强调："坚持党的领导，发挥党总揽全局、协调各方的领导核心作用，是我国社会主义市场经济体制的一个重要特征。""在我国，党的坚强有力领导是政府发挥作用的根本保证。在全面深化改革过程中，我们要坚持和发展我们的政治优势，以我们的政治优势来引领和推进改革，调动各方面积极性，推动社会主义市场经济体制不断完善、社会主义市场经济更好发展。"[②]

党的领导是一个集思想体系、组织体系、制度体系、政策体系为一体的

① 习近平：《论坚持党对一切工作的领导》，中央文献出版社，2019 年，第 57 页。

② 习近平 2014 年 5 月 26 日在十八届中央政治局第十五次集体学习时的讲话。

政治系统。只有这个系统健康运行，党的领导才能有效实现。党成立以来的历史经验和教训表明，坚持党对人民事业全局、全过程的领导，不断健全党的领导制度体系，不断提高党的领导能力和执政水平，始终是党和人民事业成功的关键。在党的建设和发展历史中，毛泽东始终强调坚持党的领导的极端重要性，从建立人民军队到发挥统一战线作用，从创立革命根据地到建立新中国，从政治和军事工作到经济和社会工作，都明确要求坚持党的领导，他后来总结了一句话："工、农、商、学、兵、政、党这七个方面，党是领导一切的。"[①]党要领导一切，党如何有效实现领导至关主要。1937年5月，为了迎接全民族抗日的新形势，毛泽东在延安召开的党的全国代表会议上，就无产阶级政党如何实现政治领导提出了四个条件：第一，根据历史发展进程，提出基本的政治口号和为实现政治口号的动员口号，作为全国人民一致行动的具体目标；第二，无产阶级及其政党发挥自己的无限的积极性，成为实现政治口号所提出的任务的模范；第三，在不失掉确定的政治目标的原则上，建立、巩固和发展与同盟者的关系；第四，共产党队伍的发展，思想的统一性，纪律的严格性。[②]虽然这四个条件是结合当时的形势任务提的，但其中的精神和原则却是中国共产党在任何时候都要践行的，即党要定正确目标方向，党员要起模范带头作用，党要建广泛统一战线以团结一切可以团结的力量，党要筑牢领导和执政的群众基础和社会根基。正因为始终秉持这样的精神和原则，所以党在领导人民进行社会革命的一系列伟大实践中，始终把党领导的社会革命和党的自我革命有机结合起来，在有效发挥领导作用的同时，不断提高党的领导水平和领导力量，永葆党的先进性、纯洁性和战斗性。所以，在党的建设和党治国理政的政治逻辑中，坚持党的全面领导必

---

① 毛泽东：《在扩大的中央工作会议上的讲话》，《毛泽东文集》第八卷，人民出版社，1999年，第305页。

② 毛泽东：《中国共产党在抗日时期的任务》，《毛泽东选集》第一卷，人民出版社，1991年，第262—263页。

须同坚持全面从严治党有机统一起来，须臾不可分离。习近平总书记指出：“全面从严治党，核心是加强党的领导。”全面从严治党永远在路上，只有这样，党的领导队伍和领导能力、党的执政基础和执政能力才能得以根本保证，确保党和人民事业始终拥有党的坚强领导。

实践表明，中国共产党的坚强领导从政治上解决了发展中的三大难题：一是领导和统筹问题。稳定、高效、有质量、可持续的发展一定是各方协调、资源统筹、有序推进的，中国共产党总览全局、协调各方的领导制度体系展现出的强大领导力和统筹力，为发展提供了重要保障。二是科学发展问题。稳定、高效、有质量、可持续的发展一定是遵循规律、理念先进、决策理性、方案科学、执行有效的发展，中国共产党掌握马克思主义科学世界观和方法论，一切从实际出发，立足客观现实和发展规律，坚持实事求是，不断探索反映人类社会发展趋势、体现人类社会共同价值的发展规律，提出了科学的发展理念和发展思想，形成反映发展要求的战略、法规、政策和体制，确保发展始终沿着正确的方向前进。三是防范风险危机问题。稳定、高效、有质量、可持续的发展最基本的就是要有效防范发展中可能遇到的各种风险，有效避免出现破坏性甚至颠覆性的危机。风险和挑战始终同发展相伴，不仅发展初期有风险和挑战，发展起来后还有风险和挑战，甚至可能更大、更严峻，正所谓不发展有不发展的问题，发展起来了，有发展带来的新挑战、新问题。中国共产党在内忧外患中诞生，在历尽磨难中成长，在攻坚克难中壮大，有强烈的忧患意识，也有敢于斗争的强大意志，所以既对风险保持高度警惕，又勇于面对各种挑战。凭借这种政治品质和精神气质，中国共产党具有一般政党所没有的防范风险、应对挑战、化解危机的能力。从党上百年奋斗历程来看，中国共产党虽然也遇到过挫折，但挫折之后的奋起往往十分强劲，而且会认真引以为戒，避免重蹈覆辙。

集中统一领导，既是党的全面领导的内在要求，也是党的坚强领导的根本保障。中国共产党在政治上明确了“坚持和加强党的全面领导，首先要维护党中央权威和集中统一领导。保证全党令行禁止，是党和国家前途命运所系，是全国各族人民根本利益所在”[①]。同时，在制度上明确了“在我国政治生活中，党是居于领导地位的，加强党的集中统一领导，支持人大、政府、政协和监察机关、审判机关、检察机关、人民团体、企事业单位、社会组织履行职能、开展工作、发挥作用，这两个方面是统一的”[②]。

集中统一领导的根本落脚点，还是在于确保党的有效领导和国家治理的内在统一，因而集中统一不是靠权力集中来实现的，而是通过科学的制度安排运行。习近平总书记指出：“我们强调坚持党中央权威和集中统一领导，不是说不要民主集中制了，不要发扬党内民主，把这两者对立起来是不对的。民主集中制是党的根本组织原则，党内民主是党的生命，发扬党内民主和实行集中统一领导是一致的，并不矛盾。我们党实行的民主集中制，是又有集中又有民主、又有纪律又有自由、又有统一意志又有个人心情舒畅生动活泼的制度，是民主和集中紧密结合的制度。”[③] 实践表明，对于中国这么大国家的治理和发展来说，党的集中统一领导是具有的政治和制度优势的。而对于集中统一领导来说，其最大的风险隐患不是集中统一本身，而是党的领导力量和人民力量脱离、从领导核心异化为人民驾驭者。要消除这种风险隐患，只能在党自身中找办法。实践表明，中国共产党为此而进行的长期努力是积极有效的，始终朝着正确的方向进行，并且日益制度化、科学化、规范化。

历史和实践反复证明，中国共产党的成功，在于坚持党的全面领导；中国特色社会主义的成长，在于坚持党的全面领导；中华民族伟大复兴的根本保证，在于坚持党的全面领导。在中国，党的全面领导，不是一般的政治要求，而是民族和国家生存发展的内在属性，是人民的信念，也是民族的信仰。

---

① 习近平在2017年12月25日至26日召开的中共中央政治局民主生活会上的讲话。

② 习近平2018年2月26日在党的十九届三中全会上所作的《关于深化党和国家机构改革决定稿和方案稿的说明》。

③ 习近平：《论坚持党对一切工作的领导》，中央文献出版社，2019年，第229页。

第九章

党与军队

作为先锋队，中国共产党承担起了领导中国革命的历史使命，革命的成败，决定着党的事业与国家的前途。中国的社会性质与中国共产党的使命，决定了中国革命的第一步必须通过武装夺取政权。毛泽东对此做了十分理性的分析：中国的革命既不同于欧洲工人运动，也不同于俄国的革命运动，“中国的特点是：不是一个独立的民主的国家，而是一个半殖民地的半封建的国家；在内部没有民主制度，而受封建制度压迫；在外部没有民族独立，而受帝国主义压迫。因此，无议会可以利用，无组织工人举行罢工的合法权利。在这里，共产党的任务，基本地不是经过长期合法斗争以进入起义和战争，也不是先占城市后取乡村，而是走相反的道路。”“在中国，主要的斗争形式是战争，而主要的组织形式是军队”①，主要的途径是农村包围城市，最后夺取城市。为此，党要领导中国革命，就必须进行武装斗争；要武装斗争，就必须有自己的军队。这种革命形式和革命逻辑，铸造了中国共产党坚定不移的信条：“枪杆子里面出政权”，同时也铸造了中国现代军队的军魂：“党对

① 毛泽东：《战争和战略问题》，《毛泽东选集》第二卷，人民出版社，1991年，第542—543页。

军队的绝对领导”。这个军魂主宰着中国现代军队的建设和成长，同时也决定着中国共产党领导革命与建设的成败。

一、中心支柱

近代以来的中国问题，无不与现代化密切相关。现代化是人类社会发展所形成的普遍追求，然而在不同国家，其具体的实践逻辑是不同的，这与具体国家的现代化是在“某种不同情势下发生的”有直接关系。对于后发外生型的现代化发展国家来说，现代化的发展都普遍形成对“新政治中心”的追求。这是因为现代化的冲击很容易使传统的政治体系失效，甚至崩解，在这样的条件下，不论是出于革命的需要，还是出于建设新的政治体系以整合国家的需要，都需要建构新的政治中心，如果新的政治中心不能借助传统精英力量的转换而形成，那就必然会有新的政治精英取而代之。在这个时候，迈向现代化的转型与发展就在很大程度上取决于新政治精英所建构的政治中心的力量与能力了。著名学者艾森斯塔德在其现代化研究中对此有相关的研究和阐述，历史事实与经验证明，他的分析和判断是有道理的。[①] 中国的经验也在这方面提供了很好的注脚。

关于孙中山领导的革命，前面多次提及，这里还必须再次讨论。这是因为中国共产党领导的革命与孙中山领导的革命，在革命的序列上有关联，在革命形态上有相似之处。更为重要的是这两大革命，都生长在近代中国救亡图存和现代化发展的这根藤上。前面已经指出过，孙中山晚年意识到他所领导的革命之所以在辛亥革命之后无法继续发展、屡遭挫折，主要原因在于他所领导的政党既无法唤醒民众，也无法治理国家，为此他在“联俄、联

① 参见［以］S.N. 艾森斯塔德：《现代化：抗拒与变迁》，张旅平等译，中国人民大学出版社，1988 年。

共、扶助农工”的三大政策下，以列宁主义政党为榜样，改组国民党。然而，在这个时候，他也更加明确地意识到他领导的革命要成功，改造政党是不够的，还必须建立能够支撑政党的现代军队。孙中山最终走向联俄、联共之路，与他内心涌动的改组国民党、建立现代军队的强烈愿望密切相关。所以，国共合作，既为国民党改组为列宁主义的政党提供了组织基础，同时也为两党共建现代军队提供了条件。著名的黄埔军校就是由此创立的。在1924年6月16日的开学典礼上，孙中山阐明了“革命军”对革命党的重要性及其关系：同样是革命，为什么“我们革命的时期比较俄国要长一半，所遇的障碍又不及俄国的大，弄到至今革命还是不能成功呢？”其中的“一个大教训”“就是俄国发生革命的时候，虽然是一般革命党员做先锋，去同俄皇奋斗，但是革命一经成功，便马上组织革命军；后来因为有了革命军做革命党的后援，继续去奋斗，即便遇到了许多大障碍，还是能够在短时间之内大告成功。中国当革命之时，在广东奋斗的党员最著名的有七十二烈士，在各省舍身奋斗的党员也是不少。因为有了那些先烈的奋斗，所以武昌一经起义，便有各省响应，推翻清政府，成立民国，我们的革命便有一部分的成功。但是后来没有革命军继续革命党的志愿，所以虽然有一部分的成功，到了今天，一般官僚军阀不敢明目张胆更改中华民国的正朔；至于说到民国的基础，一点都没有。这个原因，简单地说，就是由于我们革命，只有革命党的奋斗，没有革命军的奋斗；因为没有革命军的奋斗，所以一般官僚军阀便把持民国，我们的革命便不能完全成功。我们今天要开这个学校，是有什么希望呢？就是要从今天起，把革命的事业重新来创造，要用这个学校内的学生做根本，成立革命军”。有了好的革命军，“我们的革命事业便可以成功。如果没有好的革命军，中国的革命永远还是要失败”。那么，什么样的军队才叫革命军呢？“有和革命党的奋斗相同的军队，才叫革命军。中国革命虽然有了十三年，但是所用的军队，没有一种是和革命党的奋斗相同的。我敢讲一句话，中国在这十三年之中，没有一种军队是革命军。”所以，革命党必须造就自己的革命军。对于立志建设新国家的革命党来说，组织革命军，既是为了保证革命的成功，同时也是为了新国家的建设，“大凡建设一个新国家，革命军是万不可少的”。①

总结孙中山所言，可概括三点：其一，政党发动和领导革命，但决定革命最终成败的是革命军；其二，革命军要成为决定革命最终胜利的力量，就必须由革命党来组织和训练，以保证其组织的革命性和信仰的坚定性，从而能够与革命党一起奋斗；其三，革命军既是保证革命成功所不可缺少的，同时也是建设新国家所万不可少的。这三点说明，孙中山先生经过长期的革命实践后认为，中国革命要取得胜利，关键必须建构一个新的强有力的政治中心。这个新的政治中心显然是由现代政党及其所培育的军队所构成。当时，为了保证这样的政治中心的力量，他与中国共产党结合，并共建黄埔军校。显然，他希望这个政治中心支撑的是整个国家的前途与命运。然而，孙中山去世之后，其后继者并没有从革命和现代化的历史逻辑来培育和发展这个政治中心，相反更多地从局部和个人的私利来看待这个政治中心，结果很快就导致孙中山所期待的新政治中心破裂，最终导致大革命失败。

正如当年孙中山先生从革命的挫折中意识到其所领导的革命必须建立在强大的政党与军队基础之上一样，经历了大革命失败的中国共产党也更加清醒地意识到，中国共产党要担当起全面领导中国革命和建设的历史使命，除了有坚强的政党的领导之外，还必须有坚强的革命武装。1935 年，毛泽东在反思 1927 年大革命失败的原因时，深刻地阐明了这一点：“一九二七年革命的失败，主要的原因就是由于共产党内的机会主义路线，不努力扩大自己的队伍（工农运动和共产党领导的军队），而只依仗其暂时的同盟者国民党。其结果是帝国主义命令它的走狗豪绅买办阶级，伸出千百只手来，首先把蒋介石拉去，然后又把汪精卫拉去，使革命陷于失败。那时的革命统一战

① 孙中山：《在陆军军官学校开学典礼的演说（1924 年 6 月 16 日）》，《孙中山选集》，人民出版社，1981 年，第 915—926 页。

线没有中心支柱，没有坚强的革命的武装队伍，四面八方都造起反来，共产党只得孤军作战，无力抵制帝国主义和中国反革命的各个击破的策略。那时虽然有贺龙、叶挺一支军队，但还不是政治上坚强的军队，党又不善于领导它，终归失败了。这是缺乏革命中心力量招致革命失败的血的教训。”[①]在这里，毛泽东比孙中山更加明确地把政党与军队看作是中国革命的中心支柱，这样的中心支柱，不是政党与军队两个要素的简单叠加，而应该是政党与军队的有机统一，政党是领导力量，军队是为政党的使命与信念而奋斗的政治力量。要使军队成为这样的政治力量，不管是自建的还是收编的，都必须经过政党的锤炼与洗礼，以保持组织上和精神上的内在统一。

中国现代化发展必须经历革命过程，而中国的社会性质和现代化追求决定了中国的革命需要进行武装斗争。要革命，就需要有领导力量；要武装斗争，就需要有军事力量。所以，这两个力量的有机结合就成为革命胜利的关键。然而，中国的革命不仅仅是为了政权的更迭或移位，而是要创造一个新的社会和新的国家。这决定了政党与军队的有机结合，不是两个组织力量的机械结合，而是结合起来的两个力量能够变成一个中心支柱，支撑起这个国家和民族的天与地、历史与未来、制度与精神、勇气与理想。显然，这种中心支柱只能靠政党来塑造，其中政党对军队的塑造以及军队对政党宗旨和政党领导的认同是根本的前提。所以，对中心支柱来说，党军一体不是本质，党领导军队以及军队认同政党，并为党的事业而奋斗才是本质。

建构和保持强有力的中心支柱是中国革命和现代化发展的内在要求。只要这种要求还客观存在，那么维持这个中心支柱的必要性与合法性也就顺理成章了。所以，对中国来说，党的领导以及党对军队的领导，不是党自身决定的，而是中国革命和现代化的历史逻辑和现实要求决定的。正如我们现在不能离开现代化逻辑而获得国家发展和民族复兴一样，我们现在

---

① 毛泽东：《论反对日本帝国主义的策略》，《毛泽东选集》第一卷，人民出版社，1991 年，第 156—157 页。

也不能放弃党的领导以及放弃党对军队的领导。执政的中国共产党必须从国家与民族的前途和命运的高度，时刻把握好这样的政治逻辑，实践好这样的历史使命。

二、枪杆子里面出政权

党与军队的有机统一，构成中国革命和建设的中心支柱。在这种有机统一中，中国共产党的基本理念是：有军队，党才有作为；党的作为，必须基于对军队的绝对领导。前者，蕴含着“枪杆子里面出政权”的真理；后者，蕴含着“党指挥枪，而决不容许枪指挥党”的原则。这里先分析“枪杆子里面出政权”的真理。

中国革命的特点，决定了任何一个政党要在革命中有所作为，最基本的前提条件就是必须拥有军队。毛泽东考察了中国国民党战争史后指出：“历史不长的几个小党，如青年党等，没有军队，因此就闹不出什么名堂来。”而国民党正相反，“蒋介石代替孙中山，创造了国民党的全盛的军事时代。他看军队如生命，经历了北伐、内战和抗日三个时期。过去十年的蒋介石是反革命的。为了反革命，他创造了一个庞大的‘中央军’。有军则有权，战争解决一切，这个基点，他是抓得很紧的。对于这点，我们应向他学习。在这点上，孙中山和蒋介石都是我们的先生。”[①] 所以，中国共产党必须要有自己的军队。

毛泽东用于论证中国共产党必须有自己军队的事实经验，实际上也揭示了当时中国的一个现实，即在中国革命中，有能耐的政党，都会有自己的军队。毛泽东认为，这是中国的国情决定的，政党有自己的军队，不是政党

① 毛泽东：《战争和战略问题》,《毛泽东选集》第二卷，人民出版社，1991年，第545—546页。

的通则，自然也不是革命的通则。他说："外国的资产阶级政党不需要各自直接管领一部分军队。中国则不同，由于封建的分割，地主或资产阶级的集团或政党，谁有枪谁就有势，谁枪多谁就势大。处在这样环境中的无产阶级政党，应该看清问题的中心。"[①]显然，在中国，党对军队的需求和依靠，从大的方面讲，与党所要推动和领导的中国革命必须建立在武装斗争基础上有关；从小的方面讲，则与中国军阀割据的现实环境有关。在军阀割据的条件下，党没有军队，立足就有问题，更不用说发展了。[②]所以，毛泽东要求每个共产党员都应该懂得"枪杆子里面出政权"的真理。这个真理包含两层含义：其一，枪杆子里面出政党；其二，枪杆子里面出政权。在革命实践中，没有前者，后者也就不能成立了。

从党所领导的革命生成过程来说，党产生在先，党创建自己的军队；但从党在革命中的立足和成长来说，则是军队保障党的生存与发展。没有军队，离开了武装斗争，党就失去了领导革命的任何可能。毛泽东十分明确地指出："在中国，离开了武装斗争，就没有无产阶级和共产党的地位，就不能完成任何的革命任务。"[③]这就意味着军队是党的生存发展之本。党创立军队，军队则促进党的发展，巩固党的地位，提升党的能力，因为党的许多使命，不论是革命时代的战争，还是建设时代的国家建设，都离不开军队。在毛泽东看来，在党创立军队的同时，军队也在创造党，推动党的发展。他说："有了枪确实又可以造党，八路军在华北就造了一个大党。还可以造干

① 毛泽东：《战争和战略问题》，《毛泽东选集》第二卷，人民出版社，1991年，第546页。

② 毛泽东认为，政党拥有自己的军队，是军阀割据条件下，政党的生存之道。他分析说："辛亥革命后，一切军阀，都爱兵如命，他们都看重了'有军则有权'的原则。谭延闿是一个聪明的官僚，他在湖南几起几覆，从来不做寡头省长，要做督军兼省长。他后来做了广东和武汉的国民政府主席，还是兼了第二军军长。中国有很多这样的军阀，他们都懂得中国的特点。中国也有些不要军队的政党，其中主要的一个是进步党，但是它也懂得必须靠一个军阀才有官做。袁世凯、段祺瑞、蒋介石（附蒋的是进步党之一部转变而成的政学系）就成了它的靠山。"参见毛泽东：《战争和战略问题》，《毛泽东选集》第二卷，人民出版社，1991年，第546页。

③ 毛泽东：《战争和战略问题》，《毛泽东选集》第二卷，人民出版社，1991年，第544页。

部，造学校，造文化，造民众运动。延安的一切就是枪杆子造出来的。枪杆子里面出一切东西。”①可见，不论是军队的力量，还是军队的特殊组织和功能，都给党的建设和发展提供了资源和空间。党因军队而在革命中得以不断强大。

中国的国情决定了中国的革命必须进行武装斗争。党要领导武装斗争，建立和建设军队只是进行武装斗争的基础，党还必须掌握领导军队进行武装斗争的战争艺术。所以，党对军队的领导必须与党对武装斗争的领导有机结合，党必须拥有领导战争和把握战争的能力。抗日战争初期，毛泽东就向全党发出号召：“全党都要注重战争，学习军事，准备打仗。”② 1939年，毛泽东在总结中国共产党十八年的奋斗史时明确指出：十八年党的建设过程，是党“逐步学会了并坚持了武装斗争”③的过程。所以，要实现“枪杆子里面出政权”，首先要实现枪杆子里面出能够领导军队、领导战争的坚强政党；而党坚持“枪杆子里面出政权”的真理，就是坚持武装夺取政权的革命真理，就是坚持党在半殖民地半封建社会生存与发展的党的建设之道。

所以，党拿起枪杆子，只是选择了战争、选择了巩固自身和发展自身的生存与发展之道，其真正目的不在战争本身，而是取得革命的胜利以及建设新社会、新国家所需要的政权。党要通过军队和战争取得政权，而取得政权的党则要靠军队来巩固政权。“从马克思主义关于国家学说的观点看来，军队是国家政权的主要成分。谁想夺取国家政权，并想保持它，谁就应有强大的军队。”④战争是夺取政权的基本手段，所以“枪杆子里面出政权”；但不论是枪杆子，还是战争本身，都是以“党指挥枪，而决不容许枪指挥党”为

① 毛泽东：《战争和战略问题》，《毛泽东选集》第二卷，人民出版社，1991 年，第 547 页。
② 同上书，第 545 页。
③ 毛泽东：《〈共产党人〉发刊词》，《毛泽东选集》第二卷，人民出版社，1991 年，第 610 页。
④ 毛泽东：《战争和战略问题》，《毛泽东选集》第二卷，人民出版社，1991 年，第 547 页。

原则的，所以革命胜利后的政权则不在枪杆子里面，而在党的领导下，在人民手中，人民的军队则在党的领导下，保卫国家政权。这是“枪杆子里面出政权”的革命和建设逻辑。

这个逻辑既明确了战争时代政党、军队与战争之间的关系，也明确了建设时代，政党、军队与国家政权之间的关系。从党领导革命发展的历史过程来看，前一种关系决定着后一种关系，而这两重关系也同时定位了党的地位和军队的性质。所以，在中国，党与军队的关系以及军队本身的性质，完全是党领导的武装斗争的历史与实践塑造的，符合党领导中国革命和建设事业发展的根本要求，支撑着党的领导，决定着国家政权的巩固和有效性，不是轻易可以改变的。1989 年 11 月，邓小平离开军队领导岗位时，发表了感人的告别讲话，再次重申了中国军队的性质是中国革命历史铸造的，是军队的魂之所在，不能动摇：“我确信，我们的军队能够始终不渝地坚持自己的性质。这个性质是，党的军队，人民的军队，社会主义国家的军队。这与世界各国的军队不同。就是与别的社会主义国家的军队也不同，因为他们的军队与我们的军队经历不同。我们的军队始终要忠于党，忠于人民，忠于国家，忠于社会主义。我确信，我们的军队能够做到这一点，几十年的考验证明军队能够履行自己的责任。”①

三、党指挥枪

任何社会迈向现代国家，都会经历大变革或大革命的过程。这个过程的行动方式和战略选择，在决定着大变革或大革命的成与败的同时，也决定着现代国家成长的形式与进程。这正如吉登斯所言：“军事对抗和战争的意

① 邓小平：《会见参加中央军委扩大会议全体同志时的讲话》，《邓小平文选》第三卷，人民出版社，1993 年，第 334 页。

外后果，决定性地造就了欧洲国家发展过程中的各种主要特征。”[①]对于欧洲之外的其他国家，类似的事实也是常常能够看到的。看到战争与军事对现代国家成长的影响的同时，也应该重视战争与军事本身受到具体历史、社会和文化条件的决定作用。这也就是说，不能抽象地来看待战争与军事和现代国家之间的关联性，因为作为催生现代国家的行动，战争与军事可能具有一般性，但战争与军事本身却是具体的，是受到特定历史、社会和文化规定的。这一点，在吉登斯历史考察的发现中能够得到充分的说明：“欧洲国家的武装力量的早期发展是依‘资本主义’的模式组织起来的，这一事实可能同企业家创办的企业机构的传播不无关联，而企业机构后来则成为西方社会制度中至关重要的成分。后封建时代，欧洲王侯都开始依赖于银行家的贷款，从而使银行家及企业所雇佣的领导者成为君主的树立者和废黜者。雇佣兵和银行家族，对于绝对主义国家在早期形成过程中‘脱离’传统的军事组织模式来说，至关重要。”[②]由此可见，任何社会迈向现代国家，其社会形态与时代特征决定了大变革或大革命的行动、组织与进程；而大变革、大革命中的军事与战争则在一定程度上决定着现代国家成长过程中的特征。因此，我们对一个国家军队、战争和现代国家之间关系的考察，不能超越这个国家的历史规定性和革命规定性，一切都必须从革命以及现代化如何在这个社会出现为思考问题的起点。

党领导人民进行武装斗争建立新中国，这是中国军事与国家建设之间最基本的逻辑关系。决定这个行动逻辑成败的关键在两点：第一，党能否建立起自己的武装；第二，党能否有效领导其所建立的武装。对这两点，中国共产党都有一个认识和实践的过程，其中大革命失败的冲击起到了重要作用。由此，中国共产党开始系统地思考和实践组建自己的武装、进行武装斗争的

---

① [英]安东尼·吉登斯：《民族、国家与暴力》，胡宗泽、赵力涛译，生活·读书·新知三联书店，1998年，第136页。

② 同上书，第139—140页。

道路以及党对军队的领导等问题。实践表明，在那样一个军阀割据、乱象丛生的年代，组织武装不难，但要建立一支有组织力、有战斗力、能为党的理想而奋斗的武装队伍并非容易。因为，党的理想是要建立一个新社会、新国家，而现实的社会却是一个半殖民地半封建的农业社会，农业社会的传统、旧军阀的作风以及党所拥有的物质资源的严重匮乏，都对党建立一支现代武装提出了严峻挑战。1928 年，毛泽东在写给中央的报告中指出：工农武装割据的存在与发展，除了可借用军阀混战所造成的生存空隙之外，“还需要具备下列的条件：(1）有很好的群众；(2）有很好的党；(3）有相当力量的红军；(4）有便利于作战的地势；(5）有足够给养的经济力。”这五大条件的形成，最终都有赖于党与红军的努力，有的是需要努力创造的，如群众动员；有的则是需要努力克服的，如给养短缺。然而，此时的“红军成分，一部是工人、农民，一部是游民无产者。游民成分太多，当然不好。但因天天在战斗，伤亡又大，游民分子却有战斗力，能找到游民补充已属不易”。“红军士兵大部分是由雇佣军队来的，但一到红军即变了性质。首先是红军废除了雇佣制，使士兵感觉不是为他人打仗，而是为自己为人民打仗。红军至今没有什么正规的薪饷制，只发粮食、油盐柴菜钱和少数的零用钱。红军官兵中的边界本地人都分得了土地，只是远籍人分配土地颇为困难”。要将这样既有旧军队性质，又有散兵游勇性质，并且以贫苦的农村为腹地的武装塑造为能为党的理想和事业而奋斗的现代武装，就必须有新的组织形式、新的训练手段以及新的军事文化。毛泽东认为：“在此种情形下，只有加紧政治训练的一法。”政治训练的基础就是将党的思想、党的组织以及党的作风全面带入到军队之中，形成党对军队的领导，用现代政党的组织力量和价值观念来带领军队的革命化发展。“党的组织，现分连支部、营委、团委、军委四级。连有支部，班有小组。红军所以艰难奋战而不溃散，‘支部建在连上’是一个重要原因。两年前，我们在国民党军中的组织，完全没有抓住士兵，即在叶挺部也还是每团只有一个支部，故经不起严重的考验。现在红军中党员和非党员约为一与三之比，即平均四个人中有一个党员。最近决定在战斗兵中发展党员数量，达到党员非党员各半的目的。”“红军的物质生活如此菲薄，战斗如此频繁，仍能维持不敝，除党的作用外，就是靠实行军队内的民主主义。”“军队内的民主主义制度，将是破坏封建雇佣军队的一个重要的武器。”①可见，党对军队的领导，不仅是中国共产党在一个传统性极强，而且军阀盛行的社会建立现代军队的唯一正确战略，而且也是党在艰苦卓绝的条件下建设武装力量，巩固和发展武装力量唯一正确的战略。在这种领导中，党既有效组织了军队，也有效训练了军队，从而使得这个武装力量，既有政党性、也有军事性，既有现代性、也有人民性。

恩格斯说过：“拿破仑之不朽的功绩就在于：他发现了在战术和战略上唯一正确使用广大的武装群众的方法，而这样广大的武装群众之出现只是由于革命才成为可能；并且他把这种战略与战术发展到那样完善的程度，以致现代的将军们一般地都绝不能胜过他，而只能试图在自己最光辉和最成功的作战中抄袭他罢了。”在“以现代的军事手段和现代的军事学术来与现代的军事手段和现代的军事学术作战”的现代革命中，这种发现对于革命的进程和最终的胜利则具有决定性意义。拿破仑的成就说明了这一点。同样，中国共产党的革命成功也说明了这一点。所以，恩格斯说：“每个在战史上因采用新的组合而创造了新纪元的伟大的将领，不是新的物质力量的发明家，便是以正确的方式运用他以前所发明的新的力量的第一人。”②从中国共产党所取得的革命战争胜利来看，“党指挥枪”无疑是一个决定革命胜利的“新的组合”，正是凭借这样“新的组合”，中国共产党创造了中国历史发展的新纪元，取得了新民主主义革命的胜利，开辟了社会主义革命与建设的道路。

党指挥枪，不完全来自一种理论的要求，更多地是来自革命实践的要

① 毛泽东：《井冈山的斗争》，《毛泽东选集》第一卷，人民出版社，1991 年，第 57—68 页。
② 恩格斯：《一八五二年神圣同盟对法战争的可能性与前提（1851 年秋）》，《恩格斯军事论文选集》第三册，曹汀译，人民出版社，1955 年，第 28 页。

求，其背后自然是中国革命的历史与条件所规定的。党指挥枪，在决定中国革命胜利的同时，也必然造就了中国建设现代国家的过程与特点，其中一个重要的特点就是在党领导人民进行国家建设的过程中，依然要保持党对军队的领导。党缔造的人民军队，在取得革命战争胜利，建立起中华人民共和国后，虽然成为全体人民和中华人民共和国的军队，但依然要在党的领导下才能得以发展和完善。这一方面与军队本身在革命战争历史形成的性质、传统与组织方式有直接关系，另一方面则与党所承载的重大历史使命和发展任务有直接关系。作为领导核心，党对国家和社会发展的有效领导，必须拥有强大的领导力与执政力。党保持对军队的领导是党领导力的重要基础。

党领导军队的过程，实际上是党全面塑造军队的过程，其中包括思想塑造、作风塑造、组织塑造和制度塑造。在中国共产党的建军战略中，把这种塑造视为"军魂"的塑造。在现代军事条件下，军队的现代化发展，武器装备的进步，能解决军力问题，但不能解决"军魂"问题，而没有"军魂"的军力，是没有战斗力的。在武器条件有限的革命年代，这种"军魂"的塑造，打造出一支人民的军队，用"小米加步枪"创造出一个又一个战争胜利的奇迹；在今天，现代的武器装备代替了"小米加步枪"，但其战斗力的终极源泉还是来自这个"军魂"。这个"军魂"是中国军队与生俱来的，在中国的现代化发展依然在党的领导下展开的时代条件下，这个"军魂"既关系到军队的建设和成长，也关系到党的领导能力和执政基础。

党对军队的绝对领导，决定了党的自我完善是军队建设和发展的绝对条件，而在中国这样的大国成长中，军队的建设和发展直接关系到国家的安危与发展。所以，党在塑造军队的时候，实际上军队也在塑造着政党。军队的特殊性与绝对重要性，决定了党在军队中的领导必须具有高度政治性、纪律性和规范性。一句话，要求领导军队的党必须是高质量的党。党对军队的领导，既体现为党对军队的塑造，同时也体现为军队对党的塑造。对于同为中国革命和发展的中心支柱的党与军队来说，党与军队的相互塑造，具有十分积极的价值和意义。可见，在中国，治党、治军和治国实际上是有机统一的。任何一方面的治理，都会带来连带的治理效应；同样，任何治理环节出问题，都会给治理的全局造成深刻的影响。

四、人民的军队与国家的军队

党缔造了军队，拥有对军队的绝对领导权，但这并不意味着军队仅仅是党的军队。党的性质以及军队的使命，决定了党创造的军队从根本上讲，应该还是人民的军队。毛泽东说过："紧紧地和中国人民站在一起，全心全意地为中国人民服务，就是这个军队的唯一的宗旨。"①党领导的军队成为人民的军队，是党对军队绝对领导的必然；而军队作为人民军队的存在，则使得党对军队的绝对领导拥有必要的合法性基础。军队的人民性，使得党缔造和领导的军队，在性质上同时成为全体人民的军队，成为人民国家的军队。

中国的现代军队与中国的现代革命是紧密联系在一起的，军队决定了中国现代革命的成败，而中国现代革命的内在要求则规定了中国军队的中国特性。实际上，孙中山在强调革命党应该建立革命军的同时，也强调革命军必须与国民结合才能真正成为革命的力量。在1924年的北伐宣言中，孙中山就认为，革命党新建立的军队，不能像军阀那样与帝国主义势力结合，而应该与中国国民结合，否则革命就无成功之日。他说："凡武力与帝国主义结合者无不败；反之，与国民结合以速国民革命之进行者无不胜。今日以后，当划一国民革命之新时代，使武力与帝国主义结合之现象，永绝于国

① 毛泽东：《论联合政府》，《毛泽东选集》第三卷，人民出版社，1991年，第1039页。

内。其代之而兴之现象，第一步使武力与国民相结合，第二步使武力为国民之武力，国民革命必于此时乃能告厥成功。”[①]在这里，孙中山表明了一个基本思想，要建立与传统的军阀军队完全不同的现代军队，关键在于军队与国民结合，并以国民为军队的力量之源；而这样的军队，其最后必然是国民的军队。中国共产党人接受的思想，只不过将“国民”改为“人民”，强调了军队的国民性背后还有阶级性，任何军队不管怎么样，都是为一定阶级主导的国家服务的。毛泽东针对抗战胜利后，国民党要求共产党把军队交给其所掌管的政权而提出的“军队是国家的”的理论，就明确阐述了军队国家性背后的阶级性。“‘军队是国家的’，非常之正确，世界上没有一个军队不是属于国家的。但是什么国家呢？大地主、大银行家、大买办的封建法西斯独裁的国家，还是人民大众的新民主主义的国家？中国只应该建立新民主主义的国家，并在这个基础之上建立新民主主义的联合政府；中国的一切军队都应该属于这个国家的这个政府，借以保障人民的自由，有效地反对外国侵略者。”[②]中国要建立的新民主主义国家就是人民民主专政的国家，是人民当家作主的国家，所以中国共产党认为，在新民主主义国家，“军队是国家的”与“军队是人民的”具有内在的一致性。当这个国家是人民的国家的时候，人民的军队也就是国家的军队。

从现代军队的角度看，人民军队具有两个根本特征：其一，它不是为着少数人的或狭隘集团的私利，而是为着广大人民群众的利益、为着全民族的利益而奋斗的。其二，这个军队是一个内外团结的军队，“在内部——官兵之间，上下级之间，军事工作、政治工作和后勤工作之间；在外部——军民之间，军政之间，我友之间，都是团结一致的”。[③]内部团结靠的是党的领导所创造的有效的军队政治工作，外部团结靠的是军队全心全意为人民服务。

① 孙中山：《时局宣言（1924年11月10日）》,《孙中山选集》，人民出版社，1981年，第953页。
② 毛泽东：《论联合政府》,《毛泽东选集》第三卷，人民出版社，1991年，第1073页。
③ 同上书，第1039页。

这样的军队，自然能够立足于社会，并与整个社会和谐共存，相互促进。这也就是党所努力追求的“军民鱼水一家亲”的独特的军队、社会和国家的关系。党认为这种鱼水关系正是军队的根本力量所在。毛泽东曾有这样的豪言壮语：“军民团结如一人，试看天下谁能敌。”①

可见，党领导的军队、人民的军队与国家的军队实际上是有机统一的。邓小平明确定位中国军队的性质是：“党的军队，人民的军队，社会主义国家的军队。”这就意味着党对军队的绝对领导必须与保持人民军队的人民性，保证人民军队的社会主义国家属性相统一。中华人民共和国成立后，国家制度建设中关于军事领导的制度安排就是依据这个原则确立起来的。出于建设国家统一军队的需要，《共同纲领》专设了“军事制度”一章，在国家层面规定了国家军事制度。《共同纲领》第二十条规定：“中华人民共和国建立统一的军队，即人民解放军和人民公安部队，受中央人民政府人民革命军事委员会统率，实行统一的指挥，统一的制度，统一的编制，统一的纪律。”同时，同年颁布的《中华人民共和国中央人民政府组织法》规定：人民革命军事委员会，为国家军事的最高统辖机关，统一管辖并指挥全国人民解放军和其他人民武装力量。基于这些规定，军队在社会主义国家政权建立之后，就在法律和制度上纳入了国家政权体系。但这并不影响党对军队的领导。就《共同纲领》来说，它的第二十一条就规定：“人民解放军和人民公安部队根据官兵一致、军民一致的原则，建立政治工作制度，以革命精神和爱国精神教育部队的指挥员和战斗员。”对这些原则、制度和精神的强调，实际上也就间接强调了党对军队的领导作用，因为这些原则、制度和精神是党缔造军队和领导军队的核心要素。当时出任中国共产党中央军事委员会主席的是毛泽东，他同时也是中国共产党中央委员会主席，中华人民共和国中央人民政府主席。这充分体现了军队的国家性与军队的政党性之间的有机统一，而这

① 毛泽东：《八连颂》，《毛泽东军事文集》第六卷，军事科学出版社、中央文献出版社，1993年，第395页。

个统一背后的基础，就是军队的人民性。虽然在此后的国家政权建设实践中，有关军事领导制度经历了一些变化，但是现行的1982年宪法还是进一步确认了这个精神和原则。因而，在实践中，党的总书记同时兼任国家主席和全国人大选举的中央军委主席。与1975年、1978年宪法简单而直接规定中华人民共和国武装力量由中国共产党中央委员会主席统帅不同，1982年宪法将军事制度作为国家政权的一部分，从我国国家政权的内在逻辑出发来规定军事制度，使党领导军队的中央军事委员会同时成为国家政权制度中的一个权力组织，并接受宪法和国家政权的规范。所以，1982年宪法，不同于1954年、1975年和1978年宪法，专设了“中央军事委员会”一节。1982年宪法对军事制度作出的明确规定有：其一，中华人民共和国中央军事委员会领导全国武装力量。其二，中央军事委员会实行主席负责制。其三，中央军事委员会主席由全国人大代表大会选举产生，委员会成员经主席提名后由全国人大审议决定。其四，中央军事委员会每届任期同全国人民代表大会每届任期相同。中央军事委员会主席对全国人民代表大会和全国人民代表大会常务委员会负责。这样，宪法就把军队置于了国家政权的体系之中，并受到人民的监督。宪法规定，全国人大有权罢免中央军事委员会主席和中央军事委员会其他组成人员。

实际上，基于全国人大制度运行所形成的这个中央军事委员会与党的系统所形成的中央委员会实际上是一体的，职能和组成人员完全相同。[①]这种统一性也从另一个角度说明，在执政的条件下，党对军队的绝对领导，不仅要建筑在党的领导体制之上，而且也必须建筑在国家政权体制之上。既然要建筑在国家政权体制之上，那么依照党必须在宪法和法律下活动的原则，这种领导就自然要尊重人民的意志，接受人民的监督。所以，1982年宪法在兼顾中国国家政权性质和中国军队性质的基础上，比较好地安排了中国军事

① 李保忠：《中外军事制度比较》，商务印书馆，2003年，第69页。

制度，从而在制度上体现了“党的军队、人民的军队和社会主义国家的军队”的三者统一。这为在执政条件下，党领导军队，军队服务国家和人民，保证党领导的军队保持人民军队的本色，提供了制度基础和宪法保障。

五、政治工作体系

中国现代军队因革命而起，缔造者是政党。孙中山以及中国共产党人认为，党建立的军队要能够为党的目标而奋斗，就必须在加强军事训练的同时，加强政治训练。为此，国共合作建立的黄埔军校就设有政治部，负责对军校学生的政治训练，同时还试图设立政治训练班，以培养军队中的党代表和政治宣传员。周恩来是黄埔军校政治部的组建者，他力图通过政治部将列宁建设红军的经验引入到黄埔军校之中，以培养真正的革命军。①1926 年，时任黄埔军校政治主任教官的恽代英在黄埔军校发表了题为《军队中政治工作的方法》的演讲，他认为：“军队中政治工作的目的，便是根据总理的两句话：‘第一步使武力与人民结合，第二步使武力成为人民之武力。’”②可见，在中国共产党看来，军队的政治工作，既是党领导军队和训练军队的体系，也是提升军队革命性和人民性的体现。正因为有政治训练，才使得革命军队与此前的军队有了本质的区别。

所以，当中国共产党独立组织人民武装的时候，一开始就在军队中建立政治工作体系，以实现党对军队的绝对领导和军队的革命化建设。在井冈山斗争中，毛泽东一开始就积极探索和实践军队的政治工作，创造了对中国军队建设具有决定性影响的“把支部建在连上”的党的军队政治工作的组织体

---

① 参见广东革命历史博物馆编：《黄埔军校史料（1924—1927）》，广东人民出版社，1982 年，第 178—238 页。

② 恽代英：《军队中政治工作的方法》，《恽代英文集》下卷，人民出版社，1984 年，第 845 页。

系。为了建设革命武装，推进革命进程，1929 年工农红军召开了著名的古田会议，毛泽东亲自为会议写下了《中国共产党红军第四军第九次代表大会决议案》，决议在明确党对军队领导的同时，也全面规划和明确了军队中党的工作和政治工作。1930 年，根据决议精神颁布了《中国工农红军政治工作暂行条例（草案)》。基于古田会议决议和这个条例，党建立的军队成为军事系统和政治系统内在统一的军队，[①]从而真正成为党领导的人民军队。在此后的军队建设中，党在各个历史时期根据时代的要求，都在古田会议所确定的基本原则基础上，结合实际，颁布相应的军队政治工作条例。指导当前军队工作的政治工作条例是 2021 年 2 月颁布的新修订的《中国人民解放军政治工作条例》。《中国人民解放军政治工作条例》是新时代军队政治工作的基础主干党内法规、政治建军的重要依据。政治工作是中国人民解放军的生命线，是中国人民解放军的最大特色、最大优势，在保证人民军队始终置于党的绝对领导之下、保证人民军队战胜强大敌人和艰难险阻、保证人民军队的本色和作风上，发挥了不可替代的作用。根据该条例，可以把军队的政治工作体系大致展现如下：

第一，军队政治工作的方向任务。党的方向就是军队政治工作的方向，党和军队的中心任务决定军队政治工作的基本任务。在不同历史时期，伴随着党、国家和军队中心任务的发展转变，军队政治工作的基本任务也不断发展。在新时代，做到“两个维护”、贯彻军委主席负责制，是军队政治工作的根本任务和重大责任。在实践中，新时代军队政治工作围绕着“四个牢固立起来”，增强“四个意识”、坚定“四个自信”，培养“四有”新时代革命

---

① 参见毛泽东：《毛泽东军事文集》第一卷，军事科学出版社、中央文献出版社，1993 年，第 86—125 页。

军人、锻造“四铁”过硬部队等这些紧要任务、根本要求和工作重点展开。①

第二，军队政治工作的基本原则。军队政治工作的原则，一方面来自人民军队性质的规定性，另一方面来自人民军队建设的内在要求，因而有深厚的理论基础和历史传统。原则中的不少内容是从建军坚持至今的，这些原则已经成为中国军队的灵魂、传统和文化。在长期实践中形成的军队政治工作优良传统和基本原则，可概括为“十一个坚持”：即坚持党指挥枪的根本原则和制度，坚持全心全意为人民服务的根本宗旨，坚持实事求是的思想路线，坚持群众路线的根本作风，坚持用科学理论武装官兵，坚持围绕党和军队中心任务发挥服务保证作用，坚持公道正派选拔使用干部，坚持官兵一致、发扬民主，坚持实行自觉的严格的纪律，坚持艰苦奋斗、牺牲奉献的革命精神，坚持党员干部带头、以身作则。这“十一个坚持”，是中国人民解放军一贯强调和坚持的原则和作风，是其特有政治优势和克敌制胜的法宝。

第三，军队政治工作的组织体系。军队政治工作必须坚决维护习近平总书记党中央的核心、全党的核心地位，坚决维护党中央权威和集中统一领导，坚决贯彻军委主席负责制。中央军委负责军队政治工作，对政治工作实施全面领导，及时向党中央请示报告工作。军队各级委员会领导本单位的政治工作，贯彻落实党中央、中央军委以及上级党委关于政治工作的决策部署和指示要求，决定本单位政治工作的重要事项，确保党对我军政治工作的领导一贯到底。坚持党委制、政治委员制、政治机关制，既在横向上加强各级党委对政治委员和政治机关的领导，又在纵向上明确上级政治机关指导下级政治机关、下级政治机关服从上级政治机关的指导，形成横向协调、纵向贯通的规范体系，从制度上保证党对我军政治工作的领导。

---

① “四个牢固立起来”，指把理想信念在全军牢固立起来、把党性原则在全军牢固立起来、把战斗力标准在全军牢固立起来、把政治工作威信在全军牢固立起来。“四个意识”，指政治意识、大局意识、核心意识、看齐意识。“四个自信”，指道路自信、理论自信、制度自信、文化自信。“四有”新时代革命军人，指有灵魂、有本事、有血性、有品德的新一代革命军人。“四铁”过硬部队，指具有铁一般信仰、铁一般信念、铁一般纪律、铁一般担当的人民军队。

团级以上部队设立政治机关，政治机关包括政治工作部门、纪委监委工作机构、党委政法委员会，分别在上级相应部门的指导、同级部队党委的领导下开展工作，其中纪委监委工作机构还要接受同级部队纪委监委的领导。按照军委机关部门突出战略谋划和宏观管理职能、战区突出作战指挥职能、军兵种和武警部队突出建设管理职能、战区军种突出战建结合部特点、军级以下单位突出战建合一要求的思路，各有侧重地明确和规范政治机关的主要工作。针对战略支援部队和联勤保障部队军级以下单位、省军区（卫戍区、警备区）和军分区（警备区）、院校、科研（试验）单位、预备役部队等类型单位职能任务特点，明确和规范政治机关工作任务。

第四，军队政治工作的基本要求。军队政治工作必须聚焦备战打仗主责主业，坚持围绕党和军队中心任务发挥服务保证作用。能打仗、打胜仗是人民军队的根本价值所在，备战打仗是军队的主责主业。作为构成战斗力重要因素的军队政治工作，必须贯彻围绕中心、服务大局要求，关键是要服务保证战斗力建设，有效贯穿战斗力建设各环节、融入军事斗争准备全过程。强化军事斗争政治工作准备、作战中政治工作、训练和非战争军事行动中政治工作。政治委员、政治教导员、政治指导员和本单位军事主官同为单位首长、同为指挥员，要强化政治干部实施组织指挥、提高军事素质、成为政治工作和军事工作“两个行家里手”的能力和水平。

政治建军是人民军队立军之本。军队政治工作紧紧围绕着党对军队的绝对领导展开。长期的军事政治工作实践表明，军队政治工作的有效性，主要来自三个方面：一是坚强领导，二是完备制度，三是思想政治工作。在军队政治工作制度比较完备的条件下，党的领导和军队思想政治工作决定军队政治工作的成效。党的领导能力决定军队政治工作的方向和全局，思想政治工作决定军队政治工作的基础与效果。有效的思想政治工作，一方面在于坚持和加强党的领导，另一方面在于坚持群众路线，做到官兵一致，发扬民主。当年，毛泽东在总结井冈山斗争的经验时就指出：“红军的物质生活如此菲薄，战斗如此频繁，仍能维持不敝，除党的作用外，就是靠实行军队内的民主主义。官长不打士兵，官兵待遇平等，士兵有开会说话的自由，废除烦琐的礼节，经济公开。”“同样一个兵，昨天在敌军不勇敢，今天在红军很勇敢，就是民主主义的影响。红军像一个火炉，俘虏兵过来马上就熔化了。中国不但人民需要民主主义，军队也需要民主主义。”[①]在古田会议上，毛泽东再次强调军队必须有一定的民主，但是军队不能搞极端民主化，一旦这样，自由散漫就一定会毁了军队，毁了党。[②]可见，军队政治工作，在政治上，关键在于坚持党对军队的绝对领导，做到“两个维护”，坚决贯彻军委主席负责制；在工作上，关键在于坚持和发扬人民军队的优良传统，坚持群众路线，坚持党员干部带头、以身作则，做到官兵一致。实践证明，有力有效的军队政治工作，能够从政治上、组织上、制度上和工作上确保党领导的人民军队拥有高度的统一性、严格的纪律性和强大的战斗力。

---

① 《毛泽东选集》第一卷，人民出版社，1991 年，第 65 页。

② 同上书，第 88—89 页。

治理

第3篇

第十章

宪法与法治

现代国家区别传统国家之处在于它是建立在主权与人权基础之上的。主权与人权既有一致性的一面，体现为国家权力来自人民，是人民意志的产物；但同时也有冲突的一面，即主权的绝对性与人民权利神圣性之间存在的紧张。尽管主权的绝对性在理论上来源于人民权利的神圣性，但主权的绝对性却可能在实践中威胁到人民权利的神圣性，从而使现代国家背离其现代属性，即权力来自人民并保障人民。为此，现代国家都力图通过宪法来规定和保障自身，从而将主权的绝对性和人民权利的神圣性平衡在国家的组织、制度与秩序体系之中。于是，制定宪法就成为现代国家建构的第一个行动；而建构起来的现代国家的制度、组织与行动必须以宪法规定为依据展开。有了宪法，才有法治，这两个层面的有机联动，支撑起现代国家的组织体系、制度体系和治理体系。因而，宪法与法律就构成现代国家治理的根本与基础。

一、宪法与革命

中国从传统古国迈向现代国家，面临两个基本问题：一是如何选择新制度替代旧制度；二是如何用新制度维系既有的国度。前者是中国近代化历史运动的首要切入口，而现代制度及其得以确立的方式，决定了新制度选择和确立的过程往往伴随着思想运动、政治运动与立宪运动。对中国的国家转型与民主发展，除了从思想文化变迁与政治革命的过程来透视之外，还可以从立宪运动的过程来把握。相比较思想文化与政治革命注重“破旧”，立宪运动则注重“立制”与“建构”。因而，立宪运动除了要考虑选择什么样的制度体现民主之外，还要考虑如何用这个制度来保证既有的国度能够在国家转型中得以维持。

中国现代意义上的立宪实践并非从新旧制度替代开始的，而是从旧制度的改制开始的。清末的制度改制与中国历史上的改制不同，不是在中国既有的逻辑中进行自我调整与完善，使中国既有的价值、原则与精神能够在国家制度中得到更好的体现与实现，而是要考虑如何使中国的千年制度在现代化逻辑中得以转型与延续。对于千年的中国传统制度来说，这是事关生死的改制，因为这种改制要求将现代政治的核心要素注入千年体制，这个核心要素就是民主。民主的本质就是人民掌握国家政权，保证国家政权服务和保障人民权利。因而，改制不仅改变中国“家天下”的格局，实现“天下为公”，使权力为公共利益服务，而且要变“臣民政治”为“公民政治”，使权利成为政治的基础。这无疑是颠覆性的改制，其根本的意志不是来自国家政权本身，而是来自社会与民众。因而，这种改制以及改制后的制度建设与发展，不再是国家政权单一力量所决定的，而是国家与社会共同决定的，社会扮演了基础性、根本性的角色。正是在这个意义上，马克思认为现代国家制度是国家与社会的契约，这种契约的所有内容将通过宪法来表达。于是，是否拥有宪法就成为现代国家制度区别传统的最基本标志。中国千年制度要迈向现代，顺应现代化发展逻辑，自然必须从具有现代意义的立宪实践开始。

中国改制性的立宪实践发端于戊戌变法，没有展开就失败了。然而，大势难违，尽管百般的不愿意，清王朝还是在终止戊戌变法后不久，不得不实行“新政”。1908 年 9 月清王朝颁布了《钦定宪法大纲》，开启“预备立宪”。该宪法大纲除了在法律上承认“臣民”的部分权利之外，整体上不过是以宪法的形式来肯定既有的千年制度原则。显然，这种改制不是社会所期待的。两年多后，迫于社会的压力，为了挽救岌岌可危的清王朝，1911 年 11 月，清王朝颁布了《宪法重大信条十九条》，对皇权与皇族的权力做出了重大限制，扩大了社会的权利。然而，为时已晚，三个月后，清王朝被彻底推翻，千年制度就此终结。这既可视为改制的失败，也可视为改制的成功。从失败角度看，它意味着中国的千年制度是难以通过改制而升华为现代制度的；从成功角度看，它意味着正是通过改制，摧毁了中国千年制度中的轴心制度，即 1905 年废科举制度，使得千年制度能够在辛亥革命的几声枪响中轰然倒塌，彻底崩解。

伴随着千年制度的崩解，立宪建制就成为随后到来的政治革命与国家建设的核心主题。任何试图登上中国政治舞台的力量，都会带上自己的宪法主张与宪法文本，由此而展开的立宪运动，就自然而然地成为中国政治生活的重要内容。在这一过程中，正式通过的宪法有《中华民国临时约法》(1912 年 3 月)、《中华民国宪法草案》(又称“天坛宪草”，1913 年 10 月)、《中华民国宪法草案》(又称“五五宪草”，1936 年 5 月 5 日)、《中华民国宪法》(1946 年 12 月)、《共同纲领》(1949 年 9 月)、《中华人民共和国宪法》(1954 年 9 月)。从历史实践来看，这些宪法都同时承载了两个重大历史使命：一是构建新政权；二是组织新国家。因而，每一部宪法都代表着不同的阶级利益、政治主张与对中国发展的根本把握，大致可以分为三种：一是以孙中山先生的三民主义、建国方略与五权宪法思想为核心的宪法主张与立宪实践；二是以蒋介石为代表的国民党的宪法主张与立宪实践；三是以中国共产党为代表的宪法主张与立宪实践。从中国近代的民主革命逻辑来看，这三种宪法主张与立宪实践不仅有一定的历史关联性，而且在某些内容的宪法主张上还存在着前后继承性，如在共和民主问题上，在单一制的国家结构问题上。但应该看到，中国共产党的宪法主张与立宪实践与国民党是完全不同的，后者源于辛亥革命之后的中国政治革命，而前者源于革命根据地的工农政权建设实践。但由于孙中山先生的新三民主义也强调以俄为师，主张联俄、联共、扶助农工，所以基于孙中山思想所提出的宪法主张和所形成的立宪实践在某些方面被中国共产党所接受。毛泽东 1940 年在《新民主主义论》中明确指出，联俄、联共和扶助农工“三大政策的三民主义，革命的三民主义，新三民主义，真三民主义，是新民主主义的三民主义，是旧三民主义的发展，是孙中山先生的大功劳，是在中国革命作为社会主义世界革命一部分的时代中产生的。只有这种三民主义，中国共产党才称之为‘中国今日之必需’，才宣布‘愿为其彻底实现而奋斗’。只有这种三民主义，才和中国共产党在民主革命阶段中的政纲，即其最低纲领，基本上相同”。[①]

因而，中国共产党的宪法主张与立宪实践虽然源于革命根据地实践，但由于将孙中山先生的“新三民主义”视为“愿为其彻底实现而奋斗”的“中国今日之必需”，所以，根据地的立宪实践，既是为培育和建设社会主义国家而准备的实践，也是将孙中山领导的民主革命引向建立新民主主义国家的实践。中国共产党在根据地的立宪实践先后经历过苏维埃政权、“三三制”政权与解放区政权建设实践，并先后颁布了《中华苏维埃共和国宪法大纲》《陕甘宁边区宪法原则》。这些宪法主张与立宪实践为中国共产党最终建设新政权、新国家和新社会提供了坚实的理论基础与制度储备。所以，抗日战争一结束，中国共产党就有能力将革命根据地的政权建设与立宪实践运用到整个国家政权的建设中，并在与国民党的斗争中，赢得了充分的政治主动。不

① 毛泽东：《新民主主义论》，《毛泽东选集》第二卷，人民出版社，1991 年，第 692—693 页。

论是建设“联合政府”的理论与政治主张，还是1946年旧政协通过的和平建国纲领，中国共产党都充分显示了其比较成熟而全面的立宪主张和制宪能力。

必须指出的是，中国共产党宪法主张与立宪实践，不是从简单的宪法原理与宪政模式出发的，相反而是充分基于中国革命的要求与实践。虽然《中华苏维埃共和国宪法大纲》具有很强的模仿性，照搬了不少当时俄国苏维埃政权建设的理论原则和具体制度，[①] 但是随着中国共产党找到了中国革命道路，明确了中国共产党未来要建立的国家不是“工农共和国”而是“人民共和国”，中国要建立的新民主主义政权，既不是资产阶级专政，也不是苏联式的无产阶级专政，而是适合半殖民地半封建的中国社会性质的“人民民主专政”，中国的宪法主张与立宪实践就有了自己的主体性，并牢牢地与中国革命的进程和实践相结合。由此，中国共产党认为，对于中国的新民主主义宪政来说，其关键不是颁布一部宪法，而是要将确立新民主主义宪政所需要的革命进行到底，真正实现人民的解放与国家的独立。1940年，毛泽东在延安各界人民代表参加的宪政促进会成立大会上明确了这个思想主张：“世界上历来的宪政，不论是英国、法国、美国，或者是苏联，都是在革命成功有了民主事实之后，颁布一个根本大法，去承认它，这就是宪法。中国则不然。中国是革命尚未成功，国内除我们边区等地而外，尚无民主政治的事实。中国现在的事实是半殖民地半封建的政治，即使颁布一种好宪法，也必然被封建势力所阻挠，被顽固分子所障碍，要想顺畅实行，是不可能的。所以现在的宪政运动是争取尚未取得的民主，不是承认已经民主化的事实。这是一个大斗争，决不是一件轻松容易的事。”所以，“真正的宪政决不是容易到手的，是要经过艰苦斗争才能取得的”。[②]

---

① 王永祥：《中国现代宪政运动史》，人民出版社，1996年，第206—211页。

② 毛泽东：《新民主主义的宪政》，《毛泽东选集》第二卷，人民出版社，1991年，第735—736页。

由此可见，中国今天所实行的《中华人民共和国宪法》，不是简单的开国立宪的产物，而是中国革命的产物，天然地承担两种使命：一是以宪法的方式承认和巩固革命和建设取得的成果；二是牢牢地把握住整个国家发展的历史方向，使其始终朝着中国社会发展追求的目标前进。正因为如此，中华人民共和国宪法中的“序言”就有了非同一般的功能与使命：一是说明现代中国从何而来，走向何方；二是说明中国共产党使命所在、奋斗目标与领导责任；三是说明中国为何实行社会主义，以及实行什么样的社会主义。

二、宪法与国家

作为根本大法，宪法是现代国家的基础。国家是一个政治共同体，宪法使命就是维系和规范这个政治共同体，不仅使其拥有合法性的基础，而且使其拥有合理的组织方式与制度体系。所以，“宪法原则上是与组成国家的政治体制相联系的”[①]。其实，政治体制主要是与国家权力的组织与运行相关的制度安排，而宪法除了安排国家权力之外，还要保障公民的权利。这两方面制度安排的统一构成国家的政治体系。因而，从严格意义上讲，宪法是通过确定一套政治体系来组织国家的。

政治体系是对人民权利、国家权力及其相互关系的制度性安排。由于在现代政治中，这种安排不是国家单方面意志的结果，而是社会与国家互动的产物，其中人民的意志起决定作用，所以政治体系首先面临的不是如何做好制度性安排问题，而是如何与人民的意志和社会的发展相契合的问题。这意味着当宪法力图通过一套政治体系来组织国家的时候，首先要明确的不是政治体制的结构与功能，而是要明确包含政治体制在内的整个政治体系从何

---

① ［荷］亨利·范·马尔赛文、格尔·范·德·唐：《成文宪法的比较研究》，陈云生译，华夏出版社，1987 年，第 53 页。

而来，其价值、使命与组成国家之间的内在关系、与人民的生存与命运的内在关系。为此，宪法不是机械性地规定国家组织与运行所需要的基本政治体制的结构与功能，而是应该将组成现代国家的所有政治要素组成一个有机整体，在赋予其所组织的国家以形态的同时，也赋予其以灵魂。中国宪法是通过对人、人民、社会、政党、国家所构成的政治体系来组织国家的，其中，最具特点的是人民与政党，因为中华人民共和国是中国共产党领导人民建立起来的，实行的是人民整体掌握国家权力的人民民主。中国宪法文本的序言部分对此作了历史性、理论性和制度性的说明，从而使党的领导与人民民主成为中国宪法的核心原则和其实践的政治前提。

在中国现行的政治体系中，除了国家与社会这对关系之外，还有党与人民这对关系。不论是从社会主义社会的内在要求出发，还是从共和民主维系中国的整体转型与内在统一出发，党与人民的关系更具根本性与决定性。因为，只有安排好这种关系，国家的人民性以及统一性才能得到有效的政治保证。但从作为现代文明产物的成文宪法，主要是从公民权利出发来构建公民权利体系与国家权力体系，其主要内容除了关于公民权利基本规定之外，就是对国家本身及其所拥有的国家权力的组织做出具体的安排与规定，不会直接涉及党与人民的关系。面对这样的两难，中国宪法创造性地将党的领导及其与人民的关系放在宪法的序言部分，使其获得宪法性的规定与保障。这样，中国实际存在的二元结构的政治体系就获得了明确的宪法地位和宪法保障。中国宪法规定的国家制度体系将在后面一章作具体分析。这里主要分析党的领导体系。

中国宪法安排与规范党与人民关系的政治基础就是人民民主。换言之，在中国政治中，尤其是在宪法框架中，党与人民的关系，不是从中国共产党本身所拥有的政治逻辑和历史逻辑出发的，而是从人民民主的内在要求和相应的制度安排出发的，其关键在于安排好党的领导与人民当家作主的关系。为此，宪法找到了实现这种安排所需要的共同实践基础，这就是统一战线。

对党的领导来说，统一战线是确立、巩固和增强其领导地位和领导能力的重要法宝；对人民民主来说，统一战线是实现各阶级联合，实践当家作主的重要政治基础与政治机制。所以，从新中国开国以来的，包括《共同纲领》在内的五大宪法版本以及1982年宪法的历次修改本，都在序言中强调统一战线，只是在不同的历史时期，强调和把握的角度与方式不同。

首先，《共同纲领》直接将人民民主专政的政权视为“人民民主统一战线的政权”，强调人民民主是基于共产党领导的各阶级联合当家作主的民主，并将体现和实践这种联合的中国人民政治协商会议直接视为人民民主统一战线的组织形式。《共同纲领》明确表示：中国人民政治协商会议代表全国人民的意志，宣告中华人民共和国的成立，组织人民自己的中央政府。于是，借助统一战线以及作为其组织形式的中国人民政治协商会议、党的领导、人民民主以及国家组织得到了全面统一，从而使得国家的建构从党的领导与人民民主的有机统一中获得相应的政治基础与应有的合法性保障。党的领导所追求的工人阶级在统一战线中的领导地位，保证了新中国的社会主义性质；而人民民主所追求的人民意志在国家事务中的决定作用，保证了新中国国家的人民性与民主性，正如《共同纲领》序言所强调的：“中国人民政治协商会议一致同意以新民主主义即人民民主主义为中华人民共和国建国的政治基础，并制定以下的共同纲领，凡参加人民政治协商会议的各单位、各级人民政府和全国人民均应共同遵守。”中国共产党也必须遵守这个立国立宪所定下的基本要求。

然而，1954年的宪法、以1954年宪法为基础修订而成的1982年的宪法，以及与“文化大革命”关系密切的1975年的宪法和1978年的宪法，虽然也强调统一战线，但更多地从党领导中国不能没有统一战线这个法宝的角度来把握统一战线，以至于统一战线与人民民主的关系逐渐淡化，变得相当间接。1954年宪法仅仅从党领导人民进行各种伟大斗争的角度强调统一战线的现实性与必要性。相比较而言，1982年宪法要科学许多，它是从社会主义建设和维护国家统一的角度来强调统一战线的重要性，并将党的领导置于统一战线之中来体现。

然而，进入21世纪，基于2004年宪法修正案修正之后的宪法序言，有了一个重大的变化，就是将作为统一战线组织形式和制度形态的“中国共产党领导的多党合作与政治协商制度”明确写入宪法序言，并强调其“将长期存在和发展”。这个修正看起来是把中国的政党制度写入宪法序言，但其实质上是为党的领导与人民当家作主的统一提供了必要的宪法性制度基础，从而使党与人民的关系再度回到人民民主的内在逻辑与制度安排之上。而且，中国共产党领导的多党合作与政治协商制度，实际上就是党领导制度的组成部分。

从中华人民共和国成立以来的宪法文本来看，党的领导不是体现为党内的权力结构与运行体系，而是体现为党领导人民、国家和社会的历史实践与现实奋斗，并力图从三个维度来呈现：一是党领导的历史成就；二是党领导的国体政体；三是党领导的国家发展。这三个维度分别解决党领导的历史必然性与合理性；党领导的阶级与政治基础以及党领导的现实任务和历史使命。可以说，在相当长的时间里，党的领导更多从党的历史成就与国家发展来强调和体现，对党的领导与国体、政体之间的政治安排和制度安排缺乏有意识的设计与开发。实践证明，这方面的不足必然使得中国宪法序言所要解决的“党的领导”无法真正从国家政治体系上确立起来。宪法无法从政治体系上科学而合理地确立“党的领导”，既影响党的领导本身，也影响整个国家政治体系的健全与完善，影响党的领导与人民民主有机统一和发展。对此，2004年宪法修正案的努力及其所带来的实际政治效应，给出了正面的证明。实践表明，将“中国共产党领导的多党合作与政治协商制度将长期存在与发展”写入宪法序言之后，统一战线、多党合作、政治协商在中国得到前所未有的重视，从而使得“协商民主”很快成为中国实践人民民主的重要形式。

综上所述，社会主义国家的政治体系，不能没有党的领导；而党的领导只有与人民民主有机统一，才能在社会主义国家政治体系中得以确立。中国的宪法只有同时规范了党的领导体系与国家制度体系，才能使国家的组织、运行与发展获得全面而切实的规范和保障。中国宪法序言在这方面的探索和努力正逐渐走向成熟。

三、宪法与民主

在现代政治逻辑中，宪法是基于人民意志的决断而形成的，既是人民共同意志的体现，同时也是每个人必须遵循的共同意志。由此，人们形成的普遍共识是：宪法是现代民主的前提与基础，没有宪法，民主也就无从谈起。然而，这并不意味着有宪法，就有民主。因为，民主的生成，除了需要宪法的根本保障之外，还需要制度的完善、人民的实践与努力。当然，宪法是基础，它既规定了制度的框架与完善的方向，也规定了人的权利与实践的路径。可以说，好的宪法是民主成长的学校，通过宪法，可以培育出好的制度与好的人民，关键是宪法能不能真正成为民主的学校。

在中国，不论是法律文件，还是党和政府的文件，都强调宪法是国家的根本大法。但具体政治实践对宪法所具有的“根本性”的把握还是比较模糊的，在相当长时间里，缺乏理论的坚定性和行动的坚决性。这种模糊体现在三个方面：其一，宪法是民主的成果，还是民主是宪法的成果；其二，人民当家作主是宪法的要求，还是政治的要求；其三，党的领导是基于宪法，还是高于宪法。出现这种模糊的重要原因在于：我们长期将党的领导、人民民主以及宪法的根本性割裂开来，结果强调了党的领导或人民民主的重要性，就难免忽视宪法的根本性地位与作用。实践表明，这种割裂滋生了导致“文化大革命”发生的各种政治与社会因素，而“文化大革命”也将这种割裂推到了极端。实际上，在这种割裂中，党的领导、人民民主以及宪法的根本性，都受到严重的破坏，并最终使党、国家与社会全面陷入无政府状态。从“文化大革命”的教训中，中国共产党充分意识到要消除这个割裂的关键，就是从政治上和制度上确保宪法的根本性地位与作用。中国共产党在“文化大革命”结束后作出的《关于建国以来党的若干历史问题的决定》中，痛定思痛地指出：“必须巩固人民民主专政，完善国家的宪法和法律并使之成为任何人都必须严格遵守的不可侵犯的力量，使社会主义法制成为维护人民权利，保障生产秩序、工作秩序、生活秩序，制裁犯罪行为，打击阶级敌人破坏活动的强大武器。决不能让类似‘文化大革命’的混乱局面在任何范围内重演。”

显然，中国的民主发展离不开宪法规范和保障作用，而宪法要推动中国的民主发展，就必须与人民当家作主的政治实践紧密地联系在一起，这与中国的国体密切相关。中国的国体是人民民主，用当年毛泽东的话来说，就是“各革命阶级联合专政”。这种国体对政治的内在要求有三：一是实现各阶级联合成为“人民”这个集合体；二是人民意志是国家统治的基础；三是国家权力掌握在“人民”这个集合体手中，从而在法律上保障人民当家作主。这种国体决定了人民在国家政治生活中的主体地位。在民主的逻辑中，人民的主体性与宪法的根本性是辩证统一的：人民的主体性使得基于人民意志而形成的宪法自然赢得其根本性的地位与作用；反过来，宪法的根本性地位与作用将保证人民主体性的制度性实现。然而，在具体的实践中，宪法对人民当家作主实践的保障和推动作用，却不是仅仅靠宪法本身所能够达成的，还需要人民对宪法的拥护、认同和尊重。因为，在中国的政治逻辑中，由于实现人民当家作主是党领导的使命，是社会主义国家合法性的最基本来源，在政治上拥有绝对性的地位，是中国政治的“绝对律令”，所以一旦人民当家作主实践缺乏应有的宪法观念，无视宪法的规范和规定，就可能完全按照自身的地位和逻辑来进行自我强调和自我实践。这样做的后果之一就是人民当家作主完全按照自己的意志自行其是，而将宪法放置一边，变得可有可无。这种人民当家作主的民主运行自然很容易走向极端，其历史后果之一就是“文化大革命”。

所以，宪法固然是人民民主的基础与保障，但要将人民当家作主的实践有效地纳入宪法的规范，并获得宪法切实保障的关键不在宪法本身，而在人民民主本身对宪法的有效实践与实施。这要求人民民主应该真正地将宪法作为自身意志的表达与体现，并将宪法的权威及其实施视为人民当家作主最根本的实现形式。中国共产党在总结其60多年建设国家历史的经验教训时充分阐明了其中的道理：“再往前追溯至新中国成立以来60多年我国宪法制度的发展历程，我们可以清楚地看到，宪法与国家前途、人民命运息息相关。维护宪法权威，就是维护党和人民共同意志的权威。捍卫宪法尊严，就是捍卫党和人民共同意志的尊严。保证宪法实施，就是保证人民根本利益的实现。只要我们切实尊重和有效实施宪法，人民当家作主就有保证，党和国家事业就能顺利发展。反之，如果宪法受到漠视、削弱甚至破坏，人民权利和自由就无法保证，党和国家事业就会遭受挫折。这些从长期实践中得出的宝贵启示，必须倍加珍惜。我们要更加自觉地恪守宪法原则、弘扬宪法精神、履行宪法使命。”“宪法的生命在于实施，宪法的权威也在于实施。”①

在中国这样后发现代化国家，人民要将宪法实施作为其当家作主的实现形式，就需要其拥有很强的主体意识与主体实践。这一方面有赖于人民主导和参与的民主的全面发展，但同时也有赖于宪法所规定的民主制度的有效运行。这两者是相辅相成的，其中人民的自主地位和自由发展是内在的动力。社会主义市场经济的确立与发展无疑大大激发了这种动力，当人民普遍意识到必须用法律手段来保障自身的自主与自由的时候，人民对宪法和法律的要求自然也就更加迫切与全面。1995年，在中国提出建设社会主义市场经济任务目标的三年后，中国共产党就历史性地提出改变执政方式，实行依法治国，推进社会主义法治国家建设的战略目标。其中，任何人都能感受到市场

① 习近平：《习近平谈治国理政》，外文出版社，2014年，第137页。

经济所激发出来的自主意识对宪法与法治所形成的内在需求。然而，世界各国的政治发展实践表明，市场经济所激发出的各种自主力量并非在完全自由无序的状态下推进民主与法治的，相反都必须通过特定的整合力量或整合机制来发挥作用，以保证这些自主的力量能够有秩序、有目的地推动民主法治发展。亨廷顿在《变动社会的政治秩序》一书的最后，多少带有总结性地提出了一个重要的政治忠告："组织的必要"。他这样说道："组织是通向政治权力之路，但也是政治稳定的基础，从而也是政治自由的先决条件。许多进行现代化的国家存在的权力和权威真空，可以暂时由具有能引起大众狂热拥护的特殊气质的领导人或军事力量来填补。但要长期填补，就只能靠政治组织。要么是由既定的上层集团通过现有政治体系相互竞争，以组织群众，要么就是由持不同政见的上层集团组织群众，来推翻现有的政治体系。在进行现代化的世界里，谁组织政治，谁就控制了未来。"[①]虽然亨廷顿主要是从政党组织作用对现代化的意义来强调的，但也同样适用于宪法实践。对宪法实践与民主化发展来说，现代化既是其基础和前提，也是其动力与保障，因而从抽象意义上讲，组织及其对现代政治有效的组织化，是国家建设、民主发展以及宪法实践所必不可少的政治基础。中国的国体确立在由各阶级力量聚合而成的人民集合体上，它对组织及其对政治的组织具有更为内在的和迫切的需求。没有必要的组织，也就不可能有人民民主，自然也就不可能使宪法实践得到有效的落实与展开。在中国，这个组织及其对政治生活的组织就集中体现为中国共产党领导。

可见，在中国国家建设与政治发展中，共产党领导的必要性，不是简单建筑在中国革命与国家转型的逻辑上，实际上它还建筑在中国人民民主的建设与发展上，建筑在中国推动宪法实践和建设法治国家上。有了党的领导所产生的组织力量以及对政治生活的有效组织，以集合体存在的人民就能有

① [美]塞缪尔·亨廷顿：《变动社会的政治秩序》，张岱云等译，上海译文出版社，1989年，第496页。

效发挥其应有的主体性，从而有目的、有意识地将宪法实践真正转化为人民当家作主的实践。其中，何为党的领导以及如何实践党的领导就变得十分关键。

在执政条件下，党的领导核心体现在将各社会力量凝聚为一个人民集合体，以保障人民整体掌握国家权力，创造共同的幸福。这种凝聚通过两个途径实现：一是党的组织动员与凝聚人民；二是党凝聚人民意志以引领国家健康发展。所以，党的领导的实现方式不是通过其简单掌握领导权或执政权，而是通过其对民众和社会的有效凝聚和正确领导来实现的，其所掌握的领导权或执政权，不是确立在国家政治体系的安排上，而是确立在广泛的阶级基础、广大人民的认同和拥护以及经济与社会的有效发展之上。可见，党的领导与其说是一种领导和执政的状态，不如说是一种社会发展与国家建设所需要的持续组织化、规范化和科学化的过程；与其说是一种政治权力的结构性安排，不如说是一种中国国家组织与运行的内在机制。这决定了其实现的方式，不能脱离出中国的社会与国家，相反必须与社会和国家形成紧密的联系，即其功能和使命的实现，不能脱离人民的意志、脱离社会发展的要求、脱离整个国家政治体系的内在结构与运行逻辑。正因为如此，党领导人民制定宪法与党必须在宪法和法律的范围内活动是一致的，党的领导、人民当家作主与依法治国三者有机统一拥有内在的合理性与现实的必要性。为此，中国共产党的领导与执政坚持这样的政治信条："党领导人民制定宪法和法律，党自身必须在宪法和法律范围内活动，真正做到党领导立法、保证执法、带头守法。"①支撑这个政治信条的价值与实践前提有两个：一是党必须依据党章从严治党；二是党必须依据宪法治国理政。有了这样的政治信条和实际的政治基础，党、人民与宪法也就在理论上和实践上获得了统一，宪法实践就成为人民民主的保障，而同时也成为人民当家作主的实现方式。

---

① 习近平：《习近平谈治国理政》，外文出版社，2014 年，第 142 页。

四、宪法的政治原则

简单地讲，宪法是对人的权利与国家权力的根本性安排，既要保障权利的神圣性，也要保障权力的有效性；既要保障权利的公平性，又要保障权力的可控性，从而在权利与权力之间创造一种相辅相成的良性关系。但在不同社会，基于历史、社会与文化的差异以及发展目标选择的不同，宪法安排人的权利与国家权力关系所依据的原则自然也就不同，从而形成不同的国家组织方式、制度形态、运行逻辑与发展方向。任何国家的宪法都不是抽象原则的产物，相反都是从现代文明发展出发对具体国家与社会进行根本把握的产物。这种把握所提炼的原则成为宪法的具体政治原则。宪法是在一定的政治原则指导下形成的，确定的宪法既要遵循这些政治原则，同时还要切实保障和维护这些政治原则。其中任何一条政治原则动摇了，宪法的根基必然动摇，进而威胁到国家政权与整个政治共同体。所以，任何走向成熟的现代化国家，都会牢牢守住支撑宪法的基本政治原则。系统考察中华人民共和国建立与发展过程中形成的各种宪法文本，可以将中国宪法的政治原则概括如下：

第一，人民当家作主。它既是决定中国国体的原则，也是决定政体的原则，是中国现代国家与现代政治的逻辑起点和根本的政治原则。它包含三个层面：其一，人民主权，即国家的权力来自人民，人民意志是国家的根本意志；其二，人民作主，即不仅国家权力来自人民，而且国家权力完全掌握在联合起来的人民手中；其三，人民为本，即国家的一切行动以人为本，以民为本。以人为本，保障人权；以民为本，保障民利，做到权为民所用，利为民所谋。

第二，社会主义。社会主义既是中国所追求的新的社会发展形态，也是中国的国家形态和国家制度形态。作为社会发展形态，明确中国社会发展是追求比资本主义社会更高的社会形态，其本质特征就是实行社会主义公有制，消灭人剥削人的制度；实行各尽所能、按劳分配的原则。作为国家形态，社会主义明确代表先进生产力发展方向的工人阶级为领导力量，基于建设国家的各阶级联合的人民掌握国家政权，当家作主，因而体现工人阶级领导地位与作用的党的领导，是社会主义国家形态的内在要求。作为国家制度形态，明确社会主义经济制度的基础是生产资料的社会主义公有制；社会主义政治制度的基础是国家的一切权力属于人民，人民行使国家权力的机关是全国人民代表大会和地方各级人民代表大会。人民依照法律规定，通过各种途径和形式，管理国家事务，管理经济和文化事业，管理社会事务。人民代表大会制度是国家的根本政治制度，中国共产党领导的多党合作和政治协商制度是国家的一项基本的政治制度。

第三，民主集中制。作为国家机构实行的原则，民主集中制从一开始就被写入中华人民共和国的宪法文本。现行宪法第三条明确写道："中华人民共和国的国家机构实行民主集中制的原则。"从目前的宪法文本以及历次宪法修改所包含的宪法说明来看，它包含三个层面：其一是人民民主运行的过程层面。周恩来当年在说明《共同纲领》时指出："从人民选举代表、召开人民代表大会、选举人民政府直到由人民政府在人民代表大会闭会期间行使国家政权的这一整个过程，都是行使国家政权的民主集中的过程。"[①] 所以，现行宪法在第三条的第二款明确写道："全国人民代表大会和地方各级人民代表大会都由民主选举产生，对人民负责，受人民监督。"其二是国家政权的组织层面。1954 年刘少奇在关于中华人民共和国宪法草案的报告中指出："我们经过人民代表大会制统一和集中行使国家的权力，就说明了我们的民主集中制。"[②] 所以，1954年的宪法第二条规定是："全国人民代表大会、地方各级人

① 周恩来：《人民政协共同纲领草案的特点》，《周恩来选集》（上），人民出版社，1997 年，第 369 页。

② 刘少奇：《关于中华人民共和国宪法草案的报告（1954 年 9 月 15 日）》，《刘少奇选集》（下），人民出版社，1985 年，第 157—158 页。

民代表大会和其他国家机关，一律实行民主集中制。”在民主集中制下，人民代表大会体现的是人民集中掌握和行使国家权力，由此产生的一府两院，是按照人民代表大会的意志运行国家的行政权力与司法权力，因而要受到人民代表大会的监督。这样的国家政权组织形式，虽有立法、行政、司法三大权力职能，但其内在逻辑不是基于三权分立，而是基于人民集中掌握和运行国家权力的民主集中制。现行宪法第三条第三款规定：“国家行政机关、监察机关、审判机关、检察机关都由人民代表大会产生，对它负责，受它监督。”其三是国家组织的结构层面。在这个层面上，民主集中制体现为国家实行单一制的国家结构，在坚持中央集中统一领导的前提下，充分发挥中央与地方两个积极性。现行宪法第三条第四款规定：“中央和地方的国家机构职权的划分，遵循在中央的统一领导下，充分发挥地方的主动性、积极性的原则。”

第四，民族平等。中国是统一的多民族国家，从传统迈向现代的标志之一就是国家实行民族平等政策。1949 年建国所依据的《共同纲领》专列“民族政策”一章，其中强调三点：一是各民族一律平等；二是实行民族区域自治；三是各民族都有参与军队与公安工作的权利。虽然在此后正式宪法规定中，不再有“民族政策”一章，但对民族平等的强调则贯穿序言、总纲和宪法的各具体部分。由于在中华民族大家庭中，汉族是主体民族，占很大比例，所以民族平等主要从保护少数民族的生存与发展权益出发。从现行宪法第四条的规定来看，基于民族平等所保护的是少数民族所拥有的合法公民权、发展权、自治权以及文化权。其中，在民族区域自治上，现行宪法第四条第三款规定：“各少数民族聚居的地方实行区域自治，设立自治机关，行使自治权。各民族自治地方都是中华人民共和国不可分离的部分。”

第五，公有制。公有制是社会主义社会的内在规定性，而由此转化出来的国家与社会关系，直接关系到国家职能范围及其对社会财富的组织和管理方式，其具体要求有：其一，强调国有经济的主导地位与作用；其二，强调土地非私有化，城市土地归国家所有，农村土地除了法律规定归国家所有之外，归集体所有；其三，自然资源除了法律规定归集体所有之外，都归国家所有；其四，社会主义公有制消灭人剥削人的制度，实行各尽所能、按劳分配的原则，人民共享发展成果；其五，国家在推动经济发展、创造共同服务、发展文化事业、维护国家安全等方面是责任主体，社会应该支持和配合国家履行其职责。可见，公有制原则，在为人民当家作主提供必要的经济基础的同时，也为形成国家主导的发展形态和治理形态提供了相应的经济基础。

从 1949 年以来的中华人民共和国国家建设和宪法实践来看，上述这五条原则是贯穿始终的。这些原则在不同的发展阶段有新的内涵和新的表现形式，但作为支撑整个国家组织、运行和发展的五大宪法政治原则，是绝对不能动摇的。中华人民共和国宪法因此而确立，同时也将通过坚持和保障这五大原则而得以巩固和完善。

五、宪法与法治

尽管中国迈向现代国家，选择现代政治不是内生性的行为，但还是具有很强的自主性。这种自主性一方面体现为对现代国家和现代政治的积极反应、广泛学习和主动吸纳；另一方面体现为没有完全的照搬和模仿，而是根据国家发展所处的时代和所面临的挑战，自主设定现代国家建设与民主政治发展议程，因而关注政治发展的阶段性与时效性，强调政治建设与变革的现实性与开放性。孙中山先生提出的军政、训政、宪政的三段式的政治发展议程与五权宪法体现了这种自主性；中国共产党提出的人民民主、民族区域自治以及依法治国，建设社会主义法治国家，也是这种自主性的充分体现。

宪法是法治的基础，但法治要得以真正的确立，不仅需要一套基于宪法而形成的完整的国家法律体系，而且需要相应的立法、司法和执法的制度安排以及由此形成的法治国家、法治政府与法治社会。从这个意义上讲，在现代国家建构过程中，立宪和颁布宪法是一回事，依法治理国家的法治是另一回事，前者仅仅是后者的必要条件。新中国的发展表明，由于没有法治观念，1954 年的宪法很快就被现实的政治需求所突破，不仅宪法的规定无法产生应有的权威和影响，现实的政治运动所形成的政治探索很快就突破了宪法的制度规定，完全无视宪法权威与地位，最典型的实例就是为了强调社会主义原则，直接用工农商学兵一体的公社体制替代宪法所规定的生产组织方式和基本社会自治体系。正是这种政治行为方式导致“文化大革命”的出现。所以，“文化大革命”结束后，邓小平认为，“文化大革命”的最大教训就是没有实行法治，而要避免“文化大革命”再现的关键也就是实行法治。具体来说，就是“必须使民主制度化、法律化，使这种制度和法律不因领导人的改变而改变，不因领导人的看法和注意力的改变而改变”[①]。中国的法治建设就是从这样的政治背景和精神核心出发的，所以中共十五大第一次明确提出要实行社会主义法治的时候，就直接用邓小平基于对“文化大革命”教训总结所提出的政治主张：“依法治国，就是广大人民群众在党的领导下，依照宪法和法律规定，通过各种途径和形式管理国家事务，管理经济文化事业，管理社会事务，保证国家各项工作都依法进行，逐步实现社会主义民主的制度化、法律化，使这种制度和法律不因领导人的改变而改变，不因领导人看法和注意力的改变而改变。”[②]由此可见，中国迈向法治，不是因为有宪法，而是经历了破坏宪法、不实行法治所带来的历史性的创伤之后所形成的政治觉醒。换言之，中国启动法治，不完全是基于宪法的根本性和权威性，而是针对千年的人治传统以及人治所带来的“文化大革命”历史创伤和国家危机。

改革开放是推动中国迈向法治的重要历史动力，而将法治确立在依法

---

① 邓小平：《解放思想，实事求是，团结一致向前看》，《邓小平文选》第二卷，人民出版社，1994 年，第 146 页。

② 参见党的十五大报告：《高举邓小平理论伟大旗帜，把建设有中国特色社会主义事业全面推向二十一世纪》。

治国和建设社会主义法治国家基础之上的关键因素，则是中国实行社会主义市场经济。市场经济对法治的要求，最终促成中国共产党改变千年的传统治国方式，全面走上建设法治国家的发展轨道，即从人治走向法治。由于中国确立法治的直接动因不是来自宪法本身，而是来自对人治的反思和否定，所以法治的最初使命不是落实宪法，而是最大限度地消除人治的传统。这就使得，宪法的实践与法治建设在相当长的时间里是两条平行线：法治建设并没有真正提升宪法在国家治理中的地位与作用；反过来，宪法的修改完善与宣传教育也没有直接导致法治建设水平的提升。直到 1995 年党的十五大提出“依法治国，建设社会主义法治国家”的战略目标之后，随着构建社会主义法律体系实践的全面展开，宪法实践与法治实践才开始逐渐交融，相互推动。2012 年，在庆祝 1982 年宪法颁布三十周年的大会上，习近平全面系统地阐述了宪法与法治的内在关系：“依法治国是党领导人民治理国家的基本方略，法治是治国理政的基本方式，要更加注重发挥法治在国家治理和社会管理中的重要作用，全面推进依法治国，加快建设社会主义法治国家。实现这个目标要求，必须全面贯彻实施宪法。”“宪法的生命在于实施，宪法的权威也在于实施。我们要坚持不懈抓好宪法实施工作，把全面贯彻实施宪法提高到一个新水平。”①

宪法实施既是宪法实践的根本，也是法治建设的根本。在中国的政治逻辑中，中国的国家建设实践是党领导人民来推动的，宪法也是党领导人民来制定的，因而明确党的领导与宪法之间的关系直接决定着宪法的实践。“文化大革命”推行的党一元化领导，使党的领导凌驾于宪法之上，混乱了党的领导与宪法实施之间的关系。为了扭转这个局面，中国共产党在推进民主法制建设的基础上，于 1995 年党的十五大上明确提出了改变传统的治国方略，实行依法治国，并承担起建设社会主义法治国家的使命。这无疑是党治国理

① 习近平：《习近平谈治国理政》，外文出版社，2014 年，第 138 页。

政的重大转变，从中国大历史看，它结束了几千年的中国人治政治，正式开启法治政治的新时代；从中国共产党的领导与执政的历史看，它使中国共产党正式开始从革命党向执政党转变，与此相应，其所遵循的领导和执政逻辑，也就从革命的逻辑转向执政的逻辑，明确了党领导人民制定宪法，但党必须依据宪法治国理政，党必须在宪法和法律的范围内活动。

1982 年颁布新宪法，1995 年推行依法治国方略，开始建设社会主义法律体系。进入 21 世纪，随着社会主义法律体系的初步建成，中国共产党在 2014 年作出了《中共中央关于全面推进依法治国若干重大问题的决定》，明确了“建设法治中国，必须坚持依法治国、依法执政、依法行政共同推进，坚持法治国家、法治政府、法治社会一体建设”的战略目标与任务。为此，在 1995 年开启的社会主义法律体系建设近二十年后的 2014 年，开启了社会主义法治体系建设。这无疑是中国宪法实践和法治建设的一大跃进，即从法律体系建构跃进法治体系建构，强调党的领导、人民当家作主与依法治国的有机统一，立法、执法与司法协同建设，法治国家、法治政府、法治社会一体建设。其中，中国共产党紧紧抓住党的领导要与宪法实践、法治建设有机统一这个关键点，切实落实依法治国方略，创造性地提出了社会主义法治体系应该将党规体系的建设与完善包含其中，并将“党规党纪严于国家法律”作为党维护和推动社会主义法治体系建设的基本政治前提。这无疑是党领导社会主义法治国家建设的重大创造，为实现党的领导、人民当家作主和依法治国三者有机统一提供了最为关键、最为有效的政治保障和法治基础。

改革开放四十多年来，从修改宪法到提出依法治国方略，从建设社会主义法律体系到建设社会主义法治体系，中国在努力推动现代化发展的同时，也一直努力在探索自身的民主与法治建设之路，并不断深入与全面建设。尽管中国的法治建设还有很长的路要走，但客观地讲，中国推进法治建设的实践与努力是有计划、有步骤地展开的，表现出坚定的决心和强大的战略能力，充分体现了其对自身发展道路和自我建构制度的自信。

第十一章

制度与发展

两千多年前，古希腊的大思想家亚里士多德在《政治学》中这样写道："政治学术应该考虑适合于不同公民团体的各种不同政体。最良好的政体不是一般现存城邦所可实现的，优良的立法家和真实的政治家不应一心想望绝对至善的政体，他还须注意到本邦实现条件而寻求同它相适应的最良好政体。"①在此，亚里士多德点出了政治制度建构的最基本原则：立足现实，建构适合国情的政体。二百多年前，美国的立国者在建构美国宪法和制度的时候提出这样一个深刻的问题："人类社会是否真正能够通过深思熟虑和自由选择来建立一个良好的政府，还是他们永远注定要靠机遇和强力来决定他们的政治组织。"②他们的实践选择了前者，其背后的精神就是世界各国应该在深思熟虑的基础上自主选择和建构适合自己的政治制度。30 多年前，邓小平确立了评判一个国家政治体制的三条基本标准："第一是看国家的政局是否稳定；第二是看能否增进人民的团结，改善人民的生活；第三是看生产力

① [古希腊] 亚里士多德：《政治学》，吴寿彭译，商务印书馆，1965 年，第 176 页。
② [美] 汉密尔顿等：《联邦党人文集》，程逢如等译，商务印书馆，1980 年，第 3 页。

能否得到持续发展。”[①]这三条基本标准的核心，就是看政治体制是否对促进国家的进步与发展有用和有效。显然，对制度的思考贯穿着人类发展始终，不同时代、不同国家的智者会有不同的回答，但其精神是一致的，即一个国家的进步与发展，需要合理的制度。合理的制度一定基于国家对制度的自主选择，一定基于选择的制度具有坚实的现实基础；一定基于现实的制度拥有促进国家进步与发展的能力。合理的制度才能形成相应的制度自信，而合理的制度不是基于价值的设定，而是基于制度与发展长期互动中实现内在协调与统一。本章将从这个维度探讨中国形成制度自信的政治逻辑。

一、自主建构制度

中国从传统迈入现代是一个革命性的转变，直接体现就是要进行全面的制度更替，即要用一套全新的制度来重新整合旧制度崩解之后的中国社会。所以，国家建设始终伴随着制度建设，而制度建设过程中的制度选择与制度设计又直接决定着国家建设，在这一过程中，中国始终坚持并得到人民广泛认同的信念是：民主共和是中国制度选择和设计的合法性基础。中国的制度自信就源于此，坚信民主是中国必然的选择，中国只有实行了民主，才可能实现现代化。

在中国共产党领导革命、建设国家的历程中，这种制度自信首先体现在从中国的国情出发，自主地定位、设计和建构中国的现代民主制度。这种实践过程是从中国共产党自觉放弃国家政权建设中的简单模仿和概念化的实践开始的，具体体现为：用人民共和国的主张替代工农共和国。中国共产党最初的国家政权建设实践出现在江西瑞金的工农革命根据地，当时模仿俄国革

① 邓小平：《怎样评价一个国家的政治体制》，《邓小平文选》第三卷，人民出版社，2001年，第213页。

命经验，进行建设苏维埃工农政权的实践，并提出了未来要建立“工农共和国”的建国主张。然而，在经历了艰苦卓绝的两万五千里长征之后，随着中国共产党将自身的使命与中华民族抗日救亡运动融合在一起，1935年12月，刚到陕北的中共中央就做出了一个决定中国国家建设方向的重大政治选择，即将建设“工农共和国”的主张改为建设“人民共和国”的主张，强调这种改变能够更好地适应中国社会的阶级状况，使得中国共产党能够更大范围地凝聚人民的力量进行抗日战争和国家建设。① 由此，“人民共和国”就成为中国共产党在中国建构现代民主国家的基本政治主张，奠定了中国共产党领导人民建设新社会与新国家的自主性与自信心。1940年，毛泽东在设计人民共和国的国体与政体时明确指出，中国半殖民地半封建的社会性质决定了中国的国体和政体安排，既不能采用资产阶级共和国的形式，也不能采用苏联所实践的无产阶级专政的共和国模式，而应该实行各革命阶级联合专政的共和国，即人民民主专政的共和国。正因为有明确的自我定位和合理的国家建设设计，中国共产党此后也就顺理成章地进行了“三三制”以及民族区域自治的创造性实践，并在不断地探索人类社会发展的规律，从社会主义发展的规律以及中国革命与建设的规律中，提高自主设计与建构中国现代民主制度的智慧与能力。

中国的制度自信不仅创造了符合中国国情的人民民主制度体系，而且将中国的民主建设与国家发展紧密地联系起来，始终强调民主是中国现代化发展的前提，是中国彻底告别传统政治的关键所在。1945年，毛泽东在与民主人士黄炎培对谈中就明确认为，中国已经找到了使国家与社会摆脱黄炎培先生所担心的历史周期率的支配方法，这就是民主。毛泽东指出：我们已经找到了新路，我们能够跳出这周期率。这条新路，就是民主。只有让人民起

① 毛泽东：《论反对日本帝国主义的策略》，《毛泽东选集》第一卷，人民出版社，1991年，第158页。

来监督政府，政府才不敢松懈。只有人民起来负责，才不会人亡政息。[①]毛泽东的回答是正确的，但在民主问题上，毛泽东仅仅看到人民监督与负责的力量，没有看到这种监督与负责的常态化，需要通过制度化的渠道来达成，而不是通过定期的人民运动来实现。因而，在后来的实践中，爆发了“文化大革命”。“文化大革命”结束后，邓小平一方面彻底终结上述形式的民主，另一方面将尊重每个人的权益、激发每个人积极性、保障每个人自由的民主制度与民主生活的建设全面提上议事日程，强调民主是改革开放的前提，没有民主，就没有社会主义现代化。基于对“文化大革命”教训的深刻反思，邓小平提出了指导中国现代化和民主化建设的根本原则，即把制度问题作为带有根本性、全局性、稳定性和长期性的问题来抓。他说：“‘文化大革命’的教训是极其深刻的。不是说个人没有责任，而是说领导制度、组织制度问题更带有根本性、全局性、稳定性和长期性。这种制度问题，关系到党和国家是否改变颜色，必须引起全党的高度重视。”[②]为此，他明确了民主建设的方向是：“为了保障人民民主，必须加强法制。必须使民主制度化、法律化，使这种制度和法律不因领导人的改变而改变，不因领导人的看法和注意力的改变而改变。”[③]由此，中国的民主建设就逐步进入到制度化、法制化时代，民主与法治的相互促进与有机统一为中国共产党强化其内在的制度自信提供了强大的政治基础与实践基础。

中国是社会主义国家，其所建构的制度是在现代人类文明的基础上展开的，但同时又力图实践社会主义原则，推进中国特色社会主义的建设与发展。因而，中国共产党所进行的所有制度建设都必须体现中国建设社会主义

① 参见黄方毅：《黄炎培与毛泽东周期率对话——忆父文集》，人民出版社，2012年，第56—58页。

② 邓小平：《党和国家领导制度的改革》，《邓小平文选》第二卷，人民出版社，1994年，第333页。

③ 邓小平：《解放思想，实事求是，团结一致向前看》，《邓小平文选》第二卷，人民出版社，1994年，第146页。

所形成的内在规定性。然而，由于这种内在规定与流行世界的西方民主对国家制度建设所提出的规定性有本质差异，所以中国共产党以及中国人民所秉持的制度自信就不得不面对西方民主的挑战。面对挑战，中国共产党为中国制度确定了三大底线：其一，坚持党的领导，不搞西方的多党制；其二，坚持人民代表大会制度，不搞西方的三权分立；其三，坚持公有制为主体的基本经济制度，不搞私有制。显然，在全球化的时代，要在全球社会中发挥作用，中国不仅要守住这三大底线，而且要将其所坚持的党的领导、人民代表大会制度以及公有制的合理性与有效性充分发挥出来。为此，在改革开放的四十多年的实践中，中国共产党努力通过经济体制改革和政治体制改革来完善其所坚持的制度，并努力将这种改革与创造中国的发展和稳定有机结合起来，使得所有的体制变革和发展，既有保障有合理的价值追求，但同时更关注如何从创造发展的角度来完善和提升相应的制度，追求体制变革和制度创新的效能，从而逐渐走出一条以不断提升制度的有效性来增强制度的合法性的制度建设和发展道路。①

综合上述分析可以看出，中国的制度自信分别来自其制度建构的自主性、制度性质的民主性以及制度运行的有效性。制度自信的背后是理论的坚定性与发展的有效性，而其现实根基就是全社会对制度的合理性与有效性所形成的基本认同。理论与实践都表明，所有的制度认同都是建立在制度所创造效能与社会和民众的基本追求具有内在的契合性基础上的。② 当然，在这个过程中，中国共产党对既定制度的坚持和维护，也起到了十分重要的作用。苏联的教训提醒中国共产党，对自身制度建构的任何含糊和犹豫，将可能带给国家以毁灭性的打击。但必须指出的是，中国共产党对既定制度的坚持与维护，不是从守住政权出发的，而是从完善和巩固制度出发的，强调通

---

① 林尚立：《在有效性中累积合法性：中国政治发展的路径选择》，《复旦学报（社会科学版）》，2009 年第 2 期，第 46—54 页。

② 林尚立：《现代国家认同建构的政治逻辑》，《中国社会科学》，2013 年第 8 期，第 22 页。

过改革来健全和完善制度本身，使其得以巩固和发展。为此，中国共产党始终坚持一条基本原则：作为社会主义国家建设与发展所需要的领导制度、根本制度和基本制度绝不动摇，但健全和完善制度所需要的体制改革却应该贯穿制度建设与完善的全过程。这表明中国共产党所拥有的制度自信，不是来自盲目的制度自恋，而是来自有效的制度建设与发展。

二、制度精神的统一

任何制度都蕴含价值理性和工具理性，制度的建设与完善一定是围绕着这两者的协调与统一展开的。每一个政治共同体的维系和发展都要靠各种制度，涉及政治、经济、社会、军事、文化等，每一个具体的制度都有自己特定的价值追求与工具使命，但这丝毫不能动摇政治共同体对支撑其存在与发展的所有制度形成统一要求，因为只有这样，政治共同体才能保持其内在的真正一体化。这个统一要求源于国家制度背后所蕴含的制度精神。

一个国家的制度精神，既是特定政治哲学的精神表达，同时也是源于相关民族精神文化的集中体现；它决定着一个国家的制度选择，同时也被所选择的制度所决定，因而实际上是人与制度、民族与国家互动的结果，凝聚着组成一定政治共同体的人们对国家和制度最本质的诉求。显然，这种诉求伴随着一个民族的成长而凝聚起来，并逐渐走向成熟。每一个民族、每一个社会都是在特定的时空中来组织适合自己生存与发展的政治共同体的，在漫长的历史过程中，必然经历了十分复杂的分化组合。对政治共同体的每一次重构和定型，都是组成这个共同体的人民与民族对自己命运和前途的重新把握和选择，因而既决定于其内在的精神文化，也决定于其对国家和民主未来发展的理想与期待。千年历史的中国迈向现代、建构现代国家的历程，实际上是中华民族力图通过建构一套全新的制度来实现自我重新组织和安排的过程。对于古老的中国来说，现代制度虽然是外来的，但对现代制度的选择与建构是自觉和自主的，在这个过程里，中国人将现代制度的精神与中华民族的精神、对现代社会和现代国家的内在诉求有机统一起来，赋予全新建构起来的中国现代制度以自己的精神特质：人民性。其内涵的精神原则有两条：其一，人民是国家的主人，人民决定制度，不是制度决定人民，因而制度的权力来自人民，同时制度运行的权力掌握在全体人民手中；其二，制度运行立足于以人为本与以民为本的有机统一，其根本使命在于创造人民的团结、幸福与发展。

人民性的精神品质，使得中国制度既能包容现代制度的所有品质，也能承载社会主义社会的内在规定性；同时，它也使得中国的制度建设、运行与发展必须以人民利益至上。在人民主体地位得以确认和保障的前提下，对人民利益的现实追求就自然会聚焦于两个重大利益点上：一是人民团结以创造国家稳定；二是社会发展以创造人民福祉。对现代化国家来说，这两大利益点，既是人民与社会发展的最大追求，也是国家建设与发展的最大追求。新中国的建设和发展实践表明，人民性的制度精神赋予了中国制度的自我完善以鲜明的特征，即不是简单地从本本、教条和模式出发，而是紧紧围绕增进人民福祉和巩固国家制度这个根本原则，一切根据中国国情和现实需求来改革和创新体制，完善国家制度。

中国是社会主义国家，宪法规定社会主义制度是中华人民共和国的根本制度。这个根本制度主要规定国家权力从何而来，归谁所有，为谁服务，为何目的以及如何配置，这是决定国家性质和发展方向的制度安排。至于这个制度安排展开所需要的体制与机制，则看其是否能够服务于根本制度的运行、巩固和完善。所以，邓小平提出的评判政治体制的三条标准都是十分实际的，即看其能否稳定国家、发展生产和造福百姓。可见，中国在制度问题上是原则性与现实性的统一，聚焦于社会主义制度的巩固和人民的根本利益的保障上。由此，改革开放过程中的体制变革与创新始终坚持实事求是的态度，强调以我为主，为我所用，只要能够解决中国问题，满足中国发展需要的制度文明，不问其源头属性，都可借鉴和学习，并创造性地运用于中国的体制变革和创新之中。正是这种务实的态度，使得中国的制度建设和体制变革坚持以人类的制度文明成果为资源，以中国的实际需求为出发点，以追求人民根本利益为归宿点。

在改革开放过程中，中国从世界上获得的最大资源之一，就是世界各国所创造的现代制度文明，其中最大的制度资源就是现代市场体制。市场经济体制的引入，全方位地改变了中国的经济运行方式、社会运行方式甚至政治运行方式，极大地激发了中国社会的活力与创造力，从而创造了中国发展奇迹。中国政治、经济、社会、文化与生态文明的各方面体制变革无不与市场体制的确立有直接关系。但市场经济没有因此动摇中国既有制度的根本属性，原因在于中国从一开始就将市场经济与中国的社会主义制度相结合，因而不是用市场经济来重构中国的制度体系，相反是要用市场制度所具有的效能来增强中国既有制度体系的绩效与基础，完善其结构与功能。中国不因市场经济而改变自己制度的本质规定性，但对市场经济所要求的体制变革却给予积极的配合：首先，1992 年中国开始全面推进社会主义市场经济体制建设，1995 年中国就明确提出改变治国方略，实行依法治国，建设社会主义法治国家；其次，2013 年中国第一次明确市场应在资源配置中起决定作用，并由此启动全面深化改革，2014 年党的十八届四中全会要求全面推进依法治国，实现国家治理能力和治理体系的现代化。在这两波的大变革与大发展中，市场经济体制的建设和发展无疑都扮演了决定性的角色，其所推动的体制变革和制度完善都是全面性的和根本性的。从这互动中可以看出，中国在推进制度创新与完善的过程中，思想和态度是务实和开放的，由于其立足点始终是站在巩固制度、追求人民的根本利益上，所以体制变革和创新都以能够创造发展、保障发展和完善发展为根本，并在创造发展的同时，从制度效能和制度完善上巩固制度。

总之，中国从封闭走向开放、从计划走向市场、从人治走向法治所经历的革命性的体制变革和创新，之所以不但没有改变中国制度的社会主义性质，反而进一步巩固和发展了既有的社会主义制度，关键在于中国的改革开放和体制改革始终坚守中国的制度精神，即人民利益至上。这个坚守使得中国制度的自我完善和发展始终是围绕着其本质规定性展开的，与此同时，这个坚守所带来的以发展为核心的体制变革和创新具有很强的务实性，时刻从中国制度规定性和现实发展需要出发进行实践。中国共产党与中国人民对中国特色社会主义制度的自信，在很大程度上就来自这种成功的制度建设实践。

三、制度机理自成体系

人民代表大会制度是我国的根本政治制度，是党和人民的伟大创造。2014年，在庆祝全国人民代表大会成立六十周年大会上，习近平总书记道出了我国政治制度的成功秘诀：立足自己的历史和现实，把制度的根牢牢扎在中国大地上，自主创造制度，使制度自成体系。他深刻指出："设计和发展国家政治制度，必须注重历史和现实、理论和实践、形式和内容有机统一。要坚持从国情出发、从实际出发，既要把握长期形成的历史传承，又要把握走过的发展道路、积累的政治经验、形成的政治原则，还要把握现实要求、着眼解决现实问题，不能割断历史，不能想象突然就搬来一座政治制度上的'飞来峰'。""在政治制度上，看到别的国家有而我们没有就简单认为有欠缺，要搬过来；或者，看到我们有而别的国家没有就简单认为是多余的，要去除掉。这两种观点都是简单化的、片面的，因而都是不正确的。""只有扎根本国土壤、汲取充沛养分的制度，才最可靠、也最管用。"[①] 我们今天之所以有

① 习近平：《坚定对中国特色社会主义政治制度的自信》，《习近平著作选读》第一卷，人民出版社，2023 年，第 261—262 页。

强大的制度自信底气，就在于中国特色社会主义制度是自成体系的制度。

资本主义制度是西方文明的集中体现，是实现资本统治，维护资产阶级利益的制度，正如《共产党宣言》所阐明的："现代的国家政权不过是管理整个资产阶级的共同事务的委员会罢了。"[①]西方制度的阶级属性，足以表明中西制度的巨大差异。但是，要从制度文明上去把握中西制度的差异，还需要深入到制度的机理之中。纵观古今，根植中国社会的中国特色社会主义制度在机理上同西方制度完全不同，它属于原创、首创和独创，并且完全自成体系。

第一，制度生成机理。从人类文明发展史来看，西方制度是随着私有制的出现而出现、并随着私有制演变而发展的；中国制度文明是在土地国家所有的基础上生成；当代中国特色社会主义制度建立在社会主义公有制基础之上。

就中国特色社会主义制度和西方资本主义制度的历史逻辑前提看，我国是以人民大众的解放为前提、以人民当家作主为基础；而西方则是以个体解放为前提，以利己的个人自由为基础。马克思认为，资产阶级革命所带来的政治解放一方面把"人变成利己的、独立的个人，另一方面把人变成公民，变成法人。"[②]西方的资本主义制度，就是在利己个人构成的市民社会和法人公民构成的公民社会基础上形成的，市民社会和公民社会，只是资本主义社会的不同表现形式，本质上都是原子化的、利己的个人组成的社会，"人和人之间除了赤裸裸的利益关系、除了冷酷无情的'现金交易'，就再也没有任何别的联系了"[③]。

这种制度生成机理的差异，就像自然界中栽什么种子开什么花、结什么果一样。

① 马克思恩格斯：《共产党宣言》，《马克思恩格斯选集》第一卷，人民出版社，1995 年，第 274 页。
② 马克思：《论犹太人问题》，《马克思恩格斯全集》第一卷，人民出版社，1956 年，第 189 页。
③ 马克思恩格斯：《共产党宣言》，《马克思恩格斯选集》第一卷，人民出版社，1995 年，第 275 页。

第二，制度功能机理。恩格斯从西方国家起源中得出国家是阶级矛盾不可调和产物、是调和阶级对抗的第三种力量、超越于社会之上的结论。所以，任何阶级为了掌握国家权力，都要把自己说成是全社会的代表，并试图在实践中让国家扮演相对自主性的角色。

然而，在中国，不论是古代国家制度，还是当代中国特色社会主义制度，其核心功能都是确保国家秩序和社会发展的统一，实现国泰民安的有效治理。这个国家秩序不是生成于不可调和的阶级对抗，而是生成于社会有机体的自身运行和发展，在中国特色社会主义社会条件下，生成于不断解放和发展社会生产力、解放和发展社会活力的社会运行之中。

第三，制度设计机理。任何制度都是人设计的，而人都是特定社会、历史和文化的产物，从而赋予制度设计以特点的文化基因和设计理念。这在中西制度差异中体现得相当明显。一是中西制度设计的逻辑起点不同。德国社会学家滕尼斯针对西方资本主义社会，从社会哲学的角度，把“社会”同“共同体”区别开来，认为在“共同体”中尽管有种种的分离，但仍然保持着结合；而在“社会”中尽管有种种的结合，但仍然保持着分离。这样的“社会”，就是马克思讲的资产阶级的市民社会。所以，西方制度设计的逻辑起点是利己的个人；而中国制度设计的逻辑起点是民族共同体、命运共同体的人民，即以全体人民、以中华民族为逻辑起点。二是中西制度设计的理论体系不同。理论体系的差异，除了与逻辑起点不同有关之外，还与理论本身的逻辑不同有关。在西方理论体系中，作为西方制度逻辑起点的个人，不是现实的人，而是抽象的人。具体来说，就是把每个个体都抽象为一种理性人，由理性人凭借“天赋人权”签订“社会契约”组成国家，为了保证个人自由，按三权分立制衡原则安排国家制度。于是，西方制度的合理性不是来自现实社会的合理要求，而是来自理性人的绝对理性。而马克思主义理论是直接把国家制度确立在人的实践活动基础上，强调生产力决定生产关系，经济基础决定上层建筑，国家制度在社会发展中形成并保障和推动社会发展，它不是永恒的，而是必须随社会发展而发展，社会主义制度都是着眼于实现人和社会全面发展的制度。

第四，制度结构机理。西方制度具有内在的分散性，一是由阶级冲突导致的分散性，如多党政治；二是由社会和国家二元分化导致的分散性，正如即使强调中央集权的美国和英国，至今都时时面临因地方保留其固有权力而产生种种离心力；三是由个人权利和国家利益紧张导致的分散性，如国家权力部门受利益集团左右而产生的相互冲突。

中国的制度从古至今，都与西方制度不同，都主张要保持内在的整体性。一是由共同体的有机性带来的整体性，即国家是统一的有机整体，不是部分凑合而成的整体。反对在中国搞美国式联邦制的孙中山先生认为，美国搞联邦制是从分散走向集中，但中国如果也搞联邦制，那就是从集中走向分散。因为几千年大一统的中国社会，历来是整体性存在的社会。二是由民为邦本带来的整体性。民为邦本是中华民族千古不变的信念；以人民为中心是几代中国共产党人心目中毫不动摇的宗旨，由此决定了国家权力不能归属于任何特殊社会利益集团，而必须永远属于全体人民。三是由国家和社会一体带来的整体性。在我国，国家和社会从古至今都保持相互依存、相互决定的关系，国家不是超越社会的力量。马克思从巴黎公社实践中发现的“社会共和国”，就是要把由资产阶级掌握的国家重新收回到全体人民手中，使之回归社会，不再是资产阶级统治的工具，而是联合起来的社会劳动者用于实现社会整体利益的工具。[①] 所以，在中国特色社会主义制度下，我国的国家同社会是有机统一的。

第五，制度动力机理。在西方文明中，从当年的资产阶级启蒙思想家到当今提出“历史终结论”的福山，都秉承着一个不变的理念，即西方价值是普世的真理、西方制度是永恒的制度。对此，恩格斯曾尖锐地批判说：被视

① 马克思：《法兰西内战》，《马克思恩格斯选集》第三卷，人民出版社，1995 年，第 104—110 页。

为体现“永恒的真理”和“永恒的正义”的“理性的王国不过是资产阶级的理想化的王国”；恩格斯还认为，法国大革命后出现的反革命恐怖和拿破仑专制充分说明，“当法国革命把这个理性的社会和这个理性的国家实现了的时候，新制度就表明，不论它较之旧制度如何合理，却决不是绝对合乎理性的。理性的国家完全破产了”[①]。事实表明，西方制度在自我神圣化中逐渐失去了内在发展动力。

相反，中国特色社会主义理论始终认为，社会主义制度是先进的、并非终极的制度，它是随着经济和社会发展而发展的，是在为实现人类解放而奋斗中不断吸收一切人类文明优秀成果与时俱进地完善和发展自身的。所以，中国特色社会主义制度是不懈追求自我发展和自我完善的制度，是面向人类、面向世界、面向未来的制度，将始终在推动社会发展和进步中实现自我发展和完善。

四、变革中求发展

指导中国社会发展的思想理论基础是马克思列宁主义，而其思想核心就是历史唯物主义的世界观与方法论。马克思主义认为：生产力与生产关系，经济基础与政治上层建筑之间的辩证运动是推动社会发展的内在动力。在这辩证运动中，围绕着促进生产力发展以及经济基础建设而展开的生产关系和政治上层建筑的变革与创新，是创造和推动经济与社会持续发展的关键所在。这个世界观与方法论，不仅塑造了中国共产党用于领导革命和建设的理论和主张，而且也有力地支撑了中国共产党进行持续不断的体制改革实践。从以革命的方式推动社会进步转型到以改革的方式推进社会发展，变化的不

① 恩格斯：《社会主义从空想到科学的发展》，《马克思恩格斯选集》第三卷，人民出版社，1995年，第719—722页。

是其背后的世界观和方法论，而是其对什么是社会主义、怎样建设社会主义，建设什么样的党、怎样建设党，实现什么样的发展、怎样发展等重大理论和实际问题的探索与回答。[①] 中国的体制改革，不是为改革而改革的，而是紧紧围绕着这些重大理论与实际问题的回答和解决而改革的，既具有鲜明的探索性，又同时具有鲜明的建设性与发展性。由此，我们可以提炼出中国体制改革的鲜明特质，即与发展紧密结合，围绕着发展进行体制变革，通过有效的体制变革创造发展。

改革开放以来，中国体制改革先后围绕着三大核心使命展开：一是解放和发展生产力；二是实现可持续的科学发展；三是国家治理能力与治理体系的现代化。对于中国国家建设与发展来说，这三大核心使命所提出的任务和挑战是逐级提升的，与此相应，所要求的体制改革也需要更加深入、系统和全面。这三大使命都是有起点没有终点的使命，这决定了中国的改革越向前推进，其所面临的任务和挑战就越发艰巨，到了今天，中国的改革就必须同时面对上述三大使命，这与改革初期仅仅抓住解放和发展生产力这个战略点进行改革是完全不同的。这意味着中国的体制改革，不仅需要持久的动力，而且需要不断累积的能量。中国的发展要可持续，要达到理想的彼岸，就必须进行持续不断的变革；而改革要持续不断，并不断累积其能量，就必须创造合理的改革动力体系。

客观地讲，中国之所以能够在改革开放四十多年后的今天依然高举改革大旗，进行更为全面与深化的改革，关键在于中国在推动改革，不断创造发展新局面的同时，也逐步建构起了保证中国永续发展的改革动力体系。这种动力体系的形成，使中国逐步发展出一种“以改革促改革”，使改革成为持久的国家建设实践的改革发展模式。总结改革开放以来的实践与理论，保证中国永续发展的改革动力体系主要由以下动力机制构成：

---

① 参见中共十七大报告：《高举中国特色社会主义伟大旗帜，为夺取全面建设小康社会新胜利而奋斗》。

第一，以人为本，为民谋利，持续不断地激发和维护民众追求发展的活力。不论是中国的治国传统，还是中国的社会主义社会性质，都将人民视为国家之根本。因而，人民之状态决定国之状态，只有人民有活力了，国家才有活力。从改革来讲，人民对发展的追求是推动国家改革的最基本、也是最根本的动力；而人民对发展的追求直接动因源于对自身利益和发展的关怀。邓小平就是基于此来启动改革的。1978 年底，在推动中国改革的动力是源于人们“革命精神”，还是源于人们“革命利益”的问题上，邓小平一改此前的革命化主张，强调要重视人们对革命利益追求在推动改革发展中的作用。他指出：“不讲多劳多得，不重视物质利益，对少数先进分子可以，对广大群众不行，一段时间可以，长期不行。革命精神是非常宝贵的，没有革命精神就没有革命行动。但是，革命是在物质利益的基础上产生的，如果只讲牺牲精神，不讲物质利益，那就是唯心论。”[①]邓小平认为，将物质利益追求转化为革命行动的第一主体不是政府与企业，而是工人与农民中的每一个人，为此，“一定要使每个工人农民都对生产负责任、想办法”[②]。必须指出的是，中国共产党对民众物质利益的关注，不是基于人是自私和逐利的价值判断，而是基于“人是追求自我全面发展的”这个历史唯物主义命题。这个价值取向随着改革的深入越发明显，到了 2007 年党的十七大，中国共产党明确将“以人为本”作为追求全面科学的发展核心，而且强调为民谋利是党执政的基本使命。这样，追求人的自由而全面发展的社会主义原则就自然而然地转化为中国国家建设与社会发展的内在机制，从而使得不断满足人们发展需求的改革与发展成为党的执政与国家发展的合法性所在。

第二，解放思想，吸纳人类文明成就，激发全社会的学习与创新动力。中国改革与发展的基本立足点是：以民为力，为民谋利。所以，激发民力是

---

① 邓小平：《解放思想，实事求是，团结一致向前看》，《邓小平文选》第二卷，人民出版社，1994 年，第 146 页。

② 同上。

关键，具体来说，就是激发人民的主动性与创造性。这种激发，除了肯定人们物质利益的合法性之外，就是要给人民提供敢想敢干的自由思考和创新空间。为此，中国共产党将解放思想作为推动改革与发展的基本动力，并将思想解放所必需的民主作为改革开放的前提与基础。邓小平在启动中国改革时明确指出："在党内和人民群众中，肯动脑筋、肯想问题的人愈多，对我们的事业就愈有利。干革命、搞建设，都要有一批勇于思考、勇于探索、勇于创新的闯将。没有这样一大批闯将，我们就无法摆脱贫穷落后的状况，就无法赶上更谈不到超过国际先进水平。我们希望各级党委和每个党支部，都来鼓励、支持党员和群众勇于思考、勇于探索、勇于创新，都来做促进群众解放思想、开动脑筋的工作。"[①] 解放思想的背后，除了尊重人的主体性之外，就是尊重人类文明创造的所有成就，并将其作为中国发展应该学习和借用的资源。因而，解放思想所带来的就是理论的与时俱进与开放的学习精神。2002 年党的十六大明确将坚持理论创新，保持与时俱进状态，尊重人民群众的首创精神以及建设学习型政党与学习型社会，作为党领导和执政应有的品质。在这一过程中，中国共产党比较好地协调了党的指导思想的统一与党和人民解放思想之间的关系，其途径有五：一是坚持理论创新，做到与时俱进；二是建构社会主义核心价值以整合思想观念多元化的社会；三是努力从人类社会发展规律、社会主义社会发展规律以及中国发展规律来把握中国发展与中国问题；四是努力通过统一战线和协商民主凝聚社会的最大共识；五是强调积极学习和借鉴人类文明先进成果，打造学习型政党与学习型社会。

第三，追求党的先进性，不断打破基于权力所形成的各种利益固化，从而保证党和国家的持久活力。改革固然需要人民的呼唤、实践与推动，但也需要执政者的自觉与领导。改革一旦失去了后者，不是改革停滞，就是革命爆发。所以，相比较而言，执政者的自觉、勇气与领导，对于改革来说更具

---

① 邓小平：《解放思想，实事求是，团结一致向前看》，《邓小平文选》第二卷，人民出版社，1994 年，第 143 页。

关键性的作用。中国是以中国共产党为领导核心来组织和运行国家的，没有所谓的“反对党”，中国共产党始终以建设国家、创造人民幸福为自己的最大利益，不存在像西方执政党那样拥有区别于“反对党”利益诉求的自身利益。这决定了中国共产党在领导改革中，不存在自身利益的天花板，即改革改到自身都无法推进的问题，相反始终把创造发展、满足人民的追求作为党领导的使命和党的生存之道。然而，中国共产党不是抽象的，而是具体的，其执政是通过具体的党的干部来进行的，因而难免在某些干部中形成某种利益固化，并因此消极应对触及自身利益的改革。为此，中国共产党从党的宗旨和提高领导与执政能力出发，将追求党的先进性作为党长期执政的根本要求，在不断创新理论的同时，不断优化党的队伍，以使党能够始终站在时代的前列，能够保持领导核心地位，能够不断增强开拓创新的活力。党一方面通过全面实践群众路线，置身于群众之中，凝聚群众，吸收群众智慧，接受群众监督；另一方面通过从严治党，在保持党的先进性与战斗力的同时，保持党的内在活力。为了保持党拥有长盛不衰的生命力，中国共产党坚决实行领导干部任期制、退休制以及能上能下制度；严格执行党章党规，严肃党的纪律，将依章依规治党纳入整个国家的法治体系建设之中；开放党的组织，不仅吸纳建设社会主义的各类积极力量入党，而且接受党内、党外的各种监督。

第四，发挥市场的作用，依法保障各方合理利益诉求，创造公平市场和正义的社会。中国改革开放的重大成就之一就是推行社会主义市场经济，发挥市场机制在经济建设和社会发展中的作用，并让市场在资源配置中起决定性作用。必须指出的是，中国所要建立的社会主义市场经济体制，从一开始就不是封闭的，而是开放的，其建设与发展的过程始终是与国际市场体系和规则有机互动的过程。正因为如此，中国在 20 世纪 90 年代后期积极主动地加入了 WTO（世界贸易组织），并自觉地利用 WTO 的规则来推动国内的经济体制改革；也正因为如此，党的十八大之后，中国在上海等地进行自贸区实验，力求进行更为深刻的经济体制改革，使得中国的经济体制不仅有更大的开放性，而且能够与国际规则相适应，寻求中国在全球经济贸易格局中的主动权。不论对于拥有悠久历史的中国来说，还是对中国所实践的社会主义建设事业来说，推进市场经济，让市场在资源配置中起决定作用，都是革命性的变革行动，它深刻改变了中国社会的权力结构与运行方式，使其在组织结构、制度安排和运行方式上全面迈向现代化。市场经济体制所必然要求的市场主体的多元与公平，法律的正义与独立的司法以及对人权保障等，都为市场发育以及社会力量成长提供了体制氛围、法律保障和经济基础，从而为深化改革和完善国家治理体系提供了不竭的动力源泉。

第五，融入全球化发展，主动参与国际规则的实践与完善，使中国成为促进和平、合作与发展的重要力量。开放是中国改革的题中之意。开放使中国的发展赢得了国际的资源和支持，而中国的发展也有效地回馈了世界的和平、合作与发展。伴随着中国成为世界第二大经济体，中国的经济力量及其所创造的广阔的市场逐渐使其成为影响全球经济格局的经济主体。不仅如此，随着中国的“一带一路”战略的全面推开，中国经济发展与世界经济发展形成了更为深刻的联动关系。在这种联动中，中国既认真实践世界规则，又积极主动地参与世界规则的完善，为创造更为合理的世界经济与社会发展的秩序和体制而努力。可见，从国家开放到对全球国际事务的主动参与，中国今天在世界的存在方式与行为方式，不再是孤立的和随意的，而是与世界联动的，时刻顺应世界的发展，回应国际规则的要求。为此，中国不仅要从自身发展的要求出发进行体制变革，而且要为创造更好、更全面、更深入的全球参与不断进行体制的自我变革与完善。通过自贸区实验来推进政府管理体制变革就是这种努力的体现。从这个意义上讲，浩浩荡荡的世界发展潮流也将是推动中国进行不断的体制变革与完善的不竭动力。

上述五大动力机制所构成的中国体制改革动力体系，实际上也是中国改革的重要成果。中国体制改革之所以能够为自身创造出一个持久的动力体系，关键在于中国的体制改革始终不是从国家的局部利益出发的，而是从国家发展的全局与长远利益出发的；始终不是从就问题解决问题出发的，而是始终坚持在发展中解决问题的原则，从而使发展成为改革的第一要义。所以，中国的体制改革始终是在党的基本路线所确定的方向上展开，努力以中国发展的百年战略规划为坐标系来定位和设计。当然，这一切并不意味着中国的体制改革是一帆风顺的，也并不意味着中国的体制改革就一定能够像永动机那样持续运转。其实，体制改革的实践也是充满艰难险阻的，中国的体制改革能够持续到今天，最关键的还是中国共产党与中国人民的坚持与努力。中国体制改革要继续持续下去，靠的还是这个关键力量。在这个世界上，不存在不需要人力推动的制度，再好的制度，如果没有好的领导力与推动力，也不过是一纸空文。

五、合法性与有效性

没有现代的制度体系，也就不可能有现代国家。可以说，现代国家建构的过程在本质上就是现代制度体系建构和成长的过程。对于追求现代化和民主化的现代国家来说，建构现代制度体系的基本出发点不外两个：一是为人与社会的发展提供合理制度；二是为在一定地域上建立独立自主的政治共同体提供合理制度。前者是从人的发展出发，后者是从国家建构出发的。这决定了任何社会为建设现代国家所进行的制度设计和建构，都要同时考虑人的现代发展和现代国家建设两个基本要求。在现代化和民主化的大潮流下，这种考虑往往是基于制度建构主体对人类社会发展规律以及本国现代化发展规律把握而展开的，因而其所设计和选择的制度既要符合人类社会发展的基本价值，同时也要符合本国对建构现代国家的内在期待和要求。正因为如此，任何现代制度建构的背后都是有明确的价值规定和使命要求的。这种价值规定和使命要求在决定现代国家建构中的具体制度设计和选择的同时，也决定了所确立起来的制度的合法性基础。这种合法性是每一个制度都必须拥有的价值规范合法性，它是一个国家制度体系得以确立并获得内在合法性的决定性力量；而一个国家制度体系也因为拥有了明确的价值合法性基础而成为一个具有内在规定有机体系，从而使其所支撑的国家成为价值、制度与组织有机融合的政治有机体。现代国家与现代制度的生成原理决定了现代制度得以巩固的首要前提就是守住其内在的价值合法性基础，在这方面的任何自我怀疑和动摇，都将直接影响既有制度的巩固，从而可能从根本上动摇现代国家的根基。

在中国现代制度建构与国家建设中，中国共产党是轴心力量。这个政党不是基于运行议会民主而产生的政党，相反是基于承担领导革命和建设新社会、新国家而产生的政党，因而天生承载两大历史使命：一是将全体民众凝聚为一个有机的集合体，即人民，实现人民当家作主；二是维系国家的内在统一，保持国家整体转型与发展。这既是时代的要求，也是中国现代化发展的内在需求，它既定位了中国共产党的历史责任与时代使命，同时也确立了中国共产党领导在中国现代制度体系中的根本地位。作为中国现代制度建构的核心力量，中国共产党在推动中国现代制度建构的过程中，基于建设社会主义社会的内在要求，赋予了中国现代制度的社会主义本质属性和党的领导的规定性，从而建构出中国特色社会主义制度体系。

纵观中国特色社会主义制度体系形成和发展的历史过程，中国共产党始终是在遵循人类文明发展规律、社会主义建设规律以及中国社会自身发展规律三者有机统一基础上进行制度建构，坚守由此所确立的中国特色社会主义制度的价值规定和使命要求。由此，中国共产党形成了始终如一的制度建构原则：第一，追求现代化的原则，基于此，中国共产党认为辛亥革命开创的民主共和制是中国建构现代制度的基本准绳。第二，追求人民当家作主原则，基于此，中国共产党反对“三权分立”，坚持能够保证人民整体掌握国家权力，并有效监督立法、行政和司法的人民代表大会制度。第三，追求维护国家统一原则，基于此，中国共产党通过单一制与民族区域自治制度有机统一，保证多民族国家的内在统一与和谐。第四，追求创造有效发展原则，基于此，中国共产党不谈虚幻的民主，坚持建设能够创造社会进步与人民幸福的实在的民主制度，从而将既吸纳人民群众广泛参与，又能优化国家科学决策的协商民主作为中国民主运行的基本形式。第五，追求法治化原则，基于此，中国共产党强调制度是国家治理之本，只有实现了民主的全面制度化，不受特定意志的左右，中国才能建设成为社会主义法治国家。第六，追求自主实践原则，基于此，中国共产党所建构的制度体系，不是简单地从概念、价值或外来的某种模式出发，而是基于自主的实践和探索，以保障其必要的适应性和有效性。这六条原则不是一夜之间形成的，而是中国共产党长期探索和实践的成果，既有来自成功经验的总结，也有来自对挫折与教训的反思。正是基于上述六条原则，中国共产党建构了一套具有鲜明中国特色的、现代化的社会主义制度体系。中国发展的奇迹充分表明这套制度体系不仅适合中国社会，而且能够有效保证和推动中国社会的进步与发展。

从中华人民共和国成立以来的中国经济与社会发展所经历的改革前后的两个历程可以看出：中国共产党对中国制度的价值合法性的坚守，实际上经历了从上层建筑的层面转向经济基础的层面的变化过程。改革开放后，中国共产党不再仅仅从价值层面强调坚守社会主义制度意义，而更多转向强调中国的社会主义制度的特色与优越性一定要体现为能够促进生产力的发展，能够创造人民的幸福与国家的富强。1980 年邓小平明确指出，要充分发挥社会主义制度的优越性，首要的是使社会主义制度在经济上能够“迅速发展社会生产力，逐步改善人民的物质文化生活”；其次是政治上“充分发挥人民民主，保证全体人民真正享有通过各种有效形式管理国家，特别是管理基层地方政权和各项企事业的权利，享有各项公民权利”。[①]由此，中国共产党就更加全面和具体地将制度价值合法性的坚守与推动制度创造经济发展、社会进步以及人民当家作主的有效性紧密结合起来，形成以坚守合法性创造中国特色社会主义有效发展，以制度创造发展所形成的有效性来巩固制度的合法性的国家建设新格局。

中国共产党是以人民为本位的政党，所以其追求的制度有效性不是简单的经济增长，而是通过经济增长所带来的人民的共同富裕与幸福。具体来说，中国共产党把建设全民共促发展、共享繁荣、共治国家的小康社会作为制度改革与国家建设的基本目标。这样，中国共产党在力图通过不断实践和提升其制度有效性来巩固其制度的价值合法性的同时，打开了制度合法性所无法回避的另一个维度，即基于人们对实践中的制度所给予的实实在在的认同和支持。这个维度的制度合法性显然是以制度所创造的经验事实为人们判定依据的，相对于价值合法性来说，属于事实合法性。虽然对于制度的巩固来说，价值合法性与事实合法性是属于两个不同层面的，没有直接的正相关关系，但却是缺一不可的。促成它们有机统一的重要媒介就是制度的有效性。如果制度的有效性在创造事实合法性的同时，又能深化价值合法性，那么制度的巩固和完善就有了最为坚实的基础。要做到这一点，就需要主导国家建设与发展的核心力量能够始终保持强大而正确的领导力，不仅能够守得住底线，而且能够为发展开拓出无限的空间。经过革命和建设成败磨砺的中国共产党在这方面表现出了异乎寻常的使命感、智慧与能力。

改革开放伊始，中国共产党就明确了用于领导中国改革与发展的基本路线，即“一个中心、两个基本点”。具体来说，就是以经济建设为中心，坚持四项基本原则，坚持改革开放，强调中国将长期坚持这个基本路线不动摇。中国的改革开放的成功实践充分证明这个基本路线是完全正确、切实有

---

① 邓小平：《党和国家领导制度的改革》，《邓小平文选》第二卷，人民出版社，1994 年，第 322 页。

效的。正是在这个基本路线基础上，中国形成了中国特色社会主义理论，走出了中国特色社会主义发展道路，全面巩固了中国社会主义制度体系。可见，党的领导对中国制度的巩固与完善，不单是因为有党这个核心力量及其组织基础为制度提供必要的支撑，而更为重要的是党的领导所秉持的思想路线及其有效实践，从根本上解决了中国特色社会主义制度体系价值合法性、制度有效性以及事实合法性之间的动态协调和内在统一，保证了整个制度能够在大改革、大开放、大发展中，不但不动摇，相反得到更全面的完善和巩固。这是中国制度自信的真正的源头与基础，而其背后的关键在于中国共产党对中国发展的有效领导。

世界各国成功发展的经验，无不证明这样一个基本事实：国家与人民对其所运行的制度是否具有自信，是国家得以成长和巩固的最基本的精神基础与政治基础，直接决定着国家的内聚力与竞争力，进而决定着国家的兴衰命运。可以说，中国共产党从为建设新中国而努力的那天起，就努力在人民中打造对新社会、新国家的自信心，为此经历了各种各样的实践和努力，走过弯路，遇到过危机和挫折，最终在明确了什么是社会主义以及落后国家如何建设社会主义这个根本问题的基础上，将制度与发展辩证地统一起来，即将现代化发展确立在制度化基础上，将制度化确立在有效创造发展的基础上，从而形成制度与发展相互推动，相互提升的中国特色社会主义发展形态。制度所创造的有效发展是制度自信的基础，发展所推动的制度完善是制度自信的保障。在这个过程中，中国共产党明确形成的党的领导、人民当家作主与依法治国三者有机统一的中国民主政治建设道路，在确立起中国制度自信所秉持的基本政治原则的同时，也为中国制度自信提供了三个至关重要的支撑点：即党的领导能力、人民民主的水平以及依法治国的质量。这三个支撑点所提供的支撑力量将与中国整体发展一起共同决定着中国制度自信的强度。

第十二章

治党与治国

中国是世界上人口规模最大的国家，超过十四亿；中国共产党是世界上最大的执政党，近一亿党员。治理这么大的国家、这么大的政党，在人类文明发展史上是史无前例的。然而，中国共产党团结带领中国人民不仅创造了经济快速发展的中国奇迹，而且创造了社会长期和谐稳定的中国之治。究其背后的成功之道，最根本的在于中国共产党始终以治党为治国的核心，把治国确立在治党基础之上，坚持治党治国治军三者统一。

中国共产党是中国人民和中华民族的主心骨，是坚持和发展中国特色社会主义的坚强领导核心，因而党的建设水平和管党治党能力，直接关系到人民幸福、国家治理和中国特色社会主义事业前途命运。办好中国的事情，关键在党，关键在党要管党、从严治党。这是中国治国理政必须遵循的铁律，也是中国共产党和中国人民的共同信念。进入新时代，习近平总书记一再指出："管党治党不仅关系党的前途命运，而且关系国家和民族的前途命运，必须以更大的决心、更大的气力、更大的勇气抓紧抓好。只有把党建设好，我们才能带领人民成功应对重大挑战、抵御重大风险、克服重大阻力、解决重大矛盾，不断从胜利走向新的胜利。”[①]所以，新时代将全面从严治党列为党治国理政“四个全面”战略布局之一，全面从严治党同全面深化改革、全面依法治国、全面建设社会主义现代化一道，共同决定着新时代中国特色社会主义事业全局和未来。

一、党强才能国强

任何国家都不是凭空而来的，都有自己的历史渊源、现实基础和成长过程。国家朝什么方向发展，固然有选择的余地，但在根本上还是摆脱不了其历史、社会和文化的规定性。这种规定性，可以追溯很深、很远、很广，也可以在特定的时空范围内把握。不论国家发展是成功、还是失败，都能在其历史、社会和文化的规定性中找到一些令人信服的答案。

辛亥革命之后，在现代共和理念下，中国人民开始了建构现代意义国家的社会运动。中华人民共和国是中国共产党带领中国人民建立的社会主义国家，具有高度的历史进步性和制度先进性。但是，这种进步性和先进性所根植的最深层土壤，不是社会主义制度或社会主义国家本身，而是创建这个国家的中国共产党。中国共产党 1921 年诞生，然后建立亲自领导的人民军队，通过武装斗争取得新民主主义革命胜利并掌握政权，1949 年建立中华人民共和国。这个建党、建军、建国的历史过程表明，中华人民共和国是党领导人民建立起来的，中国共产党是国家的缔造者、领导核心和执政力量。党创立并领导国家的历史逻辑，意味着如何建设中国共产党，将直接决定着如何建设社会主义社会和国家，只有把党建设强了，社会主义国家才能建设强大，真可谓党强才能国强。

① 习近平 2017 年 1 月 6 日在十八届中央纪律检查委员会第七次全体会议上的讲话。

中国共产党的历史表明：理论能力、战略能力、组织能力和执行能力是一个政党强大、长盛不衰的四大能力基础，缺一不可。

中国共产党理论能力来自对马克思主义的信仰和对共产主义的信念，并在理论联系实践中，将马克思主义同中国实践和时代特点相结合、同中华优秀传统文化相结合，创造性的推进了马克思主义中国化、时代化、大众化。从历史和文化视野来看，马克思主义中国化实际上是西方文明精髓和中华五千多年文明精髓的融合，因而这种理论能力所蕴含的理论创造力，具有强大的历史、社会、思想和文化支撑，既能在人类文明发展的规律上把握，也能在世界发展的大格局中建构，同时还能在整合东西文明智慧中深化。

理论能力是战略能力的基础。但是，正如不是所有的理论家都可能成为战略家一样，也不是所有拥有理论能力的政党，都能成为有战略视野、有战略能力的政党。战略能力除了强大理论支撑之外，还需要有精神高度、视野广度、情怀厚度，这则是由政党本身的性质决定的。中国共产党致力于改造世界、解放人类、推动人的全面发展，是立志于为人民谋幸福、为民族谋复兴、为人类谋进步的马克思主义政党。崇高的理想和信念、坚定的初心和使命，赋予中国共产党崇高的精神境界、深厚的人民观念和真挚的人类情怀。有什么样的精神境界，就有什么样的战略视野。在领导和执政中，中国共产党不论对国内事务、还是对国际事务，都展现出异乎寻常的战略视野、战略定力、战略思路和战略布局。美国前国务卿基辛格，是世界著名的战略思想家，长期研究当代中国国际事务，同中国共产党打了几十年交道，在他眼里，中国共产党是世界上少有的具有强大战略能力的政党。

俗话说："一屋不扫何以扫天下。"看一个政党的战略能力，不能仅仅看他说了什么，更重要的是看他做了什么。检验一个政党做了什么、做得怎样，最简单、最直接的就看它把自己建设得如何、管理得如何、发展得如何。自己的问题都无法解决，即便有再大的战略能耐，也是有致命局限的。由此检视中国共产党，不论是从建党、建军、建国的发展历程和历史逻辑来看，还是从党领导人民建立崭新社会、促进国家团结统一、建设中国特色社会主义制度的伟大实践和实践逻辑来看，中国共产党无疑都是具有强大组织能力的政党，不仅能够把党自身组织好，而且能够把军队、社会、国家组织好。古今中外，能有这么强大组织力的政党，唯有中国共产党。正是凭借这强大的组织力，中国共产党发展成为世界上最大政党，成功治理了世界上人口大国，创造了历史上最快速的现代化发展。

有组织能力也就必然有执行能力。今天的中国，是中国共产党领导人民打天下打出来的，干事业干出来的。中国共产党坚信“实干兴邦”，不论在什么时期，都强调要勤奋、要实干、要奋斗。党的十八后，习近平总书记进一步强调要发扬钉钉子精神，以抓铁有痕、踏石留印的干劲推进工作，善做善成，干一件成一件，一步一个脚印地推进党和国家事业发展，永不懈怠，永远奋斗。强大的组织能力和强劲的执行能力相互作用，相互放大，铸就了世界最大政党的旺盛生命力和创造力，确保了世界上人口大国的团结统一和有效组织治理。

可见，中国共产党之强，不是强在其超大规模，而是强在其所拥有的强大理论能力、战略能力、组织能力和执行能力。凭借这四大能力，中国共产党领导人民把国家建设和发展成强大的社会主义中国。事实充分证明：党强才能国强。

二、治国必先治党

大党治理大国，在逻辑上是成立的，但在实践上存在巨大挑战。因为大党要治理好大国，首先要把大党治理好。在当今世界，由大党治理的大国有两个：一个是苏联，一个是中国。这两个国家都是共产党领导人民建立起来的社会主义国家，都建立了社会主义制度，都在一段时间里创造了比资本主义发展速度更快的发展，都成为西方资本主义社会要战而胜之的对手。苏联，没有延续辉煌，实现由大到强的飞跃，反而被西方的“冷战”击败，最后解体消亡。相反，中国延续了辉煌，创造了无数人间奇迹，迎来了由大到强的历史性飞跃。

比较中苏两国，成败的关键不在别的，而在有没有治理好大党。所以，中国共产党强调治国必先治党，治党必须从严。在中国这样的国家，只有首先解决了治党问题，才能解决治国问题。这决定了“办好中国的事，关键在党，关键在党要管党，从严治党”。这是当代中国发展的铁律，任何时候都不能动摇。中国共产党之所以能够创造今天这样的成就，就在于始终坚守这条铁律，并由此形成了大党治理大国，关键在党的认识。邓小平说过：“中国问题的关键在于共产党要有一个好的政治局，特别是好的政治局常委会。只要这个环节不发生问题，中国就稳如泰山。”①这条铁律是在改革开放后逐渐明确的，充分吸取了苏东剧变的深刻教训。可以说，没有确立这条铁律，中国共产党就不可能创造今天的辉煌，同样社会主义在中国就不可能取得决定性胜利。苏东剧变虽然严重削弱了战后世界社会主义力量，但吸取苏东剧变教训而确立起这条铁律，却使社会主义社会第一次有了自己的定海神针，这就是把治理好党作为发展和巩固社会主义的根本前提和保障。

在我国，党领导一切工作，是全面领导，因而在实践中，治党治国治军有机统一、相互贯通，在制度上、组织上、行动上实现了党的自我完善带动制度、国家和中华民族自我完善的发展格局。这种以全面从严治党带动国家和社会全面治理的治理形态，是中国特色社会主义特色所在、优势所说。中国特色国家治理体系和治理能力现代化的一个重要标志，就是实现党的自我完善、制度自我完善、国家自我完善和中华民族自我完善的内在统一和联动发展。

所以，尽管在机理上治党、治国、治军有所区别，但由于在实践中，党的领导把治党治国治军有机统一起来，不同机制相互借用，从而创造了大治理格局，实现治党治国治军相互支撑、相互促进、共同发挥作用的有效治理

---

① 邓小平：《善于利用时机解决发展问题》，《邓小平文选》第三卷，人民出版社，1993年，第365页。

格局。大治理格局下，拥有各自机制和原则的治党、治国、治军实践，既各自展开，又相互联动。因而，治党、治国、治军各自拥有的实际治理资源，都超过自身的限度，是多元的、复合的。足够的治理资源，加上严格的治理行动，确保了大党治理、大国治理、军队治理的高质量和三者一体联动的高水平。我们今天看到和感受到的“中国之治”就是由此确立和发展起来的，是以复合而强大的治理资源为基础和保证的。显然，“中国之治”是中国特有的，各国只能参考，不可能搬用。

在党的历史上，曾经有一段时间一直在理论和实践上纠缠于党和政府、党和国家的关系，纠结点在于两者是分开，还是合一。实践证明，这两者既分不开，也不能相互替代，最好的办法就是明确党领导一切，在坚持党的全面领导前提下，处理党和政府、党和国家的关系。在根本原则和政治前提明确的情况下，处理党和政府、党和国家的关系就剩下技术的问题，反而好解决。解决这个问题的一些原则，毛泽东早就指出，如工农商学兵，党是领导一切的。但是，将这些原则定位为根本政治原则、并充分体现到在党的领导制度上，形成制度治党态势，还是在党的十八大以来实行全面从严治党之后。这也充分说明在党的建设伟大工程中，从理论到制度、从理念到行动，都需要一个持续建设的过程，不是今天说了，明天就能做到。

其实，党政问题、党和国家关系问题，既是共产党领导的国家制度问题，也是一党领导和执政条件下世界大党的治理问题。只有解决了党对一切工作的领导，实现党的全面领导，党的治理才能从党的自身治理，发展为党的治理和国家治理的结合和统一。由此，党的治理就是国家治理的一部分，如社会主义法治建设就包含党内法规建设；同时国家治理必须以党的治理为核心，如明确党的领导是中国特色社会主义制度的最大优势。这样大党的治理，就形成了双重治理格局：一是立足党的自我组织体系所形成的党内的建设和治理；二是立足党的领导和执政，借助国家治理体系所形成的国家法治和制度深化党的治理。在中国国家治理体系和治理能力现代化的建设框架和战略目标下，党的治理和国家治理由此融为一体，而且是更制度化、更法治化的治理。

可见，在新时代，加强党对一切工作的全面领导同全面从严治党是辩证统一的。全面领导是全面从严的政治前提，全面从严是全面领导制度保证，两者统一于国家治理体系和治理能力现代化建设之中，不可偏废。从一定意义上，国家治理体系和治理能力现代化的初始源头，就是党的建设伟大工程；而国家治理体系和治理能力现代化，是同时管好世界最大执政党、治理好世界上人口大国的伟大实践和创举。

中国特色社会主义制度确立在中国共产党领导这个最大优势基础之上，由执政的中国共产党承担领导人民运行国家制度的使命。所以，在坚持和完善中国特色社会主义制度的基础上推进国家治理体系和治理能力现代化，离不开党的领导的现代化；而党的领导的现代化，最核心、也是最根本的就是从根本上解决党自身的治理问题。为此，中国共产党鲜明地提出了全面从严治党的战略方针，形成了党的建设总要求。在这个总要求下，中国共产党形成了以管党治党推进国家治理体系和治理能力现代化的基本方略。这个基本方略着力于管党治党本身，但塑造的却是中国特色的现代国家治理体系和治理能力，具体体现在以下几个方面：

第一，治党治国治军的一体性，就是把治党和治国、治军统一起来，以治党为基础，推动治国、治军，并不断提高治理水平和能力。这三者的统一的基础是治党和治国统一、治党和治军统一，并以党的总书记、国家主席和国家军委主席三位一体的领导体制来建构三者统一的治理体系。国家治理和军队治理都以党的治理为基础，并围绕着党的治理展开，所以党的治理的核心原则，往往同时也是国家治理、军队治理的核心原则，如民主集中制原则。

第二，管党治党的全面性，就是在全面加强党的政治建设、组织建设、思想建设、制度建设、作风建设和纪律建设基础上，实现对党员、党员领导干部以及党的组织全面建设和管理，从思想到行动、从作风到纪律，从组织到制度，能规范的都规范起来，能管得都管起来，管到根，治到本，确保党在自我锻造中始终成为坚强领导核心。

第三，管党治党的从严性，就是党在政治上、思想上、纪律上的管理和治理，要严于一般公民或社会组织的管理和治理，最典型的就是坚持纪在法前、纪严于法，因而党员所受到的约束和规范要严于、强于一般公民。公民触犯法律，受法律处分，而党员触犯法律，首先受纪律处分，接着进一步受法律处分。这种从严性，使得党员既是一般公民，没有特权；同时又不是一般公民，要受到更大、更强的规范和约束。

第四，管党治党的集中性，就是以确保党的集中统一为着力点管党治党，同时以集中统一的党的领导体系、组织体系和制度体系实现管党治党。个人服从组织、少数服从多数、地方服从中央、全党服从核心，始终是管党治党的基本原则和工作目标。

第五，管党治党的制度性，就是加强党的法规和制度建设，坚持依规治党、制度治党。作为国家治理体系和治理能力建设必然要求的全面依法治国，明确把形成完善的党的法规体系作为社会主义法治体系的重要组成部分，要求在全面推进依法治国、推进国家治理体系和治理能力现代化中加强党的法规体系建设，不断提高制度治党的水平。截至 2024 年 3 月，全党现行有效党内法规共 3890 部。其中，党中央制定的中央党内法规 221 部，中央纪律检查委员会以及党中央工作机关制定的部委党内法规 202 部，省、自治区、直辖市党委制定的地方党内法规 3467 部。

第六，管党治党的革命性，就是要以自我革命精神落实管党治党，并在全面从严治党中推进党的自我净化、自我完善、自我革新、自我提高。这个革命性来自党的政治自觉，立足党自身力量，体现党的自我革命。

可见，中国的国家治理体系和治理能力现代化，是以党自身的管理和治理体系以及党的执政能力的现代化为主轴的。只要全面从严的管党治党体系和能力提升到现代化水平，国家治理体系和治理能力现代化也就有了坚实基础和可靠保障。

三、大党治理

中国共产党是世界上最大的执政党，拥有党员近一亿，平均十四个人中有一个党员。一亿党员的规模相当于一个中等规模的国家。要治理好这样的大党，不是一件容易的事。作为执政党，党员中有相当数量的领导干部，他们掌握权力，执行着党的路线方针政策，要确保他们不被腐蚀，公正用权，廉洁办事，更是难上加难。所以，管党治党就成为中国共产党领导和执政的前提和基础。从常理讲，小党好管、大党难治。越是大的党，越是要治理好，因为一旦治理不好，大党瓦解崩溃起来要比小党快得多。苏联共产党的瓦解以及苏联这个国家的解体，就是最好的例证。可见，全面从严治党，既是执政党建设本身的内在要求，同时也是大党建设的内在要求。

党的规模越大，治理就要越严，其中无疑存在巨大张力。中国共产党规模小的时候，党的治理主要靠三个方面：一是思想建党，二是组织管党，三是纪律治党。中国共产党成立后，经过十八年发展成为全国性大党的时候，毛泽东就把“建设一个全国范围的、广大群众性的、思想上政治上组织上完全巩固的布尔什维克化的中国共产党”视为一项伟大工程。从此，中国共产党的建设和治理也就有了“伟大工程”的理念。2017 年，党的十九大报告展现了这个“伟大工程”的总体框架和建设内容：“新时代党的建设总要求是：坚持和加强党的全面领导，坚持党要管党、全面从严治党，以加强党的长期执政能力建设、先进性和纯洁性建设为主线，以党的政治建设为统领，以坚定理想信念宗旨为根基，以调动全党积极性、主动性、创造性为着力点，全面推进党的政治建设、思想建设、组织建设、作风建设、纪律建设，把制度建设贯穿其中，深入推进反腐败斗争，不断提高党的建设质量，把党建设成为始终走在时代前列、人民衷心拥护、勇于自我革命、经得起各种风浪考验、朝气蓬勃的马克思主义执政党。”相比较党早期的建设，现有党的建设新的伟大工程，更加全面性和系统性，需要政治上更加坚定、制度上更加严格、行动上更加坚决，其成效直接决定着党这个擎天柱能否立得稳、立得住，直接决定着国家这个大厦的根基和栋梁。

与世界上其他政党相比，中国共产党建设这项伟大工程的特殊之处在于，要建设思想上政治上组织上完全布尔什维克化的党。这不是有限要求，而是无限要求，因为这个政党要承载的使命，不是掌握国家政权，而是要通过掌握政权建立新社会、新国家，开创新时代、新文明。于是，绝大多数政党视之为奋斗目标的国家政权，在中国共产党这里变成了手段，而持续推进社会革命、实现初心使命和远大理想则变成党为之奋斗的目标。所以，有人将中国共产党视为不同于政权党的使命党。政权党有政权党的建设逻辑，而使命党有使命党的建设逻辑。在使命党的建设逻辑中，持续不断的党员教育活动具有极为重要的地位和作用。

中国共产党承载的使命不是空泛的，而是实在的，这就是为中国人民谋幸福、为中华民族谋复兴、为人类谋进步、为世界谋大同；中国共产党承载的使命不仅立足当下和现实，而且立足未来和人类，这就是在世界上建设比资本主义社会更先进的社会主义社会、推动人类社会朝着实现人类解放的共产主义社会迈进。要承载起这样的使命，中国共产党就必须坚定信仰，这就是马克思主义信仰；就必须坚定信念，这就是社会主义信念；就必须坚定理想，就是共产主义理想；就必须坚守真理，这就是对人类社会发展规律的深刻把握；就必须坚守宗旨，这就是全心全意为人民服务的宗旨。这一切赋予了中国共产党同一般政党完全不同的鲜明特征和巨大优势。中国共产党只有将这些特征和优势内化为非同寻常的领导能力和执政水平，才能承担起相应的历史使命，才能在中国创造人类社会发展新历史。

中国共产党第一次遵循这个逻辑和要求来推进党的建设伟大工程，是在解放战争前夕的延安整风运动。延安整风运动虽然是针对年轻的中国共产党存在的种种问题而进行的，但由于一开始就立足党的建设之根本，立足于“伟大工程”，取得的效果异乎寻常，从而以超乎想象的成功赢得了解放战争胜利，赢得国家政权。这个成功实践探索出了党的建设“伟大工程”的建设路径，这就是以常态化的党的学习教育为机制，坚持不懈在思想上、政治上、组织上、纪律上、作风上加强党的全面建设。至于这种学习教育抓到什么程度、深入到什么深度，从毛泽东当年在延安整风时提出的要求就可见一斑：

“全世界的共产党，除了苏联共产党之外，只有中国共产党有根据地，可以教育与训练自己的干部。现在也许还感觉不到这有什么好处，如果延安失掉了，就会知道延安的好处了，有那么多的窑洞，还有二十二个文件可以阅读，可以讨论，更会想到这个时候吊儿郎当不注意学习是不应该的，那时候就会后悔的。延安失掉了还没有什么，张家也要独立，王家也要独立，那就不得了。所以就是延安失掉了，反主观主义也要搞，作战也要搞。总之，一定要搞，搞到哇哇叫也要搞，打得稀巴烂也要搞。要能对付以后的困难就得赶快搞，我们现在就要读这些文件。中宣部那个决定上说要写笔记，党员有服从党的决定的义务，决定规定要写笔记，就得写笔记。你说我不写笔记，那可不行，身为党员，铁的纪律就非执行不可。孙行者头上套的箍是金的，列宁论共产党的纪律说纪律是铁的，比孙行者的金箍还厉害，还硬，这是上了书的，《共产主义运动中的“左派”幼稚病》上就有。我们的‘紧箍咒’里面有一句叫做‘写笔记’，我们大家就都要写，我也要写一点。斯大林的十二条，不写一点笔记就研究不清楚。不管文化人也好，‘武化人’也好，男人也好，女人也好，新干部也好，老干部也好，学校也好，机关也好，都要写笔记。首先首长要写，班长、小组长都要写，一定要写，还要检查笔记。”“一定要这样做。无论什么人都要这样做，都要研究二十二个文件，要熟读，要搞通。我们对这些东西要表示态度，到底是赞成还是反对。如果以为这些文件不合马列主义原则，那就应该提出意见。如果以为没有违反马列主义而是站在马列主义立场，没有违反党的政策、党的原则而是合乎党的政策、党的原则的，便应表示拥护，表示赞成。要把中央的决心、高级干部的决心、中央学习组同志的决心带到下面去。一定要这样做，并且要进一步实行好。”①

中国共产党就是这样锤炼出来的。这种锤炼不是一时的，而是时时的；不是局部的，而是全面的。中国革命、建设、改革和现代化建设所创造的一切伟大奇迹，就是在时时锤炼中国共产党的“伟大工程”基础上铸就的。

实践表明，党的建设工作之所以伟大，一在于其一以贯之、与时俱进、持续不断；二在于其立足自身、自省自觉、自我革命；三在于其大党大治、严管严治、解决大党的独有难题。进入新时代，中国共产党立足永葆党的先进性、纯洁性和战斗力，立足党长期执政、国家长治久安和民族长盛不衰，把解决大党独有难题上升为党的建设伟大工程的核心任务。习近平总书记指出：“治国必先治党，党兴才能国强。全面从严治党永远在路上，党的自我革命永远在路上，解决大党独有难题是一个长期而艰巨的过程，既需要常抓不懈，又需要集中发力，及时消除一切影响党的先进性纯洁性的因素，清除一切侵蚀党的肌体健康的病毒，确保党永远不变质、不变色、不变味。”②作为世界上最大的马克思主义执政党，大就要有大的样子，大也有大的难处，必须时刻保持解决大党独有难题的清醒和坚定。具体来说，就是时刻清醒地面对和有效地解决诸如“如何始终不忘初心、牢记使命，如何始终统一思想、统一意志、统一行动，如何始终具备强大的执政能力和领导水平，如何始终保持干事创业的精神状态，如何始终能够及时发现和解决自身存在的问题，如何始终保持风清气正的政治生态”③等中国共产党这个大党必须解决的独有难题。解决这些难题，是实现新时代新征程党的使命任务必须迈过的一道坎，是全面从严治党适应新形势新要求必须啃下的硬骨头，也是新时代党

---

① 毛泽东：《关于整顿三风》，《毛泽东文集》第二卷，人民出版社，1993 年，第 415—418 页。

② 习近平 2023 年 4 月 3 日在学习贯彻习近平新时代中国特色社会主义思想主题教育工作会议上的讲话。

③ 习近平 2023 年 1 月 9 日在二十届中央纪委二次全会上的讲话。

的建设伟大工程必须攻克的难关和重任。

所以，对于中国共产党来说，党的建设伟大工程是同党的领导和执政始终相伴的工程，其核心就是党要管党、全面从严治党。正是在这个意义上，习近平总书记一再强调：全面从严治党永远在路上，只有进行时，没有完成时。

四、党的自我革命

大千世界，千姿百态，也千奇百怪，许多常识上认为不可能的东西，在现实中就存在。例如，我们习惯于把动物分为雌雄，但现实中就存在雌雄同体的生命。这种现象在动物界存在，在植物界也存在。实际上，所谓的例外，并不是例外，而是因为我们没有认识到，或者认识到了还无法心甘情愿接受。所有的例外，都是对人而言的，在大千世界就是实实在在客观存在的一部分，而且还是有机的、不可分割的一部分。

自然界是如此，人类社会也是如此。在当今世界，来自西方的观念认为，一个政治力量，除非有外部监督，否则不可能做到自我监督；除非上帝，否则不可能没有自己的特殊利益。基于此，西方的政治家和学者把多党政治、三权分立奉为圭臬，认为与西方这种“经典”模式相违背的政治形态，不是好不了、就是长不了，往往只能嘴上说说、纸上画画，难以变成真正的现实。但是，中国共产党的实践证明，人世间还是存在着一种全新的政治力量，它能够依靠自觉意识和自身行动进行自我革命和自我完善。这个力量就是中国共产党。中国共产党因此而伟大，中国共产党领导的中国因此而繁荣昌盛。中国共产党的这种自我革命能力，不是与生俱来的，而是在为远大理想和人民事业而进行的长期奋斗中形成的。换言之，这种能力虽然不是预设的或内置的，但却是内生的。因而，不是所有的政党，同时也不是所有的共产党都具备这种能力。也正因为这种特有性，世上有许多人认为这种自我革命是不可能的；也正因为这种非主观建构性，世上许多人认为这种自我革命不具有通则性，因而也不具有科学性和现实性。结果，面对拥有难以想象的强大生命力和领导力的中国共产党，许多人要么不敢直面现实，要么深感茫然，无法认清，更无法解释这种力量从何而来、为什么那么强大，于是不是玩起掩耳盗铃的把戏，就是给中国共产党贴上恶意的标签。

中国共产党之所以能够练就自我革命的能力，最根本的就在于中国共产党不是现代民主制度的产物，而是现代社会革命的产物。这个现代社会革命，是立足当下、面向未来的现实运动，是长期的历史运动，不仅服务于民族，而且服务于人类，其历史使命是实现人类解放。马克思主义称之为共产主义运动。这样的社会革命运动一旦在现实中展开，在呼唤出先进政治力量的同时，也不断地锤炼其所呼唤出来的政治力量，并使其拥有一般政治力量所不可能具有的品质和能力。以马克思当年领导的国际共产主义运动为起点的这种社会革命力量，曾以多种名字来称呼，如革命者同盟、布尔什维克等，最后用了人们习以为常的“政党”这个概念来这称呼这种力量。其实，这种力量不是一般意义的现代政党，而是完全不同于一般政党的独特政治力量，其最大特殊性就在于具有自我革命性。这种自我革命性就根植于马克思主义政党坚持不懈为共产主义理想而奋斗的共产主义运动中。共产主义运动之所以能够赋予马克思主义政党自我革命的能力，同这一运动对相应政治力量的要求有直接关系：

第一，这一运动要不断为人类社会开辟未来，这就要求承载这样的政治力量，必须是先进的生产力代表，以便始终走在时代前列，有效组织和动员最先进生产力推动社会发展、促进社会变革。开拓、创新、变革以及革命，是这种力量的内在属性。

第二，这一运动不是为特定阶级、特殊集团服务的，而是为全体人民、为全人类服务的，这就要求承载这一运动的政治力量，除了人民利益和人类使命，不应该、也不可能有自己的特殊利益，必须是大公无私的。

第三，这一运动所造就的任何现实、所取得任何成就，不论多么辉煌、不论多么伟大，都不过是共产主义运动的一个部分、一个环节或一个阶段，既不是绝对的、神圣的，也不是至高的、永恒的，这就要求承载这一运动的政治力量，必须永不停歇地往前走，不断追求既符合现实又高于现实的前进目标。

第四，这一运动无疑是长期的和艰巨的，这就要求承载这一运动的政治力量，从一开始就必须有远大的理想，在代表运动现实的同时，也代表运动未来，并做好长期建设、长期奋斗、长期革命准备。这种长期性对政治力量自我建设和自我发展提出了很高要求，并在实践中促其不断形成拥有永葆初心使命、确保长期领导执政的体制和机制。

第五，这一运动是在不断进行的社会革命中展开的，这就要求承载这一运动的政治力量，既要顺势而动，又要积极作为，坚持不懈领导人民进行社会革命，推动社会革命进程不断向前，使其成为人类社会实现自我解放的强大而持续的历史动力。对于承载这一运动的政治力量来说，领导社会革命是其责任，推动社会革命是其使命，因而它同永续社会革命相伴相生，并依靠领导永续社会革命实现自我完善和发展，以保持应有的属性和能力。

第六，这一运动的真正力量是人民，人民是创造历史的英雄，是推动历史发展的真正力量，这就要求承载这一运动的政治力量，必须根植人民、保持同人民的血肉联系、鱼水关系，全心全意为了人民、依靠人民，进而接受人民的监督和评价。

综上所述，中国共产党所奋斗的共产主义运动，实际上赋予了中国共产党三大法宝：一是远大的共产主义理想；二是永不间断的社会革命；三是永远同人民保持血肉联系。这三大法宝共同铸就了中国共产党自我革命的动力之源和能力之本。

第十三章

组织与治理

人是天生的社会动物，其社会生活必然形成组织，反过来组织就成为支撑和维系人们社会生活的基础和平台。这样，在人与整个社会之间，就有两层组织介体：一是基于生命生产而形成的组织介体，即家庭；二是基于社会生产和交往而形成的组织介体，即组织。由此，人们的生产与生活形成了一个组织化的链条：即个体、家庭、组织、社会与国家。它们之间的关系犹如俄罗斯套娃，最小、最核心的是人，最大、最外围的是国家。在这个组织化链条中，组织是最重要的介体，它决定着个人与家庭，同时又支撑着社会与国家。中国传统社会是宗法社会，人的生产与生活是以家庭为单位，以村落为主要空间展开的，因而家族组织就成为连接个人与社会以及个人与国家关系的核心介体，国家也就自然成为“集家而成”的政治共同体。梁漱溟先生因此认为中国传统社会最大的缺陷就是没有集团生活。然而，迈入现代之后，随着家族社会的解体、现代生产方式和生活方式的出现，组织替代了家庭成为现代中国社会的核心介体，大多数的社会成员都被吸纳到各种单位组织之中，中国社会由此从家族社会进入到单位社会。然而，改革开放之后，尤其是社会主义市场经济全面展开之后，人的社会存在开始从作为单位一员的共同体存在转变为作为社会一员的独立个体存在，单位组织开始松懈，其中不少的单位组织走向消亡。在这样的形势下，人们在市场经济生产和自主社会交往中形成的各种社会组织就成为十分重要的介体，成为下整合个体、上支撑社会与国家的核心介体。所以，进入2000年之后，中国的国家治理开始全面重视各种社会组织建设，不仅赋予其社会建设和社会治理的功能，而且赋予其民主实践和社会服务的功能。

作为一个共同体，今天的中国实际上是确立在党的体系、国家体系、社会体系与市场体系基础之上，中国实际存在的组织，既来自个体生产生活的需求，也来自这四个体系维系自身、发挥自身功能的需求；由此而形成的各类组织，不仅要满足人们对生产和交往的需求，而且要满足这四个体系所共同承担的治理功能实现的需求。这决定了对中国组织与治理的关系的考察，不能仅仅关注社会组织，还必须关注各类的政治组织以及体现为企事业单位的各类经济生产组织和公共服务组织。

一、党的基层组织

社会主义中国是党领导人民建构起来的，党领导人民进行革命和建设的重要组织手段就是党的基层组织。建党、建军进而建国，是中国共产党领导人民革命和建设国家的基本行动议程。革命胜利后，这三个行动及其过程完全统一在一起，形成了治党、治军与治国的三者有机统一。从整个革命历程来看，建党与建军的统一是党进行革命和建设的首要议程和根本保障。当年孙中山先生也强调这种统一的重要性，认为党只有拥有了为党的主义而奋斗的军队，党才能最终赢得政权、建立国家。但在将这种统一落在实处的问题上，以孙中山为代表的国民党没有最终解决。大革命失败之后，毛泽东充分意识到建党与建军要统一，要掌握军队、指挥军队，就必须深入到军队之中。于是，在著名的“三湾改编”中，毛泽东创造性地将党的支部建在了部队的连上。这个实践不仅奠定了党与军队的内在关系，在组织上保证了党对军队的领导，而且也由此将“支部建在连上”上升为党赢得政权后组织社会、治理国家的基本原则。

作为组织建设的方略，“支部建在连上”就是强调党的组织应该建在最基层，并通过发挥党的基层组织作用，来保障和实现党的领导。作为党的领导方略和原则，“支部建在连上”所具有的政治效用是根本性的：首先，从组织上保证了党对军队的绝对领导；其次，党能够紧密联系群众、凝聚群众，为领导和执政打下坚实的阶级基础与社会基础；第三，党自身能够由下至上地建构起党领导军队和国家的领导体系。中国共产党不同于其他政党的关键之处，就是其整个领导体系在逻辑上不是从上往下延伸的，相反是从下往上生长。具体来说，它不是通过简单地聚集精英力量或权力力量来建构其领导体系，而是通过凝聚大众力量和社会基层力量来支撑其领导体系和领导能力。所以，对中国共产党来说，聚集精英力量固然需要，但最为关键和最为根本的是凝聚大众力量。此外，党内的民主集中制要求党的基层组织是产生党的地方组织和中央组织的基础。① 所以，对中国共产党来说，基层组织是其根与源，真可谓“基础不牢，地动山摇”。

“支部建在连上”看起来是党的组织嵌入军队系统，其实并非完全如此。因为中国共产党领导的早期军队不是正规的军队，而是各种力量的聚合。毛泽东在《井冈山的斗争》中分析了军队的成分：“红军成分，一部是工人、农民，一部是游民无产者。游民成分太多，当然不好。但因天天在战斗，伤亡又大，游民分子却有战斗力，能找到游民补充已属不易。在此种情形下，只有加紧政治训练的一法。”② 由此可以断定，“支部建在连上”实际上是一种建

① 中共中央党校党的建设原理教研室编著：《中国共产党基层组织建设》，中国方正出版社，1995 年，第 3—4 页。

② 毛泽东：《井冈山的斗争》，《毛泽东选集》第一卷，人民出版社，1991 年，第 63 页。

军模式，既以党的组织为核心，通过党的政治功能和组织功能来建立军队、塑造军队。可以说，军队是以党的组织为核心建构和塑造起来的，具有高度纪律性的党的组织原则和运行方式因此直接塑造了中国军队的组织形态和运行逻辑。中国共产党领导的武装斗争的胜利及其所带来的新民主主义革命的成功，充分证明这种组织方式是有效的、可行的，能够达到最终目标的。

因而，革命胜利之后，当中国共产党面临着如何全面重新改造半殖民地半封建社会，建立新社会、新国家的时候，也很自然地将其建军的方式直接带入到社会改造与社会主义国家建设之中，其行动逻辑也是一样的，看起来是将党的组织嵌入到社会的各个领域之中，而实际上是通过党的组织撬动社会的全面改造，使整个社会以党的基层组织为核心点进行全面的调整、再造和组合。为此，新中国成立之后，一方面整顿既有的党的组织，保持其成员的纯洁性；另一方面在没有党员的各个领域和地区发展党员，建立党的支部，进而借党支部和党员的作用，改造相关的领域与地区，全面推动社会改造。陕西省委于 1951 年 7 月 24 日颁布的《关于整理党的基层组织和发展新党员的计划》中提出，根据老区党员比例大大高于其他地区的情况，老区暂停发展新党员；而在工厂、企业、学校及完成土地改革的新区农村则需要接收具备党员条件的人入党。在工厂、矿场中发展党员的对象首先是各种积极分子及工龄较长的工人、技术工人与熟练工人；其次是普通工人和一般职员。争取两年内在没有党的组织或只有个别党员的工厂、矿场中，特别是在有 50 人以上职工的工厂、矿场中，逐渐建立起党的组织，使党员人数占工人的 5% 或 10%；在已达上述标准的工厂、矿场中，使党员人数发展到工人的 10% 或 20%；在机关和高中以上学校中有计划地接收一批新党员。在已完成土改的关中农村，吸收真正具备党员条件者入党。该计划规定农村每年接收新党员两次，工厂、机关、学校等每年接收新党员 3 次到 4 次。[①] 由此

① 张明楚主编《中国共产党基层组织建设史》，福建人民出版社，2008 年，第 211—212 页。

可见，当时的党员发展已不仅仅为党员人数的增加而发展，而是从实现党员和党组织的全方位布局而发展，其目的就是建立以党组织为核心的社会与国家组织体系。

在今天的中国，党组织的建设原则是：单位原则和地区原则，即按照生产（工作）单位和地域设立党的基层组织，使党组织嵌入到每个社会基层组织中。这样，党的基层组织就同时作为组织力量和领导力量布局于各行各业、城市乡村、党政军各个部门，既是党的领导体系，也是党的工作体系；既是国家各个体系、各机构的组织核心，同时也是运作国家各体系、各机构的主体力量。改革开放以来，中国社会结构和社会组织方式发生了深刻变化，随着传统的单位组织松懈，人员流动增大，各类新社会组织、新经济组织涌现，为了适应这个变化，党的基层组织建设开启了一场消灭“空白点”以及加强流动党员管理的党建行动，以巩固党的执政基础和执政能力。从面上看起来，消灭“空白点”仅仅是强调党组织建设的全覆盖，保持原有的格局和优势，巩固执政基础，但从根本上看，还是要保障党对社会的有效治理能力，原因在于这些党的基层组织除了组织和管理党员之外，都有相应治理职能，中国共产党就是通过这一庞大的组织网络及其所形成的治理体系，来协调、整合和治理中国这样超大规模的社会的。为此，有必要在此呈现整个党的基层组织体系及其相应的治理功能。

根据党的基层组织建立原则，可以把党的基层组织归纳为六种类别①：

一是街道、乡、镇党的基层委员会和村党支部，在本地区处于领导核心地位，领导本地区的工作，支持和保证行政组织、经济组织和群众自治组织充分行使职权。

二是国有企业中的党的基层组织，发挥政治核心作用，围绕企业生产经营开展工作。保证监督党和国家的方针、政策在本企业的贯彻执行；支持厂

---

① 中共中央党校党的建设原理教研室编著：《中国共产党基层组织建设》，中国方正出版社，1995 年，第 7—8 页。

长（经理）依法行使职权，坚持和完善厂长（经理）负责制，全心全意依靠职工群众，支持职工代表大会开展工作；参与企业重大问题的决策；领导思想政治工作和工会、共青团等群众组织等。

三是学校中的党组织，处于政治领导地位。学校实行党委领导下的校长负责制，党委是学校的政治领导核心，围绕学校的改革和发展，加强和改进德育工作，保证学校执行党的办学方针和办学方向，对重大问题进行讨论和作出决定，同时保证行政领导人充分行使自己的职权。

四是各级党和国家机关中党的基层组织，处于保证监督地位，协助行政负责人完成任务，改进工作，对包括行政负责人在内的每个党员进行监督。不领导本单位的业务工作，要紧密结合本单位的业务工作，抓好思想政治工作。

五是人民解放军连队中的基层党组织，处于领导地位，是军队基建单位思想政治工作的具体组织者和实施者，是实现党对军队绝对领导的组织法则和保证。

六是新经济组织与新社会组织中的基层组织，处于保障地位。

二、党派与政协

在中国，除了中国共产党之外，重要的政治组织就是民主党派与人民政治协商会议。和中国共产党一样，民主党派也是在中国革命的历史中形成的，即“在抗日反蒋斗争中形成的以民族资产阶级及其知识分子为主的”[①]党派组织，一定意义上讲，是社会各界进步人士为寻求国家独立、建立新中国而组织起来的党派。在新中国成立过程中，民主党派在中国共产党领导下，

① 毛泽东：《论十大关系》，《毛泽东选集》第五卷，人民出版社，1977 年，第 278—279 页。

与中国共产党一起共商建国大计，共议《共同纲领》。新中国的成立，实现了民主党派的历史使命，但为了中国共产党能够有效地领导新生国家的建设和发展，中国共产党依然坚持要将共同参与建国的民主党派保留下来，并与中国共产党一起构成“长期共存、互相监督”的政治局面和中国特色的政党制度，以保证党的领导和人民民主的实践有良好的政治生态。保留了民主党派，也就自然延续了中国共产党与民主党派以及社会各界人士共议国是的组织平台，这就是人民政治协商会议。在建立新中国的时候，中国共产党就将人民政协明确定位为统一战线组织，周恩来阐述了这个政治论断：“中国人民政治协商会议是一个包含了工人阶级、农民阶级、城市小资产阶级、民族资产阶级和一切爱国民主人士的统一战线组织。既然是这样一个组织，就不应该开一次会议就结束，而应该长期存在。中国人民政治协商会议是个长期性的组织。这一点相信大家都是赞成的。”[①]可以说，中国共产党与民主党派所代表的社会各界合作创造了人民政治协商会议这个组织；而这个组织对党的统一战线、对中华人民共和国的成立以及对社会各阶级力量的团结与联合，都具有的独特价值和作用，成为新中国建设和发展不可缺少的“长期性”政治组织。

在组织形态上，民主党派虽然是精英性组织，但还是代表和联合了特定的社会阶层与社会群体，因而具有从社会阶层或社会群体的角度组织社会的功能。周恩来明确指出：中国的民主党派“是从中国的土壤中生长出来的”，“每个党派都有自己的历史，都代表着各自方面的群众”。因而，“民主党派在人民民主统一战线中起着相当重要的作用”。[②]在这里，周恩来强调了民主党派组织本身对社会的组织作用。中国共产党认为新中国所建立的新社会，

① 周恩来：《关于人民政协的几个问题》，《周恩来统一战线文选》，人民出版社，1984 年，第 136 页。

② 周恩来：《发挥人民民主统一战线积极作用的几个问题》《处理好人民民主统一战线中的四个关系》，《周恩来统一战线文选》，人民出版社，1984 年，第 160—177 页。

不仅应该是以党的基层组织为核心全面组织起来的社会，而且也应该是各个阶级、阶层和群体也全面组织起来的社会。周恩来明确指出："我们人民民主专政的国家，现阶段是四个民主阶级的联盟，工人阶级在任何地方都可以碰到其他阶级的人，问题只是有组织与无组织罢了。事实说明，有组织比没有组织更好。我们已经把工、农、妇、青组织起来。同样，把上层政治活动分子组织起来也有必要。组织起来好处很多，便于他们学习，便于他们把各个阶级的意见反映给我们，在政治上他们也能够更好地同我们合作和配合，有些工作他们去做有时比我们更有效，在国际上也有影响。"[①]在此，周恩来强调了从阶级、阶层和群体来组织社会的重要性，其中重要的是，这种组织能够保证中国共产党通过统一战线将组织起来的各阶层和群体人士团结在中国共产党周围。

综合上述分析，中国共产党组织中国社会的体系实际上是一个纵横结构：横向结构通过党的各级、各类基层组织及其所形成的网络构成；纵向结构通过党派组织以及工青妇等人民团体来完成。横向结构聚合确立在广泛而普遍存在的党基层组织之上；纵向结构聚合确立在党的统一战线及其组织平台"人民政治协商会议"之上。实践表明，中国社会发展对纵向结构组织体系所产生的治理需求是与日俱增的。

横向结构聚合是在基层社会聚合基础上逐级上升的，因而对于横向聚合来说，基层社会的聚合是很重要的，在这方面党的基层组织网络建设无疑具有决定性的作用；而纵向聚合则主要是对因职业分途或社会角色分途形成不同社会群体的聚合。在近代中国社会转型中，中国民主党派主要基于纵向阶级联盟或特定社会群体聚合而建立起来，因而具有政治联盟性质。这些民主党派与共产党共同反对国民党的统治，向往建立民主共和的新中国，所以与中国共产党拥有共同的政治基础和奋斗目标。中国共产党就是通过团结

---

① 周恩来：《发挥人民民主统一战线积极作用的几个问题》，《周恩来统一战线文选》，人民出版社，1984 年，第 172 页。

和联合这些党派来全面地凝聚人民，团结各进步力量，协商建立中华人民共和国。新中国成立后，中国共产党坚持保留民主党派，自然也同时保留了民主党派与其原先所联系的社会力量之间的内在关系，从而在客观上使得民主党派成为帮助共产党实现对中国社会进行纵向结构聚合的重要组织载体和机制。

目前八个党派分别聚合不同的社会阶层和社会群体：中国国民党革命委员会，以同原中国国民党有关系的人士、同民革有历史联系和社会联系的人士、同台湾各界有联系的人士、社会和法制专业人士、农业农村农民工作研究领域专业人士为对象，着重吸收其中有代表性的中上层人士和高、中级知识分子。中国民主同盟主要由从事文化教育以及科学技术工作的高、中级知识分子组成。中国民主建国会主要由经济界人士组成。中国民主促进会是以从事教育文化出版工作的高、中级知识分子为主。中国农工民主党是以医药卫生、人口资源和生态环境领域的高、中级知识分子为主，加上相关的业界人士。中国致公党是以归侨、侨眷中的中上层人士和其他有海外关系的代表性人士组成。九三学社是以科学技术界的高、中级知识分子为主。台湾民主自治同盟是由台湾省人士组成的社会主义劳动者、社会主义事业建设者和拥护社会主义爱国者的政治联盟。看得出，这些民主党派联络和组织的实际上是社会精英，其核心主体是知识分子和各业界的优秀精英，但这些党派毕竟是历史的产物，其所联系的对象和群体带有历史规定性，无法覆盖整个中国社会的阶层和群体结构。但是，中国共产党与各民主党派在协商建国中建构起来的中国人民政治协商会议则直接弥补了这方面的不足，因为人民政协会议的委员除了来自中国共产党、各民主党派外，很大一部分来自各界代表人士。

人民政治协商会议委员一开始就是由党派、人民团体和界别的代表人士构成的，以体现人民政治协商会议是全社会各方力量的代表共议共商国是的制度空间。1949 年 6 月 15 日，新政治协商会议筹备会第一次全体会议通过的《关于参加新政治协商会议的单位及其代表名额的规定》，确定参加第一届政协的单位有 46 个，包括各民主党派、人民团体、无党派人士，代表中有工人、农民、人民解放军、妇女、青年、学生和来自文艺界、新闻界、工商界、自然科学界等界别的工作者。新中国成立后，针对人民代表大会制度实行后统一战线的组织问题，中共中央于 1953 年召开了全国统战工作会议，并批准下发了《全国统战工作会议关于人民代表大会制实行后统一战线组织问题的意见》(以下简称《意见》)，明确全国人民代表大会召开后，中国人民政治协商会议不再代行全国人民代表大会的职权，而是作为独立的统一战线组织而继续存在。该《意见》提出“参加全国统一战线组织的单位，大体可分为下列几类：一、党派，即中国共产党与各民主党派。二、人民团体：中华全国总工会、中华全国民主妇女联合会、中华全国民主青年联合会、中华全国合作社联合总社、中华全国工商联、中国人民救济总会。中国伊斯兰教协会、中国佛教协会、基督教革新筹备委员会等。三、农民。四、少数民族。五、教育、文艺、自然科学、新闻出版、社会科学、自由职业、医务、体育界。六、华侨。七、特邀”。1954 年，中国人民政治协商会议第二届全国委员会的参加单位发生了变化，区域代表、军队代表由于有了人大这个制度平台，不再作为参加政协的单位，中国人民政治协商会议全国委员会改由党派、团体、界别、特邀四个方面组成，即由中共、民革、民盟、民建、无党派、民进、农工、致公、九三、台盟、青年团、工会、农民、妇联、青联、合作社、工商联、文联、自然科学团体、社会科学团体、教育界、新闻出版界、医药卫生界、对外和平友好团体、社会救济福利团体、少数民族、华侨、宗教界共 28 个单位和特别邀请人士组成。以后各届全国委员会的界别略有变化，有的因阶层的消失而取消，有的则是新设。如第五届全国政协，取消“合作社”，增设“体育界”。第六、七届全国政协分别增加了“中华全国台胞联谊会”和“港澳同胞”的委员。第八届全国政协增设了“经济界”，同时将“社会福利界”改为

"社会福利和社会保障界",将原来的"港澳同胞界"分为"香港同胞界"和"澳门同胞界"。目前,政协第十四届全国委员会由34个界别组成,包括中国共产党、中国国民党革命委员会、中国民主同盟、中国民主建国会、中国民主促进会、中国农工民主党、中国致公党、九三学社、台湾民主自治同盟、无党派人士、中国共产主义青年团和中华全国青年联合会、中华全国总工会、中华全国妇女联合会、中华全国工商业联合会、中国科学技术协会、中华全国台湾同胞联谊会、中华全国归国华侨联合会、文化艺术界、科学技术界、社会科学界、经济界、农业界、教育界、体育界、新闻出版界、医药卫生界、对外友好界、社会福利和社会保障界、环境资源界、少数民族界、宗教界、特邀香港人士、特邀澳门人士、特别邀请人士。地方政协界别的设置基本上是参照全国政协的做法。

从人民政协界别结构及其历史上的变化可以看出,人民政协界别的设立,一方面力图要将各类重要的社会和政治组织纳入到人民政协这个平台上来,另一方面也要尽可能地将各类社会力量,不论是既有的,还是新生的,都整合到政协这个平台上来,给予参政议政的空间,从而在基本制度上体现和保障人民当家作主。由于人民政协不是一个权力机构,加上以往民主法治不健全,所以长期以来在中国的政治生活中,人民政协机构及其委员的象征性意义要强于实质性的作用。然而,随着协商民主明确为中国人民民主的重要形式,强调协商是党和政府的前提与过程,人民政协所具有的实质性作用正在逐渐显现,着重体现为两点:一是其利益表达有了更强的影响力;二是其所承担的使命和所拥有的职能对国家政治过程的作用和影响更加直接、全面和深入,成为没有国家权力、但却有政治权威的机构和力量。这些变化使得民主党派与人民政协,不仅是人民民主价值、制度和组织结构中的重要组成部分,更为重要的是直接成为中国国家治理体系的主要组成部分,发挥着特殊的、不可替代的作用。

三、社会组织

近代以来的中国革命，不论从现代化的逻辑出发，还是从社会主义革命和建设的逻辑出发，都必然是以彻底摧毁既有的国家体系和社会组织为其内在使命和现实任务。这决定了革命后建立起来的中国现代国家体系、社会体系与中国传统的国家、社会之间缺乏直接的历史继承性。但是，这并不意味着中国在前现代长期形成的国家与社会格局及其背后的历史和文化对其新建立国家和社会没有任何影响，其中一个重要例证就是社会组织。

著名学者梁漱溟先生在《中国文化要义》中认同梁启超先生关于中国传统社会是以家族为单位组织起来的判断，但同时基于与西方社会比较，又提出另一个判断，即中国是缺乏集团生活的国家。实际上，这两个判断是联系在一起的。家族繁盛就意味着每个个体难以作为独立的社会个体存在，而所谓的集团生活却是以个体为单位形成的有目的的组织集合；同时，家族作为生产和生活的组织主体，也全面满足了社会生产和生活对组织的内在需求，于是非家族、非国家的社会组织也就失去了生成与发育的内在动力。然而，我们由此断言即使到了现代化发展阶段，社会组织在中国也难以得到有效发展。实际上，在新中国成立之前，处在半殖民地半封建状态的中国还是出现了现代政党以及各类的社会组织，只不过这些社会组织对近代中国国家与社会转型的决定作用不那么强烈。也正因为如此，中国共产党在建立新国家、新社会的过程中，在全面清除传统中国遗留的各类封建组织的同时，也全面清除了近代国家转型中滋生出来的各类社会组织，从而建构了以党的基层组织为基础的社会主义国家与社会体系。在这样的结构体系中，党组织基本上全面整合了源于中国传统社会和近代国家转型所形成的各种组织体系，形成了以党的领导为核心、以党的组织为网络、以政府组织为主干的国家组织和治理体系。其中，处于党与国家之外的社会组织力量基本上失去了独立地位和自主发展空间。所以，改革开放前的中国国家与社会治理体系，主要通过党的组织、党所领导的政府组织以及作为党的外围组织的各类人民群众团体来实现。

必须指出的是，新中国的国家体系以及国家治理体系，从一开始就承认社会团体是国家组织的单位之一，同时也是国家治理的单位之一。不论是《共同纲领》，还是“五四宪法”都明确将社会组织以“人民团体”的名义列入其中。之所以用“人民团体”来概括社会组织，有两个原因：一是尊重概念的继承性，因为国民党政府就曾经用“人民团体”来概括社会组织，作为法律上的界定：国民政府于 1942 年 2 月通过的《人民团体法》将“人民团体”分为三类：职业团体、社会团体和政治团体。二是中国共产党强调国家的人民性。实际上《人民团体法》规定“人民团体”不得主张共产主义，但新生的政权并没有因此否定和放弃这个概念，其中最重要的原因之一，就是毛泽东在《论人民民主专政》中明确赋予新生国家以鲜明的人民性：“我们现在的任务是要强化人民的国家机器，这主要地是指人民的军队、人民的警察和人民的法庭，借以巩固国防和保护人民利益。”所以，中国共产党是在人民共和国框架下沿用这个概念，并直接赋予其鲜明的政治性。在《共同纲领》与“五四宪法”中，“人民团体”虽然代表社会组织，但不再是一般的社会组织，是既具有法律地位又具有政治地位的社会组织。政治地位体现为人民团体成为统一战线的组成部分，并与各民主党派具有同等的地位，进而也理所当然地成为人民政协界别结构体系中的一部分。这种政治地位直接决定了其法律地位，在国家治理中，它成为代表人民和组织人民参与国家治理、监督国家治理的组织机构，并拥有了宪法规定的权利和义务。“人民团体”成为选取、改造和整合其他各类组织的组织范畴和组织平台，也就成为社会组织唯一合法的组织形态，其他范畴的社会组织难以得到独立的发展地位和发展空间。但是，人的社会属性天然具有建构自己组织的内在需求，不论国家的规定如何具体，划定的边界如何清晰，人们都会千方百计地在各种组织和制度的空隙中发展自己需要的组织，所以在实践中，“人民团体”为了能够更为广泛地包容其他范畴的社会组织，逐渐延伸出有官方地位、但没有明确法律地位的类似概念，如“人民群众团体”或“群众团体”，并有意识地用这种多少有点模糊化的概念来默认人民群众实践中成长起来的新的团体和组织。

改革开放前的中国，对社会组织在国家中的地位和作用，一方面就是将其政党化和政治化，直接纳入到党的统一战线和社会工作体系，所以人们习惯上将这些人民团体直接视为党的外围组织；另一方面不断地用党组织和单位组织来替代社会组织，在“文化大革命”最极端的时候，“人民团体”本身也差不多失去了应有的生存空间。1975 年、1978 年宪法根本就没有出现“人民团体”这个概念，甚至“团体”这个概念也没有了。

改革开放是社会组织在中国发展的转折点。首先，1982 年宪法不仅恢复了人民团体在宪法中的地位，而且在人民团体之外，提出了“社会团体”，并将其上升为主概念，成为与国家机关、武装力量、政党、企业、事业组织并列的法定国家组织单位之一；与此相应，“人民团体”就作为“社会团体”中的一种类型而存在。根据 1982 年宪法，“人民团体”特指的是党为建立统一战线，推动统一战线工作而建设和联络的社会团体，是人民政协的重要组成部分，它主要包括工会、共青团、妇联、科协、作协、侨联、台联、文联、工商联、社科联。1982 年宪法序言是在这样的语境中陈列“社会团体”的：“全国各族人民、一切国家机关和武装力量、各政党和各社会团体、各企业事业组织，都必须以宪法为根本的活动准则，并且负有维护宪法尊严、保证宪法实施的职责。”基于此，“社会团体”是对除国家机关、武装力量、政党、企业事业组织之外的团体组织的总称，因而它既包含出于党的领导和国家治理需要所建立和联系的团体与组织，也包含社会群众基于自身的意愿和需要依法建立的各种社会组织。1982 年宪法的这个变化为社会组织在中国的全面发展提供了根本性的法律空间。

但是，1982 年宪法所指称的“社会团体”，其原意依然是党和国家所建构的各种团体与组织，并力图借助这个概念使得“人民团体”指向专门化。因而，改革开放后由社会大众自发产生的团体与组织，一开始并没有冠以“社会团体”，而是冠以“民间组织”，以区别于官方确立的团体和组织。但在社会上，尤其是学术界，“民间组织”和“社会组织”往往是混用的，其背后的直接动机是力图给“民间组织”以切切实实的社会地位。这种困扰与党和政府在如何正视“民间组织”或“社会组织”发展问题上长期比较纠结有直接关系。1987 年党的十三大报告从政治体制改革角度出发，第一次在党的报告中提及社会团体与社会组织。但由于改革战略调整等方面的原因，在推行社会主义市场经济之后召开的 1997 年党的十五大没有提及“社会团体”，更没有“社会组织”或“民间组织”的字眼。2002 年党的十六大虽然没有提及“社会组织”，但是用了“社会团体”与“社会中介组织”这两个概念，并开始重视它的实际作用和价值。2007 年在党的十七大上，中国的国家建设在传统的政治、经济与文化建设的“三位一体”结构基础上加上了社会建设，提升为“四位一体”结构，因而，党的十七大报告第一次全面肯定了社会组织在社会建设中的重要作用，强调其建设和发展不仅有利于基层自治民主，而且有利于社会治理。至此，“民间组织”就彻底被规范为社会组织，并全面纳入到整个国家组织和治理体系之中。

尽管 1997 年党的十五大没有提及“社会团体”，但 1998 年国务院颁布的新修订的《社会团体登记管理条例》第一次对“社会团体”给出了界定，明确“社会团体是指中国公民自愿组成，为实现会员共同意愿，按照其章程开展活动的非营利性社会组织”。这相对于 1989 年国务院颁布的《社会团体登记管理条例》有了重大变化：一方面明确了社会团体是公民自愿成立的组织；另一方面不再简单地从控制社会团体的角度来定位这个条例。实际上，1989 年的《条例》是在全面修订 1950 年的《社会团体登记管理条例》的基础上形成的，这两个条例基本上还是从严格管理社会团体角度出发的。虽然 1998 年对该条例的修订并没有完全脱去对社会团体管理性的强调，但其对“社会团体”所具有的公民自愿性和社会性的认定，实际上充分承认了公民结社自由所具有的合法权利以及社会团体在社会中存在与发展的权利。此后，中国的社会组织有了很大发展，党的十七大在提出社会建设的同时，也全面肯定了社会组织在社会建设中的地位与作用。

目前，相对于社会团体来说，社会组织已经上升为外延最大的概念，在负责社会组织管理的民政部门中，社会组织包括三类：社会团体、基金会和民办非企业单位。截至 2024 年三季度末，全国共登记社会组织 87.9 万家，其中社会团体 38.0 万家，包括行业协会商会 10 万余家，拥有企业会员总数约 770 余万；另有基金会 9700 余家，社会服务机构 48.9 万家。此外，积极培育发展社区社会组织，全国目前共有各类社区社会组织约 270 万家。[①]

四、企事业单位

企业、事业组织在世界各国都存在，是现代国家组织和管理生产与生活的基本组织单位，自然是国家与社会治理的重要要素。除了那些本身具有直接社会服务与管理职能的企事业单位之外，许多时候企事业单位都是从自身所承担的社会责任出发，直接或间接地参与国家与社会治理。中国的企事业单位也不例外。但正如不同国家内部的企事业组织会以不同的方式参与国家与社会治理一样，中国也有自己的方式。中国独特的方式在很大程度上来源于中国企事业组织背后的单位体制及其所形成的传统。

根据建设社会主义社会的内在要求，新中国是按照这样的逻辑来建构新社会的：个人原则上纳入一定的单位组织，单位组织原则上以党的组织为核心，单位组织在供给人们生产岗位的同时，也供给基本的生活保障。企事业

① 资料来自中国民政部网站：https:// www.mca.gov.cn。

背后的单位体制就是这样建构起来，其确立的经济基础是国家所有制与集体所有制及其所支撑的计划经济；而其确立的政治基础是党的领导体制以及基于计划经济形成的政府行政主导体制。因而，在计划经济体制下，企事业单位，既是一个有特定功能的单位组织，但同时又是一个直接承担组织社会、服务社会和管理社会的组织。虽然企事业单位主要在城市，但农村合法化运动之后，尤其是建立人民公社制度之后，农村公社与大队体制也在一定程度上将农村单位化了，因为公社体制既是一个生产组织体制，同时也是农村基层社会和基层政权组织体制。[①] 可以说，计划经济时代中国社会的单位化是全面的，单位组织以及单位体制自然也就成为中国社会组织和治理的基本形态。

在单位体制下，不论是企业单位组织，还是事业单位组织，或是农村的公社体制下的大队或生产队，都全面管理着每个人的生产、生活、思想，甚至家庭和家庭关系，它们在将个人凝聚为集体的同时，也实现了对个人比较全面的服务和管理。这种单位体制是计划经济时代的产物。虽然随着农村公社体制的终结，中国从计划经济全面走向市场经济，单位体制也随之走向式微，但单位体制与公有制、与党的领导之间所具有的内在契合性还是继承了下来，以至于今天的企业和事业单位，依然在国家与社会治理中起着比较特殊的作用。

改革开放从多方面冲击着改革开放前的单位体制：首先是农村公社解体，农民重获生产自主权，农民涌入城市，在创造劳动力市场的同时，也孕育出了非单位制的非公经济组织；其次，随着企业的所有制改革以及现代企业制度的建设，企业全面回归企业的本性，企业与职工关系也走向合同制，职工的社会保障逐渐从企业剥离出去，交给社会和政府；再次，随企业改革而展开的事业单位改革也逐渐使事业单位从政府性组织走向社会公益性组

① 参见张乐天：《告别理想：人民公社制度研究》，上海人民出版社，2012 年。

织，其内在的功能日益社会化，现在很明确：事业单位是指国家为了社会公益目的，由国家机关举办或者其他组织利用国有资产举办的，从事教育、科技、文化、卫生等活动的社会服务组织。最后，企事业组织的运行与发展都将从原来以政府指导为主走向政府指导与市场规则相结合的方式，其市场取向、社会取向更加鲜明。随着单位体制的式微，既有的这些单位组织不再是传统的半社会化的单位，而是日益回归其单位组织性质所决定的内在功能，成为一个市场化、社会化的功能性的单位组织，因而其对社会的组织和治理作用，就不像单位体制那样是全能性的，而更多是专业性的和功能性的。

即使发生如此巨大的变化，还是要看到中国企事业单位在国家与社会治理中所具有的独特作用。其中的关键有两点：其一，中国是社会主义国家，实行以公有制为主体的社会主义经济制度，企事业单位无论如何必须服务于这种国家的政治和经济制度，保证其基础与运行；其二，中国是以中国共产党为领导核心的国家，党的领导是社会组织与国家治理的基础与原则，党在企事业单位的领导地位决定了中国的企事业单位（企业中以国有企业为主），既是组织和运行国家经济生活和社会生活的重要支撑，同时也是保证党的领导，推动党、国家与社会在国家与社会治理过程中实现有机互动的关键组织与机制。可以说，如果没有这些企事业单位，没有党对这些企事业单位的领导，中国的国体与政体巩固和发展所需要的经济与政治基础就难以得到保障和增强。正因为如此，中国共产党不论如何变革中国的经济、政治和社会体制，都始终强调坚持和加强党对企事业单位的领导。中国由此形成独特的改革与发展景观，即在宏观上，越是推动市场经济发展，越是强调加强法治国家建设，并切实推进；在中观和微观上，越是加强企事业单位的市场化、社会化与现代化改革，越是强调加强党在企事业单位中的领导地位与作用，并努力创新体制机制。在此，以国有企业党建和高校党建为例说明：

2015 年 8 月，在党的十八届三中全会关于全面深化改革要求下，中共中央和国务院发布了《关于深化国有企业改革指导意见》（以下简称《意见》)。关于国有企业的改革提出了五条原则，即坚持和完善基本经济制度、坚持社会主义市场经济改革方向、坚持增强活力和强化监管相结合、坚持党对国有企业的领导、坚持积极稳妥统筹推进。在这五条原则中，坚持社会主义市场经济改革方向，要求国有企业全面走向市场，遵循市场基本规律发展，真正成为依法自主经营、自负盈亏、自担风险、自我约束、自我发展的独立市场主体。但与此同时，要求坚持党对国有企业的领导，《意见》指出："这是深化国有企业改革必须坚守的政治方向、政治原则。要贯彻全面从严治党方针，充分发挥企业党组织政治核心作用，加强企业领导班子建设，创新基层党建工作，深入开展党风廉政建设，坚持全心全意依靠工人阶级，维护职工合法权益，为国有企业改革发展提供坚强有力的政治保证、组织保证和人才支撑。"党对国有企业的领导没有影响国有企业的市场主体地位，但对国有企业的领导体制、发展方向与组织性质还是起到了决定性的作用，使得国有企业在成为真正的市场主体的同时，依然保持其对中国经济制度的巩固和支撑作用，从而在整体上有效保障中国国家制度体系的巩固与运行。考虑到国有企业党建的高度重要性，中共中央随即在当年发布了专门意见，即《关于在深化国有企业改革中坚持党的领导加强党的建设的若干意见》，明确了国有企业党建与国有企业改革和发展之间的深层关系：坚持党的建设与国有企业改革同步谋划，充分发挥党组领导核心作用、党委政治核心作用、基层党组织战斗堡垒作用和党员先锋模范作用；坚持党管干部原则，从严选拔国有企业领导人员，建立适应现代企业制度要求和市场竞争需要的选人用人机制；严格落实国有企业党建工作责任制，切实履行党风廉政建设主体责任和监督责任；把加强党的领导和完善公司治理统一起来，明确国有企业党组织在公司法人治理结构中的法定地位；坚持从严教育管理国有企业领导人员，强化对国有企业领导人员特别是主要领导履行职权的监督；适应国有资本授权经营体制改革需要，加强对国有资本投资、运营公司的领导；把建立党的组织、开展党的工作，作为国有企业推进混合所有制改革的必要前提。

对于中国发展影响巨大的另一个重要单位组织就是大学。在中国组织体系中，大学属于事业单位，在党和政府看来，高校是国家建设与发展的战略平台，在科学研究、咨政育人与文化传承上发挥着重要作用。对于这样的事业单位，其领导体制原则上坚持党委领导下的校长负责制，强调党对高校工作的领导。2014 年 10 月，中共中央办公厅印发了《关于坚持和完善普通高等学校党委领导下的校长负责制的实施意见》（以下简称《意见》），开宗明义地强调：党委领导下的校长负责制是中国共产党对国家举办的普通高等学校领导的根本制度，是高等学校坚持社会主义办学方向的重要保证，必须毫不动摇、长期坚持并不断完善。《意见》要求党委统一领导学校工作，校长主持学校行政工作，通过健全党委与行政议事决策制度来安排和协调党委与行政关系，形成党委领导、校长负责的中国大学制度。对于党委统一领导，《意见》指出：高等学校党的委员会是学校的领导核心，履行党章等规定的各项职责，把握学校发展方向，决定学校重大问题，监督重大决议执行，支持校长依法独立负责地行使职权，保证以人才培养为中心的各项任务完成。据此，《意见》明确规定了党委统一领导的十项任务以及校长主持学校行政工作的十项任务。为了有效落实党委领导下的校长负责制，使其成为高校内部管理的根本制度，2010 年中国高校为了建设中国特色的现代大学制度，全面开启了大学章程建设工作，经过近五年的努力，2015 年 6 月教育部核准完毕 112 所中国重点大学的章程。这些章程都以党委领导下的校长负责制为大学的根本制度。这样，党委领导下的校长负责制就全面成为各大学法定的根本制度。

上述两个事例的共同点是：都强调要加强党对单位组织的领导，并努力实现这种领导的制度化、规范化和科学化。这种强调直接针对这些企事业单位的建设，但其所产生的实际效应不仅仅局限于这些企事业单位，因为从根本上讲，这些强调不仅仅就企事业单位本身的组织和运行而言的，更多的是就保证社会主义事业和国家长治久安而言的。对企事业单位的制度设计，落实于企事业单位，但出发点和归宿点都落在整个国家与社会的建设和发展上。从这个角度讲，中国的企事业单位至今依然是国家与社会治理的关键因素，是党和政府必须牢牢把握和有效领导的关键力量。这是中国政权建设和国家治理的独特之处，也是关键之处。

第十四章

文化与价值

国家是人类的伟大作品，既是人类实践的产物，也是人类文化的产物。国家的转型与发展，必然伴随着文化的转型与发展。纵观世界历史，任何比较成功的现代国家建构，都必然包含深刻的文化革命以及革命后的文化建设。近代以来的中国革命与现代国家建构，就是在政治革命、社会革命与文化革命相互激荡中展开的，文化革命在其中的地位与作用丝毫不逊色于政治和社会革命。中国的社会性质、文化形态与革命逻辑，共同决定着中国文化革命与建设的取向、地位、功能与方式。文化是人们生产和生活的必然产物，同时也是国家组织人们生产和生活的关键所在，它时刻流动于国家与社会之间，流动于过去、现在与未来之间，流动于物质生产、精神生产和制度生产之间，同时决定着个人、社会与国家的现在与未来。现代国家建设不仅要进行文化建设，更为重要的是通过文化建设来解决个人、社会与国家面临的生存与发展的基本问题，由此，文化建设中的意识形态问题和核心价值就自然而然地凸显出来，成为国家建设与国家治理中的核心问题。

一、文化国家与国家文化

只要有人生产和生活的地方，就自然会产生文化。文化存在于任何共同体之中，任何国家都会形成并发展自己的文化，但并不是所有的国家都被称为文化国家。中国是文化国家的典型代表。在美国著名的中国学家费正清看来，传统中国“是国家、社会和文化三者异常超绝的统一体”，以至于“许多西方研究中国的人曾把‘中国’整个实体或‘中国文化’作为对象”[①]。这充分表明在西方人眼里，中国传统国家的存在，在很大程度上是作为一个文化体存在的，文化包容了整个国家与社会，国家与社会作为文化体呈现给世人。在文化人类学家看来，这是基于文化整合而形成的国家，它不同于基于政治整合而形成的国家。[②]在比较政治学的视野中，中国这样的文化国家，既不同于传统的宗教国家，也不同于现代的民族国家。

相对于传统的宗教国家，中国不是通过宗教力量来整合国家的，而是通过具有很强社会根基与现实整合性的中国文化体系本身来整合国家的，其中既包括强大的汉字体系，也包括贯穿个人、家庭、社会与国家，全面沟通天地人的儒家思想体系。这种文化体系与社会心理体系和民主精神体系融为一体，借助国家制度与权力体系，对人与社会形成强大的整合力，从而赋予人们的生产与生活、社会的运行与发展、国家的组织与治理以文化的意义。这与西方社会所经历的宗教国家以及目前还存在的各类宗教国家完全不同。在宗教国家，现实世界不是人创造的，而是上帝创造的。无所不知、无所不在的上帝是现实存在的所有依据，现实所有的价值和意义都是上帝赋予的。一旦步入现代化，文化国家与宗教国家之间的差异很快就转化为国家建构逻辑的差异：宗教国家会经历一个世俗化的过程，但宗教依然作为文化的深层次

---

① [美]费正清：《伟大的中国革命》，刘尊棋译，世界知识出版社，2001年，第9页、第12页。

② [美]菲利克斯·格罗斯：《公民与国家——民族、部族和族属身份》，王建娥、魏强译，新华出版社，2003年，第28页。

支撑而存在，因而其文化的主体结构依然能够得到有效的延续；但对于缺乏超自然力量的文化国家来说，随着相伴而生的社会、国家以及相关制度在现代化过程中的崩解，其对国家的整合力量也随之消解，在这样的情况下，其所有的力量，更多的是来自历史、文化与民族精神的惯性，来自本民族千年以来在天地之间所留下来的习俗根脉与文化气场。

另一方面，相对于现代民族国家来说，文化国家不像民族国家那样，以主体族群为单位建构的，而是以历史形成的文化共同体为单位建构的，相对于构成民族国家的族群相对单一性来说，中国这样的文化国家的族群则是多元性的，因而其内在整合，除了国家权力与制度体系之外，更需要基于历史与文化所形成的文化整合力量。然而，问题在于这种文化国家在现代国家建构的过程中，其所面临的文化挑战是相当深刻的，因为维系多元族群为一体的文化传统体系在现代化过程中不是世俗化问题，而是逐渐式微的问题。然而，更为关键的问题在于，历史形成的文化国家特性决定了国家所需要的最终整合体系依然离不开文化的整合。这之间的历史性反差要求文化国家的现代国家建设，不仅需要建构新的制度体系，而且需要相应建构新的文化体系。这个新的文化体系不可能是文化传统本身的承续和再生所能形成的，相反一定是国家从维系和发展整个文化共同体出发而进行的文化再造，其中既有文化传统的创造性转换，更有支撑现代制度体系的价值、意识形态与文化传统的融合和再生。正如传统宗教国家迈向现代国家必然要进行宗教改革与宗教世俗化发展一样，传统文化国家迈向现代国家也必然要进行国家文化重建。这种国家文化重建，也像宗教改革一样，既是建构现代国家必要的思想和文化前提，同时也是保证现代国家有效成长所必要的思想和文化基础。

中国传统国家向现代国家转型，既是西方资本与暴力冲击所引发的，也是西方现代文明所带来的文化危机所引发的。为解救鸦片战争之后陷入危机的国家，晚清政府与社会开始尝试接受西方的制度与文化，并将其与政治变革结合起来。尽管“中体西用”的立场是保守的，但还是为现代文化进入中国打开了窗口。这为辛亥革命后的新文化运动提供了重要的铺垫。辛亥革命无疑是一场政治革命，但其所开启的民主共和，对于中国来说，不仅有政治意义，而且有文化意义，成为新文化运动的核心价值之一。不论是辛亥革命前的政治改革，还是辛亥革命开启的政治革命，都离不开如何在变革或革命中面对中国千年的文化传统问题。这使得政治改革或政治革命都必然与文化改革或文化革命相伴而生。按照梁启超的说法，五四新文化运动的全面爆发，在很大程度上与辛亥革命后的历史进程偏离预期、陷入令人失望的无序状态有关，因而五四新文化运动力图在制度革命之后进行一场更为深刻的民族精神和国民心理的革命，力求“全人格的觉醒”。[①]这也许能够解释为什么五四新文化运动以追求“西化”、否定“传统”的激进方式展开。从中国革命的内在逻辑与进程来看，五四新文化运动无疑是有文化革命的意义和价值，但对国家现代化转型所面临的文化重建和社会发展来说，它却将中国的现代化发展与文化建设引上了反传统的轨道。这种激进的文化革命看似为现代化发展开路，其实是使现代化发展走向困境。因为现代化发展本质上是要超越传统，而不是抛弃或否定传统，其实际的进程是在既有的历史逻辑中展开，不可能斩断历史与文化传统的关系。后来中国文化建设所遇到的种种困难以及由此所带来的对中国现代化发展的消极影响充分说明了这一点。

中国近代以来的变革与革命所形成的政治与文化相互激荡的格局，使得辛亥革命之后的国家建设实践从一开始就将文化革命与文化建设纳入到国家建设规划之中，视其为国家建设的前提与基础。孙中山先生写于1917年至1919年的《建国方略》将改变中国人知行观的“心理建设”作为国家建设的前提，认为中国人只有走出传统的“知易行难”，确立“知难行易”

① 梁启超：《五十年中国进化概论》，吴嘉勋、李华兴编：《梁启超选集》，上海人民出版社，1984年，第834页。

的行动哲学，中国才能有效开启现代国家建设的伟大实践。1940年，毛泽东第一次系统阐述了未来国家建设构想，强调新民主主义的国家必须确立在新民主主义政治、经济与文化的三大建设基础之上。他指出："新民主主义文化"，是"民族的科学的大众的文化，就是人民大众反帝反封建的文化"，是"中华民族的新文化"。"新民主主义的政治、新民主主义的经济和新民主主义的文化相结合，这就是新民主主义共和国，这就是名副其实的中华民国，这就是我们要造成的新中国。"[①]很显然，相对于五四新文化运动的文化主张来说，从国家建设出发所形成的文化主张，则完全超越了中西文化对峙的格局，直接从国家建构与发展对国民的内在要求出发来布局文化建设。由此，中国近代的文化革命就逐渐分化出两套逻辑：一套是由现代化和民主化对文化转型要求而形成的文化革命与建设的逻辑；另一套是由社会制度选择与国家建设对文化重构要求而形成的文化革命与建设的逻辑。前者更多地从发展满足人的独立自主需求的现代化文化出发，其现实运动就是人的主体自觉与现代化文化的建构；而后者更多地从建构国家所需要的、具有意识形态功能的国家新文化出发，其现实运动就是人的社会主义改造与社会主义文化的建设。这两者之间不仅存在着价值上的紧张，而且存在着文化形态上的紧张。这两种文化革命与建设逻辑之间的紧张贯穿着中国国家建设实践的全过程，既直接影响着现代国家建设展开的具体场景与进程，也直接影响着国家现代文化建设的价值选择、形态建构与行动方式。

中国迈入现代之后，文化革命与建设的这两套逻辑一直相互纠缠，其所形成的两股力量此起彼伏。总体上讲，一旦国家拥有了稳定的政权，国家在文化革命与建设中就拥有主导地位，不仅新中国成立之后是如此，新中国成立前的国民党统治时期也是如此。国家对文化革命与建设的主导地

① 毛泽东：《新民主主义论》，《毛泽东选集》第二卷，人民出版社，1991年，第709页。

位体现为两个方面：一是国家推进文化建设，如创办学校，推进文化教育和传播；进行文化普及，提高国民的素质；确立文化项目，塑造文化的时代工程；扩大文化交流，保护和推广文化等。二是国家把握文化发展方向，如明确文化的使命与功能，提炼引领社会的核心价值，建立文化教育与普及体系；协调不同文化之间的关系；巩固意识形态的主体地位等。在中国这样以文化为基础的国家，国家主导文化建设，既是中国社会的内在要求，也是中国建构现代国家的现实必然，既有其历史和传统的渊源，也有其社会制度的规定性。但是，现代化毕竟是以人的独立与社会自主为现实基础的，由此所形成的文化革命逻辑也蕴含着强大的发展欲求，这就要求国家主导的文化建设必须充分平衡好与社会发展所形成的文化创造力量，形成文化建设与发展的合力。实践表明，如果这两个逻辑及其形成的两股力量无法平衡和协调，不论向哪一个极端偏离，其结果都一定是两败俱伤，从而在整体上影响国家文化的建设和发展。在这方面，“文化大革命”的教训是最为深刻的。

二、主义、意识形态与价值

现代化是人类社会发展所形成的必然运动，波及何处，何处就会发生结构性转型，即用新的结构替代旧的结构。这种转型就是革命。到目前为止，任何社会要维系和承续，都必然组成国家，国家的使命就是通过公共权力将人与资源组合在特定的秩序范围内，形成保障人的生存与发展的共同体。将人与资源组合为特定秩序中的组织体系、价值体系和制度体系，成为支撑一个国家生存与发展的内在结构。现代化是基于人的类本质变化而形成的历史运动，所到之处必然引发新旧结构替代，即革命。然而，这种替代不是轻而易举的，这使得革命的过程往往会产生暴力。暴力能够摧毁旧的结构，但不能最终确立起新的结构。因而，任何新的结构得以最终确立的关键，不在其背后的权力，而在人民大众对新结构的认同与支撑。实际上，任何国家要建构和维系既定的结构，都离不开两大基本力量：一是强力，二是认同。强力来自国家政权；认同来自社会大众。正因为如此，当国家的现代化转型要进行新旧结构替代的时候，也需要两大推动力量：一是暴力，以摧毁既有的强力体系；二是主义，以改变既有的认同体系。基于主义所形成的革命运动，其最直接体现就是文化革命，但一旦深入到国家的全面转型以及政权体系的全面更替，就很快会融到政治革命之中，成为政治革命的根本力量。中外革命概莫能外。这是因为体现为新旧结构替代的革命必须进行广泛的社会动员，形成全社会的革命力量，这就要求文化革命不仅要开启民众的革命热情，而且要凝聚民众的革命力量。当文化革命引发真正的政治革命热潮，并与政治革命汇合前行的时候，文化革命的使命就必然从启迪民众转为凝聚民众，动员民众的革命热情。与此相应，文化革命就迅速地被革命的主义所主导，即被用于凝聚民众、指导革命、规划未来、重建价值的思想理论与政治主张所主导。

任何革命都离不开民众的力量，但对民众力量的依赖程度取决于革命中的军队的性质与力量。当军队力量成为革命的主导力量，革命就更多地依靠军队的强力优势，而不是依靠民力的参与与凝聚；相反，当军队尚无法主导革命大局的时候，革命的成败就直接取决于民力的参与和凝聚。孙中山先生认为："建国方法有二：一曰军队之力量，二曰主义之力量。"[①] 袁世凯军人统治的失败，意味着中国依靠军队力量，建立军人统治的建国之路彻底终止，必须另辟蹊径。代之而起的必然是动员民力形成革命之势，建立民主共和政权。为此，孙中山先生学习俄国革命经验，改组国民党，推动国共合作，力图通过建立革命党，将两种方法有机统一起来。他说："吾党此次改

---

① 孙中山：《党义战胜与党员奋斗（1923年12月9日）》，《孙中山选集》，人民出版社，2011年，第573页。

组，乃以苏俄为模范，企图根本的革命成功，改用党员协同军队来奋斗。俄国以此能抵抗列强之侵迫，其时正当俄国革命初成功，而俄党人竟能战胜之，其原因则由党员能为主义的奋斗。”[①]当孙中山将革命的成败最终寄托于革命党的时候，中国也就走上了党领导建国和党治理国家的革命与国家建设之路。孙中山先生认为，这条道路最终走向成功的关键之处，就在于党能否有效地通过其主义来动员与整合大众，让全体民众与革命党一起，协同党领导的军队去取得革命的最终胜利。他指出："所谓以党治国，并不是要党员都做官，然后中国才可以治；是要本党的主义实行，全国人都遵守本党的主义，中国然后才可以治。简而言之，以党治国并不是用本党的党员治国，是用本党的主义治国，诸君要辨别得很清楚。”所以，“如何是以党员打胜仗？就是凡属党员，皆负一种责任，人人皆为党而奋斗，人人皆为党的主义而宣传。一个党员，努力为吾党主义宣传，能感化一千几百人。此一千几百人，亦努力为吾党主义宣传，再能感化数十万人或数百万人。如此推去，吾党主义自能普遍于全中国人民。此种奋斗，可谓之‘以主义征服’。以主义征服，是人民心悦诚服，所谓‘得其心者得其民，得其民者得其国’，就是这个道理。”[②]“到了全国人民的心理都被本党统一了，本党自然可以统一全国，实行三民主义，建设一个驾乎欧美之上的真民国。”[③]由此可见，“以主义征服”，以主义建国，进而以主义治国，是党建国家和党治国家的基本路径。没有主义的基础与主义的力量，党就不可能领导军队，更不可能动员民众，党也就自然不可能成为建立新社会与新国家的领导核心和根本支柱。

所以，伴随着革命党成为中国国家转型与国家建设的核心力量，党的主

---

① 孙中山：《党义战胜与党员奋斗（1923年12月9日）》，《孙中山选集》，人民出版社，2011年，第571页。

② 孙中山：《人民心力为革命成功的基础（1923年11月25日）》，《孙中山选集》，人民出版社，2011年，第561—562页。

③ 孙中山：《在广州中国国民党恳亲大会的演说（1923年10月15日）》，《孙中山选集》，人民出版社，2011年，第547页。

义就自然上升为国家文化建设的核心主题，因为只有在全社会、全体民众中确立起党的主义，使全体民众摆脱传统的思想束缚，认同革命的新理想、新目标与新道路，革命与建设才能取得最终的成功。于是，宣传党的主义就成为革命运动与国家文化建设的根本路径。孙中山先生指出："主义能实行，然后乃得为真成功也。此则纯然倚靠宣传之力。军队以枪炮出而宣传，党员则以主义出而宣传，其革命相同，而其成功则不同。因革命成功，非能专靠杀人，尤须靠救人。然救人必须全国人能自救；全国人能自救，必须多数人明白人生道理。"①这样，孙中山先生在中国开辟党建国家以及党治国家的现代国家建设模式的同时，也建构起了"革命党—主义—宣传—大众动员与教育"的革命动员与国家文化建构的文化宣传行动模式。这两套模式后来被同样以俄国革命为师的中国共产党所继承，并得到最为有效的发挥。中国共产党领导的新民主主义革命的胜利成功，证明了这两套模式对中国的适用性与有效性。

与孙中山先生不同的是，中国共产党将主义的宣传与新文化建设有机结合起来，用马克思主义创造中国新文化，同时通过新文化建设更好地宣传马克思主义。毛泽东正是由此出发来规划新民主主义文化建设的："革命文化，对于人民大众，是革命的有力武器。革命文化，在革命前，是革命的思想准备；在革命中，是革命总战线中的一条必要和重要的战线。而革命的文化工作者，就是这个文化战线上的各级指挥员。'没有革命的理论，就不会有革命的运动'，可见革命的文化运动对于革命的实践运动具有何等的重要性。而这种文化运动和实践运动，都是群众的。"②而这个革命的理论，就是马克思主义，它必须与中国的民族特点和社会实践有机结合起来，只有这样才能真正宣传和动员群众。为此，毛泽东道出了中国共产党坚持至今的思想理论

① 孙中山：《党义战胜与党员奋斗（1923年12月9日）》，《孙中山选集》，人民出版社，2011年，第574页。

② 毛泽东：《新民主主义论》，《毛泽东选集》第二卷，人民出版社，1991年，第708页。

建设原则："必须将马克思主义的普遍真理和中国革命的具体实践完全地恰当地统一起来，就是说，和民族的特点相结合，经过一定的民族形式，才有用处，决不能主观地公式地应用它。公式的马克思主义者，只是对于马克思主义和中国革命开玩笑，在中国革命队伍中是没有他们的位置的。"① 在此，毛泽东在解决如何提高主义与理论对革命动员和宣传的有效性的同时，也奠定了主义与理论在国家文化建设中的关键地位。因为以毛泽东为代表的中国共产党人认同列宁的一个基本理论，即只有在马克思主义思想理论基础上的革命和建设实践，"才能认为是发展真正的无产阶级的文化"。②

真正的革命党，不仅仅在于夺取政权，更为重要的是通过革命建设新社会、新国家，所以革命党高举的主义，往往既是改造社会和建设国家的理论与理想，同时也是启迪心智与塑造新人的人生观与世界观，缺一不可，否则就不可能动员社会大众进行开天辟地的革命。这样，在革命后的国家建设中，随着革命党掌握国家政权，被成功革命洗礼过的革命党的主义就理所当然地成为建构新制度、创造新发展的指导思想和理论基础。总而言之，成为革命党领导国家发展的意识形态。毛泽东在新中国成立后不久，就明确了这一点，他指出："领导我们事业的核心力量是中国共产党，指导我们思想的理论基础是马克思列宁主义。"③ "人民民主专政的国家制度和法律，以马克思列宁主义为指导的社会主义意识形态，这些上层建筑对于我国社会主义改造的胜利和社会主义劳动组织的建立起了积极的推动作用，它是和社会主义的经济基础即社会主义的生产关系相适应的。"④从一定意义上讲，意识形态不是革命党通过高举主义就能简单转化出来的，因为意识形态要得以存在并发

---

① 毛泽东：《新民主主义论》，《毛泽东选集》第二卷，人民出版社，1991 年，第 707 页。

② 列宁：《论无产阶级文化》，《列宁选集》第四卷，人民出版社，1964 年，第 362 页。

③ 毛泽东：《为建设一个伟大的社会主义国家而奋斗》，《毛泽东选集》第五卷，人民出版社，1977 年，第 133 页。

④ 毛泽东：《关于正确处理人民内部矛盾的问题》，《毛泽东选集》第五卷，人民出版社，1977 年，第 374—375 页。

挥作用，就必须与现实的经济基础和成长中的国家制度相适应，即必须与现实发展的实际需求相适应。这决定了由特定主义发展而来的国家意识形态，既是主义的产物，同时也是现实发展在观念上的综合反映，用毛泽东的话来说，就是马克思主义与中国建设和发展实践有机结合的产物，它虽有自己的精神核心和理论基础，但整体上应该是不断丰富和发展的观念、思想和理论体系。中国发展的实践证明，党的有效领导离不开党对国家意识形态的主导作用；而意识形态上的任何僵化、教条和错误，都将直接危害国家的建设和发展。“文化大革命”的深刻教训和改革开放的成功实践，锤炼出了中国共产党在思想意识形态上的科学品质：与时俱进。进入2000年，党的十六大将这种品质视为决定党和国家命运的品质：“与时俱进，就是党的全部理论和工作要体现时代性，把握规律性，富于创造性。能否始终做到这一点，决定着党和国家的前途命运。”“只有这样，党的思想理论才能引导和鼓舞全党和全国人民把中国特色社会主义事业不断推向前进。实践基础上的理论创新是社会发展和变革的先导。通过理论创新推动制度创新、科技创新、文化创新以及其他各方面的创新，不断在实践中探索前进，永不自满，永不懈怠，这是我们要长期坚持的治党治国之道。”①

党的理论工作和意识形态建设与时俱进的背后动力，就是思想解放以及由此所激发的全社会的创新活力。改革开放以来的实践表明，思想解放实际上包含两个层面：第一个层面就是突破理论教条，强调马克思主义理论应该与中国发展的实践有机结合，并发展出能够用于指导和推动中国实践与发展的中国化的马克思主义；第二个层面就是指导思想的统一性与社会观念和思潮多样性的有机统一，鼓励人民大众积极学习和吸收人类的先进思想与文化，在实践中勇于理论创新、观念创新和实践创新，鼓励百花齐放、百家争鸣。思想解放全面开启了中国改革开放，推动了中国民主政治发展。进入

① 江泽民：《全面建设小康社会，开创中国特色社会主义事业新局面》。

20 世纪 90 年代，思想解放、民主政治以及市场经济三者的有机统一，全面促进了中国社会的独立与自主，从而根本改变了中国政党、国家与社会混合一体的一元化结构形态，形成了以党的领导为核心，党、国家和社会各自相对自主、相互决定、相辅相成的新权力结构模式。在这种结构模式中，不论是党的领导，还是国家权力，对社会的作用不能局限于单方面的行动，必须建构具有社会基础并能将社会力量纳入其中的关键机制，其中包括经济领域的市场机制、民主政治领域的协商民主、国家治理领域的法治体系以及意识形态领域的社会主义核心价值体系。所以，社会主义核心价值体系建设的提出，是改革开放之后中国发展形态、权力形态、治理形态全面变化的必然产物，既是国家对社会自主独立的承认与保护，同时也是国家对独立自主社会保持有效治理的必然要求。

社会主义核心价值的根在党领导的意识形态，但其所需要的沃土和阳光雨露，却在人类文明、中华文化以及中国特色社会主义所建构的精神、思想和文化的天地之间。所以，社会主义核心价值体系的建构及其作用的有效发挥，在丰富和发展意识形态功能的同时，更为重要的是使国家意识形态建设和文化建设重新回归到中国社会的现实、历史与传统之中，重新唤起中国文化传统的现代价值，并在核心价值建设基础上实现意识形态建设与国家文化建设的有机统一。

虽然社会主义核心价值体系建设全面提上国家建设议事日程的时间不长，但其所蕴含的历史意义和时代价值却是难以估量的。首先，它标志着国家转型和国家建设所形成的主义、意识形态以及核心价值，都比较明晰地落位于各自的历史空间和制度空间，形成了功能有别、结构有机、互动有序的中国现代国家思想和意识形态体系；其次，它标志着中国的文化建设将在人类文明与世界文化、中国的文化传统和文化精神、社会主义的思想和文化体系这三大方面有机融合的基础上展开，既追求文化的现代化，又追求文化的中国化。最后，它标志着公民教育全面回归到人的社会属性、文化属性和制度属性，既立足于社会主义制度对公民的要求，也立足于中国社会、历史与文化对公民的塑造；既立足于现代制度与价值对公民的要求，也立足于中国精神与价值对公民的滋养，从而为中国公民的全面发展提供最为广阔的文化资源和思想基础。

三、认识论与民族精神

人的自主与解放是现代化发展的历史前提与社会基础。伴随着现代历史的展开，人类创造世界的精神与心灵也将经历深刻的革命，最重要的体现就是：人与世界的全面理性化。人的理性化体现为人基于自身的发展与实现来把握自己，世界的理性化体现为人基于人类社会发展的内在规律来把握世界及其发展。现代化发展与人类精神和心灵革命是相伴相生的，相互激荡出人类的现代历史。对这样的文明成长过程，恩格斯的分析是无比深刻的：“在法国为行将到来的革命启发过人们头脑的那些伟大人物，本身都是非常革命的。他们不承认任何外界的权威，不管这种权威是什么样的。宗教、自然观、社会、国家制度，一切都受到了最无情的批判；一切都必须在理性的法庭面前为自己的存在作辩护或者放弃存在的权利。思维着的知性成了衡量一切的唯一尺度。那时，如黑格尔所说的，是世界用头立地的时代……以往的一切社会形式和国家形式、一切传统观念，都被当作不合理性的东西扔到垃圾堆里去了；到现在为止，世界所遵循的是一切成见；过去的一切只值得怜悯和鄙视。只是现在阳光才照射出来。从今以后，迷信、非正义、特权和压迫，必将为永恒的真理，为永恒的正义，为基于自然的平等和不可剥夺的人权所取代。”[①]西方的现代社会就是在这样的精神与心灵的转变过程中建构出

① 恩格斯：《反杜林论》,《马克思恩格斯选集》第三卷，人民出版社，1995年，第355—356页。

来的。具有五千多年历史的中国建构现代社会与现代国家的过程中也经历了这样的精神与心灵的革命性转变过程。在这个过程中，中国人重构的是自己的人生观与世界观，中华民族因此获得了精神和思想上脱胎换骨的新生，当然这个过程充满了艰辛和痛苦，需要付出极大的代价和努力。

在传统的世界中，中华文明既是一个独立的体系，同时也是一个成熟的体系，自然有一套自己成熟的思维体系，其理论与哲学基础是儒道佛的复合。中国人是在天地之间思考和把握天地自然与社会人生的，其对现实的关怀要大大超过对终极的关怀，从而发育出丰富的生活哲学和治国安邦的哲学，并将对事物之理与世间之道的把握和认知糅合其中，没有形成独立的知识与分析体系。这是与西方思维之间的根本差异所在，这种差异多少也成为中国传统思维不仅不能孕育现代化，而且必须在现代化的过程中加以改造的理据所在。辛亥革命后的新文化运动实际上就是一场力图改造中国人思维和价值观的文化革命，运动在“科学”与“民主”两大旗帜下展开，全面审视中国的人生观、历史观以及世界观。尽管这场运动很快就消融到了更为紧迫的“民族救亡运动”之中，但还是从根本上开启了重构中国人思想和精神世界的历程，因为在此后展开的历次国家建设实践都是以思想建设为切入口的。

辛亥革命后的第一次国家建设实践无疑是孙中山先生设计与领导的。他的“建国方略”就是以“心理建设”为突破口的。“夫国者，人之积也。人者，心之器也。国家政治者，一人群心理之现象也。是以建国之基，当发端于心理。”① 在他看来，辛亥革命之后的国家建设之所以不断受挫、一事无成，固然有各种原因，但关键点在于整个民族、整个社会的“思想错误”，“思想错误”了，国家建设也就无从谈起。在孙中山先生看来，这种“思想错误”，不是简单的观念和主张的错误，而是整个民族思维方式

① 孙中山：《建国方略（1917 年—1919 年）》，《孙中山选集》，人民出版社，2011 年，第 184 页。

及其所决定的行动方式的错误，他指出："此思想之错误为何？即'知之非艰，行之惟艰'之说也。此说始于傅说对武丁之言，由是数千年来深入于中国之人心，已成牢不可破矣。故予之建设计划，一一皆为此说所打消也。"[①]"夫中国近代之积弱不振、奄奄待毙者，实为'知之非艰，行之惟艰'一说误之也。此说深中于学者之心理，由学者而传于群众，则以难为易，以易为难。遂使暮气畏难之中国，畏其所不当畏，而不畏其所当畏。由是易者则避而远之，而难者又趋而近之。始则欲求知而后行，及其知之不可得也，则惟有望洋兴叹，而放去一切而已。间有不屈不挠之士，费尽生平之力以求得一知者，而又以行之为尤难，则虽知之而仍不敢行之。如是不知固不欲行，而知之又不敢行，则天下事无可为者矣。此中国积弱衰败之原因也。"[②]因而，中国要走出积弱衰败之困境，唯有改变传统的心理结构，即改"知易行难"为"知难行易"，"古人说'知易行难'，我的学说是'知难行易'。从前中国百事都腐败的原因，是由于思想错了。自我的学说发明以后，中国人的思想便要大改革。拿我的学说去做事，无论什么事都可以做得到的。"[③]因为"知难行易"强调"以行而求知，因知以进行"，"能知必能行"，这不仅是人类知识与文明进步之理，而且也是现代科学与国家建设之理："其近代之进化也，不知固行之，而知之更乐行之，此其进行不息，所以得有今日突飞之进步也。"[④]所以，孙中山认为，如果整个国民的心理结构与行为方式能够转到"知难行易"上来，那么中国的民族心理与精神结构就会转向重视行动、勇于开拓的积极创造和进取的取向，从而有效落实和实践"三民主义"与"建国方略"，推进中国的现代国家建设。然而，事与愿违，孙中山的国家建设实践没有取得最后的成功，问题不是出在其"心理建设"

---

① 孙中山：《建国方略（1917年—1919年）》，《孙中山选集》，人民出版社，2011年，第121页。
② 同上书，第166—167页。
③ 孙中山：《宣传造成群力（1923年12月30日）》，《孙中山选集》，人民出版社，2011年，第591页。
④ 孙中山：《建国方略（1917年—1919年）》，《孙中山选集》，人民出版社，2011年，第168页。

和整个“建国方略”上，而是出在当时领导国家建设的国民党的组织无力与政治腐败上。

于是，中国就有了第二次国家建设的努力，其领导力量是中国共产党。中国共产党在中国建设新社会、新国家的方案是基于马克思主义理论与中国社会发展实际有机结合而形成的。因而，推动中国革命与建设的关键在于要做到既能确立和坚持马克思主义的指导地位，同时又能将其与中国社会发展有机结合，进行创造性地探索与实践。经过革命的实践与探索，中国共产党清楚地认识到要达到这个境界，就必须在全党确立新的世界观和方法论。1941 年，毛泽东在延安号召开展全党范围的马克思列宁主义教育运动，即著名的延安整风运动，其核心使命就是解决怎样使马克思列宁主义的基本原理和中国革命的实际相结合。毛泽东认为，解决问题的答案就在马克思主义本身，因为马克思主义“谆谆告诫人们的一条基本原则：理论和实际统一”[①]。违背了这个原则，理论必然脱离实际，不是陷入教条主义、本本主义之中，就是陷入主观主义之中。为此，毛泽东认为中国共产党应该在改造客观世界的过程中，“改造自己的主观世界——改造自己的认识能力，改造主观世界同客观世界的关系”。只有这样，才能“整个儿地推翻世界和中国的黑暗面，把它们转变过来成为前所未有的光明世界”。毛泽东给出的改造主观世界的途径和方法是：“通过实践而发现真理，又通过实践而证实真理和发展真理。从感性认识而能动地发展到理性认识，又从理性认识而能动地指导革命实践，改造主观世界和客观世界。实践、认识、再实践、再认识，这种形式，循环往复以至无穷，而实践和认识之每一循环的内容，都比较地进到了高一级的程度。这就是辩证唯物论的全部认识论，这就是辩证唯物论的知行统一观。”[②]这就是毛泽东著名的《实践论》给出的答案，它的副标题是：“论认识和实践的关系——知和行的关系”。显

① 毛泽东：《改造我们的学习》，《毛泽东选集》第三卷，人民出版社，1991 年，第 798 页。
② 毛泽东：《实践论》，《毛泽东选集》第一卷，人民出版社，1991 年，第 296—297 页。

然，他与孙中山一样关注知与行的关系，并将处理好知行关系作为保障革命与建设成功的关键，所不同的是，毛泽东是在更为深刻的现代认识论层面来把握这个问题，因而他不是要简单地改变人们对知与行的传统观念，而是建构以历史唯物主义和辩证唯物主义为基本的科学的认识论。这种新认识论的建构，不仅为马克思主义在中国社会和中华文明中的确立奠定了重要的哲学基础与思想基础，而且为新中国形成科学的国家建设战略提供了全新的世界观与方法论。可以说，中国的精神与社会面貌因为这个新认识论的确立和运用而焕然一新。

以毛泽东为核心的中国共产党基于《实践论》的精神，探索出了适合中国国情的革命道路，成功地完成了新民主主义革命，建立了社会主义新中国。但由于在什么是社会主义以及如何在中国建设社会主义的问题上，既偏离了马克思列宁主义的普遍原理，也偏离了中国社会发展的实际，在战略和方略上出现偏误，结果导致社会主义现代化建设受挫，使党、国家与人民遭受了“文化大革命”的浩劫。“文化大革命”结束后，1978 年，中国迎来了第三次国家建设的努力，其总设计师是邓小平。邓小平认为，国家的进步与发展关键在于人民的积极性、主动性与创造性；而要充分调动人民，创造改革与发展的大格局，关键在于全面解放思想，打破各种思想束缚。为此，他借助“真理标准”的讨论，明确了“实践是检验真理的唯一标准”的论断，强调所有的理论都要经过实践的检验，实践是创造真知的唯一路径。他指出：“一个党，一个国家，一个民族，如果一切从本本出发，思想僵化，迷信盛行，那它就不能前进，它的生机就停止了，就要亡党亡国。这是毛泽东同志在整风运动中反复讲过的。只有解放思想，坚持实事求是，一切从实际出发，理论联系实际，我们的社会主义现代化建设才能顺利进行，我们党的马列主义、毛泽东思想的理论也才能顺利发展。”① 为此，他将“实事求

① 邓小平：《解放思想，实事求是，团结一致向前看》，《邓小平文选》第二卷，人民出版社，1994 年，第 143 页。

是”作为中国改革开放和现代化建设的思想原则与精神核心。他说：“实事求是，是无产阶级世界观的基础，是马克思主义的思想基础。过去我们搞革命所取得的一切胜利，是靠实事求是；现在我们要实现四个现代化，同样要靠实事求是。不但中央、省委、地委、县委、公社党委，就是一个工厂、一个机关、一个学校、一个商店、一个生产队，也都要实事求是，都要解放思想，开动脑筋想问题、办事情。”①此后的改革开放充分证明了“实事求是”所具有的无限价值和力量。党的十七大在总结近三十年改革所取得的成就时指出：“改革开放以来我们取得一切成绩和进步的根本原因，归结起来就是：开辟了中国特色社会主义道路，形成了中国特色社会主义理论体系。”“中国特色社会主义道路之所以完全正确、之所以能够引领中国发展进步，关键在于我们既坚持了科学社会主义的基本原则，又根据我国实际和时代特征赋予其鲜明的中国特色。”

纵观辛亥革命以来中国国家建设的实践，科学处理知行关系一直是布局和推动中国发展的思想基础与行动前提。知与行，在现代哲学体系中，属于认识论问题；在中国的文化体系中，是人生观与世界观的核心，对中国的思想与文化的形成和发展具有根本性意义。张岱年指出：“中国哲学，最注重人生；然而思‘知人’，便不可以不知‘天’，所以亦及于宇宙。”②而在知的问题上，中国各家思想都“认为知与行有密切关系，此实中国哲学之基本倾向”。③因而，知行观是注入中国文化和民族精神之中的精神基因，它铸造了中国社会与国家，创造了中国传统精神与文化。和任何传统社会进入现代化都要经历民族精神与文化的创造性改造一样，中国传统文化也需要经历这样的过程。正如前面分析指出的，在这个过程中，文化革命的

---

① 邓小平：《解放思想，实事求是，团结一致向前看》，《邓小平文选》第二卷，人民出版社，1994年，第143页。

② 张岱年：《中国哲学大纲》，中国社会科学出版社，1982年，第495页。

③ 同上书，第497页。

双重逻辑同时起作用，相对来说，基于国家建设所形成的文化革命逻辑扮演了更为根本和直接的角色，其具体体现不是国家在文化革命中拥有强大的意识形态和政治主导力，而是体现为国家有效地将文化革命与国家建设有机统一起来，从国家建设的需要出发把握中国民众思想的现代性建构，使中国文化和民族精神的现代性转化依然是在自身的哲学与精神范畴中展开，没有偏离中国千年文化与民族精神的本体。今天看来，这应该是中华民族得以全面重新崛起的关键所在。就今天支撑整个国家思想和行动原则的"实事求是"来说，既可以看作是马克思主义理论在中国的实践的产物，但同时实际上也是中国知行观念自我发展和探索的产物。"中国传统哲学倡导的以重和谐、重整体、重直觉、重关系、重实用为特色的思维方式，到明末开始受到怀疑，经过明清之际的反思，至清代为之一变"，产生出一种唯物主义的学术思潮。"这种唯物主义认为，理气均是实有而理寓于气，理即事物知条理秩序，理不在心而在物，因此，求理之道，唯有通过对事物的观察分析。这种认识产生了一种完全否定直觉主义的思维方式，即'实事求是'。"① 由此可见，国家转型过程中，文化革命所形成的意识形态选择，比较充分地考虑了中国国家转型与建设的需要，而且强调要与中国发展的实际有机结合，所以客观上使得意识形态建构与中国文化的现代化转化有机统一起来，并将立足点定于中国文化内在基因结构的改造之上，即知行结构的现代转换。这种文化革命路径，虽然与基于人的自主与社会独立所形成的文化革命路径有所不同，相互之间也必然存在某种紧张关系，但从千年传统国家的现代化转化来看，这种文化革命从整体上保证了文化转型的整体性与有效性，确保文化既能向现代转型，又能有效支撑国家的建设与发展。中国文化革命的实践表明，在两种文化革命逻辑中，任何文化激进主义实践所收获的都不是进步与发展。

---

① 张岱年、程宜山：《中国文化论争》，中国人民大学出版社，2006 年，第 191 页。

四、党的信仰和中国精神

人无精神不立，国无精神不强。这是中国人的信念，也是人类社会的基本共识。人的精神建构和国家的精神建构直接相关，由于各国历史、社会和文化背景不同，不同民族或国家的精神建构途径和方式不同。在宗教国家或者深受宗教传统影响的国家，宗教在民族或国家精神建构中扮演了重要角色，往往成为一个民族或一个国家的重要精神象征。至于精神建构的途径，除了宗教生活之外，最普遍的就是教育和文化传承。在现代社会，教育已代替宗教，成为各民族、各国家精神建构的最基本、最主要的途径。不同于其他国家，中国从古至今都始终坚持教育立人、教育立国，在修齐治平理念下，这个教育从个体自我教育到国家系统教化是内在统一、融为一体的，围绕着立德树人这个核心使命展开，几千年一贯。

中国传统社会构建了独立的中华文明体系，拥有占据那个时代高位的价值、思想、制度和文化体系。中华民族的精神建构具有很强的自主性以及由此形成的包容性，其面临的挑战不是来自其他文明的冲击，而是内部思想和精神的激荡。经过漫长的文化激荡和历史选择，中华民族最终形成了以儒家为核心，儒、道、佛互补的文化心理和精神结构，并在长期传承和发展中演化成为支撑中华民族并影响周边的强大精神力量。到了近代，由于现代文明冲击和西方列强入侵，随着两千多年帝制体系的崩溃，中华民族内在的价值信仰和精神体系出现严重分化和动摇，民族和国家陷入严重的精神危机。精神凋敝所导致的国家凋敝往往是致命的。这就像人一样，真正导致一个人垮下来的，不是机体上病痛，而是精神上萎靡。回看近代中国社会惨痛局面，最痛心之处就是整个民族的麻木。为此，孙中山先生的建国方略要从心理建设着手，鲁迅先生的笔尖要直指中国人的国民性，目的都是要重新唤醒中国人民，催促中国人在精神上站立起来。这个任务最终落到了中国共产党身上。

中国共产党赢得胜利、取得成功的最大关键，就是唤醒民众，形成了唤醒、教育、动员和组织民众的一整套工作体系，并借助民众的力量感染群众、凝聚群众，从偏远到中心，从落后到先进，以改天换地大气象点燃中华民族精神世界，使中国人的精神从被动转为主动、从失望转为希望、从消沉转为激昂，不仅奋起反抗、舍生忘死，而且精诚团结、万众一心。中国共产党在唤醒民众中推动救亡图存，在激发民众中走向独立解放。中国共产党既是呼唤者、教育者，同时也是先行者、引导者。新中国成立前夕，毛泽东深刻指出："一九一七年的俄国革命唤醒了中国人，中国人学得了一样新的东西，这就是马克思列宁主义。中国产生了共产党，这是开天辟地的大事变。""自从中国人学会了马克思列宁主义以后，中国人在精神上就由被动转入主动。""从此以后，中国改换了方向。"[①] 可以说，没有唤起民众、重振中华民族精神的成功，也就没有中国共产党的成功。

一百多年来，中国共产党始终把人民群众的精神力量作为推动社会进步和发展的关键力量，并以持续不断的社会进步和发展来充实和提升人民群众的精神境界和内在力量。伴随着革命、建设、改革和现代化建设的不断胜利，中国人民的精神世界也经历了觉醒、觉悟、自尊、自立、自信、自豪的发展历程，在不断激活五千多年文明塑造的中华民族精神力量同时，又不断从党和人民奋斗所铸就中国共产党的精神谱系中获得新的更强大力量。这种精神力量的不断壮大，既是中国崛起的具体彰显，也是中国崛起的内在支撑。

在中国文化中，精气神一体，有了精神，也就有了气，气多了，精神就强了，不仅生命力旺盛，而且能够形成战胜一切困难而不被困难压倒的强大意志力量。中国共产党能够依靠小米加步枪打下天下，靠的就是精气神；能够在抗美援朝战争中战胜强大的美国，靠的不是钢多，而是气盛。毛泽

---

① 毛泽东：《唯心历史观的破产》，《毛泽东选集》第四卷，人民出版社，1991 年，第 1514 页、第 1516 页。

东一针见血指出：美国之败，败在“钢多气少”，而中国之胜，胜在“钢少气多”。

中国共产党是中国人民的主心骨，其精神伟力是中国人民精神力量的根本支撑。中国共产党的精神力量，一方面来自对马克思主义的信仰；另一方面来自对共产主义的信仰。前者是理论信仰，后者是理想信念，两者有机统一。马克思主义理论从人类社会发展规律高度揭示了共产主义的历史必然性和社会主义的现实合理性；共产主义指明了人类社会发展的历史方向以及为之奋斗的现实任务。科学理论和远大理想，使得中国共产党完全不同于基于代议民主的选举政治需要而成立的、代表特定群体利益的政党。真正的共产党，确实像马克思所说的那样，是为人类解放而奋斗的党，胸怀天下，心系人民，大公无私，为理想奋斗。有信仰就有方向、有理论就有原则，理论和信仰既是中国共产党追求先进性和纯洁性的思想高度，也是中国共产党永葆先进性和纯洁性的精神力量。

信仰引领和理论规范，既铸就了中国共产党独特精神品质和风范，也铸就了中国共产党须臾不能偏离的价值标准。中国共产党要赢得人民，得到人民最广泛的支持，首要任务就是要把自身建设好，在思想和行动上充分展现出共产党人应有的先进性、纯洁性。党的根基在人民、血脉在人民。人民对党的认可和信任，不在于党说了什么，而在于党做了什么以及怎么做。思想决定行动，有正确的思想才有正确的行动。所以，思想政治教育始终是中国共产党进行党的建设伟大工程的基础性、长期性工程，在任何时候及任何情况下，都要以思想政治教育开路。对党员是如此，对党组织是如此，对全党的建设也是如此。

日常的思想教育以及定期的制度化的党的作风建设，是中国共产党生存发展之基、兴旺发达之道。从表面看，这就像日常生活中人们每天需要洗脸、洗澡、照镜子一样，既稀松平常，而又不可缺少；从内在看，这就像人们每天自我反思、自问内省一样，既波澜不惊，而又直击内心、触及灵魂、直达根本。正是这种日复一日、周期反复的思想政治教育，锻造了中国共产党人思想的纯粹、精神的崇高和意志的坚定。看不到这一点，也就看不明白中国共产党，就感受不到中国共产党的强大内力。

精神力量，既需要激发，也需要塑造，只有日常的养育和塑造，才能在关键的时候被激发出来。在团结带领中国人民进行长期奋斗的伟大实践中，中国共产党和中国共产党人在创造一个又一个让世人惊叹的成就、谱写了一篇又一篇可歌可泣的史诗的同时，也铸就了一个又一个精神丰碑，从而构筑起以伟大建党精神为源头的精神谱系。这个精神谱系涉及多方面且内容丰富，其基因和底色就是伟大建党精神，即坚持真理、坚守理想，践行初心、担当使命，不怕牺牲、英勇斗争，对党忠诚、不负人民的伟大建党精神；而其得以生长和开枝散叶的主干，就是中国共产党人的本心、实心、恒心和仁心。毛泽东在延安时期用四篇短文，即《为人民服务》《改造我们的学习》《愚公移山》和《纪念白求恩》，揭示了中国共产党人应有的本心、实心、恒心和仁心的本质内涵和精神基因。

《为人民服务》是毛泽东为追悼张思德同志而写的，道出了中国共产党本性和本心。其一，“我们的共产党和共产党所领导的八路军、新四军，是革命的队伍。我们这个队伍完全是为着解放人民的，是彻底地为人民的利益工作的。”其二，“我们是为人民服务的，所以，我们如果有缺点，就不怕别人批评指出。不管是什么人，谁向我们指出都行。只要你说得对，我们就改正。你说的办法对人民有好处，我们就照你的办。”其三，“只要我们为人民的利益坚持好的，为人民的利益改正错的，我们这个队伍就一定会兴旺起来。”其四，“我们都是来自五湖四海，为了一个共同的革命目标，走到一起来了。我们还要和全国大多数人民走这一条路。”这四点回答了中国共产党使命所在、立命所在、生命所在，道出了中国共产党之所以为中国共产党的本性和本心所在。初心源于本性和本心，不忘初心的根本在于坚守本性和本心。

《改造我们的学习》是毛泽东在延安干部会上所作的报告，主张改造全党的学习方法和学习制度，教育全党以从实际出发的观点而不是以教条主义的观点来对待马克思列宁主义原理，在全党树立了实事求是的科学态度和思想作风。其一，“中国共产党的二十年，就是马克思列宁主义的普遍真理和中国革命的具体实践日益结合的二十年。”“马克思列宁主义这个最好的真理，作为解放我们民族的最好的武器”，“一经和中国革命的具体实践相结合，就使中国革命的面目为之一新。”其二，要“注重研究现状”、“注重研究历史”、“注重马克思列宁主义的应用”。其三，“只有打倒了主观主义，马克思列宁主义的真理才会抬头，党性才会巩固，革命才会胜利。我们应当说，没有科学的态度，即没有马克思列宁主义的理论和实践统一的态度，就叫做没有党性，或叫做党性不完全。”其四，要“应用马克思列宁主义的理论和方法，对周围环境作系统的周密的调查和研究”。“在这种态度下，就是要有目的地去研究马克思列宁主义的理论，要使马克思列宁主义的理论和中国革命的实际运动结合起来，是为着解决中国革命的理论问题和策略问题而去从它找立场，找观点，找方法的。”这种态度就是实事求是的科学态度。这四点回答了中国共产党学习科学理论、研究事物规律、探索中国道路、解决中国问题应有的从实际出发的观点、理论联系实际的学风、注重实际问题研究的精神以及实事求是的科学态度与方法。这篇文章改造的是全党的学习方法和学习制度，而铸就的是全体中国共产党人必须终生秉持的实事求是的“实心”。秉持这个“实心”，中国共产党人不仅拥有用科学方法研究实际、把握规律、驾驭发展的能力，而且拥有习近平总书记所说的“谋事要实、创业要实、做人要实”的修为之道。实心是本心的支撑，有了实心实意，为人民服务就能做到全心全意。

《愚公移山》是毛泽东在中共七大上的闭幕词。借愚公移山寓言，毛泽东告诫全党要以愚公移山精神把革命进行到底。其一，“要使全党和全国人民建立起一个信心，即革命一定要胜利。首先要使先锋队觉悟，下定决心，不怕牺牲，排除万难，去争取胜利。但这还不够，还必须使全国广大人民群众觉悟，甘心情愿和我们一起奋斗，去争取胜利。”其二，“现在也有两座压在中国人民头上的大山，一座叫做帝国主义，一座叫做封建主义。中国共产党早就下了决心，要挖掉这两座山。我们一定要坚持下去，一定要不断地工作，我们也会感动上帝的。这个上帝不是别人，就是全中国的人民大众。全国人民大众一齐起来和我们一道挖这两座山，有什么挖不平呢？”这两点回答了中国共产党赢得一切胜利的三大关键：一是信心，二是决心，三是党和人民同心。这三心合一就是党和人民共有的争取一切胜利的恒心。有恒心就有韧劲，就能持续奋斗、不断前进。正所谓：山再高，只要往上攀总能登顶，路再远，只要走下去总能达到。

《纪念白求恩》是毛泽东为纪念国际主义战士白求恩而写的。毛泽东从白求恩身上提炼出了共产党人应有的精神。其一，“一个外国人，毫无利己的动机，把中国人民的解放事业当作他自己的事业，这是什么精神？这是国际主义的精神，这是共产主义的精神，每一个中国共产党员都要学习这种精神。”其二，“白求恩同志毫不利己专门利人的精神，表现在他对工作的极端的负责任，对同志对人民的极端的热忱。”其三，“我们大家要学习他毫无自私自利之心的精神。从这点出发，就可以变为大有利于人民的人。一个人能力有大小，但只要有这点精神，就是一个高尚的人，一个纯粹的人，一个有道德的人，一个脱离了低级趣味的人，一个有益于人民的人。”这三点回答了共产党人应有的共产主义精神品质及其内在要求。在中国文化中，毫不利己专门利人的精神体现的是仁心，有仁爱之心，才能舍己为人，舍生取义，成为英雄豪杰和顶天立地的大丈夫，也就是毛泽东说的“一个高尚的人，一个纯粹的人，一个有道德的人，一个脱离了低级趣味的人，一个有益于人民的人。”

毛泽东这四篇文章所揭示的中国共产党应有的本心、实心、恒心和仁心，都立于人民这个本体。只有心中有民，才能守本心、铸实心、树恒心、行仁心，做到四心一体，真心为民。一切为人民、一切来自人民，人民就是一切，这是中国共产党精神谱系之源、之根。只要源活、根深，中国共产党的精神谱系之树就永远枝繁叶茂。

中华人民共和国是党团结带领人民经过坚苦卓绝的革命建立起来的，并在党和人民团结奋斗中兴旺发展起来。党的领导、人民奋斗和国家发展，是当代中国发展的内在逻辑和行动框架。其中，党、人民和国家的内在统一，除了组织上、制度上的内在统一之外，就是精神上的内在统一，即在党的领导下，党的精神、人民精神和国家精神相互塑造、相互激发、相互统一。在长期奋斗实践中，党、人民和国家精神的内在统一，建构起了使中华五千多年文明得以延续、转化和发展，使中国式现代化得以确立、发展和成功，使中华民族伟大复兴得以自主、行稳和实现的强大中国精神和中国力量。

五、思想教育与公民塑造

在政治学的范畴中，“思想教育”与“教育”是两个概念，教育是从人的发展与族群的延续出发的，关注知识的转播与精神的塑造；“思想教育”则是从在民众中创造政权与制度的认同出发的，关注的是信仰、价值与认同。不是所有的国家与政权都是重视教育的，但几乎所有的国家与政权都离不开思想教育，因为它是国家一体化与政权巩固的前提与基础。思想教育可以包含在教育之中，也可以直接作为一种统治方式与手段作用于民众和社会。中国传统社会是一个高度重视教育的社会，通过制度化的选官体系，将知识教育与思想教育融为一体，为中国传统国家统治体系的长期存续提供了有效的思想与文化支撑。

从抽象意义上讲，思想教育的使命就是在一定的制度体系下培养或塑造认同并适应国家制度的社会成员，以巩固制度的社会基础，增强制度与政权的权威。这是人类组织国家所遵循的古今通则，不论是西方的柏拉图、亚里士多德，还是东方的孔子、老子，都从各种立场出发研究思想教化与政权巩固的关系。所以，思想教育与其说是教育的问题，不如说是政治的问题。作为政治问题的思想教育，其机制是宣传与教化，其资源则是文化、宗教与意识形态。由于中国不是宗教立国的国家，所以在思想教育中，文化与意识形态就显得十分重要。随着传统国家统治体系最终选择以儒家思想为核心的意识形态，中国传统社会就形成了文化传统与儒家思想相互塑造的格局，在这个格局下，文化与意识形态逐渐融为一体。这就意味着一旦中国从传统国家迈入现代国家，必然面临文化再造与意识形态再造的问题。然而，在现代化的背景下，文化再造的主体与逻辑，除了国家主体与国家逻辑之外，还有社会主体与社会逻辑。于是，完全出于国家政权需要出发所形成的意识形态再造，就不可避免地要面临如何赢得来自社会力量的文化认同与文化支撑问题。这样，现代国家建设中意识形态建构与文化再造中存在的国家与社会之间的紧张关系，就会演变为意识形态建构与文化发展之间的紧张关系。要处理好这种紧张关系，不仅需要有很好的意识形态建构战略，而且需要有很好的文化发展战略。实践表明，当新生的国家政权不得不从巩固政权与制度出发来进行意识形态再造的时候，往往会将意识形态建构置于主导地位，并自觉或不自觉地将文化建设纳入到意识形态建设的范畴。这样做法虽然能够有效地消弭意识形态建构与文化再造之间的张力，但从长远看，则削弱了意识形态在思想教育中获得文化支撑的基础与空间。中国现代国家建设经历了这个过程，形成了比较独特的思想教育与公民塑造体系。

中国用于公民塑造的思想教育主要有两大体系：一是宣传体系，二是教育体系。宣传体系以宣传工作体系为核心，通过党内的宣传教育工作体系和媒体的传播体系来完成；教育体系是通过从小学到大学的国民教育体系以及学校内部的政治理论课和专业思想政治工作体系来完成。党的领导始终包含党对教育事业的领导，党委是各类、各级学校的领导核心，承担着思想政治工作的任务，所以在学校教育中，塑造公民的宣传体系与教育体系是相互融合的，宣传体系更多的是借助学校教育体系发挥作用的。可见，宣传在公民塑造中所起的作用是广泛、持久而深入的，其实际效用，一方面与宣传本身所拥有的权力有关，另一方面与宣传所拥有的影响力和吸引力有关。

这两套体系不是中华人民共和国成立后才建立起来的，党在建立军队和开辟根据地的时候就开始建立和发展这两套体系，并视其为党领导人民和军队取得革命胜利的重要体制和工作方式。因而，中国共产党在筹建新社会、新国家的过程中，始终将思想文化建设作为国家建设的重要内容，并将其置于与政治、经济建设具有同等重要的地位。建立新中国的《共同纲领》专门明确了新中国的文化教育与公民塑造的政策与方向：中华人民共和国的文化教育为新民主主义的，即民族的、科学的、大众的文化教育。人民政府的文化教育工作，应以提高人民文化水平，培养国家建设人才，肃清封建的、买办的、法西斯主义的思想，发展为人民服务的思想为主要任务。提倡爱祖国、爱人民、爱劳动、爱科学、爱护公共财物为中华人民共和国全体国民的公德。于是，新中国成立后，在全面摧毁传统的或国民党建构的宣传教育体系的过程中，中国共产党很快就建立起了自己的宣传和教育体系。

从中华人民共和国成立至今，用于塑造公民的宣传和教育体系，先后围绕着巩固政权的意识形态建构、全体民众的社会主义思想改造、社会主义事业接班人的培养以及公民核心价值观的建构来展开，每一个时期的核心任务有所不同，但基本上都配合了相关时期国家建设与发展所面临的工作重心。从整个发展历程来看，党和国家对民众的宣传与教育逐渐从以党为中心转变为以国家为中心，最明显的体现就是：对公民的塑造从社会主义制度巩固出发逐渐转向从国家建设和治理出发，从而不再简单地从培育社会主义接班人角度塑造公民，而是从作为国家公民应该有的认同、信仰和价值出发来塑造公民。于是，建构社会主义核心价值上升为塑造公民的宣传与教育的核心内容。然而，这并不意味着宣传和教育在公民塑造中原先追求的目标今天可以完全被取代，因为社会主义核心价值包含国家、社会与个人三个层面，国家层面的核心价值是：富强、民主、文明、和谐；社会层面的核心价值是：自由、平等、公正、法治；个人层面的核心价值是：爱国、敬业、诚信、友善，这三个层面的核心价值都能直接服务于国家政权、社会主义制度的巩固以及社会主义接班人的培养。由于围绕着社会主义核心价值而展开的宣传和教育更加直接地从国家与公民的关系出发，所以相对而言要超然一些，同时与公民成长的实际需求也更加贴近一些。这种变化所产生的直接效应是：在国家核心价值和意识形态建构中，国家除了依靠自身力量之外，也可以通过与社会的有效互动而借助基于社会运动和发展逻辑而展开的文化建设力量。

思想教育与公民塑造本质上是国家行为，其背后包含国家意志以及国家制度对公民的规范。然而，不论思想教育，还是公民塑造，其对象都首先是自然人，即在特定的社会、历史与文化中生存与发展的自然人，其观念与思想的底版是其所属的民族或社会的文化基因与文化传统。思想教育与公民塑造能在多大程度上观照这种文化基因与文化传统，既直接决定着其表现形式与工作方式，也直接决定着其所具有的影响力与渗透力。在这方面，传统中国所建构的“修齐治平”与“内圣外王”的人生成长与修炼的模式，有效地将国家意识形态与民众所承载的文化基因、文化传统统一起来，共同糅合进每个人的生活实践与人生追求。然而，问题在于中国的现代化过程，既是一个力图超越文化传统的过程，同时也是一个力图通过政治、社会革命摧毁传统文化，进而解构文化传统的过程。这使得现代的思想教育与公民塑造是在民众的文化基因与文化传统被模糊化、脆弱化的基础上展开，难以得到有效的文化氛围呼应和文化力量支撑，结果思想教育与公民塑造只有通过不断放大自身的力量与影响力来产生应有的效应。这种放大虽然有一定的效用，但其带来副作用也很大，最直接的体现就是受教育者对宣传教育的逆反心理与排斥情绪。

客观地讲，中国在建构社会主义现代化国家的过程中，无疑十分重视思想教育与公民塑造。在一段时间里，宣传和思想教育为了实现有效的思想灌输，直接否定文化传统在个人思想与精神塑造中的作用和影响。实践证明，其效果适得其反，不仅达不到思想教育与公民塑造的预期目的，而且还严重削弱了思想教育与公民塑造所依赖的文化资源。今天，面对日益独立自主的个体，思想教育与公民塑造越来越依赖每个社会个体生活与成长所具有的文化背景与文化基础。于是，历史的发展回到起点，即思想教育与公民塑造应该重新找回能够滋养中国民众精神和心灵的文化传统及其所形成的文化资源。为了展现这种历史轮回，有必要引述习近平总书记对此发表的系统论述：

“培育和弘扬社会主义核心价值观必须立足中华优秀传统文化。牢固的核心价值观，都有其固有的根本。抛弃传统、丢掉根本，就等于割断了自己的精神命脉。博大精深的中华优秀传统文化是我们在世界文化激荡中站稳脚跟的根基。

“中华文化源远流长，积淀着中华民族最深层的精神追求，代表着中华民族独特的精神标识，为中华民族生生不息、发展壮大提供了丰厚滋养。中华传统美德是中华文化精髓，蕴含着丰富的思想道德资源。不忘本来才能开辟未来，善于继承才能更好创新。对历史文化特别是先人传承下来的价值理念和道德规范，要坚持古为今用、推陈出新，有鉴别地加以对待，有扬弃地予以继承，努力用中华民族创造的一切精神财富来以文化人、以文育人。

“要讲清楚中华优秀传统文化的历史渊源、发展脉络、基本走向，讲清楚中华文化的独特创造、价值理念、鲜明特色，增强文化自信和价值观自信。

“要认真汲取中华优秀传统文化的思想精华和道德精髓，大力弘扬以爱国主义为核心的民族精神和以改革创新为核心的时代精神，深入挖掘和阐发中华优秀传统文化讲仁爱、重民本、守诚信、崇正义、尚和合、求大同的时代价值，使中华优秀传统文化成为涵养社会主义核心价值观的重要源泉。要处理好继承和创造性发展的关系，重点做好创造性转化和创新性发展。”①

六、文化传统的现代转化

对于独立建构了自己文明体系、有五千多年历史的中华民族与中国社会来说，文化发展的方向问题本不应成为当下中国发展的难题。然而，事实恰恰相反，与中国的政治、经济和社会发展相比，中国文化发展方向更具不确定性。即使进入 2010 年之后，中国所宣示的道路自信、理论自信和制度自信，对中国政治、经济和社会发展方向所具有的规定性作用，要大大强于对中国文化发展的作用。这种发展状态实际上是一种倒挂性的发展状态，因为文化发展方向一旦模糊或摇摆，就难以安顿人的心灵与民族的精神，进而也难以在国家认同与社会心理结构上巩固既定的制度、道路与理论。可以想见，在道路、理论与制度既定的状态下，未来中国政治建设与政治发展所面临的挑战，将在很大程度上来自文化的建构。从这一点上看，即使发展到今天，中国依然没有脱离出长久形成的文化国家的特性，即人的基础心灵结构，不是来自宗教的塑造，而是来自文化的塑造；而塑造人的心灵结构的文化，是离不开国家的文化选择与文化战略的。

应该指出的是，中国传统社会所进行的文化国家塑造是通过两个力量的合作来完成的：一是社会的力量，二是国家的力量。由于中国传统国家是基于社会逻辑而确立和建构的，因而这两个力量在文化塑造和价值建构上具有比较强的内在契合性，很容易在实践中成为一种相互承认、相互支撑、相互巩固的合力。但是，迈入现代，随着传统国家体系的解体，这种

① 习近平 2014 年 2 月 24 日在中共中央政治局第十三次集体学习时的讲话。

合体结构也就随之崩解，社会力量依然留存，而传统国家力量则完全丧失，代之而起的是现代国家力量，而现代国家力量一开始就以改造旧的社会结构、推动社会革命为使命的。于是，在现代化过程中，国家文化所需要的文化塑造主体，即国家与社会，都发生了革命性变化。在这种变化中，走出传统成为国家与社会的共同选择，但走出传统之后的，选择什么样的新文化以及如何处理新文化与传统文化的关系，国家与社会却有完全不同的考虑与追求。这样，传统社会塑造文化国家的二元一体的结构，就完全陷入了二元分割的结构之中，这之间的紧张和冲突一直左右着中国的政治建设与发展。这意味着中国要建构定型的国家文化体系，必须从消除这种紧张和冲突开始。

正如前面分析所指出的，现代化在中国引发的文化革命一开始就形成了两套逻辑：一套逻辑是基于社会对现代化的直接反映而形成的，强调应该从实现人的自主与解放出发来重构中国的现代文化；另一套逻辑是基于现代国家建设对文化的要求而形成的，强调中国现代文化的建构必须与中国现代政治和社会发展的要求相适应。前者的主体，显然是社会；后者的主体则是国家。它们在推动文化革命与建设的过程中，具有两个共同点：一是力图超越传统；二是力图从现代文明中寻找新的文化资源。然而，由于在寻找现代文化资源的出发点上存在差异，它们在共同寻找新的文化资源过程中形成了各自的逻辑，形成了各自不同的取向；另一方面，对新文化资源的不同选择也直接影响它们各自对传统文化的态度，从而在中国文化现代化转化与定型上也形成了不同的意向与取向。这之间的差异与紧张，虽然可以在特定的时空中成为中国文化现代转化的一种推动力量，但长此以往，最终还是会成为中国文化现代化转化的羁绊。因而，在中国的现代国家建设中，国家要努力消除这种差异与紧张。虽然在过往的实践中，国家曾经通过其所拥有的优势来限制其中的差异与紧张，但没有真正解决问题，因为国家所建构的文化要成为安顿人的心灵与民族精神的力量，其根基不在国家，而在社会，在每个人的心中。

客观地讲，四十多年的改革开放所带来的对人类文明的再认识，以及对什么是社会主义和落后国家如何建设社会主义的再探索，使得国家的文化取向与文化建设逐渐摆脱了教条化的藩篱，更加契合现代人类文明的发展规律，更加积极地吸纳现代人类文明的成就，更加尊重现代人类文明的核心价值。这决定了在国家文化的重构与定型上，国家与社会之间的紧张可以缓解，差异可以缩小。但是，国家与社会的各自文化立场、文化取向以及文化需求不可能因此而达到完全联通或重叠的状态，因为基于社会主义的国家立场，中国国家文化的建设取向和发展逻辑依然有自己的定位与选择。事实上，现代化过程中的文化转型与文化建设出现国家与社会的紧张，是现代化发展的必然，是普遍的现象。所以，现代化过程中的国家文化重构与建设，不是基于全面消除其中的紧张与差异，而基于将这种紧张与差异确立在共同的文化关怀基础之上。显然，这种共同的文化关怀只能回到国家与社会所共享的历史与文化之中，这就是国家与社会可以超越，但不能断绝的文化传统。对于中国这样的文化国家来说，更是如此。习近平总书记一直强调，中国国家与社会所共享的五千多年文化传统是中国文化软实力得以发展的基础所在："提高国家文化软实力，要努力展示中华文化独特魅力。在五千多年文明发展进程中，中华民族创造了博大精深的灿烂文化，要使中华民族最基本的文化基因与当代文化相适应、与现代社会相协调，以人们喜闻乐见、具有广泛参与性的方式推广开来，把跨越时空、超越国度、富有永恒魅力、具有当代价值的文化精神弘扬起来，把继承传统优秀文化又弘扬时代精神、立足本国又面向世界的当代中国文化创新成果传播出去。"①

任何民族都会在自己发展的历史中形成体现自身价值、守护自身信念、传承自身血脉和塑造自身认同的文化传统。任何民族所建构的国家这个政治

① 习近平 2013 年 12 月 30 日在中共中央政治局第十二次集体学习时的讲话。

共同体，既是文化传统的产物，也是文化传统的守护者。所以，对任何民族来说，其所建构的国家，除了需要一套制度体系支撑之外，还需要一套文化体系的支撑，并力求达成制度与文化的内在协调与统一。这决定了现代化所带来的国家转型，即传统国家转向现代国家，必然同时面临制度转型与文化转型的问题，也就是前面提到的政治革命、社会革命与文化革命问题。在这一过程中，制度转型是更具根本性与彻底性的，文化转型要服务于制度转型，并为制度转型提供必要的观念、心理与价值基础。所以，文化转型更多地取决于制度转型；制度转型除了取决于既定制度的性质之外，就是取决于现代化发展所提出的发展目标和选择的社会发展历史形态。到目前为止的现代化实践表明，内生性的现代化与后发外生性的现代化的鲜明差异在于：前者是通过既有制度的自我转型与变革来完成的；后者是通过整体的制度替代来实现的。这决定了以西方为代表的内生性现代化国家的现代文化重构，是通过文化传统的自我转化和变革来完成的，其中不会出现严重的文化断裂；而后发外生性的非西方国家的现代文化重构，则往往是用现代的观念、价值与精神对自身的文化传统进行全面的洗涤和筛选而形成的，其中不可避免地要打断文化本身的历史延续性，出现一个文化断裂与碎裂的过程，人们力图通过这个过程，将传统文化体系打碎，从而在消解传统文化对现代化发展可能产生的羁绊作用的同时，摘取出既能支撑本民族发展，又能与现代文化相衔接、相适应的文化传统。所以，像中国这样文化国家的现代化发展，必然要经历一个反传统文化的过程，但如果这个过程不能有效地过渡到文化传统的提炼与现代转换，那么其现代化过程就必然演化为反传统、反文化的过程，并最终导致现代化发展的严重扭曲和失败。

在迈向现代的过程中，中国关于文化的现代转换的讨论，始于 16 世纪末，[①] 鸦片战争爆发后进入高潮，伴随着传统国家体系的危机与解体，逐渐

---

① 张岱年、程宜山：《中国文化论争》，中国人民大学出版社，2009 年，第 255—256 页。

演化出反对传统文化的新文化运动；随后在反帝反封建的革命运动中，以及在新中国成立之后的社会主义革命的运动中，被定性为封建文化的传统文化遭到了更为彻底的否定。在这个过程中，虽然有不少人意识到反对传统文化不能演变为对文化传统的全面否定，但还是无力扭转这个历史进程。实践表明，对传统文化的批判与否定，对推进现代化发展是有积极的文化意义的，但当这种批判与否定从根本上冲击了民族与国家赖以存续的文化传统的时候，对现代化发展就失去了积极意义，反而使现代化发展失去应有的文化支撑和社会基础，因为现代化的主体是人，而人的心灵与精神的安顿是离不开与生俱来的文化传统滋养与安抚的。现代化越是深入与全面，中国人对现代化过程中所出现的这种文化两难困境的感受越是深刻。

改革开放四十多年之后的今天，随着中国特色社会主义道路的成功，中国全面认识到国家的文化力量，不仅是创造国家进步、社会安定和人民幸福的重要资源，而且也是中华民族在世界上全面崛起的重要软实力。为此，中国将当下的探索与实践以及当下社会的进步与发展都全面地衔接到中国的历史、文化与传统之中，为此习近平强调指出："对我国传统文化，对国外的东西，要坚持古为今用、洋为中用，去粗取精、去伪存真，经过科学的扬弃后使之为我所用。讲清楚中国特色社会主义植根于中华文化沃土、反映中国人民意愿、适应中国和时代发展进步要求，有着深厚历史渊源和广泛现实基础。讲清楚中华文化积淀着中华民族最深沉的精神追求，是中华民族生生不息、发展壮大的丰厚滋养；中华民族创造了源远流长的中华文化，中华民族也一定能够创造出中华文化新的辉煌。讲清楚中华优秀传统文化是中华民族的突出优势，是我们最深厚的文化软实力。"①这里强调的三方面"讲清楚"，既是文化传统所需要的深刻自我反思的过程，也是在反思中寻求中国现代化发展的文化资源与文化决定力量的过程。这三个"讲清楚"命题的共同指向

① 习近平 2013 年 8 月在全国宣传思想工作会议上的讲话。

就是一条：中国特色社会主义现代化的成功，离不开中国文化传统在其中的决定性作用；而中国文化传统的现代转换，将长远地、根本地决定中华民族的复兴与繁荣。所以，今天的中国应该在什么样的深度上把握和转换中国文化传统，将直接决定中国走向强国所具有的能力与实力。中华民族伟大复兴的根还是要牢牢地扎在中国文化传统之中。

优秀传统文化的继承与弘扬，中华文化传统的延续与发展，是中国现代化过程中的国家文化重构的重要基础。在这个基础上，文化建设实践中的国家力量与社会力量、国家逻辑与社会逻辑，就可能形成联通和融合，形成相互推动、相互促进的发展局面。这种局面的出现，不仅对文化建设有力，而且对国家稳定与社会和谐有益。国家与社会之间在观念、价值和认同上的互通、互认与互信，是一个国家繁荣的基础，也是一个国家长治久安的根本所在。由此可见，中国在经历了百年现代化努力之后，终于找到了重构国家文化的战略路径和根基所在。中国发展应有的文化自觉和文化自信将由此逐步确立和巩固。

发展

第4篇

第十五章

政治建设

四十多年的改革开放，使中国发展全面迈入现代化进程，与人类的现代化发展逻辑相呼应，使人们能够从发达国家的现实中看到中国未来的影子。在这样的背景下，人们对中国的认识和思考常常会自觉或不自觉地以发达国家的经验或模式来透视中国、思考中国，甚至规划中国，以至于常常将中国发展中最关键的要素遮蔽掉，视而不见。典型的事例之一就是：在中国政治学研究中，人们常常习惯性地将党建问题置于思考和回答中国政治建设问题之外，没有将其视为中国政治研究中的基本问题。所以，党建研究一直没有进入中国政治研究的主流，长期局限在党史研究的范畴之中。尽管这个局面目前有所改变，但基本格局和认知逻辑没有变化。导致这种状况的原因很多，其中非常重要的一点就是：不少人没有从中国的政治逻辑中去把握中国共产党、把握党建，因而也就无法真正认识到党建在中国发展中的重要政治作用。为此，本章将从政治学出发考察党建在中国发展中的重要政治作用，并由此来揭示政治建设的中国范式。

一、政治建设与国家成长

政治建设，是中国的概念，但却是现代化发展的必然要求。①现代化实际上是人类生产和生活的重构以及由此形成的历史发展运动。产生这种重大历史跃进的核心动力来自人在追求全面发展过程中所出现的革命性变化，即从作为共同体一员存在的人跃进为作为独立个体存在的人。人的存在状态的质变必然带来由人构成的社会组织的变化，德国著名社会学家滕尼斯用“共同体”与“社会”这两个概念来区分前后两种社会之间的差异，前者是“一种生机勃勃的有机体”，后者是“一种机械的聚合和人工制品”。②相对于自然形成的“共同体”来说，人工形成的现代“社会”，自然是人的思想和意志的产物，是拥有自主性的个体的自由聚合。因而，现代化建设实际上是对政治、经济、社会与文化系统的重新构建，以满足以个体为单位、以自主为取向的人与社会的发展。这种重新建设综合起来，就是所谓的“国家建设”。马克思将这个历史运动概括为这样的逻辑：人的自主创造现代社会；现代社会必然建设与其相适应的现代国家；建设现代国家就必须建设现代的经济、社会、政治与文化系统，并在民主、市场和法治的原则下，将这些系统聚合为稳定的有机整体。③

因而，建设现代国家是现代化发展的必然，而现代国家建设一定包括政治建设。由于现代国家是以承认和保证人的自主发展与社会平等为前提的，因而其政治建设的内在价值取向就是创造保障个体自由与社会平等的民主政治。这样，人们就很自然地把政治建设看作是政治民主化的过程，从而直接

---

① 在西方的学术体系中，用于表达类似中国“政治建设”概念含义的用语是：国家建设(state building)。本书所说的国家建设，将政治建设包含其中，除此之外，还包括经济建设、社会建设、文化建设；而所有这些领域的建设，都必须建构三大体系：价值体系、组织体系与制度体系。

② [德]斐迪南·滕尼斯：《共同体与社会》，林荣远译，商务印书馆，1999年，第54页。

③ 林尚立：《建构民主的政治逻辑——从马克思的民主理论出发》，《学术界》，2011年第5期。

用“政治民主化”来表达现代国家建设中的政治建设。①

现代国家建设，首先要完成国家转型，即从传统迈向现代；其次要建立国家制度，即建立现代的民主制度；最后要巩固国家制度，即形成稳固而健全的宪政体系。这决定了承载国家建设使命的政治建设，虽然以民主化为取向，但其实际任务要超越民主建设本身，要解决这样几个具体问题：

其一，政治制度化问题。从传统国家迈向现代国家的标志之一，就是传统政治制度体系的消解与新的政治制度体系的建构。所谓的政治制度化问题，就是新的政治制度体系的确立与巩固的问题，其中不仅包括制度本身的确立，而且包括制度背后的价值的确立。用韦伯的理论来表达，就是新政治制度完成工具合理性与价值合理性。正是在这个意义上，亨廷顿认为，“制度化是组织和程序获得价值观和稳定性的一种进程。”②显然，这种制度化是对所有的政治制度而言的，与制度本身民主形态无关，即使是所谓西方的经典民主制度，其确立也要经历这样的过程。

其二，政治稳定问题。从国家建设的逻辑来讲，政治稳定实际上包括横向稳定与纵向稳定。横向稳定是国家结构的内在协调问题，其基础是主权认同、一体化结构与公民社会；纵向稳定是国家政权的巩固及其统治的有效性，其基础是政权的合法性与有效性、国家与社会的协调以及有效的政治发展。对国家转型与建设来说，政治稳定既可以是策略性的，也可以是制度性的，但最终必须是制度性的。策略性的政治稳定是危机应对的产物，一定是暂时的，而只有制度性的政治稳定才是国家建设的内在要求，因为它创造的是常态化的稳定政治结构。

---

① 美国政治学家亨廷顿就是在这样的政治思维中来撰写其两本著名的著作：《变化社会中的政治秩序》与《第三波：20世纪后期民主化浪潮》。

② [美]塞缪尔·亨廷顿：《变化社会中的政治秩序》，王冠华等译，上海人民出版社，2008年，第10页。

其三，政府能力问题。现代化意味着人与社会的全面发展变成可能。这种发展离不开政府，就个体来说，现代化在创造个体自主与独立的同时，也削弱了个体从自然资源中获得自我生存条件的基础与能力，于是对政府的作用形成了内在的依赖；对社会来说，虽然市场的作用在许多方面替代了政府，但市场对秩序与对国家一体化的内在需求却对政府的有效作为形成必然的需求。因而，现代化需要政府能够创造个体与社会都能获得有效发展的治理体系，这种治理体系的力量，不是来自政府所拥有的强力，而是政府所拥有的能力，强力只是能力的组成部分。王绍光、胡鞍钢教授将这种能力概括为八个方面：强制能力、汲取能力、濡化能力、监管能力、统合能力、再分配能力、吸纳能力、整合能力。①

其四，政治民主问题。现代国家与传统国家的根本区别在于它是以个体自主为前提，以促进人与社会发展为使命的，因而它要努力寻求个体自由与社会平等的协调；个人发展与社会进步的协调。实现这种协调的有效制度安排就是民主制度，即民众能够在决策与治理中充分发挥作用从而维护自身合法利益的制度安排，它由三大体系构成：一是权利保障体系；二是权力制约体系；三是政治参与体系。通过立宪确立这三大体系是政治民主的开始，但在实践中要实现这三大体系的有机统一，需要长时间的国家与社会互动。只有当这种互动进入到制度化和法治化的轨道上，这三大体系所支撑的政治民主才能巩固下来，否则政治民主时刻面临陷入危机的可能。②

综合上述分析，政治建设实际上是围绕着现代政治共同体的建构、宪政民主体系的建构、现代政府治理体系的建构以及公民社会的建构这四个方面展开的。现代国家就是在四个方面建构中得以逐步成长的，最终形成的结构

---

① 参见王绍光、胡鞍钢：《中国国家能力报告》，辽宁人民出版社，1993 年。

② 美国政治学者林茨认为民主的巩固必须具备五大基础条件：拥有公民社会发展的条件；存在受人尊重的政治社会；自由而自主的结社生活；服务民主的国家官僚系统；制度化的经济社会。参见［美］胡安 · J. 林茨、阿尔弗莱德 · 斯泰潘：《民主转型与巩固的问题：南欧、南美和后共产主义欧洲》，孙龙等译，浙江人民出版社，2008 年，第 7 页。

形态是：上是政治共同体，下是公民社会，宪政民主体系与政府治理体系立于中间，以公民社会为基础，支撑现代政治共同体。

二、政治建设的权力空间

政治建设一定是在特定的权力空间中展开的，其使命是合理配置权力，以建立稳定有序的权力结构及其形成的政治体系，从而为人的生存与发展提供必要的秩序与保障。权力是在人与人的相互作用中形成的。人们只要组成社会，就必然形成复杂的权力关系，并由此形成特定的权力空间，其内在结构决定于权力关系本身。人类发展的历史表明，社会制度转型与社会形态跃进的背后一定包含着这种权力关系的变化。著名未来学家托夫勒曾经从权力转移的视角考察了人类文明与进步发展的历程与逻辑。[①] 实际上，人们只要简单考察一下欧洲近代以来的历史就会发现，欧洲迈向现代的前提与基础就是权力关系及其决定的权力结构的深刻变化。这种变化既包含神人关系权力关系的颠倒，也包含社会与国家权力关系的颠倒。[②]

现代化所要求的政治建设，自然是在现代权力关系所形成的权力空间中展开的。现代化是人类社会发展的必然，它发端于西方，但不属于西方。然而，基于先行者对后觉者的榜样作用，西方根据自身历史与社会现实所形成的实践却往往成为现代化的“经典”，其中包括对权力关系的布局。从根本上讲，权力关系的实际布局是人们生产、生活和交往的自然产物，相关的理论抽象是基于对其内在规律的把握。近代以来的西方学者根据西方

---

① 参见［美］阿尔温·托夫勒：《第三次浪潮》，朱志焱等译，生活·读书·新知三联书店，1983年。

② 瑞士著名文化史家、艺术史学家布克哈特对人类历史中六种相互制约关系的考察，能够给我们更为丰富的启示。参见［瑞士］雅各布·布克哈特：《世界历史沉思录》，金寿福译，北京大学出版社，2007年，第76—152页。

社会现代化转型的内在逻辑与现实状况，将现代政治建设的权力空间抽象为二元结构模式，即国家与社会的二元结构模式。支持这种结构模式的理论有：社会契约理论、市民社会理论、社会革命理论等，其共同的逻辑是：人的解放创造现代社会，现代社会建构现代国家，现代国家服务和保障现代社会，民主由此成为现代社会和现代国家的必然选择，于是现代政治建设应该在国家与社会组成的二元结构权力空间中展开。马克思就很明确地认为："国家制度只不过是政治国家和非政治国家之间的妥协，因此它本身必然是两种本质上相异的权力之间的一种契约。"①马克思认为，正是在这样的二元结构中，人民获得了制约国家权力的力量。这与传统的古代国家有本质不同。因为"在古代国家中，政治国家构成国家的内容，并不包括其他领域在内，而现代的国家则是政治国家和非政治国家的相互适应。"②换言之，在古代国家，国家政权就是国家本身，国家就是国家政权；而在现代国家，除了国家政权之外，还有自主的人民力量及其所组成的现代社会，因而在这空间中的政治建设，必然是基于政府与人民、国家与社会的"协调"与"契约"。

马克思主义历史观认为，这种二元结构是对传统的国家生活与社会生活一体的一元结构的反动，但不是最终的结构，马克思认为这种二元结构必须以新的一元结构模式为依归，即重归国家与社会一体，不过这种一体不是社会归属国家，而是国家归属社会，其政治形态是"社会共和国"。③所以，在马克思看来，这种二元结构不过是人类社会发展过程中的一种权力结构形态，它可以孕育民主，也可能产生专制，因为从社会抽象出来的国家也可能

① 马克思：《黑格尔法哲学批判》，《马克思恩格斯全集》第三卷，人民出版社，2002年，第73页。

② 同上书，第41页。

③ 马克思：《法兰西内战》，《马克思恩格斯选集》第三卷，人民出版社，1995年，第104—105页。

倒过来像蟒蛇一样紧紧地将社会缠绕起来。① 这就意味着二元结构虽然是现代民主成长的基本权力空间，但它并非是现代民主成长的必然保障空间。换言之，现代民主建设需要以这样的权力空间为基础，但并不意味着只能局限于这样的权力空间。中国现代化基于自己的探索实践，在二元结构的权力空间基础上，建构了三元结构的权力空间。

中国传统帝国的权力空间实际上也是二元结构，一个是基于家族共同体所形成的村落社会；一个是基于皇权和官僚所形成的国家空间。“皇权不下县”的治理原则以及国法尊重家法的政治原则，② 保证了村落社会与官僚国家既相对独立，又相互依存。但是，用马克思的话来说，这种二元结构是“现实的二元论”，与基于现代社会抽象的二元论所形成的二元结构完全是两码事。现代的二元结构是基于私人生活完全从国家生活中抽象出来并由此获得社会自主而形成的。因而，传统帝国解体之后，帝国所留下的社会，不仅在本质上不是现代社会，而且在形态上也不是完整的社会，在原有的帝国体系崩解之后，它陷入了四分五裂的状态。由此，我们可以这样描述中国迈进现代化门槛时的最初形态：帝国的规模、崩溃的权威、分裂的社会、坍塌的信仰、贫弱的机体。显然，这种现代化不是内生的要求，而是外力使然，不但缺乏应有的社会基础，而且缺乏有效的主导力量，因而，传统中国现代化转型的最终命运很可能被现代化击垮，传统帝国裂变为几个小国，分散化地为现代化发展各自努力，适者生存。现代化的历史潮流对近代中国的冲击确实将巨大的中国置于这样的危险境地。因为历史潮流虽然将中国冲到了民主化与现代化的岸边，但既没有给中国带来一个现代社会，也没有给中国带来一个有效的国家。在社会无力、国家无效的状况下，中国要维系规模巨大的整体，并努力将其带上现代化发展的轨道，就自然需要第三种力量，这就是政党。近代中国有过为开国会而产生的政党，但作为拯救国家与民族危亡的第

---

① 马克思：《法兰西内战》，《马克思恩格斯选集》第三卷，人民出版社，1995 年，第 91 页。

② 瞿同祖：《中国法律与中国社会》，中华书局，1981 年，第 25 页。

三种力量的政党，从一开始就不仅只是为运行民主而产生的，而是为了建立一个新社会和新国家而产生的，所以它的基础是现实的社会，但其使命却超越社会的现实规定，定位于建构新社会与新国家。为此，它要成为社会的核心，从而有效地动员、组织和主导社会，成为全社会和全民族的代表；在此基础上，它要成为建构现代国家的担当力量。为保证这种力量具有履行其特殊历史使命的能力，它将军队纳入其领导之下，成为服务其使命的力量。首先将这第三种力量引入中国现代化建设的是孙中山，但最终以此模式取得成功的是中国共产党。

应该指出的是，从根本上讲，这第三种力量并不是对国家与社会这两种力量的否定，相反它将充分发展现代国家与现代社会这两大力量，否则在民主与现代化成为中国发展必然选择的历史前提下，它就失去了应有的合法性基础。作为建构国家与社会的担当力量，它自然对社会和国家都具有相对的自主性，但又代表和主导社会；它在国家制度范围之内，但驾驭和决定国家。于是，中国现代化发展在客观上就形成了三元结构的权力空间。然而，这种权力空间要有现代化和民主的价值追求和功能体系，其背后就必须有两个不可缺少的抽象过程：其一是私人生活从国家生活中抽象出来，获得独立的存在；其二是国家政权从少数人统治中抽象出来，成为全民的力量，实践人民民主。前者基于现代化，后者基于政党的人民民主实践。在这两方面抽象基础上形成的三元结构，就必然是相互决定、相互作用的结构。由此可见，这三元结构的现实基础是中国的历史与社会，但其支撑的内在逻辑是人民民主，即国家权力来自人民，人民整体掌握国家权力。换言之，人民民主是政党与国家、社会共同构成三元结构权力空间的合法性基础。

不论在理论上，还是在实践中，没有二元结构的权力空间，也就不可能形成三元结构的权力空间，所以前者是后者的基础，并决定着后者的成熟与发展。然而，中国对人民民主的追求，使得中国现代化和民主化的发展不可能将三元结构权力空间简化为二元结构权力空间，或者直接用二元结构权力空间来替代三元结构权力空间。因为在二元结构权力空间中，虽然国家权力也是来自人民，但人民无法整体来面对国家权力，相反都是以个体为基础来面对国家权力，因而他们的事务无法直接而有效地上升为国家事务，而国家事务往往取决于权势力量的利益与诉求。然而，在三元结构的权力空间中，面对国家的个体可以通过代表全体人民利益的政党而凝聚成为整体的力量，从而整体面对国家，使人民事务直接上升为国家事务。因为维系这三元权力结构的关键在于政党；而政党也只有维系了这三元权力结构才能获得领导和执政的合法性基础。

在这三元结构的权力空间中，人民既是个体的存在，也是整体的存在，因为他们既是政治参与的主体，也是国家治理的主体；这决定了国家不仅是保证每个人利益的国家，而且是属于全体人民的国家，其相对自主性，不是体现为对少数人统治的自主性，而是体现为国家权力不属于任何少数人集团的自主性。这决定了在三元结构下的国家与社会的关系与二元结构下的国家与社会的关系并不完全相同。带来这种差异并使其具有实际意义的关键力量就是承担现代国家与社会建构使命的政党。代表全体人民利益，以实现人民当家作主为使命的政党，实践人民民主的社会与国家的同时，也被这样的社会与国家所决定，即这样的政党必须是以全体人民根本利益为使命的政党，保证国家权力掌握在全体人民手中的政党。所以，在这样三元结构的权力空间中，政党的权力是基于其所拥有的实质性领导而形成的，而实质性领导的基础不是来自强力，而是来自人民的认同与拥护。因而，这种权力，不是强力，而是号召力、影响力与凝聚力的有机统一。它与人民手中的权力以及国家的公共权力完全不同，但又是人民与国家有效运行其拥有的权力所不可缺少的力量。

三、党的建设与政治建设

在三元结构的权力空间中，政治建设是在各权力主体的相互作用中展开的，各权力主体既是政治建设的主体，也是政治建设的对象。整个政治建设，不仅需要人民民主发展，国家政权体系建设，而且也需要党的建设。在中国的政治逻辑中，党是政治建设的领导力量，党在很大程度上决定着政治建设的议程与走向。这种决定作用，一方面来自党所代表的人民意志，另一方面来自党自身的建设与发展。所以，将党的建设从中国政治建设中抽取掉，无视其与政治建设的深刻关系，既不明智，也不科学。党的建设与中国政治建设的深刻关系，并非完全基于党对政治建设的领导，而更多的是基于中国共产党与社会、国家之间的深刻关系，其基础是党领导人民建立国家与治理国家的长期实践。

和世界上任何政党一样，党的建设伴随党的发展始终。在中国共产党掌握政权，开启以社会主义为取向、以人民民主为根本的中国现代国家建设之前，党的建设就已经存在。1939年，毛泽东在总结中国共产党十八年成长历史的时候就指出：党的建设是中国共产党在中国革命中战胜敌人的三个法宝之一。中国共产党的成长过程，就是党的建设过程。所以“我们今天要怎样建设我们的党？要怎样才能建设一个‘全国范围的、广大群众性的、思想上政治上组织上完全巩固的布尔什维克化的中国共产党’？这个问题，考察一下我们党的历史，就会懂得”。①中国共产党的性质和使命决定了党的建设从一开始就与通过议会政治和选举政治而形成的政党的党建不同。这种差异体现在两个方面：其一，中国共产党将党的建设视为党的生命，是党永葆生机与活力的根本保障。这与中国共产党是革命党出身有直接关系。革命党要领导革命，夺取政权，不仅要用自己的主义和主张动员群众、聚合革命力量，而且要用自己的

---

① 毛泽东：《〈共产党人〉发刊词》，《毛泽东选集》第二卷，人民出版社，1991年，第613—614页。

主义与主张领导军队，激发军队的战斗力；不仅要用自己的组织实践使命、聚合社会，而且要用自己的组织塑造军队，要用自己的组织去保证军队的战斗力。其二，中国共产党成立后不久就将党的建设与军队建设以及随后的政权建设实践有机地结合起来。基于“支部建在连上”的建党实践，中国共产党开辟了以政党力量来推动和保障现代军队建设的历程，形成了“党指挥枪”的治党与治军的工作体系；基于革命根据的政权建设实践，中国共产党一方面开启了以党的民主集中制原则为蓝本的国家政权建设实践，并发展出民主集中制的政体原则和模式；另一方面在统一战线的基础上开启了与党外民主人士合作的党派合作与政治协商的政治实践，并最终将中华人民共和国建立在这种合作所创造的人民民主统一战线的基础之上，从而孕育出既具有现代民主意义，又具有中国特色的中国共产党领导的多党合作和政治协商制度。

由此可见，中国共产党的建设过程，既是党的成长过程，也是中华人民共和国的军队与政权的孕育和壮大的过程。毛泽东将其中所创造的党的建设、统一战线和武装斗争的三者统一视为中国共产党取得革命胜利的根本法宝。党的建设与国家建设和军队建设相统一的格局，在新中国成立之后，不但没有消解，反而更加深入和全面，一直持续至今。必须指出的是，中国共产党的建设，不论其组织建设还是其思想建设和政治建设，都将人民群众作为自身力量的源泉，为此中国共产党将群众路线确立为党的生命线。在这样的立党思想和建党战略下，中国共产党将党的组织牢牢地扎根于群众之中，并成为动员群众、宣传群众和组织群众的核心机制。新中国成立之后，党的组织也就顺理成章地成为建构新社会和新国家所需要的最基本、最核心的组织载体，并在此基础上创造了将社会上所有的个人纳入单位组织，在所有的单位组织建立党组织的社会组织和整合形态。党的组织就这样完全嵌入到社会生活的方方面面，成为社会机体的细胞核。由此，我们可以进一步把党的建设过程看作是党组合社会力量，创造新型社会结构的社会整合过程。这个过程一方面保证了党的基础与力量；另一方面保障了党对社会的凝聚与整合。

党的建设过程所创造的党与军队、党与国家政权以及党与整个社会之间的关系，实际上已成为一种相互塑造、共生共进的关系。正是这种关系孕育和发展了中国特有的三元结构的权力空间。这种关系形态决定了政治建设本身就包含党的建设，不仅如此，政治建设的其他领域的建设，也时刻离不开党的建设。没有有效与积极的党的建设，要改变既有的权力格局与政治形态是很难的。改革开放前，在党的一元化领导之下，党的建设实际上基本上替代了政治建设的方方面面。[①] 改革开放之后，在党政分开、市场经济、依法治国以及社会建设等改革与建设实践的推动下，党、国家与社会获得了各自的运行和发展空间，但它们之间的内在关系依然是建立在相互塑造与共生共进的基础上，所以虽然现在党的建设不能替代政治建设的其他方面，但党对政治建设的领导和决定作用没有改变。正因为如此，直到目前为止，邓小平在 1980 年发表的《关于党和国家领导制度改革》的文章依然是指导中国政治建设中重要的经典文献。

从党的历史与中华人民共和国的历史来看，中国共产党将政治建设上升为国家发展战略是在改革开放后，是在经历了近二十年的政治体制改革之后形成的。2002 年党的十六大第一次在“政治体制改革”概念的基础上提出“政治建设”；党的十七大，政治建设与经济建设、社会建设、文化建设共同成为推动国家发展的四大建设。党的十八大，政治建设与经济建设、社会建设、文化建设和生态文明建设共同构成五位一体总体布局，这是新时代中国特色社会主义事业的总体布局。党的十六大以来的中央文件之所以在提及“政治体制改革”之外又提及“政治建设”，并逐渐用“政治建设”的提法替代“政治体制改革”，主要有两个原因：一是政治体制改革的最终目的是要建设社会主义民主政治，使各方面制度更加成熟更加定型，政治体制改革改的是旧体制机制，而政治建设建的是整个国家制度，因而政治体制改革的落

---

① 邓小平：《党和国家领导制度的改革》，《邓小平文选》第二卷，人民出版社，1983 年，第 328—329 页。

脚点必然是政治建设；二是随着社会主义市场经济体制的确立，党也就在理论上和战略上逐步明确了落后国家如何建设社会主义的总体布局框架，先后形成了四大建设一体的布局框架和五大建设一体的“五位一体”总体布局框架。从党的十六大以来的全国代表大会报告来看，政治建设实际上包含两大方面：一是社会主义民主政治建设；二是党的建设。社会主义民主政治建设主要围绕着国家政治制度的完善、人民当家作主的保证、政府管理能力的增强以及依法治国水平的提升而展开；而党的建设除了组织、思想和作风建设之外，还有党的领导制度建设、党的纪律建设等各方面。进入新时代，立足于加强党对一切工作的全面领导和全面从严治党相统一的新时代党的建设伟大工程内在要求，党的十九大不仅提出了新时代党的建设总要求，而且明确要求加强党的政治建设，并将党的政治建设摆在首位。从新时代党的建设总要求和党的政治建设具体内容来看，党的建设全面涉及社会主义民主政治建设的方方面面。我们不妨在此引用党的十九大报告中的两段相关论述：

“新时代党的建设总要求是：坚持和加强党的全面领导，坚持党要管党、全面从严治党，以加强党的长期执政能力建设、先进性和纯洁性建设为主线，以党的政治建设为统领，以坚定理想信念宗旨为根基，以调动全党积极性、主动性、创造性为着力点，全面推进党的政治建设、思想建设、组织建设、作风建设、纪律建设，把制度建设贯穿其中，深入推进反腐败斗争，不断提高党的建设质量，把党建设成为始终走在时代前列、人民衷心拥护、勇于自我革命、经得起各种风浪考验、朝气蓬勃的马克思主义执政党。”

“把党的政治建设摆在首位。旗帜鲜明讲政治是我们党作为马克思主义政党的根本要求。党的政治建设是党的根本性建设，决定党的建设方向和效果。保证全党服从中央，坚持党中央权威和集中统一领导，是党的政治建设的首要任务。全党要坚定执行党的政治路线，严格遵守政治纪律和政治规矩，在政治立场、政治方向、政治原则、政治道路上同党中央保持高度一致。要尊崇党章，严格执行新形势下党内政治生活若干准则，增强党内政治生活的政治性、时代性、原则性、战斗性，自觉抵制商品交换原则对党内生活的侵蚀，营造风清气正的良好政治生态。完善和落实民主集中制的各项制度，坚持民主基础上的集中和集中指导下的民主相结合，既充分发扬民主，又善于集中统一。弘扬忠诚老实、公道正派、实事求是、清正廉洁等价值观，坚决防止和反对个人主义、分散主义、自由主义、本位主义、好人主义，坚决防止和反对宗派主义、圈子文化、码头文化，坚决反对搞两面派、做两面人。全党同志特别是高级干部要加强党性锻炼，不断提高政治觉悟和政治能力，把对党忠诚、为党分忧、为党尽职、为民造福作为根本政治担当，永葆共产党人政治本色。”

由此可见，在当今中国，政治建设包含党的建设，而党的建设决定政治建设。这种关系使得党的建设具有政治建设的价值；同样也使得政治建设具有党的建设的意义。这种关系格局使中国的政治建设的途径和平台不是单一的，而是多元的，既可以直接依法进行改革，也可以从党建进行改革；既可以在国家制度的平台上进行改革，也可以在党的组织空间中进行改革。这种多元的途径和平台为中国政治建设的战略布局和策略选择提供了很大的回旋空间，从而使具有高度政治敏锐性的政治改革与政治建设能够在比较稳妥状态下的展开和进行。当然，对于中国的政治建设来说，要实现党的长期执政、国家长治久安和政治生活长久稳定，最终还是有赖于党的领导、人民当家作主和依法治国三者有机统一以及在实践中相互保证、相互强化、共同加强。

四、领导核心与大国聚合

中国是世界大国，国土面积大、民族多、人口规模世界第一，在社会主义制度下，经济保持了长期快速发展，社会保持长期和谐稳定。相比较历史上的大国以及当今世界大国，中国的发展无疑是十分成功的。取得这种成功的关键，就在于中国共产党从理论上、制度上、政策上解决了超大规模国家一体和多元的辩证关系。立足一体，建设国家，推动发展，使一体确立在发展基础上；同时尊重多元，激发活力，促进团结，使多元成为一体的基础和机制。经过长期党和国家的政治建设实践，中国共产党立足从政治上和制度上充分发挥党的领导核心作用，形成了一套综合平衡一体和多元的理论、制度和政策的体系，明确了大国有效聚合和内在动力，集中体现在以下几个方面：

第一，以人民为中心。在中国共产党的政治逻辑中，以人民为中心，既是最高的价值，同时也是最根本的立足点。作为最高价值，强调这个国家属于所有人民，全体人民不论阶层、种族都是国家的主人，人与人、民族与民族是相互平等的。作为最根本的立足点，强调国家的一切政策都必须从全体人民的共同利益出发，要团结一切可以团结的力量，调动一切可以调动的因素，全体人民都是中国特色社会主义事业的建设者，都是国家发展和进步的创造者和贡献者。人民的至高性、绝对性，确保了国家统一；同时，人民的平等性、共同性，确保了多元共存。

第二，以“中华”为共同体。“中华”是基于历史和文化形成的共同体的概念。新中国成立后，用“中华”来凝聚和整合人民、民族和国家，建立了“中华人民共和国”，形成了“中华民族”共同体意识，深化了“中华文明”的认同感和自信心。“中华”包容了多元，同时也延续多元一体的历史和文化格局。

第三，以民主集中制为组织原则。大一统是中国几千年来的传统，是中华文明的鲜明特色。中国共产党建立社会主义新中国，没有因为大一统是传统社会的结构和组织原则而否定大一统传统，相反立足这种传统，放弃了早期提出的建设联邦制国家构想，选择了单一制国家结构，形成了中央集权和民族区域自治相统一的单一制国家组织结构，使各少数民族在单一制国家结构中拥有长久存在的地位和自治的权利。国家不仅认定、保护少数民族，而且把促进少数民族发展作为国家使命。在这样制度和体制下，集中不是消除多元而是尊重多元的需要，因为国家大且多元，才特别需要集中，而集中的目的，不是消除差异，而是实现团结互助、共同发展。这样的集中和民主有机统一，是民主基础上的集中和集中领导下的民主的统一。

第四，以发展平衡一体和多元。一体和多元辩证统一、并保持内在平衡的核心基点就是发展，以发展来巩固一体，同时也以发展来维系多元、完善多元，使多元共存于坚实的物质基础和充分的发展空间。理论和实践表明，不发展必然带来冲突和矛盾，争斗必然导致多元主体之间的彼此消耗，最终冲击和破坏的则是一体本身；相反，有了充分而持续的发展，多元共存就有充分资源保障，集中就有了物质基础、制度条件和社会根基。发展越好，一体和多元也就越平衡，各自的优势也就越能够得到充分发挥，一体和多元之间的相互转化也就更顺畅，更富有活力。

第五，以共建共享体现平等。作为权利，平等权利有宪法、法律和制度保障；作为权益，维护社会平等有多种社会力量支撑和多种政策调节；作为社会行动，促进社会平等则有中国特有的共建共享的发展和治理机制推动。共建，是全体人民基于平等的权利和义务形成的社会现实运动；共享，是中国共产党的使命和社会主义国家性质所决定的发展目标和政策体系。共建共享，既把发展确立在全体人民共同参与、共同奋斗的基础上，同时又把发展确立在践行为每个人、每个阶层、每个民族创造共同繁荣富裕的使命上。以共同奋斗为成果共享的前提和基础；以共同享有发展成果、实现共同富裕凝聚共同奋斗力量，因而共建共享所达成的事实平等，在最大限度上为机会平等和结果平等相统一奠定了基础。

中国共产党的实践表明，系统协调、综合平衡一体和多元，固然有制度安排问题，也有政策设计问题，但最关键的就是有一个能够同时代表一体要求和多元需要的核心力量，这就是中国共产党。中国因为有了中国共产党这个领导核心和领导力量，才能很好地组织和平衡在中国社会，使中国社会发展同时受益于一体和多元，受益于一体和多元平衡带来的全面的、长远的积极效应。

第十六章

人民民主

在当今世界，民主化与现代化一样，是人类历史运动的基本潮流，无可争议，顺潮流而动成为许多国家向现代转型的必然选择。然而，顺潮流而动的国家，发展并非都是一帆风顺的，曾几何时，一些国家在几番沉浮之后，分崩离析；一些国家在几番沉浮之后，或退回岸边或歇在某处，不再前行。民主化潮流浩浩荡荡，一些国家出现挫折，并非民主化的错，问题出在行动者本身，即具体的国家与社会。这些国家的民主化之所以会出现挫折，甚至危机，主要原因不外三个方面：一是不解潮情，即不了解民主化潮流的本质与规律；二是不识水性，即行动者本身缺乏应有的民主化基础与条件；三是不辨潮势，即行动者无法将自身的发展与民主化的潮流有机结合，相互借力，乘势而上。可见，对任何国家来说，踏上民主化是一回事，实践民主化则是另一回事；前者固然是根本性的，但决定一个国家能否达成民主，后者则是决定性的。

民主化的实践，固然与人们的信念和理想有关，但它不取决于人们的热情与决心，而是取决于民主化的战略。有没有民主化的条件和基础，不是问题的关键，因为事物都是发展的，可以从无到有；关键在于有没有创造从无到有、从少到多、从近到远的能力。这种能力既来自对自身的把握，也来自对世界潮流的把握。合理而有效的民主化的战略就是在这种把握中萌芽和形成的。

近代以来的中国，民主化也经历了一个选择、探索、实践和发展的曲折过程。长波段的历史，可以追溯到鸦片战争；中波段的历史，可以追溯到中华人民共和国成立；短波段的历史，可以追溯到改革开放。它们之间既有内在的历史延续性，也有时代的递进性。正是基于长波段和中波段的历史积累，改革开放以来的中国民主化发展才走出了一条既符合民主化基本规律，又符合中国国家建设和社会发展内在要求的民主化道路，形成了既能有效推动中国发展，又能促进中国的民主化进程的民主化战略。

一、民主发展的双重逻辑

不管人们如何定义民主，其最基本的立足点是共同的，即人民统治，其形式就是人民在国家生活中掌握国家权力，决定自己的事务。如果不是在国家这个范畴里谈，人民统治是没有实质性意义的，因为自我决定是人的生存和发展的自然法则。人民统治之所以有意义，是因为至今为止，人们都生活在国家这样的政治共同体之中，人民统治就是要实现人民在国家中的统治地位。

国家是人类为解决自身困境而创造的伟大政治作品。人类自身的现实困境就在于：尽管人人都想成为自己的主人，从而成为自由人，但资源的有限性与人的欲求无限性之间的紧张，决定了人要达到最大限度的自由，必须借助一个外在的中介力量，以创造使自由在社会生活中得以最大限度实现的秩序结构与安全条件。于是，人民创造了国家，这是源于社会、高于社会同时又作用于社会的力量。人正是为了在资源有限的条件下达到最大程度的自由，才创造了国家这个中介体。所以，马克思说：国家制度是“人的自由产物”。[①]国家是通过限制冲突来保障人的自由的力量。因而，对于每个人来说，国家首先是一种外在的力量，其次是一种限制的力量。相对社会来说，国家尽管是一个“虚幻的共同体”，[②]但社会的秩序与稳定却离不开国家的有效作用。这决定了不论个体的自由与发展，还是社会的秩序与稳定，都离不开国家；反过来，国家的作为将决定着个人与社会。

人类创造国家的目的，不是为了囚禁自己，相反而是为了发展自己；而国家对个人的限制，不是为了限制人们自由存在和发展，而是为了使每个人都能在社会生活中获得最大限度的自由和发展。人们认为国家要成为实现这样目的的力量，国家在超越社会的同时，又必须被这个社会所掌握，即被人民所掌握，从而使其既获得创造社会秩序、促进社会发展的力量，同时又能够按照人民的根本意志发挥其应有的作用。为此，人们在创造国家、赋予国家治理社会力量的同时，还努力将国家控制在自己的手中。人类的政治制度就是基于这样的逻辑而产生和发展起来的，它是人们控制国家权力的制度安排与国家保障人民权利的制度安排的有机统一。正是在这个意义上，马克思认为，民主制“是一切国家制度的实质”。[③]基于这样的逻辑，君主专制不是民主制的对应物，而是民主制缺失的国家制度。

由此可见，人民统治所体现的民主，不仅表现为人民掌握国家权力，而且主要表现为被人民掌握的国家权力能够创造人与社会的发展。虽然前者对民主的发展是决定性的，但是民主要取得最终的落实和巩固，还取决于后者。正因为前者具有决定性的意义，所以人们往往很习惯性地认为，只要有

---

① 马克思：《黑格尔法哲学批判》，《马克思恩格斯全集》第一卷，人民出版社，1956 年，第 281 页。

② 马克思、恩格斯：《德意志意识形态（节选）》，《马克思恩格斯选集》第一卷，人民出版社，1995 年，第 84 页。

③ 马克思：《黑格尔法哲学批判》，《马克思恩格斯全集》第一卷，人民出版社，1956 年，第 281 页。

了民主，人与社会的发展也就有了保障，就一定能够顺理成章地成为事实。其实不然。人民掌握国家权力是一回事，人民掌握的国家权力创造人与社会发展是另一回事。因为人民掌握的国家权力要能够创造人与社会的发展，不仅取决于国家权力归属所决定的国家权力的性质，而且取决于国家权力发挥作用的基础条件、结构形态、组织水平以及功能效度。

至此，我们可以在逻辑上得出这样的初步结论：人民统治所体现的民主，只有在国家范畴里才有价值和意义；而在国家范畴里实践的民主，既取决于人民掌握国家权力的程度与方式，也取决于人民掌握的国家权力是否有条件、有能力去实践和履行民主的根本使命：创造人的自由发展与社会的全面进步。

因而，任何社会的民主建设和民主发展，都一定是基于人民及其所组成的社会与国家之间的互动而展开的，其最基本的逻辑是：民主是出于人民对国家的控制；而这种控制要能够真正达成民主的根本使命，则离不开国家对这种控制的积极反应和有效配合。简而言之，民主的发展，不仅需要人民对民主的追求和实践，而且需要国家在回应民主过程中所形成的发展与完善。不论是具体的民主实践，还是长远的民主化过程，都离不开这一双向运动，多少都是这一双向运动所复合而成的。美国著名学者查尔斯·蒂利基于对全世界过去几百年在国家层面上引发的民主化和去民主化进程的考察、分析和研究，提炼出了用于评析政治民主的基本视角："当一个国家和它公民之间的关系呈现出广泛的、平等的、有保护的和相互制约的协商这些特点，我们就说其政权在这个程度上是民主的。"基于这样的视角，蒂利从国家行为和公民所表达的要求的一致程度来测量和评价民主的。对此他进一步解释道："判断国家行为和公民所表达的要求的一致，必然包含四个进一步的判断：公民表达的要求得到满足的范围有多广？不同的公民群体感受到的其要求转化为国家行为是否平等？那些要求表达本身在什么程度上受到国家的政治保护？这个转化过程在多大程度上有双方（公民与国家）的参与？”[①]在这里，蒂利实际上认为，不管民主最终以什么形式表达出来，但其最根本的基础是公民的民主需求与国家的民主回应之间具有内在的一致性。这种一致性的出发点，自然是公民或者社会，而其决定权很大程度上是掌握在国家：国家不仅要积极回应公民与社会民主的需求意愿，而且必须拥有最大限度满足公民与社会提出的民主要求的基础与能力。虽然蒂利不考虑这种基础与能力如何形成，但他认为，一旦国家无力维持和促进这种一致性，那么国家与社会的发展就不是往民主化走，相反是走向去民主化。

对于民主化来说，去民主化就是民主化的衰退和衰败，在本文的逻辑中，就是现存的民主大大削弱了国家创造人与社会发展的基础与能力。在这样的情景下，这种现存的民主，也许在形式上是民主的，但其本质上已失去了履行民主根本使命的能力。所以，要真正开启民主化进程，要有效推进民主化发展，要在民主化过程中避免出现去民主化危险，仅仅培育和形成社会的自由主体、民众的民主意愿以及民主化的历史运动是不够的，还需要国家在民主化过程中实现有效的进步与发展，从而在创造社会进步的过程中，全面提升国家建设水平，从而使国家真正拥有实践民主、发展民主和创新民主的基础与能力。

既然如此，一个国家的民主实践和民主成长，除了要与个体自由和社会自主发展的内在逻辑结合之外，还要与国家建设与国家发展的内在逻辑结合。这意味着任何具有现实基础和发展前景的民主实践和民主化进程，都是在考虑这两个逻辑基础上形成的，其背后是人民意志与国家意志、社会力量与国家力量的碰撞与聚合。由此可见，任何民主都具有内在的复合性，具体来说，是追求个体自由发展与国家建设的复合，是追求社会自主与国家发展的复合。

从个体自由与社会自主出发，民主的价值取向是自由；从国家建设与国

---

①［美］查尔斯·蒂利：《民主》，魏洪钟译，上海人民出版社，2009年，第12页。

家发展出发，民主的价值取向是发展。国家对秩序的积极建构一定蕴含于对发展的追求之中，服务发展。因而，健康而有效的民主发展，一定是以实现自由与发展的共生统一为前提的。自由虽然是发展的动力与前提，但自由不能直接等同于发展；同样，发展虽然是自由的基础，但发展并不一定带来自由。打通这两者之间关系的唯一办法，就是实现自由与发展的共生与统一，其关键在国家。具体来说，就是国家如何透过民主的复合性，创造一套有效的民主化战略，从而使民主的具体实践，既能给社会以充分的自主与自由空间，又能够保障国家建设和国家发展的绩效。

二、人民民主的实践形态

中国的民主化是围绕着推进人民民主发展展开的。现代民主是伴随现代民族国家建设而形成的，是现代民族国家“一种不可避免的必然性”。[①] 但是，不同社会迈向现代国家的历史起点和发展路径的差异，将直接影响其现代民主建设的逻辑和议程。中国民主化选择人民民主，不简单是一种理论或观念的产物，相反是历史合力的结果。这种历史合力至少包括三个方面：其一是中国从帝国时代迈向现代国家的历史，它要求民主发展能够纳入现代国家建设，并服务现代国家建设；其二是中国摆脱半殖民地，实现国家独立的历史，它要求民主发展能够带来民族的独立和人民的解放；其三是中国人民追求自由和平等的历史，它要求民主发展能够带来自由的个体、平等的社会和法治的国家。这些历史合力促成了人民民主在中国的出现，同时也赋予了人民民主独特的历史使命和实践形态。

关于人民民主的历史基础与政治特性，毛泽东在建国前夕的《论人民民

---

① 恩格斯：《家庭、私有制和国家的起源》，《马克思恩格斯选集》第四卷，人民出版社，1995年，第173页。

主专政》一文中表述得十分清楚，他说："一九二四年，孙中山亲自领导的有共产党人参加的国民党第一次全国代表大会，通过了一个著名的宣言。这个宣言上说：'近世各国所谓民权制度，往往为资产阶级所专有，适成为压迫平民之工具。若国民党之民权主义，则为一般平民所共有，非少数人所得而私也。'除了谁领导谁这一个问题以外，当作一般的政治纲领来说，这里所说的民权主义，是和我们所说的人民民主主义或新民主主义相符合的。只许为一般平民所共有、不许为资产阶级所私有的国家制度，如果加上工人阶级的领导，就是人民民主专政的国家制度了。"①在这里，毛泽东将人民民主建筑在两大历史基础之上：其一是近代以来世界的现代化民主化潮流；其二是孙中山先生开辟的中国民主革命的历史实践。因而，中国共产党最终确立的人民民主，不仅符合世界民主化的潮流，而且符合中国现代化和民主化的历史逻辑。与此同时，毛泽东也明晰了中国人民民主的两大政治特性：其一是它不是资产阶级民主的翻版，而是趋向社会主义民主，因而不是属于少数人所有的民主，相反是属于一般平民所共有的民主；其二是它是以中国共产党为领导的民主。

人民民主在中国确立和发展的历史基础为其政治特性提供了合理性的依据。细究决定人民民主在中国发展的历史合力和历史基础，不难发现人民民主的政治特性源于人民民主的内在本质属性，即不仅要实现个体的自由，更要实现人民的统治。在这里，人民统治不仅要在价值上体现，更为重要的要在制度上体现；而且，被视为个体自由的前提与基础。

人民民主的这种本质属性，既根植于民主本身的规定性，同时也是根植于中国现代化发展的历史规定性。中国现代化不是内生的。世界性的现代化潮流冲毁中华传统帝国体系之后，中华民族为了救亡图存而走上现代化发展道路。因而，中国的现代化发展一开始就有三个很强的期待：一是实现文明

---

① 毛泽东：《论人民民主专政》，《毛泽东选集》第四卷，人民出版社，1991年，第1477—1478页。

转型，从传统迈向现代；二是推进国家建设，建构新制度，创造新发展；三是超越资本主义，创造人民幸福的社会。中国传统的社会结构以及帝国解体之后的社会现实，决定了中国社会没有任何一个阶级力量可以单独主导中国现代化发展。[①]这就意味着中国现代化发展要为这种期待而努力，首要的任务就是如何使广大的民众联合起来，真正成为社会发展的根本力量。民主自然是最好的选择，但在这个使命下，其意义不仅在于解放个体，更重要的在于凝聚整体。因为在帝国体系解体之后，中国几乎处于无政府状态，国家面临分崩离析的危险。这种现实场景决定了民主共和得以实践的切入口，不是个体与社会的解放，而是国家秩序的重建；而这种重建若要避免落入专制的危险，唯一的途径就是让最广大的人民真正成为国家建设的动力与目的。不仅中国共产党作出了这样的选择，实际上孙中山领导的中国国民党也作出了这样的选择。毛泽东在1945年发表的《论联合政府》中明确表示，中国共产党为中国而奋斗的最低纲领就是对孙中山新三民主义的继承。毛泽东说："对于中国共产党人，为本党的最低纲领而奋斗和为孙先生的革命三民主义即新三民主义而奋斗，在基本上（不是在一切方面）是一件事情，并不是两件事情。因此，不但在过去和现在已经证明，而且在将来还要证明：中国共产党人是革命三民主义的最忠诚最彻底的实现者。"[②]毛泽东这里强调的继承性和一致性，不是斗争策略的需要，而是事实本身，因为经历革命挫折之后的孙中山也充分意识到，中国革命和建设要获得成功，非动员和凝聚四万万

① 中国传统社会的阶级分化与西方社会完全不同。在梁漱溟先生看来，中国传统社会没有"集中而不免固定"的阶级划分，其分化主要体现为"职业分途"，即士农工商（参见梁漱溟：《中国文化要义》，《梁漱溟全集》第三卷，1990年，第139—157页）。钱穆先生则认为，中国传统社会是"平铺散漫，无组织，无力量的社会"，"既无世袭贵族，又无工商大资本大企业出现，全社会比较能往平等之路前进"（参见钱穆：《国史新论》，生活·读书·新知三联书店，2001年，第32页）。这样的社会结构决定了帝国体系解体之后，中国缺乏一个能够完全担当起社会转型使命的阶级力量。

② 毛泽东：《论联合政府》，《毛泽东选集》第三卷，人民出版社，1991年，第1061页。

同胞不可。[1]

可见，不论是孙中山领导的国民党，还是中国共产党，都在重建社会和国家的过程中，形成了最基本的战略模式：政党凝聚人民，用人民的力量建设现代国家。为此，民主共和的首要使命是给人民以地位，使人民成为国家的主人。然而，“人民”是什么呢？从理论上讲，它是一个抽象的概念，可以泛指一般意义上的人、社会的个体或大众的群体，正因为如此，不少的思想家和理论家认为，“人民民主”是一个虚幻的概念，因为其主体不明，而且虚幻，在美国学者达尔那里，将与人民民主相关的“人民统治”的思想视为是一种晦暗不明的阴影理论（shadow theory）。[2]然而，中国的历史与现实条件决定了中国革命和建设却必须建筑在看似虚幻，却直接关系中国革命建设逻辑和合法性基础的“人民民主”或“人民统治”之上。为此，不论是孙中山领导的国民党，还是中国共产党都力图将其实在化。

比较研究国共两党的相关理论和阐述可以发现，在现代中国民主共和建设和现代国家建构中，“人民”具有三个基本属性：其一，它是一个集合体，可以视为全民的集合体，[3]也可以视为阶级的集合体。其二，它是平民或者劳动者为主体的社会大多数。在这个意义上，它与压迫平民或对抗社会发展潮流的力量为敌，后者就成为人民的敌人。其三，它是有机体，政党是创造其有机性的核心力量，因而它是基于政党的领导而凝聚起来的团结而统一的政治力量。基于此，“人民民主”所形成的统治，自然是作为整体力量而存在的人民掌握政权的统治；而这种统治的历史使命和现实目的是要创造平民或劳动者的当家作主，在实现每个人的政治平等基础上，最大限度地实现每个人的经济与社会平等。

---

① 孙中山：《要靠党员成功，不专靠军队成功》，《孙中山选集》下卷，人民出版社，1956 年，第 474—483 页。

② [美]罗伯特 · A. 达尔：《民主及其批评者》，曹海军、佟德志译，吉林人民出版社，2006 年，第 3 页。

③ [奥]凯尔森：《法与国家的一般理论》，沈宗灵译，中国大百科全书出版社，1996 年，第 260 页。

概括地讲，就是人民整体掌握政权，人民统治创造人与社会的全面发展。

因而，使人民成为国家发展动力，成为国家主人的人民民主，是人民作为整体掌握国家权力，实现人民统治的民主。这里对“整体”的强调，不是对部分的否定和对个体的忽视，而是强调人民民主不是建立在人民分裂为对抗阶级和阶级统治的基础之上，不是少数人对多数人的统治，而是人民凝聚成为一个有机整体而实现的以全体人民的根本利益为取向的人民统治。这种凝聚是通过能够联合各方力量，凝聚全体人民的领导性政党来实现的。显然，这种领导性一定是建筑在其对社会和人民所具有的联合性基础之上。这种领导性政党一旦作为执政党，那么它通过自身的力量创造的联合和凝聚，最终不是联合和凝聚于政党，而是通过政党联合和凝聚于国家，即作为支撑国家和运行国家的一体力量而存在，因而这种有机整体，是人民自身的有机整体。

由此可见，人民民主一旦付诸具体的实践，它必然要从三个维度同时展开，缺一不可。其一，人民作为整体的力量掌握国家政权，履行当家作主的权利；其二，作为凝聚人民力量的政党，通过民主实践联合和凝聚人民；同时，动员和组织全体人民，运行人民当家作主；其三，作为人民组成单位的个体与团体力量，为了实践民主权利而运行民主。这三个维度实际上包含的实践主体是复合主体：一是人民，既包括作为整体存在的人民，也包括人民所包含的个体与团体；二是政党，使人民能够凝聚为有机整体而存在的力量。通过人民直接展开的民主，是人民整体掌握国家权力，实现人民统治的民主；通过政党展开的民主，是人民的共同意志和根本利益主导国家发展，实现人民当家作主的民主。实践中的人民民主，是分别从人民和政党出发展开的民主实践的有机复合，其背后是实践主体的复合，即人民与政党的复合，他们最终取向是共同的：权力整体掌握在人民手中，人民当家作主，服务人民根本利益，创造人与社会的全面发展。①

---

① 参见林尚立：《复合民主：人民民主在中国的实践形态》，陈明明主编《转型危机与国家治理》，上海人民出版社，2011 年，第 1—41 页。

三、国家发展民主能力

在任何社会，民主的发展都不是自行向前的，都需要其基础的推动作用和其主体的提升作用。研究表明，虽然经济增长本身并不能决定政治民主的命运，但在许多情况下，它与民主发展之间的关系都是正相关的。与此同时，作为民主主体的公民的生活水平和教育程度，对于民主的完善和巩固也将起到积极的推动作用。[①]从理论上讲，这些基础与条件，一定是国家与个人以及政府与社会共同作用的结果，因而民主发展所需要的基础和条件既离不开个人与社会的努力，也离不开国家的作用，在一定条件下，国家的作用更具有决定性。然而，在现实中，国家促进经济与社会发展，改善公民生活水平和教育程度，并不都是从发展民主的角度来努力，它完全可能从巩固其专制政权的角度来进行，如战前的日本以及一些盛产石油的国家。这就意味着，虽然从一般意义上讲，经济与社会发展，公民素质和能力是有意义和有价值的，是善的东西，但它不一定滋养民主，相反在极端情况下，它甚至可能阻碍民主的生成和发展，因而它不一定能够直接构成民主之善。由这个简单逻辑推演开来，我们能够初步得出这样一个结论：国家在作用民主发展的过程中，关键不在于它创造了多少有助于民主发展的基础和条件，而在于它是否有能力将其所创造的一切都转化为民主发展的真正的动力与资源，从而切实有效地推进民主的建设和发展。这就是本书所说的“国家供给民主之善能力”。它由三方面构成：一是国家建构民主议程的能力；二是国家自我理性化的能力；三是国家促进发展的能力。对国家来说，其中的任何一项能力都是综合性的，都需要通过政治、经济与社会的现代化发展推动；与此同时，这三个能力要转化为推动民主的动力，必须同时起作用，任何一个力量没有其他两个力量的支持，都不可能构成民主之善。

---

① [美]西摩·马丁·利普塞特、宋庆仁、约翰·查尔斯·托里斯：《对民主政治的社会条件的比较分析》，参见中国社会科学杂志社编：《民主的再思考》，社会科学文献出版社，2000年，第72—110页。

由此可见，在民主化浪潮中，国家想不想发展民主是一回事，国家有没有发展民主的能力又是另一回事。本章第一节所强调民主的复合性，对国家有效作用民主发展具有内在要求，这种要求落实到国家身上，就是对“国家供给民主之善能力”的要求。从民主的复合性来看，民主的成长是追求个体自由发展与国家建设的复合，是追求社会自主与国家发展的复合。因而，“国家供给民主之善能力”，从根本上讲，是指国家将民主发展与国家建设有机结合起来而形成的。这种结合做得好，民主因国家建设而得到发展，同时国家建设因民主化而得到深化。这种结合的关键在于国家有一套契合本国实际的民主建构的战略议程，具体包括：民主的价值目标选取、民主建设的路径选择、民主建设的行动原则、民主发展的议程安排。民主的价值目标选取，不是对民主本身价值的选取，而是对以什么样的目标和状态来体现民主本身价值的选取。显然，这里的价值目标不是抽象的，而是直接呼应了具体国情和民情，呼应了国家发展的战略和目标。民主建设的路径选择，关键不是选择民主建设的入口，而是选择民主建设的依赖路径，因为从根本上讲，民主建设是不能单独进行的，它必须有依赖的基础和动力。制度设计再好，没有必要的经济与社会基础，没有应有的社会结构和文化精神，民主只不过是空中楼阁。民主发展的行动原则，实际上是对民主弹性空间的约定以及累积民主成果的行动原则的设定。民主发展是具有很大弹性空间的，如果不能定位或把握这个弹性空间，民主就往往可能因不发展或泛滥而陷入危机。这种弹性空间的大小，取决于民主的实际程度及其发展的现实社会和政治条件。此外，还应该考虑，民主的成长是一个不断累积的过程，因而在考虑如何保持民主发展的稳定性的同时，还应该考虑民主发展的累积性。累积民主成长的关键，在于国家能够时刻将民主的发展转化为社会进步与国家发展的资源，即追求民主的有效性。至于民主发展的议程安排，就是对民主发展的进程规划、阶段安排和阶段性目标的分布的总体设计。民主发展的战略议程，虽然安排的是民主发展本身，但实际上是对民主发展与国家建设如何实现相互促进、共同发展的整体规划和安排。这种战略议程，往往既是民主发展的战略议程，同时也是国家建设的战略议程，因而它自然是“国家供给民主之善能力”的重要组成部分。

人民民主的实践形态具有复合性，中国共产党既是人民民主的推动者，也是人民民主的具体实践者。中国共产党既是领导力量，又是执政力量，因而它不仅是国家建设的领导者，同时也是国家建设的行动者。这就意味着中国“国家供给民主之善能力”，从根本上讲，取决于中国共产党。问题的关键在于，在党和国家体制共存的条件下，中国共产党提升“国家供给民主之善能力”，不仅要在国家建设层面考虑，而且要在中国共产党的建设层面考虑，从一定意义上讲，党的建设更具有决定性意义。这也是为什么中国共产党提出要以党内民主带动人民民主战略的重要原因。这样，在中国的政治逻辑中，“国家供给民主之善能力”最终就转化为以政党为主体的“国家供给民主之善能力”。以政党为主体所形成的“国家供给民主之善能力”，除了上述分析的三大能力之外，还必须加上一个政党自我建设和发展的能力。显然，政党的这种能力，不论是从构建“国家供给民主之善能力”来讲，还是从政党亲自实践人民民主的角度来讲，都是极为关键和重要的。

由此，我们可以得出一个基本结论：在中国的民主实践和发展中，政党的发展及其应有的能力，对中国人民民主的发展的进程、成效以及最终的成败，具有决定性的影响。这与一般国家民主发展是完全不同的。从人民民主对政党的要求以及“国家供给民主之善能力”对政党的要求来看，政党发展的关键在于实现政党的领导运行的制度化。党的领导，既是人民民主的前提，同时也是党执政的前提，因而党的领导的制度化程度，既关系到人民民主，也关系到党的执政与国家运行，从而整体影响国家的民主化进程。

党的领导制度化包括三个方面：其一，党领导权力配置的制度化。党领导权力配置制度化的原则是民主集中制，其纵向权力配置要解决党自身领导体系的集中统一；其横向权力配置要解决党的集体领导与民主决策体系的形成和完善。其二，党领导权力运行的制度化，具体涉及三个层面：一是在国家层面，要实现党权力运行的制度安排与国家制度安排的有机衔接，使党的权力运行既受到党内纪律的约束，也受到国家制度和法律规范的约束。二是在政党制度层面，要通过制度建构和规范化运作实现党的领导、多党合作和多方参与政治协商的有机统一。三是在党内政治生活层面，要坚持党内民主，严格执行党的纪律与制度规定，尊重党员的基本权利，使党内权力依党章运行，规范操作。其三，党领导权力监督的制度化。这种监督包含三个维度：一是人民维度，在这个维度上，最重要的是要将党的群众工作制度化，从而经常性地、制度性地接受人民群众的监督。二是国家维度，在这个维度上，最重要的是要全面深入地建设法治国家，使宪法和法律能够在党执政的平台上和执政的过程中规范党领导权力运行。三是党自身维度，在这个维度上，最重要的是尊重党员权利，运行党内民主，从而使党员、党代表以及党代表大会及其产生的全委会成为制约党的领导行为的核心力量。

很显然，党的领导制度化的根本使命，不是简单地固化党的领导地位和领导资源，而是最大限度地促进党的领导与执政的有机结合，从而使党的领导成为国家制度有效运作的重要政治基础，与此同时，也借助国家制度的运作和优化，反过来促进党的领导的制度化发展。因而，党的领导制度化所带来的效应是双重的，既能提高党的领导能力与执政水平，也能够促进国家制度化的发展。

四、人民、政党与国家

在中国，人民民主的发展，不仅关系到中国的民主化本身，而且关系到中国特色社会主义实践的全局，因为人民民主是社会主义的生命。① 人民民

① 胡锦涛：《高举中国特色社会主义伟大旗帜，为夺取全面建设小康社会新胜利而奋斗》，《十七大以来重要文献选编》（上），中央文献出版社，2009 年，第 22 页。

主源于现代民主的发展，又力图超越现代民主；人民民主既根植于社会主义的追求，又力图支撑起中国的现代国家建设。因而，人民民主在中国的建设和发展，既要充分尊重民主发展的一般规律，同时也要充分重视人民民主建设和发展的内在规定性。相比较而言，人们对人民民主的理论和实践的关注更多的是从民主发展的一般规律出发的，往往忽视人民民主建设和发展的内在规定性对人民民主理论和实践的深刻影响。

人民民主在中国实践的出发点就是人民，即人民当家作主，具体包括两个方面：一是作为整体存在的人民掌握国家权力，人民决定国家事务；二是作为人民一员的个体拥有自由权利，在国家领域中实现全面发展。前者解决国家权力的归宿，后者解决公民权利的实现。一般民主理论蕴含着多少有些模糊的逻辑，即解决了公民权利实现问题，也就解决了国家权力归属问题了，即权力归属人民。至于究竟归属到人民中的哪些人，这就不追问了。其实，权力归属人民，不外是两种情况，其一是归属全体人民；其二是归少部分人所有。社会主义的原则以及中国国家建设的内在逻辑，决定了国家权力的归属，不能是源于人民而归属于部分人，而应是源于人民同时也归属于人民。为了保证国家权力能够归属人民，人民民主的实践必须是双向展开：既要从解决公民权利实现问题推进人民民主，同时也要从解决国家权力归属全体人民出发保障人民民主。这就要求人民民主的实践和发展，在最大限度地创造个体的独立、自主和全面发展的同时，也要最大限度地维系人民的整体性存在，即人民的团结与统一，以保障国家权力能够掌握在全体人民手中，而不会被少部分人掌握。可见，巩固和发展人民的整体性存在，是人民民主发展的前提与使命。这是一般民主不需要考虑、也不会去考虑的问题。

现代民主一定与现代化相伴而生。现代化发展的重要制度基础是市场经济。市场经济的发育和成长必然深刻影响个人、社会与国家三者之间的关系，并使现代化的发展必然趋向于个体的自主发展、社会的多元分化和国家的一体化建构的三维联动。这种三维联动既是现代民主发展的动力资源，也是现代民主发展的规范力量。人民民主是在中国现代化成长过程中确立和发展起来的，它无论如何离不开现代民主的范畴。中国改革开放以来的转型和发展已充分表明：在社会主义市场经济的基础上，中国的民主化已步入符合民主化发展规律的轨道，并得到充分发展。这决定了在推进人民民主发展的过程中，巩固和发展人民的整体性存在也必然是一个民主的过程和民主的结果。只不过这个过程和结果，不是社会个体民主实践及其所形成的整体效应，而是社会个体、社会各方力量、中国共产党与国家相互作用的过程，是作为核心力量的中国共产党领导的结果。

中国共产党要在自身与社会个体、社会各方力量以及国家的相互作用过程中，巩固和发展人民的整体性存在，实践人民当家作主，就必须从人民民主的基本精神和原则出发，处理好人民民主与社会个体、人民民主与社会各方力量、人民民主与国家以及人民民主与政党的关系，从而形成人民民主发展的基本战略和行动原则。关于人民民主与政党的关系，上节已经分析，这里主要分析其他三方面的关系。

第一，人民民主与社会个体的关系。作为整体存在的人民是由个体构成的。在法律和经济上具有独立与自主地位的个体要能够聚合为一个有机整体，关键是能够在这有机整体中获得自由、平等与发展。这三者是社会个体渴望的永恒的、无止境的资源，同时也是政党和国家要不断供给和平衡的公共产品。显然，这种供求关系只能平衡于相对的满足，不可能创造绝对的满足。相对满足既体现为最大限度的供给，同时也体现为最大限度地平衡自由、平等与发展之间的关系。不论是供给还是平衡，其基点显然都建筑在保障人的自由发展上，而人的自由发展之本在于生命无忧、发展无限。生命无忧，关系生存与生活；发展无限，关系选择与创造。显然，从这个基点出发的自由，不是为抽象的自由而自由，而是为了实现人与社会的全面发展而自由，因而必然要将个体自由与社会平等和人的全面发展有机结合起来考虑和把握。中国共产党以人为本的执政理念和建设和谐社会的执政实践为供给和平衡自由、平等和发展提供了必要的基础，但在当今中国发展的条件下，为了巩固和发展人民的整体性存在，中国共产党还必须在已有的基础上，紧紧地抓住自由、平等与发展三者中的关键点，这就是平等，具体来说，就是公平与正义。人的存在是社会存在，其自由发展是在社会中实现的，所以公平与正义是自由的前提和保障。发展使人实现其权利是基础，但发展的背后一旦失去了对公平与自由的追求，就完全可能成为公平与正义的破坏力量，进而威胁人的自由发展。从这个意义上，中国共产党提出的发展依靠人民、发展为了人民、发展成果由人民共享的发展原则，①对人民民主的建设和发展具有重要的战略意义，必须坚持，并在实践中转化为政策、制度与信念。

第二，人民民主与社会各方面力量的关系。中国是一个多民族的国家，中华人民共和国是在以工人阶级为领导的多阶级联合基础上确立起来的；另外，在社会主义市场经济的作用下，中国社会结构、社会组织形式以及社会利益结构也发生了深刻变化，出现了多样化和多元化的发展趋势。这样的社会现实决定了中国共产党要巩固和发展人民的整体性存在，就必须团结社会的各方面力量。这种团结是有机的团结，既存在于社会生活层面，也存在于政治生活层面。在社会生活层面，它体现为社会个体与社会组织之间的和睦与和谐。在政治生活层面，它体现为各权力主体的共存与合作。这两个层面不是截然分开的，而是相互交叉的，能相互影响和相互促进。中国的革命和建设实践证明，中国共产党有能力，也有条件去创造这种团结，中国共产党也正是凭借这种团结而去创造革命和建设的奇迹。今天，在推进人民民主建设和发展中，中国共产党更应该巩固和发展这种团结。为此，中国共产党应该在三个方面做出努力：首先，通过党的群众工作路线，进一步全面地密切党和人民群众的关系。任何政党都不可能在脱离人民的状况下创造人民的团

---

① 胡锦涛：《高举中国特色社会主义伟大旗帜，为夺取全面建设小康社会新胜利而奋斗》，《十七大以来重要文献选编》（上），中央文献出版社，2009 年，第 363 页。

结。在新的形势下，中国共产党应该发扬传统，并创造性地活用党的群众工作路线，从而在更加自主、更加多样、更加开放的社会中，创造更加紧密与融洽的党群关系、干群关系，增强人民对党的信任与认同，提高党团结和凝聚人民的能力与水平。其次，通过党的统一战线及其所决定的中国共产党领导的多党合作和政治协商制度以及人民政治协商会议的组织，建立以工农联盟为基础的政治大联合和大团结。其中涉及党派之间、民族之间、人民之间、社会各界之间以及各社会阶层之间的联合与团结。这种团结的政治基础是统一战线，制度基础是中国共产党领导的多党合作和政治协商制度，因而它的内在机制是民主，它的使命就是保障和实现人民当家作主。最后，通过协商创造人民内部的民主与团结，这主要体现在两个方面：其一，通过协商来广泛吸收人民群众参与国家事务的决定与管理，使党和政府的公共政策及其执行能够充分尊重和满足人民的意愿；其二，通过协商来协调和化解人民内部矛盾，促进人民的团结和全社会的稳定。

第三，人民民主与国家的关系。在现实生活中，国家是人们生存、生活和生产所依赖的最基本的共同体，同时也是人民实践民主的最基本的舞台。因而，国家建设好坏，既直接关系到每个人的发展，也关系到民主的实践和发展。前面的分析表明，在现代化过程中，国家建设离不开民主的发展，与此同时，民主的成长也离不开国家的作用。因而，“国家供给民主之善能力”，不论对民主发展来说，还是对国家建设来说都是至关重要的。从巩固和发展人民的整体性存在角度讲，这种能力的出发点在于国家能否将民主建设与经济和社会发展有机地结合起来，并创造相互促进的积极互动关系。中国的发展实践表明，中国共产党以十分积极而现实的态度来推进中国的民主化进程：既强调民主的历史必然性和现实重要性，也强调民主发展的渐进性和民主实践的有效性。由此形成的人民民主发展战略是：努力从人民民主发展中寻求国家建设的政治资源，同时努力从现代化建设和国家发展中创造民主成长的现实基础。在这种战略中，民主与发展既互为目的，又互为手段。国家一旦有了比较强的供给民主之善的能力，也就比较好地具备了在民主化过程中协调和平衡社会多元化分化与国家一体化建构之间关系的能力。在容纳分化、协调多元的前提下，国家一体化建构的途径就是制度化建设以及由此形成的整合。在这种一体化建构下，作为公民存在于国家之中的每个个人，就能有效地被国家制度所整合并形成相应的国家认同。这种具有民主化、制度化基础的整合和认同，正是中国共产党得以借助国家建设和发展来巩固和发展人民整体性存在的重要基础与保障。

概括上述四个方面的分析，基于民主实践的人民民主发展必须遵循四个基本战略和行动原则：一是给每个人以公平与正义；二是给社会以和谐与团结；三是给国家以治理与发展；四是给政党以人民性和制度化。

民主的发展，不仅需要人民对民主的追求和实践，而且需要国家在回应民主过程中所形成的发展与完善。所以，人们固然可以在普遍意义上形成民主追求，但在民主发展的战略建构和行动安排上，则要充分考虑民主建设在具体国家的内涵及其发展的内在逻辑。中国从传统迈向现代有自己的国情和发展逻辑，所以中国民主的建设与发展战略，不完全是基于民主发展的一般模式来设计，而是充分结合了中国发展的社会性质、发展逻辑和目标取向，从而在人民、政党与国家的有机互动基础上形成了人民民主建设与发展为主体的民主化发展战略。

理论与实践表明，民主的建设和发展，离不开国家对民主发展的积极响应和有效推动。因而，积极的民主建设与发展战略，往往将民主发展与国家建设有机结合起来，形成相互促进、共同发展的格局。在中国人民民主的实践与发展中，这种结合离不开中国共产党在其中的领导作用。党的领导，一方面保证了国家权力掌握在作为整体而存在的人民手中，从制度上保障人民当家作主，确保党的领导和人民当家作主有机统一；另一方面通过执政实践，使国家建设既能有效回应和吸纳人民民主发展，又能为人民民主发展提供必要的资源与保障。因而，中国的人民民主建设与发展，不仅需要社会的进步与国家的发展，而且需要政党的建设和发展。在中国人民民主建设和发展所形成的人民、政党与国家三者互动的政治逻辑中，中国共产党的建设对中国人民民主发展就更加具有全局性价值和决定性意义。党的建设促进人民民主发展，人民民主发展全面带动国家建设，这是中国民主发展与国家建设有机统一逻辑所在。

五、党的领导巩固人民民主

现代民主，不论表现为何种形式，都离不开政党在其中的作用。其根本原因在于现代民主存在着一种天生的内在张力，即强有力的政府与自由的个人之间的紧张。这种紧张实际上是现代人自身生存的紧张，即作为现代民主前提的人的自由，是以逐渐离开传统的生存系统（即自然系统和传统的共同体系统）到以城市为主要空间的生存系统为前提的，于是伴随着这种坚韧自由而来的却是脆弱的城市生存环境，人们只有在市场上将自己的劳动力出售出去才能获得生存，这必然使得获得坚韧自由的个人不得不依赖政府，以获得最基本的生存与生活保障。这种依赖直接壮大了政府对个人以及社会的控制与驾驭作用，从而使个人的自由在客观上不得不面对政府权力的威胁。于是，既要政府有作为，同时又要政府不强权，就成为现代民主的内在使命。在民主的原则下，实现这种使命的关键在于让政府最大限度地控制在人民手中。为此，现代民主孕育了普选制度，明确规定赢得普选的政治力量掌握国家权力。西方国家的现代政党就是在这样的政治温床中得以全面成长的，它处于国家与社会之间，既是社会利益的代表，同时也是政府治理的代理，因而能够在一定程度上平衡国家与社会、政府与个人之间的张力。由此可见，现代民主运行必然产生现代政党，现代民主对现代政党的依赖，使得各国政党结构以及政党制度直接影响各国民主的运行与发展。

暂且不论是政党或政党制度决定一国的民主制度，还是一国的民主制度决定政党以及政党制度，有一点可以肯定的是，政党和民主制度的决定力量都是共同的，这就是一个社会的历史与现实。西方那些先发的现代化国家所形成的政治形态，不论在结构上，还是在运行方式上，都是形态各异的，这充分说明了一国的政治一定是一国历史与现实社会结构的产物。① 这个逻辑在中国社会也得到了同样的演绎。走向共和的近代中国，实际上实践过现代政治可能出现的各种政治形态，如袁世凯的军人政权、民国初年的议会政治以及蒋介石的独裁政治，最终在历史合力和现实发展要求的共同作用下，以社会主义为取向的中国现代政治建设走上了人民民主的发展道路。“人民民主”与普遍运行于西方先发的现代化国家的代议民主有本质不同，它强调人民不仅是国家权力的来源，而且是掌握国家权力的力量，是人民当家作主，实现“人民统治”的民主，其基本价值是：人为发展之本，发展以人为本；人民为国家之本，国家为人民服务；人民当家作主，共建人民国家。在这样的政治结构中，代议基于“自我代表”的原则，即构成人民的每个群体都通过自己相应的代表来掌握和行使国家权力；而不是“委托代理”的原则，即人民将权力委托给职业的政治代理人并让他们来管理国家。这两种代议形态所产生的政治效果也是完全不同的：基于“自我代表”原则所形成的代议，国家权力依然共同掌握在社会各方面力量的手中，从而在代议的形式下，实现全体人民共同掌握国家权力，整体运行国家权力；而基于“委托代理”原则所形成的代议，国家权力掌握在人们所选举的职业政治代理人手中，从而不可避免地形成部分人掌握国家权力统治的政治格局，国家与社会也因此逐渐陷入一部分人统治另一部分人的分立与对峙的政治之中。由此可见，如果仅从目的来看，人民民主的最大意义在于能够有效地避免国家权力陷入一部

① ［美］塞缪尔 · 亨廷顿：《导致变化的变化：现代化，发展和政治》，参见［美］西里尔 · E. 布莱克编：《比较现代化》，杨豫、陈祖洲译，上海译文出版社，1996 年，第 37—91 页。

分人统治另一部分人的分立与对峙之中。对于中国这样巨型的单一制国家来说，这无疑具有重要价值，因为它使得单一制国家平衡多元结构与多元利益有了一个重要的政治基础，即社会各力量联合，共同掌握国家政权，整体运行国家权力，创造平等协商共治。

很明显，人民民主是在人民内部力量多元构成的基础上形成的，但是它的出发点不是多元分散，而是多元联合与团结。在中国共产党的政治实践中，人民民主就是从“各革命阶级联合专政”的新民主主义政治发展而来的。[①] 因而，人民力量的联合与团结是人民民主的前提。换言之，人民力量构成有机整体是人民民主的前提。在中国，这种前提的实现方式是人民通过其先进性阶级力量及其先锋队组织，即中国共产党，联合为有机整体，共同掌握国家政权，整体运行国家权力。从这个角度讲，党的领导是人民民主的内在要求；党能否实现有效领导则是人民民主发展的关键。这是中国政治内在的基本原则，这个原则决定了不论从哪个角度讲，中国现实政治、经济与社会发展的关键都在党本身。中国共产党建立这个国家，并将自身全部嵌入到这个国家与社会体系之中，成为主导性力量。虽然伴随着现代化的成长与国家制度的成熟，国家、市场与社会日益获得了独立自主的运行空间和有效的法律保障，但正如西方代议民主离不开西方现代政党一样，[②] 中国现代政治的制度根脉与运行逻辑也离不开中国共产党。所以，包括党的领导制度建设在内的党的建设问题就成为国家政治建设与政治发展的全局性问题。在这一点上，中国与西方发达国家没有什么两样，那些有历史的、成熟的西方国家，都力图持久地保持既有的政党结构与政党制度，并使其更加优化和健全。

从中国发展的全局以及中国共产党当下的实际状况来看，中国共产党建

---

① 毛泽东：《新民主主义论》，《毛泽东选集》第二卷，人民出版社，1991 年，第 677 页。

② 参见［英］艾伦 · 韦尔：《政党与政党制度》，谢峰译，北京大学出版社，2011 年，第 111—130 页。

设将长期面临三大战略性问题：

第一，党与人民。前面的分析已经表明，这对关系是全局性的关系，不仅关系到党的社会基础与领导能力，而且关系到人民民主发展的前提与条件。党与人民关系的核心就是人民对党的认同与信赖。有了认同与信赖，党就有了领导力、号召力与凝聚力。创造认同与信赖的行动基础自然是党在思想上、行动上和组织上密切保持与人民群众的关系，为此，党要充分发挥群众路线的法宝作用。但在现代政治条件下，仅有群众路线是不够的，党还应努力创造认同与信赖的政治基础，即领导执政的合法性、合理性与有效性。执政合法性的根本在于使党的价值、组织与制度确立在充分的社会共识基础上；执政合理性的根本在于使党的领导与组织体系具有开放性和自我完善能力；执政有效性的根本在于使党的战略与行动能够带来经济与社会的有效的发展与进步。可见，布局与协调党与人民的关系，是党领导与执政的全局性问题，应该从党的具体工作做起，但必须从党和国家事业的全局来把握。

第二，党与国家。这方面的核心是党与国家领导制度问题。在中国政治体系中，党的领导体系总体上讲是显性的，通过制度化的安排，它与国家权力运行体系相衔接；另外一个特点是，党的领导体系从中央延伸到基层，与国家各级政权以及基层自治对应。

第三，党与党派。中国的政党制度是中国共产党领导的多党合作与政治协商制度。这是中国不同于一党制和多党制的制度安排，具有人民民主的基础。这种政党制度的制度安排结构是：中国共产党领导、多党派合作和社会各界协商，其背后的政治逻辑是领导、合作与协商的有机统一。在这种统一中，领导确立在合作与协商基础之上，合作基于有效领导与广泛协商基础之上，协商是有效领导和创造合作的有效民主形式。在这种制度安排中，党的领导与多党派合作、党的执政与多党派参政是主轴，而其根本是党与党派的关系。改革开放以来，中国共产党积极推进民主党派的建设和发展，并努力完善中国共产党领导的多党合作和政治协商制度，明确了协商是中国民主的重要形式。然而，不论从政党制度建设，还是从国家全面的政治建设来讲，这些努力都还需要进一步深化，其方向主要是两个：一是加强民主党派建设和发展，从而提高多党合作与政治协商的水平；二是强化政党制度的制度化平台，即人民政治协商会议制度的建设，并充分发挥其作用，从而创造更加健全的协商民主制度。

综合上述分析，党的使命以及党的领导与人民民主之间的内在关系，决定了党的建设应该将自身的建设逻辑与人民民主的发展逻辑结合起来。在人民民主发展战略中把握党的建设，既能够提高党的建设水平，也能够使党的建设更好地服务人民民主的建设和发展，真正成为巩固和发展人民民主的政治基础。

六、发展全过程人民民主

现代化的一般规律表明，民主化与现代化相生相伴，既是现代化的前提，也是现代化的使命；既是发展现代化的手段，也是发展现代化的目的。全面建成社会主义现代化强国，是中国共产党践行初心使命的中心任务。在领导和推动中国现代化建设过程中，中国共产党始终将对现代化的一般规律把握同不断深化党的执政规律、社会主义建设规律和人类社会发展规律的认识统一起来，既强调没有民主就没有社会主义，就没有社会主义的现代化，就没有中华民族伟大复兴；同时，也强调中国要发展的民主是中国特色社会主义民主，必须始终坚持党的领导、人民当家作主、依法治国有机统一，必须坚定不移走中国特色社会主义政治发展道路。习近平总书记强调指出："中国特色社会主义政治发展道路，是近代以来中国人民长期奋斗历史逻辑、理论逻辑、实践逻辑的必然结果，是坚持党的本质属性、践行党的根本宗旨的必然要求。”①

马克思、恩格斯说过：“民主是什么呢？它必须具备一定的意义，否则它就不能存在。因此全部问题在于确定民主的真正意义。”②以马克思主义为指导思想的中国共产党，始终立足保证人民当家作主、发展社会主义民主，使社会主义民主成为能够造福人民、和谐社会、兴旺国家的民主，也就是马克思、恩格斯所强调的“真正意义”的民主。这种“真正意义”的民主，不仅真实，而且管用，不仅能让人民当家作主，而且能实现国家有效发展。邓小平说：“资本主义社会讲的民主是资产阶级的民主，实际上是垄断资本的民主，无非是多党竞选、三权鼎立、两院制。我们的制度是人民代表大会制度，共产党领导下的人民民主制度，不能搞西方那一套。社会主义国家有个最大的优越性，就是干一件事情，一下决心，一做出决议，就立即执行，不受牵扯。”③

基于对人类政治文明建设和发展规律的深刻把握、对马克思主义民主理论的创新发展以及对中国人民在社会主义制度下当家作主的真实实践，中国共产党科学回答了什么是“真正意义”的民主和为什么人民民主是“真正意义”的民主这个根本问题。

第一，民主是各国人民的权利，人民是民主的评判者。一个国家是不是民主，应该由这个国家的人民来评判，实现民主有多种方式，不可能千篇一律。用单一的标尺衡量世界丰富多彩的政治制度，用单调的眼光审视人类五彩缤纷的政治文明，本身就是不民主的。现代政治制度只要能够真正让人民当家作主，并不断造福人民幸福生活，就是民主的制度。

第二，一个国家民主不民主，关键在于是不是真正做到了人民当家作主。

---

① 习近平：《决胜全面建成小康社会，夺取新时代中国特色社会主义伟大胜利》，《习近平著作选读》第二卷，人民出版社，2023年，第29页。

② 马克思、恩格斯：《评托马斯·卡莱尔“当代评论。(一) 当前的时代。(二) 模范监狱”》，《马克思恩格斯全集》第七卷，人民出版社，2006年，第304页。

③ 邓小平：《改革的步子要加快》，《邓小平文选》第三卷，人民出版社，1993年，第240页。

一要看人民有没有投票权，更要看人民有没有广泛参与权；二要看人民在选举过程中得到了什么口头许诺，更要看选举后这些承诺实现了多少；三要看制度和法律规定了什么样的政治程序和政治规则，更要看这些制度和法律是不是真正得到了执行；四要看权力运行规则和程序是否民主，更要看权力是否真正受到人民监督和制约。

第三，评判民主的国家政治制度有其基本标准。评价一个国家政治制度是不是民主的、有效的，主要看这几方面：一是国家领导层能否依法有序更替；二是全体人民能否依法管理国家事务和社会事务、管理经济和文化事业；三是人民群众能否畅通表达利益要求；四是社会各方面能否有效参与国家政治生活；五是国家决策能否实现科学化、民主化；六是各方面人才能否通过公平竞争进入国家领导和管理体系；七是执政党能否依照宪法法律规定实现对国家事务的领导；八是权力运用能否得到有效制约和监督。

第四，人民民主是真正意义的民主。在中国，人民民主在本质上是人民当家作主的民主，在形态上是全过程人民民主。一是坚持国家一切权力属于人民，坚持人民主体地位，支持和保证人民通过人民代表大会行使国家权力。二是坚持坚持党的领导、人民当家作主、依法治国有机统一。党的领导是人民当家作主和依法治国的根本保证，人民当家作主是社会主义民主政治的本质特征，依法治国是党领导人民治理国家的基本方式，三者统一于我国社会主义民主政治伟大实践。三是坚持依法治国首先要坚持依宪治国，坚持依法执政首先要坚持依宪执政。四是坚持从制度上保障人民当家作主，把国家层面民主制度同基层民主制度有机结合起来，坚持和完善人民代表大会制度、中国共产党领导的多党合作和政治协商制度、民族区域自治制度、基层群众自治制度，为人民当家作主提供系统制度保障。五是坚持实行领导干部任期制度，废除了实际上存在的领导干部职务终身制，实现了国家机关和领导层的有序更替。六是坚持国家各项工作都要贯彻党的群众路线，密切同人民群众的联系，倾听人民呼声，回应人民期待，不断解决好人民最关心最直接最现实的利益问题，凝聚起最广大人民智慧和力量。七是坚持协商民主和选举民主相互补充、相得益彰。人民通过选举、投票行使权利和人民内部各方面在重大决策之前进行充分协商，尽可能就共同性问题取得一致意见，是中国社会主义民主的两种重要形式，共同构成了中国社会主义民主政治的制度特点和优势。八是坚持扩大人民民主，健全民主制度，丰富民主形式，拓宽民主渠道，从各层次各领域扩大公民有序政治参与，建立健全多层次监督体系，完善各类公开办事制度，确保全体人民依法实行民主选举、民主协商、民主决策、民主管理、民主监督，依法通过各种途径和形式管理国家事务，管理经济和文化事业，管理社会事务。发展更加广泛、更加充分、更加健全的人民民主。

立足建设和发展"真正意义"的民主，中国共产党充分发挥社会主义制度的优势，全面推进社会主义民主政治制度化、规范化、程序化，构建多样、畅通、有序的民主渠道，创新直接、便捷和有效的民主形式。经过长期努力，中国的人民民主，在价值理念上形成了人民至上、保障人权、公平正义、人的全面发展和全体人民共同富裕等理念体系；在制度安排上形成了全面、广泛、有机衔接的人民当家作主的制度体系；在权利行使上形成了民主选举、民主协商、民主决策、民主管理、民主监督的运行体系；在权力规范上形成了全面从严治党、全面依法治国、依宪治国和依宪执政、健全党和国家监督体系、让权力在阳光下运行等规范体系。实践表明，在人民民主制度下，人民完全能够依法通过各种途径和形式管理国家事务，管理经济和文化事业，管理社会事务；同时，党和国家领导机关和人员则完全按照法定权限和程序行使权力，全心全意为人民服务。习近平总书记由此提出了全过程人民民主的重大理念。习近平总书记指出："全过程人民民主是社会主义民主政治的本质属性，是最广泛、最真实、最管用的民主。"①

---

① 习近平：《高举中国特色社会主义伟大旗帜，为全面建设社会主义现代化国家而团结奋斗》，《习近平著作选读》第一卷，人民出版社，2023 年，第 30—31 页。

在中国，全过程人民民主不仅有完整的制度程序，而且有完整的参与实践。在全过程人民民主中，人民不仅有投票权，而且有广泛参与权；人民不仅能够充分表达自己的意见和意愿，而且同代表人民根本利益的党保持血肉联系；人民不仅拥有制度和法律保障的当家作主权利，而且拥有监督和制约权力运行的权力和相关制度保证。这样的全过程人民民主，实现了过程民主和成果民主、程序民主和实质民主、直接民主和间接民主、人民民主和国家意志相统一，是全链条、全方位、全覆盖的民主，确保人民当家作主能够具体地、现实地体现到党治国理政的政策措施上，能够具体地、现实地体现到党和国家机关各个方面各个层级工作中，能够具体地、现实地体现到党和国家为实现人民对美好生活向往而奋斗的实践里。

在世界上，全过程人民民主是独一无二的民主形式，它根植于中国历史、社会和文化，形成于党和人民建设中国特色社会主义、发展社会主义政治文明的伟大实践，是马克思主义民主理论和我国社会主义民主政治建设实践相结合的伟大成果，是人类政治文明发展的伟大成就。比较世界各国民主化实践，中国共产党和中国人民之所以能够创造性地发展全过程人民民主，在于中国共产党和中国人民在发展社会主义民主政治上始终做到以下两点：

第一，坚持在充分吸收人类文明成就基础上自主探索和独立创造，不照搬他国制度和民主形式。中国共产党在领导人民进行革命、建设和改革的过程中，始终认为世界上不存在完全相同的政治制度，也不存在适用于一切国家的政治制度模式。一个国家的民主是否有生命力，不是看其形态，而是看其根脉。只有植于本土，才能生根发芽；只有根深了，才能枝繁叶茂。中国现行的人民代表大会制度、中国共产党领导的多党合作和政治协商制度、民族区域自治制度、基层群众自治制度等根本政治制度和基本政治制度都是党和人民在革命、建设和改革的伟大实践中自主创造形成的，并在实践中不断健全完善。实践表明，这些独创的政治制度具有强大生命力，并在创造中国发展奇迹和中国之治格局中展现出强大的制度优势和政治优势。所以，2019

年 10 月 31 日中国共产党第十九届中央委员会第四次全体会议通过的党和国家历史上第一份关于国家制度的决定，即《坚持和完善中国特色社会主义制度，推进国家治理体系和治理能力现代化若干重大问题的决定》，自信地向世界宣告："实践证明，中国特色社会主义制度和国家治理体系是以马克思主义为指导、植根中国大地、具有深厚中华文化根基、深得人民拥护的制度和治理体系，是具有强大生命力和巨大优越性的制度和治理体系，是能够持续推动拥有近十四亿人口大国进步和发展、确保拥有五千多年文明史的中华民族实现'两个一百年'奋斗目标进而实现伟大复兴的制度和治理体系。"全过程人民民主，不是天外的"飞来峰"，而是耸立于中华大地的人民民主高峰。

第二，坚定不移走中国特色的民主政治发展道路，形成了指导和推进社会主义民主政治发展的系统的理念、思想和战略，主要内容有：一是人民民主是社会主义的生命，没有民主就没有社会主义，就没有社会主义的现代化，就没有中华民族伟大复兴。二是人民当家作主是社会主义民主政治的本质和核心，发展社会主义民主政治就是要体现人民意志、保障人民权益、激发人民创造活力，用制度体系保证人民当家作主。三是中国特色社会主义政治发展道路是符合中国国情、保证人民当家作主的正确道路，是近代以来中国人民长期奋斗历史逻辑、理论逻辑、实践逻辑的必然结果，是坚持党的本质属性、践行党的根本宗旨的必然要求。四是人民通过选举、投票行使权利和人民内部各方面在重大决策之前进行充分协商，尽可能就共同性问题取得一致意见，是中国社会主义民主的两种重要形式，共同构成了中国社会主义民主政治的制度特点和优势。五是发展社会主义民主政治关键是要把我国社会主义民主政治的特点和优势充分发挥出来，不断推进社会主义民主政治制度化、规范化、程序化，为党和国家兴旺发达、长治久安提供更加完善的制度保障。

全过程人民民主是中国人民的伟大创造，是个新事物，也是个好事物，还需要在现代化发展过程中不断完善和发展，使其各方面制度更加成熟、更加定型。要全面发展全过程人民民主，不断推进国家治理体系和治理能力现代化，必须全面加强党的领导，全面深化改革开放，全面推进依法治国，全面建设社会主义现代化国家，不断深化党的领导、人民当家作主和依法治国有机统一，在与时俱进的理论创新、实践创新和制度创新中不断丰富和发展全过程人民民主的理论体系、制度体系、运行体系和规范体系，使其成为基于中国式现代化创造的人类文明新形态的新标志。

第十七章

权力监督

现代政治与传统政治的最大区别在于：国家权力来自人民，人民成为约束国家权力的根本力量。这意味着在现代政治中，对国家权力的约束不是通过外在的神圣化力量来实现，而是通过现实的组织与制度安排来完成。国家权力来自人民，不仅为现代民主政治奠定了现实的社会基础和价值原则，而且为现代民主政治确立了内在的规定性，即必须实现对权力的监督与约束，从而保障人的基本权利。到目前为止，西方学者一直认为，从权力监督的角度出发，现代政治必须确立在“三权分立”与“多党政治”基础之上，离开了这个基础，民主就不可能，国家权力就必然走向专制。据此，西方学者不仅质疑中国的民主，而且质疑中国的制度，尤其是中国共产党的领导。所有这些质疑，归结一点就是：中国共产党是一党领导，无法实现权力的定期更替与自我约束，因而其最终必然走向专制和全面腐败。实际上，这种质疑不过是一种政治偏见吹出的政治泡沫。在中国共产党已经全面终结领导干部职务终身制、实现权力的定期化更替的条件下，捅破这种质疑的关键，就是中国共产党能否实现自我监督。中国改革开放以来的反腐倡廉的实践表明，通过建构体系化的权力监督，中国共产党是完全能够实现自我监督和约束的。

中国共产党一旦有效解决了这个问题，中国的制度自信也就能全面提升为中国的民主自信，即对人民民主拥有的政治优势的自信。

一、预防权力腐败

中国共产党是中华人民共和国政治体系的建设者与执政者，维系政治体系的反腐败体系就是以中国共产党反腐败为中心逐步建立起来的。中国共产党反腐败始于掌握国家政权之前。在革命年代，中国共产党就从增强党的组织、巩固党的权威和维护党的形象出发，通过党的章程和党的纪律反对党内任何形式的腐败行为。中国共产党建立自己的军队后，在领导军队的过程中，将党的纪律与军队纪律有机结合，共同反对根据地政权中和军队内部的各种腐败行为。新中国成立后，中国共产党一开始就把惩治与预防腐败作为中国共产党长期执政的根本。新中国成立前夕，毛泽东就告诫全党：胜利之后，“党内的骄傲情绪，以功臣自居的情绪，停顿起来不求进步的情绪，贪图享乐不愿再过艰苦生活的情绪，可能生长。因为胜利，人民感谢我们，资产阶级也会出来捧场。敌人的武力是不能征服我们的，这点已经得到证明了。资产阶级的捧场则可能征服我们队伍中的意志薄弱者。可能有这样一些共产党人，他们是不曾被拿枪的敌人征服过的，他们在这些敌人面前不愧英雄的称号；但是经不起人们用糖衣裹着的炮弹的攻击，他们在糖弹面前要打败仗。我们必须预防这种情况。”①如果我们不去注意这些问题，“我们就不能维持政权，我们就会站不住脚，我们就会失败。”②所以，新中国成立之后，中国共产党就把惩治与预防腐败与维护党的领导、巩固新生政权和进行社会

---

① 毛泽东：《在中国共产党第七届中央委员会第二次会议上的报告（1949 年 3 月 5 日）》，《毛泽东选集》第四卷，人民出版社，1991 年，第 1438 页。

② 同上。

主义革命和建设全面结合起来。

中国共产党掌握国家政权后，惩治与预防腐败并没有因此从单纯的政党行为变为国家行为。这一方面与新生的国家政权以及新生的社会都是以政党为核心建构起来直接相关，因为在这样的国家与社会建构中，保持党的干部与党的组织的纯洁性，是稳定社会和巩固政权的根本；另一方面与党要在新生的国家领导人民进行社会主义革命，建立社会主义社会有关。在中国，社会主义革命与建设实际的领导者与推动者，不是国家，而是党。党是一个组织体系，国家则是一个制度体系。因而，在惩治与预防腐败中，党的行为与国家行为遵循完全不同的逻辑，前者从组织的纪律与党的意识形态出发，后者从法律与制度出发。所以，新中国成立后，惩治与预防腐败的着力点不在国家制度层面，而是在政党与社会两个层面。在党的层面，这种努力体现在组织建设、思想建设和作风建设，为此将惩治与预防腐败与革命后党的建设有机结合起来；在社会层面，随着社会主义改造不断深入，广大劳动者逐渐获得主人翁地位，成为国家主人，维护国家权力的纯洁性成为一种阶级的使命，于是在社会层面，惩治与预防腐败就与广大群众参与的政治运动结合起来，用阶级斗争所形成的群众力量来限制权力腐败的发生与蔓延。由于党的组织是社会动员的主体，是政治运动的主导力量，所以在惩治与预防腐败中，这两个层面实际上是一体的：党的建设体现在政治运动之中，同时政治运动中体现党的建设，它们在惩治与预防腐败中共同发挥主导作用。

“文化大革命”之前，由于整个社会的发展是在“阶级斗争”的逻辑下展开，党惩治与预防腐败，往往以各种政治运动的形式出现，难免带有阶级斗争的意味，腐败分子往往被作为阶级敌人对待。其中，不是党的组织与纪律起作用，而是党的意识形态及其所动员的社会大众起作用。这种政治运动虽然能够比较有效地遏制特定性质的腐败滋生，但其极端形式也同时冲击了党的机体以及国家政权的正常运行。“文化大革命”之后，随着疾风暴雨式的阶级斗争的结束，作为政党行为的惩治与预防腐败，不再以政治运动形式展开，转变为通过党的制度约束和纪律惩戒来进行。这是一个质的变化，意味着党不再从政治斗争的角度来看待腐败和处置腐败，而是从人与制度的角度来看待腐败和处置腐败。1978 年 12 月，党的十一届三中全会决定重建党的纪律检查委员会，由此中国共产党开始在党内全面构建惩治与预防腐败的组织体系、制度体系、工作体系与人员体系。

“文化大革命”之后，随着中国从政治运动时代全面进入到改革开放与经济建设时代，整个社会的基本权力结构发生了深刻变化：党政分开，使政府获得应有的法律地位和治理功能；政企分开，使经济生活获得自主的经济主体；政社分开，使社会开始出现各种独立的利益主体。权力结构、经济体制以及社会生活方式的转型与变化，彻底改变了腐败滋生的生态环境，各种新型的腐败开始滋生与蔓延。在国家与社会不再完全统合在党的组织与党的体制内的条件下，仅仅依靠政党行为来预防和限制腐败自然是不完善的，于是呼唤惩治与预防腐败的国家行为和社会行为也就成为形势发展的必然要求。1987 年 6 月，监察部正式成立，由此国家行政系统内部开始建构起预防和惩治腐败的组织体系、制度体系、工作体系和人员体系。这样，惩治与预防腐败体系就开始逐步迈向纪检和监察协同、纪律与法律衔接的新形态。1993 年 3 月，党的十四届二中全会通过的《关于党政机构改革的方案》中规定“中央纪委机关与国家监察部合署办公，一个机构、两块牌子”。随后，地方纪检机关和行政监察机关普遍实行合署办公，“纪检监察”开始作为整体表述出现在中央文件之中。2000 年之后，纪检监察机关形成了纪委主导下的纪检、监察两项职能协同深化的腐败治理路径，检察机关反贪污贿赂和反渎职侵权也实现了机构与职能的专业化塑造，纪检监察机关和检察机关并行协作，共同承担反腐败任务。党的十八大以后，强力反腐成为鲜明的时代特征。2013 年 11 月，党的十八届三中全会对改革反腐败体制机制作出部署，提出落实党风廉政建设责任制，党委负主体责任，纪委负监督责任；推动党的纪律检查工作双重领导体制具体化、程序化、制度化，强化上级纪委对下级纪委的领导；全面落实中央纪委向中央一级党和国家机关派驻纪检机构，改进中央和省区市巡视制度，做到对地方、部门、企事业单位全覆盖，强化了纪委监督的相对独立性和权威性，真正实现了党内监督的全覆盖。2016年10月，党的十八届六中全会作出深化国家监察体制改革的决策部署，通过整合行政监察、预防腐败机构和检察机关反腐败相关职责，组建与纪委合署办公的监察委员会，依法赋予监察委员会职责权限和调查手段，实现了对所有行使公权力的公职人员监察全覆盖，提升了反腐败工作规范化、法治化水平。2017年10月，党的十九大报告提出“深化国家监察体制改革，将试点工作在全国推开”。2018年3月，十三届全国人大一次会议通过宪法修正案和监察法，在新修改的宪法中设专节规定了国家监察委员会和地方各级监察委员会的性质、地位、名称、人员组成、任期任届、领导体制和工作机制等重要内容，使国家监察体制改革成果上升为宪法和法律规范。由此，纪检监察体制实现了重塑性变革，从制度上历史性地解决了如何在社会主义条件下建构系统、全面、规范的权力监督制度这一根本问题。

2014年，十八届四中全会通过的《中共中央关于全面推进依法治国若干重大问题的决定》（以下简称《决定》），从战略和制度上布局了惩治与预防腐败中的国家行为与政党行为的协调与统一。该《决定》强调“加快推进反腐败国家立法，完善惩治和预防腐败体系，形成不敢腐、不能腐、不想腐的有效机制，坚决遏制和预防腐败现象。完善惩治贪污贿赂犯罪法律制度，把贿赂犯罪对象由财物扩大为财物和其他财产性利益。”与此同时，《决定》也明确党的反腐倡廉工作对全局的主导性作用：“深入开展党风廉政建设和反腐败斗争，严格落实党风廉政建设党委主体责任和纪委监督责任，对任何腐败行为和腐败分子，必须依纪依法予以坚决惩处，决不手软。”为了使党的行为与国家行为能够形成制度性和法治性的衔接，《决定》明确将“形成完善的党内法规体系”纳入到中国特色的社会主义法治体系之中，成为其中的重要组分部分。不仅如此，为了做到全面从严治党，真正在法治上解决党的自我监督与依法治国相统一问题，《决定》鲜明地提出了既要强化党内法规与国家法律的衔接与协调，但同时也必须坚持党规党纪严于国家法律的法治建设主张："注重党内法规同国家法律的衔接和协调，提高党内法规执行力，运用党内法规把党要管党、从严治党落到实处，促进党员、干部带头遵守国家法律法规。党的纪律是党内规矩。党规党纪严于国家法律，党的各级组织和广大党员干部不仅要模范遵守国家法律，而且要按照党规党纪以更高标准严格要求自己，坚定理想信念，践行党的宗旨，坚决同违法乱纪行为作斗争。对违反党规党纪的行为必须严肃处理，对苗头性倾向性问题必须抓早抓小，防止小错酿成大错、违纪走向违法。"为了真正做到党内法规与国家法律的衔接与协调，首要任务就是明晰党纪与国法界限，用党纪从严治党，在反腐倡廉中把党的纪律和规矩挺在前面，但党纪处理不牵涉国法的规定，属于国法处理的交给国家司法体系。2016 年 1 月 1 日开始施行的《中国共产党廉洁自律准则》和《中国共产党纪律处分条例》（以下简称《条例》）就是按照"纪法分开"的原则来制定，为依法治国条件下全面加强党的反腐倡廉体系建设和社会主义法治国家建设开辟了一条具有长远意义的新路。该《条例》在随后的实践中不断充实和完善。现行的《条例》是 2023 年 12 月中共中央印发的修订后的《中国共产党纪律处分条例》。新修订的《条例》共 158 条，将习近平总书记关于全面加强党的纪律建设重要论述转化为纪律要求，落实习近平总书记关于推进党的自我革命、全面加强党的纪律建设重要论述的要求。新修订的《条例》强调在党的各项纪律中，政治纪律是最重要、最根本、最关键的纪律，把坚决维护以习近平同志为核心的党中央权威和集中统一领导作为根本的政治纪律和政治规矩，推动各级党组织和党员、干部始终在政治立场、政治方向、政治原则、政治道路上同以习近平同志为核心的党中央保持高度一致。

改革开放以来，纪检监察工作始终立足于从严管党治党来展开，纪检监察工作落实从严管党治党，而管党治党的深化则不断强化纪检监察工作。习近平总书记系统总结了改革开放以来纪检监察工作的宝贵经验："这就是，必须坚决维护党中央权威和集中统一领导，确保全党步调一致、行动统一；必须坚持治国必先治党、治党务必从严，确保党成为中国特色社会主义事业的中流砥柱；必须坚持以人民为中心，确保立党为公、执政为民；必须坚持改革创新、艰苦奋斗作风，确保党始终走在时代前列；必须坚决同消极腐败现象作斗争，确保党永葆清正廉洁的政治本色。"①在新时代，坚持刀刃向内的全面从严治党对纪检监察工作提出了更高要求，纪检监察在承担着全面从严治党的重要责任和使命，发挥决定性作用的同时，也不断深化自身体制机制改革。习近平总书记指出"深化纪检监察体制改革是要实现标本兼治。要强化不敢腐的震慑，保持惩治腐败高压态势，强化监督和监察全覆盖的震慑效应，不断释放全面从严强烈信号。要扎牢不能腐的笼子，把'当下改'和'长久立'结合起来，形成靠制度管权、管事、管人的长效机制。"②由此，中国共产党创造性地建构了党和国家监督体系，把党内监督同国家监察、群众监督结合起来，同法律监督、民主监督、审计监督、司法监督、舆论监督等协调起来，推动党内监督同国家机关监督以及其他各类监督有效贯通，切实把权力置于严密监督之下。

综上所述，中国惩治与预防腐败体系的形成和发展与中国政治体系的形成和发展紧密相关。在这个过程中，政党始终是反腐败体系的中心力量。这一方面与党建国家的历史以及实行党对一切工作领导的党的全面领导制度密切相关，另一方面与中国始终坚守党的宗旨和使命，始终坚定不移推进党的建设，始终坚持从严管党治党密切相关。这个特点决定了中国惩治与预防腐败的体系有其独特的价值基础、制度体系和行动逻辑。

---

① 习近平 2019 年 1 月 11 日在中共十九届中央纪委三次全会上的讲话。

② 习近平 2018 年 12 月 13 日在十九届中央政治局第十一次集体学习时的讲话。

二、监督权力运行

所有的权力腐败都不外源于三个因素：一是人的因素；二是权力的因素；三是人与权力结合的因素。人的因素，决定于人的世界观、人生观和道德观；权力的因素，决定于权力的配置与结构；人与权力结合的因素，决定于权力运行的规范与监督。所以，中国共产党努力建构和完善的预防与惩治腐败体系是教育、制度与监督并重的体系，教育解决人的因素；制度解决权力的因素；监督解决人与权力结合的因素。其中，教育是基础，制度是保证，监督是关键，三者有机统一，缺一不可。

现代民主政治以维护人的权利为出发点，而对人的权利构成威胁的力量之一就是权力。所以，约束和监督权力就成为现代民主政治的题中之意。从现代民主政治逻辑来看，约束和监督权力的关键，在于能够将权力置于人民的监督之下，约束于制度编织的笼中。前者，使权力变得透明；后者，使权力变得可控。从这个意义上讲，民主与法治是实现权力约束的基础。从监督与约束权力的角度讲，民主的根本在于作为权力之源的人民时刻都拥有监督权力的权利与能力，而不在于是否实行“三权分立”与“多党政治”。“三权分立”只是具有权力监督的功能的一种制度安排，但其具体的效力，则取决于民主的实际发展水平。不然，人们就无法解释为什么发达国家在其成长的历史上都存在过权力严重腐败的时期。因此，在权力监督上，不能迷信“三权分立”与“多党政治”，还是应该回到权力监督的根本：让权力的所有者监督权力，即人民监督权力；让基于人民意志形成的宪法规范权力，即制度规范权力。从这个意义上，人民民主应该拥有强大的权力监督能力。

从国家与公共生活的角度讲，权力的内在使命就是创造秩序与推动发展。所以，权力监督与约束，不是要限制权力功能的发挥，而是要保证权力合法而有效地发挥作用。合法的根本就是权力依法组织和运行；有效的根本就是权力能够发挥其应有的功能，成为推动经济与社会发展的正能量。这决定了实际存在的权力监督一定分为两种：一是预防性权力监督，这主要从预防权力失序与腐败的维度来监督权力；二是惩治性权力监督，这主要体现为惩治与消除腐败，以维护和保障权力。实践表明，任何形式的权力腐败所带来的政治、经济与社会成本往往是巨大的。所以，预防性权力监督比惩治性权力监督更为重要、更为根本。这也是为什么所有国家的权力监督体系都是从预防性监督切入的重要原因。只有健全了预防性权力监督体系，惩治性权力监督体系的建构才能获得更为有效的制度基础与价值基础。

在任何国家，推动国家与社会有效运转与发展的权力体系是由各种类型的权力有机组合而成的。对于不同的权力，惩治性权力监督的最终机制与手段都是一样的，然而预防性权力监督则是依据不同权力的性质、能级以及发生腐败的危险程度而各不相同，呈现出多样性的特征。因而，相比较而言，建构预防性权力监督并保障其作用的有效发挥，更具挑战性，不仅需要科学的制度和程序设计，以保障每一项的权力监督科学有效，而且需要有效的组织与整合，以保证权力监督能够形成合力，从而将各种权力最终都能关进闭合的制度与监督之“笼”。

但必须指出的是，权力腐败不是权力本身带来的，而是运行权力的人带来的，制度的不完善仅仅是掌权者发生腐败的外因，最根本的还是掌权者本身。所以，预防性权力监督的根在于对掌权者的监督，只有抓住了这个源头，预防性权力监督才能真正得以确立。习近平总书记深刻指出：“从严治党，关键是要抓住领导干部这个‘关键少数’，从严管好各级领导干部。从严管理干部，要坚持思想建党和制度治党紧密结合，既从思想教育上严起来，又从制度上严起来。”[①]同时，要在抓住“关键少数”的基础上，破解一把手监督难题。“各级领导班子一把手是‘关键少数’中的‘关键少数’。一把手违纪违法最易产生催化、连锁反应，甚至造成区域性、系统性、塌方式

① 习近平2015年3月5日在参加十二届全国人大三次会议上海代表团审议时的讲话。

腐败。许多违纪违法的一把手之所以从‘好干部’沦为‘阶下囚’，有理想信念动摇、外部‘围猎’的原因，更有日常管理监督不力的原因。领导干部责任越重大、岗位越重要，就越要加强监督。”①

中国共产党在领导人民建设国家、实践人民民主的过程中，一方面基于人民当家作主，从政治上和法律上强化人民在国家和社会中的主体地位，以保证人民成为监督党和国家权力的根本力量；另一方面基于党的领导与依法治国，围绕党的领导、执政以及国家权力的运行，全方位地建构了权力监督体系。进入新时代，通过全面从严治党制度的完善和纪检监察体制的重塑性改革，党和国家监督体系得到进一步健全，由八大监督构成：1、党内监督，2、人大监督，3、民主监督，4、行政监督，5、司法监督，6、群众监督，7、舆论监督，8、审计监督。每一种权力监督都有具体的监督对象、监督内容、监督形式与监督责任。更为重要的是，每一种权力监督本身也都是一个比较系统的监督体系。就社会监督而言，其中就包括人民群众通过批评、建议、控告、检举所形成的监督；各类社会和人民团体的监督；公民参与所形成的监督；党务政务公开所形成的监督；媒体舆论的监督，等等。显然，这八大方面的权力监督构成了中国权力监督体系必须有的宽度和深度。如果这些权力监督都能够规范到位和有效运转，基于这样的权力监督体系所形成的权力约束，是相当全面和有效的。为此，要在实践中努力实现整个权力监督体系的有机化和有效化。所谓有机化，就是创造整个监督体系的合力以及通过这种合力来强化各项具体权力监督应有的能力；所谓有效化，就是使得党领导、执政以及国家运行所涉及的权力，不论是整体，还是个体都能够得到有效的规范与约束，使其既能有效发挥作用，又能避免腐败。

在中国的政治体系中，实现预防性权力监督体系的有机化和有效化，主要通过三个途径：一是党的领导所形成的整合，二是人民当家作主所形成的

① 习近平 2016 年 1 月 12 日在十八届中央纪律检查委员会第六次全体会议上的讲话。

推力，三是依法治国所形成的约束。其中，党的领导所形成的整合具有关键作用。而党的领导之所以能够将整个监督体系整合为一个有机整体，形成中国特有的体系化权力监督，并将自身置于被监督的范围之内，是因为党的领导离不开人民民主与依法治国。没有真正的人民民主与依法治国，党的领导所形成的权力监督体系的有机整合是没有根基和保障的。

预防性权力监督体系之所以需要党的领导来整合，这与中国共产党在政治上和组织上居于国家体系与社会体系核心直接相关。这种政治地位使得党不仅承担着整合预防性权力监督体系的使命，而且也拥有足够的政治资源和组织资源来实现这种整合。另一方面，对中国共产党来说，只有有效地担当起整合预防性权力监督体系并使其发挥作用的使命，中国共产党才能真正将自身的领导与执政置于全方位的监督之中，从而实现真正有效的自我监督。这就是中国的政治逻辑，也是中国共产党在一党领导的格局中能够解决自我监督问题的关键所在、秘密所在。

在权力监督中，预防性权力监督与惩治性权力监督实际上是一个硬币的两面，缺一不可。所以，体系化权力监督虽然强调以预防性权力监督为主，但它也必然包含惩治性权力监督。经过这些年的努力，中国不仅具备了预防性权力监督的体系，而且具备了惩治性权力监督的体系。党应该通过其自身的力量实现这两大监督体系的有机化和有效化。有了体系化权力监督的形态与效应，中国共产党及其领导的国家政权就能够完全拥有自我约束与自我监督的能力。

三、体系化权力监督

中国共产党是执政党，党的权力自我监督，一方面可以通过党的组织对党员和党员干部的监督来实现；另一方面则必须在党的执政体系中，通过构建现代化的权力监督来保障，具体来说，就是党如何有效整合执政体系中的各种监督资源，对自身的执政过程中的权力行为进行全面的预防性监督，以保证党的干部和党的组织能够规范用权，依法执政。因而，所谓体系化权力监督，就是通过一定的机制将党的执政体系中各种权力监督有机地组织起来，形成在功能上相互协调、在程序上相互衔接、在工作上相互配合、在执法上相互监督的权力监督体系，打造部门有能力、系统有合力、监督有效力的权力监督。所以，体系化权力监督，不是将各种权力监督整合为一种权力监督，而是为了充分发挥各种权力监督的效力，增强各种权力监督的能力而形成的一种有机联合与合作。相比较各自运行、联系松散的权力监督来说，体系化权力监督显然是有广度、有深度和有力度的权力监督，只要机制合理、运作规范，就能产生巨大的监督效应。

从理论上讲，体系化权力监督能产生的效应是：最大限度地发挥预防性权力监督的功能，整体提升预防各类权力腐败的能力，从而最大限度地降低各类权力部门产生权力腐败的风险。显然，这种效应是任何政治体系都追求的，但是并非任何政治体系都有能力形成体系化权力监督。因为体系化权力监督的形成需要两个前提条件：其一是有稳定而权威的整合力量；其二是有依法形成的共同政治责任。显然，在“三权分立”与“多党政治”条件下，各种权力监督主体虽然会有共同的法律责任，但不可能形成共同的政治责任，更不可能共同认同具有整合效应的权威力量。因而，在这种政治体系下，权力监督的重心在惩治性权力监督，即从强化惩治性权力监督出发创造预防性权力监督的效应。

中国共产党是中国的领导核心和执政力量，党内的权力监督关系到中国反腐倡廉的全局。据此，中国权力监督体系是以党为核心建构的，党的领导对各种权力监督力量具有天然的整合力；同时，由于各类的权力监督主体及其所形成的专门部门也都是在党的领导下展开工作的，因而这种天然的整合力就具有相应的整合机制与整合平台。党内权力监督的权威性机构是纪委，它的组织结构相对独立，责任体系规范而系统，所以以纪委为中轴协调和联合各类权力监督部门形成体系化权力监督是顺理成章的。总之，这种以强化党的领导为出发点，以党的权力监督为中轴，以党的组织和工作体系为平台，实现党内权力监督与国家权力监督的有机协调与联合，建构体系化权力监督，不仅有组织与体制基础，而且有政治与法理保障，符合党规国法。

然而，必须指出的是，要建构体系化权力监督，并使其在实践中不断健全和完善，必须在实践中强化以下几条基本原则：

第一，照章依法原则。体系化权力监督是通过有效协调与联合不同领域、不同部门的权力监督而形成的，有的是党内监督，有的是行政权力监督。这些权力监督要联合为体系化权力监督，首要前提就是要保证各种权力监督应有的合法性与有效性。为此，体系化权力监督应该确立在尊重和维护各类相关的党的章程和国家法律基础之上。

第二，党委（党组）保障原则。体系化权力监督是以党的领导为前提，以纪委为中轴构建起来的，党的领导与纪委统筹是其基本特征。因而，这样的体系要形成，并产生合力与效力，关键在党，具体来说，就是党委或党组之间要形成政治上的高度统一和纪律上的严格规范。只有这样，体系化权力监督才不会出现缝隙或脱节，从而建构起一套无缝隙的体系化权力监督。

第三，靠前监督原则。体系化权力监督的真正价值，不仅在于实现横向的权力监督联合，而且在于实现纵向的权力监督靠前。如果仅仅追求横向的监督联合，忽视纵向的监督靠前，那体系化权力监督所追求的提升预防性权力监督效应就必然大打折扣。靠前监督的核心使命就是通过消除与弥补制度与组织、体制与程序、观念与行动上的偏差与漏洞，来提高权力监督的深度与效度。为此，体系化权力监督不仅需要创造协调、合作的体系，而且更需要创造有效的找漏、纠错体系。体系化权力监督只有拥有了强大的找漏、纠错能力，其应有的合力与效力才能得到真正的体现，其存在的基础才能得到有效巩固。

第四，机制化原则。所谓机制化就是通过必要的机制，使体系化权力监督能够从形式走向实质，具体来说，就是要使权力监督的联席会议，从一般的会议，变成一种能够共同参与、共同分享、共同运行的体系化权力监督。

为此，需要共同建立一些专门性的组织、专门性的工作机制来支撑联席会议，从而使得联席会议真正走出“联络”会议的层次，成为有实质性协同合作、有实质性效用的权力监督工作大平台。

体系化权力监督具有鲜明的中国特色，也是中国制度优势的具体体现，在创造权力监督合力的同时，也为党和国家进行有效的自我监督提供了有效的工作平台和机制保障。可以说，它代表着中国权力监督发展的方向，其蕴含的潜力和发展空间是很大的，值得深化和优化。

四、人民群众监督

在中国，不论是人民民主，还是国家建设，都以党的领导为前提。这决定了中国发展的领导力直接取决于中国共产党。世界各国的发展经验证明，一个国家的领导者是否具有领导力，将直接影响这个国家的稳定与发展。①从政治学来看，领导力是通过其领导的合法性和有效性有机统一来体现的，合法性体现为领导者被社会大众接受的程度；有效性体现为领导者在创造秩序、稳定与发展所取得的绩效。合法性是创造有效性的基础；有效性是合法性的支撑，两者相辅相成。在中国的政治逻辑中，党的领导问题，不仅关系到中国共产党本身，而且也关系到整个国家的建设和发展，所以，中国共产党相当重视这方面的建设。党的十六届四中全会从执政党建设的角度，将党的领导力建设集中体现在执政能力建设之上，并明确指出：执政能力建设是“关系中国社会主义事业兴衰成败、关系中华民族前途命运、关系党的生死存亡和国家长治久安的重大战略课题。只有不断解决好这一课题，才能保证我

---

① 美国政治学家亨廷顿对强大政党对政治稳定的重要作用的考察，充分说明了这一点。参见［美］塞缪尔·亨廷顿：《变化社会中的政治秩序》，上海人民出版社，2008 年，第 332—382 页。

们党在世界形势深刻变化的历史进程中始终走在时代前列，在应对国内外各种风险和考验的历史进程中始终成为全国人民的主心骨，在建设中国特色社会主义的历史进程中始终成为坚强的领导核心。”① 全会对党的执政能力作了明确界定：“党的执政能力，就是党提出和运用正确的理论、路线、方针、政策和策略，领导制定和实施宪法和法律，采取科学的领导制度和领导方式，动员和组织人民依法管理国家和社会事务、经济和文化事业，有效治党治国治军，建设社会主义现代化国家的本领。”从这个界定中可以看出，体现为执政能力的领导能力，实际上是由人才、战略、制度、组织与行动等构成的一套领导体系。领导体系的基础与质量直接决定着党的领导能力与执政能力。

在任何条件下，领导体系的建设和完善都不可能孤立进行，都必须与其所处的环境、领导的对象以及领导的使命相结合。中国共产党之所以能够发展到今天与其始终坚持这样的领导体系建设战略分不开。中国共产党找到了既能不断优化其领导体系，同时又能在道义上和政治上获得社会最大支持的战略路径：这就是群众路线。群众路线是基于对人民主体地位、人民智慧以及人民力量的充分肯定而形成的，与人民民主具有内在的契合性，通过群众路线，中国共产党能在优化自身的领导体系的同时，密切党与人民的关系，从而强化党领导和执政的合法性基础。中国共产党因此明确将群众路线视为党的生命线，并将其作为“实现党的思想路线、政治路线、组织路线的根本工作路线”。② 所以，中国共产党在治国理政和推动社会发展中，努力通过群众路线来优化党的领导体系，形成以人民群众为主体的人民监督体系，从而在巩固党的领导地位的同时，全面提高党领导中国社会进步与发展的能力：

第一，基于群众路线来巩固和提升党领导的合法性基础。人民是政党的现实基础，中国共产党认为，不仅如此，人民也是历史发展的推动力量，中

---

① 胡锦涛：《中共中央关于加强党的执政能力建设的决定》，人民出版社，2004年，第2页。

② 江泽民：《推进党的建设新的伟大工程》，《江泽民文选》第一卷，人民出版社，2006年，第407页。

国共产党的使命就是要使人民成为国家主人，当家作主，建立人民民主国家。为此，中国共产党将“为人民服务”作为党的根本宗旨，将人民民主视为社会主义的生命所在。以相信群众、依靠群众、联系群众、服务群众为核心理念的群众路线就是基于这样的世界观形成的，它既是党的宗旨的具体实践，同时也是党领导人民实践人民民主的有效方式。所以，群众路线对巩固和提升党领导的合法性基础具有多重的效应。中国共产党时刻提醒全党：“历史和现实都表明，一个政权也好，一个政党也好，其前途与命运最终取决于人心向背，不能赢得最广大群众的支持，就必然垮台。”①“共产党基本的一条，就是直接依靠广大革命人民群众。”②

第二，基于群众路线来提升党把握规律、科学决策的能力。中国共产党的思想路线包含两个方面：群众路线与实事求是。在中国共产党的认识论体系中，前者解决真知从何而来的问题；后者解决用什么来检验真知的问题。中国共产党明确认为，真知来自群众的实践，因而检验真知的标准不在别处，就在于群众的实践，实践是检验真理的唯一标准。显然，在党的思想路线中，群众路线最为根本，没有这一点，实事求是就无法做到。毛泽东在1943年发表的《关于领导方法的若干问题》明确要求全党必须从马克思主义认识论的高度来把握群众路线的真谛，他说：“在我党的一切实际工作中，凡属正确的领导，必须是从群众中来，到群众中去。这就是说，将群众的意见（分散的无系统的意见）集中起来（经过研究，化为集中的系统的意见），又到群众中去作宣传解释，化为群众的意见，使群众坚持下去，见之于行动，并在群众行动中考验这些意见是否正确。然后再从群众中集中起来，再到群众中坚持下去。如此无限循环，一次比一次地更正确、更生动、更丰富。这

---

① 江泽民：《关于改进党的作风》（2000年10月11日），《论“三个代表”》，中央文献出版社，2011年，第72页。

② 毛泽东：《共产党基本的一条就是直接依靠广大人民群众》，《建国以来毛泽东文稿》第十二册，中央文献出版社，1998年，第581页。

就是马克思主义的认识论。”[①]这个认识论成为中国共产党把握全局，制定正确的路线、方针和政策的基础。1961 年，邓小平正是从这个角度来定位群众路线的，他说：“党的正确的路线、政策是从群众中来的，是反映群众的要求的，是合乎群众的实际的，是实事求是的，是能够为群众所接受、能够动员起群众的，同时又是反过来领导群众的，这就叫群众路线。”[②]必须指出的是，基于群众路线所建构的认识论，使以马克思主义为意识形态的中国共产党，在革命与建设的实践中，彻底摆脱了教条主义，将马克思主义与中国实际相结合，走出了中国特色社会主义道路，创造了中国快速发展的现代化奇迹。

第三，基于群众路线扩大公民参与以推进人民民主。人民民主是社会主义的生命，领导人民实践人民民主是党领导和执政的内在使命。所以，扩大公民参与，广泛吸纳群众意见并及时地转化为有效政策，是党领导和执政能力的具体体现。在这方面，群众路线起到了积极的作用。在实践中，群众路线所形成的公民参与，主要是基于决策者走入群众中而形成的。1964 年，毛泽东在《学习马克思主义的认识论和辩证法》一文中指出：“要在人民群众那里学得知识，制定政策，然后再去教育人民群众。所以要当先生，就得先当学生，没有一个教师不是先当过学生的。而且就是当了教师之后，也还要向人民群众学习，了解自己学生的情况。”[③]显然，这种公民参与是权力主体与政治过程延伸到群众之中而形成的，不同于公民主动而直接地介入政治过程表达意见所形成的参与，王绍光教授将这种参与概括为“逆向参与模式”，并认为它有四个支点：第一是要求领导干部深入群众，与群众打成一片；第二是领导干部要有群众观点，想群众所想，急群众所急，充分考虑群众利益；第三是领导干部要进行充分调查研究，真实了解民情民意；第四是领导干部要积极吸取民智，以寻

---

① 毛泽东：《关于领导方法的若干问题》，《毛泽东选集》第三卷，人民出版社，1991 年，第 899 页。

② 邓小平：《提倡深入细致的工作》，《邓小平文选》第一卷，人民出版社，1994 年，第 288 页。

③ 毛泽东：《学习马克思主义的认识论和辩证法》，《毛泽东文集》第八卷，人民出版社，1999 年，第 324 页。

求切合实际的政策与办法。[①]显然，这种“逆向参与模式”对人民民主发展具有直接的促进作用：首先，它保证了人民当家作主的地位；其次，它使公共政策的决定有效地确立在人民参与、人民利益与人民智慧基础之上，成为一种民主的成果；最后，它对限制和克服官僚主义的滋生具有一定作用。

第四，基于群众路线保持党的领导具有永续的生机活力。权力与地位天然的具有腐蚀作用。对任何长期拥有权力与地位的领导力量来说，其面临的最大挑战就是如何有效地抵御这种腐蚀作用，保持其思想、肌体和行动具有永续的生机活力。毛泽东当年回答民主人士黄炎培之问的时候，就明确认为民主是应对这个挑战的最好办法。这个民主办法的具体实践形式就是在党的工作中始终坚持群众路线，一方面要求党的干部和组织要深入群众，听群众呼声，为群众服务，谋群众利益；另一方面积极地动员群众监督党的干部与领导，最大限度地保持党的先进性与党员干部的纯洁性。所以，中国共产党明确认为：“一个政党，如果不能保持同人民群众的血肉联系，如果得不到人民群众的支持和拥护，就会失去生命力，更谈不上先进性。我们党的根基在人民、血脉在人民、力量在人民。保持党同人民群众的血肉联系，是我们党无往而不胜的法宝，也是我们党始终保持先进性的法宝。”[②]

作为党的生命线，群众路线决定中国共产党领导能力的强弱及其所领导事业的成败。但是在不同的历史时期，社会的结构、社会的思想观念以及社会发展所面临的问题都会有很大的变化，从而使群众路线的具体落实和实践面临新的挑战和问题。这就意味着虽然群众路线是党建构起领导体系、保持其领导力的法宝，但如何发挥这个法宝的威力，并产生实际成效，还需中国共产党在实践中不断探索和创新。

---

① 王绍光：《公众决策参与机制：一个分析框架》，参见谭君久主编《中国式民主的政治学观察》，西北大学出版社，2010年，第1—18页。

② 胡锦涛：《在庆祝中国共产党成立八十五周年暨总结保持共产党员先进性教育活动大会上的讲话（2006年6月30日）》，《十六大以来重要文献选编》（下），中央文献出版社，2008年，第535页。

第十八章

协商民主

在中国的政治体系中，协商民主不是孤立存在的，它既与中国近代以来的共和民主传统和人民民主实践形成了深刻的契合关系，又与中国共产党的统一战线、群众路线相伴相随、荣辱与共；既与中国共产党领导的多党合作与政治协商制度的运行互为表里，又与中国基层民主的实践有机统一。这决定了在中国国家建设和政治发展中，协商民主既是一种人民民主的实践形式，同时也是党的领导、国家建设与社会发展的重要平台与机制。因而，协商民主在中国所承载的功能必然要大大超越出协商民主本身，成为同时支撑党、国家与社会的制度力量。就民主运行形式讲，中国人民民主两大重要形式协商民主与选举民主具有同等的价值和意义，但就民主运行的功能讲，即从民主创造国家治理与社会进步的角度讲，协商民主对中国的发展更具全局性和根本性。这不是两种民主形式孰优孰劣决定的，而是两种民主形式与中国政治形态契合程度决定的。

一、协商民主与民主共和

不论是西方国家，还是发展中国家，其运行的现代政治与其传统的政治都有很大的区别，原因在于两者的逻辑起点完全不同。现代政治是以人的个体独立存在为逻辑起点的，而传统政治是以人的共同体归宿存在为前提的。换言之，现代政治以人的个体独立为历史前提，传统政治以人的共同体存在为历史前提。然而各国的实践表明，从共同逻辑起点出发的现代政治在不同国家的实际运行形态是不同的，一方面体现为各国政治制度安排及其内在结构的差异；另一方面体现为支撑整个政治体系运行的文化取向的差异。这两方面的差异是互为表里的。导致这两方面差异的根源还是各国所秉承的历史与文化。任何国家的现代化都是从本国的历史与现实出发的，其主体都是由一定的社会、历史与文化塑造的民族与民众。现代化及其所决定的现代政治可以从新的逻辑起点出发，但不可能脱离历史与社会所塑造的社会结构与文化传统，即不可能脱离其历史与现实的规定性。实践证明，现代化不论走多远，其根依然在历史与传统所塑造的文化血脉之中，失去了这种血脉之根，现代化只有形式，没有灵魂；只有随波逐流，没有自己的家园。现代化是如此，作为现代化组成部分的现代政治建设和发展更是如此。

传统对现代的塑造是通过文化实现的。亨廷顿在其和哈里森主编的《文化的重要作用》一书中认为，丹尼尔·帕特里克·莫伊尼汉的两句话是对文化在人世间作用的最明智论述："保守地说，真理的中心在于，对一个社会的成功起决定作用的，是文化，而不是政治。开明地说，真理的中心在于，政治可以改变文化，使文化免于沉沦。"①亨廷顿就是由此出发来研究文化如何促进社会进步的。研究表明，文化与政治能否在积极取向上相互塑造对社会进步具有决定性的作用。由此可见，在现代化过程中，一个国家与社会进步，

---

① ［美］塞缪尔·亨廷顿、劳伦斯·哈里森主编《文化的重要作用》，程克雄译，新华出版社，2002年，第3页。

既离不开其文化的作用，也离不开其政治的作用，其文化只有能够支撑新政治才能发挥作用；其政治只有契合文化之精神才能发挥作用。因而，任何国家成长所需要的实际政治，都一定是现代政治与文化传统相互塑造而形成的，国度不同，文化不同，其政治形态自然不同。中国运行的共生政治就是在这样的过程中逐渐形成的，既符合现代政治精神，又符合中国文化传统。

民主共和开启了中国现代政治历程。民主共和对公共利益和公共秩序的关怀契合了中国传统的天下为公的理念，于是民主共和在把拥有两千多年政治文明史的古老中国带入现代政治时代的同时，也基本维护住了古老帝国的土地和人民，使其实现整体性的革命转型。在中国的传统政治理念之中，"天下为公"中的天下，既是外在的、以国为本，同时又是内在的、以心为天。所以，不论个人，还是民族，要成就伟业，都必须有一颗无限包容的心。这样，正心诚意就成为立于天地之间、开创天下伟业的起点。由此展开的人生画卷和民族前程的逻辑是：正心诚意，格物致知，修身齐家治国平天下。孟子将这个逻辑概括为"天下国家""天下之本在国，国之本在家，家之本在身"。①领导中国人民成立中华人民共和国的毛泽东就认为这是中国人应该掌握的"天下国家的道理"。②

中国的天下国家道理强调："天地之性，人为贵"③；"民为邦本，本固邦宁"④。所以，中国传统政治是以人为前提，以民为根本的。不过，这个"人"存在与作为现代西方政治前提的"人"存在的不同之处在于：不是个体的独立存在，而是人与人的共在。以独立个人为逻辑起点的西方现代政治发展出"自由、平等、博爱"的政治价值，其中自由为核心；而以人与人共在为逻辑起点的中国古代政治发展出"仁、义、礼、智、信"的政治价值，其中

---

①《孟子· 离娄上》。

② 毛泽东：《论反对日本帝国主义的策略》，《毛泽东选集》第一卷，人民出版社，1991 年，第 155 页。

③《孝经 · 圣治》。

④《尚书 · 五子之歌》。

“仁”为核心。于是，中国创造的古典政治，既不同于以群体存在的共同体的人为前提的西方古典政治，也不同于以独立个人存在为前提的西方现代政治，它是介于两者之中，既具古典性，又具现代性的政治，古典性体现为人与人的共在，本质上还是强调作为共同体人的存在；现代性体现为人与人的共在是个体与个体之间相互依存的共在。如果说西方古典政治是安排群体的共同体存在的“群体政治”，西方现代政治是实现个体自由的“个体政治”，那么中国古典政治则是解决人与人和谐共处的“两人政治”。中国的共生政治就是由此发源的。

“两人政治”的核心价值就是“仁”。孔子说：“仁者爱人”[①]，而“爱人”的关键就是做到“己欲立而立人，己欲达而达人”[②]，“己所不欲，勿施于人”[③]，所以,“为仁由己”[④]，一是克己复礼；二是行五者于天下，即“恭、宽、信、敏、惠。恭则不侮，宽则得众，信则人任焉，敏则有功，惠则足以使人”[⑤]。这样，仁爱在，人与人之间不仅能够共处，而且能够相互促进，由此推而广之，则社会和谐，天下大同。这就是中国人所理想的：“各美其美，美人之美，美美与共，天下大同。”可见，以“仁”为核心价值的“两人政治”，即从个人出发，通过惠及他人，从而成就自己。我对他人如此，他人对我也是如此，我为人人，人人为我，从而将自我与他者结合，将个体与社会融合。这种从自我出发，但又超越自我的政治，虽萌生于古代社会，但具有现代性，在现代民主政治实践中具有非凡的意义。中国的民主政治实践表明，正如“个体政治”所创造的政治运行形态是竞争政治一样，“两人政治”所创造的政治运行形态应该是共生政治，即在天地人共存共生中成就人类；在你我他共生共存中成就个人；在国与国共生共存中成就天下。

---

① 《论语 · 颜渊》。
② 《论语 · 雍也》。
③ 《论语 · 颜渊》。
④ 《论语 · 颜渊》。
⑤ 《论语 · 阳货》。

基于中国文化传统所形成的共生政治与近代以来中国实践的共和民主所具有的内在契合性是显而易见的。美美与共，支撑着共和民主的价值取向；天下为公，支撑着共和民主的现实实践。尽管是在反帝、反封建的革命中确立起共和民主的，但这并不意味着共和民主在中国的实践可以完全脱离中国文化传统的影响。近代以来的中国政治建设和政治发展表明：共和民主在中国的发展越是走向具体、走向深入，越是容易与中国的文化传统产生共鸣与共振，共和民主越能唤起中国文化传统的现代价值和意义；中国文化传统能够强化共和民主在中国的适用性和有效性。按照丹尼尔·帕特里克·莫伊尼汉所揭示的原理，我们可以说：共和民主使中国的文化传统免于沉沦；与此同时，中国的文化传统则使中国的现代政治成为创造社会进步的力量。使中国文化传统与现代政治产生这样化学反应的重要媒介就是协商民主。

可以说，协商民主，既是中国文化传统与现代共和民主结合的产物，同时也是使共和民主在中国文化传统的土壤上孕育现代共生政治的催化力量。正如前面一再指出的那样，协商民主在中国，既是一种民主形式，同时也是实现党、国家与社会和谐共生共存的重要平台与机制。由于协商民主所实践的不仅仅是民主协商本身，更重要的是通过民主协商，实现爱国统一战线、群众路线、民主集中制、多党合作以及基层民主，所以协商民主的建设和发展，在党的层面，能够创造多党合作中的肝胆照相、荣辱与共的共生格局；在国家层面，能够创造各民族、各阶级大团结、大发展的共生格局；在社会层面，能够创造人与人和谐共生、全面发展的共生格局。不仅如此，协商民主还能够在协调党、国家与社会的三者关系中，创造党与人民、政府与社会一体共生的局面。

如果说“仁政”创造的是中国传统的共生政治，那么协商民主创造的是中国现代的共生政治。借助中国文化传统的精神与价值，中国的协商民主实践，不仅能够贡献中国的人民民主发展，而且能够贡献现代人类政治文明的发展，即在现代民主中创造共生政治形态。

二、协商民主与党的领导

马克思主义的国家理论认为，国家是阶级冲突和斗争的产物，进而国家是阶级统治的工具。所以，有国家就一定有统治阶级。阶级统治尽管在人类文明史中普遍存在，但却是人类发展中的一种异化。人类的解放就是摆脱阶级统治这种异化的过程，因而消除阶级统治，促使国家消亡，是人类寻找自我解放的内在使命。社会主义社会是人类从阶级社会向共产主义社会过渡阶段的社会形态，因而是努力通过经济与社会的巨大发展来逐渐消除阶级统治的社会形态。为此，社会主义社会要让社会掌握生产资料的同时，将国家所有权力交给全体人民，从而使社会与人民摆脱国家无所不在的控制与奴役。所以，相对于资产阶级民主革命来说，社会主义民主革命不仅追求个体的解放，而且追求全人类的解放；不仅追求个体的自由，而且追求自由的人类，即从个体的自由发展为自由的个体，从而使人类成为自由人的联合体。近代以来的社会主义革命实践就是基于这样的理论逻辑展开的，中国也不例外。社会主义国家在革命与建设中建构的领导制度，就是这个理论逻辑与革命实践结合的具体产物。

社会主义革命与建设要承担起其历史使命，就必须紧紧围绕着其与生俱来的两大历史任务展开：一是解放劳动人民，并让所有的人成为劳动人民，从而消除一个阶级对另一个阶级的统治基础，真正实现人民当家作主；二是全面发展生产力，使人类在摆脱了人对人依赖的基础上，逐渐摆脱人对物的依赖，实现人类的彻底解放。因而，社会主义社会是一个全体人民掌握国家权力，并不断超越自身发展，朝着更高目标发展的社会。这意味着社会主义社会的国家权力不局限于某一个阶级；同时，国家发展不局限于当下的形态，而是面向无尽的未来，即共产主义。正如自然法与社会契约理论决定了资本主义国家形态一样，马克思主义的科学社会主义理论决定了社会主义的国家形态，它与资本主义国家形态的最大区别就在于在国家制度之外，确立了领导制度。实际上，人类文明发展至今，任何现实政治的存在，都是基于特定的理论预设而形成的，古代如此，现代也是如此。这种理论预设不仅决定了现实政治建构与发展的内在逻辑，而且确定了现实政治运行与发展的合法性基础。

科学社会主义理论表明，社会主义国家建构之所以需要建构领导制度，并不是因为有共产党存在，而是因为社会主义国家要实现全体人民当家作主。要不断地超越自身，向更新的社会迈进，就必须有一个既能凝聚全体人民，又能引领国家与社会向更高形态社会发展的力量。作为先进生产力代表的共产党因此被赋予了领导全体人民走向未来的权力，通过领导权，共产党不仅建立了社会主义国家与社会主义制度，而且全面推动了社会主义国家建设与发展。显然。这种领导权不仅不是国家制度安排的产物，相反，它是共产党领导人民建立新型国家与国家制度的权力基础，所以它不在国家制度内，而在国家制度外；其组织与运行不由国家制度安排，而是自己形成与国家制度相匹配的制度安排，这就是领导制度。可见，领导制度本质上是要解决社会主义国家共产党与人民、与国家的关系。

同样是现代国家，社会主义国家与资本主义国家是历史使命与国家形态完全不同的两种国家；同样是执政党，社会主义国家的执政党与资本主义国家的执政党是性质和使命完全不同的执政党。这些差异决定了社会主义政治体系与资本主义国家政治体系是两种完全不同的政治体系，其中最典型的表现就是社会主义不仅存在着依宪法形成的国家制度体系，而且存在着依社会主义使命而形成的共产党领导的制度体系。在人类政治文明史上，这显然是全新的政治体系。在相当长的时间里，社会主义国家一直在摸索如何协调这两套制度体系的关系，最通俗地讲，就是党政关系，既有成功的经验，也有失败的教训。中国的“文化大革命”以及20世纪90年代苏东剧变都说明：社会主义国家处理好党政关系具有极端的重要性。总结中国的经验与教训，处理党政关系的关键在党，更具体地讲，在党的领导制度。

党的领导是党对党员、对人民、对国家领导的有机统一，涉及党务、人民事务与国家事业。因而，党的领导制度，是以管党为基础，以凝聚人民、领导国家事业发展为根本。党的领导水平，在很大程度上取决于领导制度的合理化与科学化程度；而党领导制度的有效运行，则在很大程度上取决于党领导的合法性与先进性。综合来说，领导制度的健全与完善，取决于三大基本要素：一是党领导的合法性；二是党领导制度的合理性；三是党领导制度与国家制度的相互协调性。理论与实践都表明，形成和完善这三大基本要素，协商民主都具有独特的优势，是不可或缺的机制与平台。

就党领导的合法性来说，协商民主一方面使党的领导与人民民主的有效实践有机结合起来，从而使党的领导确立在民主集中制与群众路线的基础之上，保障了人民对党领导的参与，也保障了人民对党领导的广泛而全面的监督。另一方面，协商民主使党的领导确立在共产党领导的多党合作和政治协商制度基础之上，从而使该政党制度既拥有了中国特色，又符合现代民主要求。协商民主在这方面的功效，既为党领导的合法性提供了价值基础与社会资源，也为党领导的合法性提供了制度路径与行动空间。

就党领导制度的合理性来说，通过民主集中制，协商民主将有效地优化党的集体领导体制，并使其成为提高党内民主、强化党内制约、增强领导权威的重要制度形式；通过群众路线，协商民主将有效地优化党与人民、党与社会的关系，改变党的权力运行的路径与过程，从而形成体制实用、程序合理、运行有效的党领导与服务社会的制度安排与工作体系；通过多党合作与政治协商制度，协商民主将优化党领导中的政治监督的制度体系，优化党领导中的科学决策的制度体系，优化党与参政党以及各社会力量合作的制度体系。

就党领导制度与国家制度相互协调来说，协商民主首先使得党领导制度与国家制度之间形成制度化的距离，例如通过政治协商使得党的意志转变为国家意志，党的意志不能直接成为国家指令，而必须有一个协商的过程；其次协商民主对党领导的监督使得党的领导制度必须在宪法和法律的框架下运作，从而使党的领导制度与国家制度相互协调拥有必要的法律基础和法律保障。

总之，领导制度是社会主义制度的内在要求，而领导制度的质量直接决定着社会主义制度运行的成效，甚至是成败。在人民民主的条件下，巩固和优化党领导制度的有效路径就是发展和完善协商民主。为此，应该努力使协商民主既成为党实现其领导的重要民主形式，同时也成为党处理好其与人民、与国家之间制度关系的重要民主机制。

三、协商民主与国家整合

尽管中国有两千多年的大一统历史，但当中国开启现代国家建设的时候，所面临的却是一个如一盘散沙的社会。这一方面与帝国体系解体有关；另一方面与中国传统的农耕社会结构有关。于是，将一盘散沙的社会凝聚为一个有机整体就成为中国现代国家建设与生俱来的使命与任务。共和民主在中国的确立与中国国家建设面临的这项使命和任务有内在关系。

所以，孙中山先生在构建中国现代国家，实践国家建设工作的时候，时刻都把凝聚散沙般的中国社会作为首要任务。他认为民权的初步，在于建构人民的团体；党务的根本，在于能够用革命主义凝聚四万万同胞为一个大团体；民权主要的使命就是建设中华民族的大团体。[①] 可以说，使中国社会全面“团体化”是孙中山先生民主革命和国家建设思想的核心内容。这个任务最终落到中国共产党身上。尽管中国共产党领导的是新民主主义革命，但其面临的社会现实没有变，而且其所承载的历史使命比孙中山先生领导的旧民

① 孙中山：《三民主义，民权主义》，《孙中山选集》下卷，人民出版社，1956 年，第 690 页。

主主义革命更为深刻和艰巨。所以，中国共产党十分重视将阶级革命与民族革命有机结合起来，既强调全民族凝聚，又强调各阶级的联合。中国共产党通过创造性地引用统一战线这个法宝，在促进全民族凝聚、各阶级联合的过程中，使自身及其所代表的先进阶级，成为国家的领导核心，从而建构起有核心的民众与民族的凝聚结构和联合团结的体系。

纵观中国向现代国家转型的历程，中华民族之所以能够在大转型中没有像传统帝国体系那样崩解，其中一个重要原因就是包括孙中山领导的国民党和中国共产党在内的革命党及时有效地承担起了团结民众、凝聚社会、维护民族团结的使命，并将其作为革命的基础与革命的任务。然而必须看到，中华大地上的民众与民族虽有千年的共同生活史，但随着国家形态从传统帝国转向现代国家，要在现代化的过程中和现代国家体系内保持其凝聚性与团结性，还需要做很多的努力；与此同时，伴随现代化发展而来的民主化、市场化和全球化必然深刻地改变着千年留存下来的社会结构，社会结构转型与社会分化相伴而行。这一切都意味着迈入现代国家门槛的中国，不仅要在推动国家转型过程中保持其社会的一体性与民族的凝聚性，而且要在经济与社会现代化的过程中，始终保持其社会的一体性与民主的凝聚性，从而为建设一个成熟的现代化国家奠定必要的社会基础。为此，中国共产党在高举民主与科学大旗的同时，也高举起团结与发展的大旗，强调没有团结，就没有稳定与发展；同样，没有发展，尤其是没有共同发展，也就没有团结的基础。

在中国共产党的执政体系中，团结不是一个空泛的概念，而是实实在在的工作任务和工作体系，它涉及的范围是广泛而具体的，有阶级联合、民族团结、人民团结、军民团结、党派合作等，而其创造和推动这些团结的路径有：党的领导、统一战线、人民民主制度、民族政策、公共政策、公平正义价值等。创造不同类型的团结，有不同的平台、路径与方式。然而，对于全体人民和整个中华民族来说，对于整个社会与国家来说，要真正实现政治学意义上的团结：每个人都能平等、和谐地生活在政治共同体之中，并将这个共同体以及共同体中的他人视为自己实现全面发展的前提，就必须将团结确立在合理的制度以及人们对这个制度的共同认同基础之上。

在现代政治中，团结的首要前提是制度的合理性。因为在现代政治中，不论个体的权利，还是团体的利益，最终都将取决于配置资源、整合社会的制度体系。这是现代社会与传统社会的根本区别所在。在现代化使文化世俗化、组织社会化的大背景下，制度就成为维系共同体统一与协调的根本，其终极表现就是主权与宪法拥有绝对权威。这决定了制度化上的任何偏差都可能导致社会的冲突和社会治理的失效。中国的制度体系是党的领导制度体系与国家制度体系的有机统一，中国的民主政治是党的领导、人民当家做主与依法治国的有机统一。这决定了中国制度合理性，既要解决党的领导制度与国家制度共存共生问题，同时也要解决党的领导制度与国家制度实现全面法律化与制度化问题。在这方面，源于中国政治体系、同时又符合现代民主要求的协商民主具有独特的优势，它既能提升党的领导制度的合理性，也能提升国家制度的合理性。而且，由于协商民主是在不断的民主实践中促进制度合理性的，所以它为团结所带来的效应，既是当下的，也是未来的。

在现代政治中，创造团结的第二个前提就是国家认同。由于现代国家是通过制度建构起来的，而制度则安排每个人的权利体系和发展可能，所以人们往往是通过对制度的认同来认同国家的，而人们认同制度的基本依据，就是认同制度对其社会与政治存在的安排，具体来说就是认同其在现代国家中的实际存在。如果说在古代国家，人们是从国家来把握自己的，那么在现代国家，人们是从自我来把握国家和认同国家的。人们只有拥有基本相同的国家认同，才会在国家共同体内实现积极的团结。[①] 现代的爱国主义就是如此

① 林尚立：《现代国家认同建构的政治逻辑》，《中国社会科学》，2013 年第 8 期。

产生的。现代国家认同形成的逻辑决定了人们对国家的认同，不是来自国家的强力，而是来自个体与国家的积极互动，既能向国家充分表达，同时国家也能够充分尊重个体的存在与价值。这种积极互动的最有效形式之一就是公民参与以及由此升华而成的制度性民主协商。从这个角度讲，协商民主是创造国家认同的有效路径，从而为促进团结提供深厚的社会心理与政治精神的资源。

在现代政治中，维护和深化团结的第三个前提就是利益的协调与互补。每个人都有自己的利益诉求，有多少人就有多少种利益诉求；市场化既促进了利益的个人化，同时也促进了利益结构的整体分化，形成阶层性或集团性的利益冲突。利益分化和冲突无疑是社会团结的最大腐蚀因素与瓦解力量。消除这种分化与冲突，除了制度的合理性与政策的合理性之外，就是利益主体之间的沟通与对话、不同利益之间的协调与互通。这就需要制度性的民主平台，其中协商民主无疑是最切实有效的平台与机制。实际上，协商民主不仅能够平衡和协调社会力量之间的利益关系，而且能够平衡与协调政府与社会之间的利益关系。可见，广泛而多层的制度性协商，天然是缓解利益冲突、促进社会和谐、增强社会团结的重要平台与机制。

在创造团结方面，协商民主能够运用于国家发展所需要团结的方方面面，其中自然包括阶级与阶层联合、民族团结与人民团结等。但这绝不意味着在创造团结社会方面，协商民主可以无所不能，包办一切。协商民主在这方面的功能是毋庸置疑的，但其要发挥有效作用，除了其自身的完善性之外，还取决于相关体制、政策和观念的科学性与有效性。例如如果没有民主党派的健康发展，政治协商要创造真正的党派合作和阶级与阶层的团结也是困难的；同样，如果民族区域自治制度不能有效运行，那么仅仅依靠政治协商及其背后的统一战线来创造中华民族的大团结也是事倍功半的。

四、协商民主与国家治理

国家是通过一套制度体系将主权、领土与人民有机组合起来的政治共同体，其实在的基础就是人民及其所生活的领土空间构成的社会共同体。所以，社会共同体加上既主导社会、同时又代表社会的主权，就是国家。国家的使命就是在其主权所辖范围内创造有序的公共生活，从而保障人与社会的共同发展。完成这种使命的行动与过程，就是国家治理。人们习惯认为国家治理就是国家基于一定的制度体系，通过其所掌握的公共权力以及运行公共权力的政府实现对社会治理的过程。于是，国家治理就变成了国家对社会的治理。其实这种认识是片面的。人类是先组成社会，后建立国家的，社会是建立国家的主体。社会建立国家的目的，不是要用国家来替代自身，而是希望借助国家这个源于社会、同时又高于社会的公共力量来维护社会生产和生活的秩序，使人们生活在一个稳定的共同体之中。这决定了国家对社会的治理，仅仅是国家治理的一个部分，国家治理还应该包括社会生产和生活本身形成的治理结构和秩序体系。所以，国家治理本质上治理国家，其任务就是使国家这个政治共同体时刻拥有供给秩序和创造发展的基础与能力。国家与社会是相互依存的，国家的另一面就是社会。这决定了国家这个政治共同体要获得有效的治理，即时刻拥有供给秩序和创造发展的基础与能力，既需要国家的力量，也需要社会的力量。在现代社会，国家力量通过宪法意志和政府权力来体现；社会力量通过独立于国家的市场与社会的机制、组织来体现。虽然在国家治理中，国家力量起主导作用，但这个主导作用只有通过与社会力量的有机合作才能得到有效的落实。从这个角度讲，现代国家治理，不论从哪个角度讲，都不是一元力量能够完成的，而是多元力量合作共治完成的。这说明一个国家内部的共治水平与质量对国家治理与发展将起决定性作用。

然而，不论是古代国家，还是现代国家，国家治理结构与体系都经历了一个复杂的形成过程，因为它不仅有赖于国家制度本身的健全与完善，而且还有赖于社会的发展与成熟，进而有赖于国家与社会合理关系的确立与定型。所以，就现代国家来说，其国家治理的成熟都必须经历一个国家建设的过程。纵观各国的实践，所有的国家建设既是国家制度本身全面完善的过程，同时也是国家与各方社会治理力量建立制度化关系，从而全面丰富国家治理体系的过程。因而，在发达国家最终形成的国家治理体系中，不论国家权力在其中如何占据主导性的地位，都一定不会形成国家权力独霸天下的格局，相反一定是国家权力与各经济、社会、文化力量共治国家的格局。

中国尽管是实行人民当家作主的国家，但在一个时期内，由于不了解落后国家如何建设社会主义，人民当家作主并没有转化为有效的国家治理体系，相反却形成了导致国家治理体系全面扭曲的全能政治。改革开放不仅打破了权力高度集中的局面，而且为建构现代的、同时符合中国发展需要的权力结构体系提供了重要的制度基础，即社会主义市场经济。正是权力结构的调整激发了中国改革开放的活力；同时，也正是成功的改革开放塑造了中国有活力的权力结构格局，既能保证发展的秩序，也能保证发展的活力。从改革开放所推动的中国变革和发展过程来看，基于改革开放而成长起来的新力量有：地方政府、企业、个人、市场、社会以及各类民间组织等。这些新力量与既有的党和国家权力体系一起构成新的权力结构：党、政府、市场、社会以及个体五大方面共同构成的权力结构。在这个权力结构中，个体、社会、市场，不仅是具有相对自主性的治理主体，而且也是党和国家权力的根本来源和服务对象。伴随着个人、社会与市场力量的增强，政府的职能体系也开始发生变化：从全能型政府向有限型政府转变、从生产性的经济型政府向保障性的服务型政府转变；伴随职能转变而来的一定是政府职能体系的重新布局，其效果之一就是改变中央与地方之间的职能关系、权力关系以及运作关系，在提供公共服务中，地方政府日益成为中央政府必须依赖的力量。不论是新的权力结构，还是新的政府职能配置与职能结构，都决定了今天中国的治理，一定是多方参与、多元治理主体共同治理的格局。这种局面既可以看作是中国改革开放所创造的进步，也可以看作是中国的治理结构回到常态并向现代化迈进的具体形态。

客观地讲，创造权力分散、形成多元治理主体的格局是容易的，它主要靠国家分权和市场经济的体制机制；但多元治理主体要形成合作共治，从而使各治理主体都能成为经济与社会发展的正能量，既需要宪法的规范与制度的权威，也需要治理体系现代化的发展，因而它既需要一个过程，又需要一个合理的机制。多元共治的本质就是党或国家组织与领导各方治理力量，发挥各自所长，尊重各自运行规律，在国家宪法和制度框架下，共同治理国家与社会的公共事务。因而，它既要求平等对待各治理主体，同时也要求各治理主体能够积极参与国家治理，成为国家治理的重要力量。要创造这样的格局，除了有意识地培养和开发相关的治理力量外，更为重要的是需要一个平台与机制，为各种治理力量的互动与合作提供实践的平台和成长的空间。从这个角度讲，协商民主不仅是中国民主发展的要求，而且也是中国这样大型国家创造有效治理的要求，因而其在中国的建设和发展任重道远。

协商民主对于中国建设和发展所具有的意义是全局性的和长远性的，它既赋予中国特色民主政治具体的形态：共生政治和共治结构；同时赋予中国社会实现长远发展所需要的整合结构，即纵向整合了中央与地方，横向整合了党、国家、市场、社会与个体。习近平总书记明确指出：“有事好商量，众人的事情由众人商量，是人民民主的真谛。协商民主是实现党的领导的重要方式，是我国社会主义民主政治的特有形式和独特优势。”[①]这种基于众人商量而展开的协商民主实践，是广泛的、多层次的和制度化的，其形态有政党协商、人大协商、政府协商、政协协商、人民团体协商、基层协商以及社会组织协商。党的二十届三中全会明确把健全协商民主机制作为健全全过程人民民主制度体系的重要内容，要求完善协商民主体系，丰富协商方式，健

---

① 习近平：《决胜全面建成小康社会，夺取新时代中国特色社会主义伟大胜利》，《习近平著作选读》第二卷，人民出版社，2023 年，第 31 页。

全政党协商、人大协商、政府协商、政协协商、人民团体协商、基层协商以及社会组织协商制度化平台，加强各种协商渠道协同配合；同时健全协商于决策之前和决策实施之中的落实机制，完善协商成果采纳、落实、反馈机制。实践表明，中国协商民主具有的功能和形态同中国特色社会主义政治的形成、运行和发展具有高度的内在契合性，不仅是全过程人民民主的重要组成部分，而且也是全面健全和完善中国特色社会主义政治体系的战略平台与关键路径。协商民主在发展全过程人民民主、建设中国式现代化中发挥着不可替代的重要作用，必将随着社会主义民主政治建设而不断丰富和发展，成为既具有中国特色，又具有世界价值的成熟的民主形式。

第十九章

国家治理

从上下五千年的中国大历史来看，中国社会先后经历了三种政治形态：先秦的封建时期；秦之后的中央集权专制时期以及辛亥革命之后的民主共和时期。每一个形态所创造的新结构、新治理与新秩序，都为中华文明的进步与发展提供了新的基础与动力。第一种和第二种政治形态都是中国自身历史发展的结果，是内生的产物，具有很强的历史、社会与文化的内在关联性。然而，第三种形态，即当今中国政治形态，实际上是人类现代化历史运动对中国社会冲击的结果，虽然具有历史的必然性，但并非自我内生和转化的产物，它与中国既有的历史、社会和文化的关联性不是天生的，因而需要后天的建构与创造。许多发展中国家的现代政治形态建构也面临与中国同样的情况。实践表明，发展中国家如何在现代化转型中有效建构现代政治形态，将在很大程度上决定着这个国家的前途与命运。从今天中国发展的水平与态势来看，中国虽然在应对和解决这个问题上也经历过曲折，但总体上是成功的，其中的关键点就是：独立自主地建构自己的现代政治形态。换言之，现代民主共和虽然不是中国内生的，但却是中国自主建构起来的。正是这种自主建构，使中国走上了中国特色的民主政治发展道路，形成了自已的理论逻辑、制度体系和发展道路。这决定了中国今天提出的国家治理体系与治理能力的现代化，必然是基于中国发展的政治逻辑与现代文明要求的有机结合。

一、国家治理的制度

中华人民共和国是在中国共产党革命夺取政权后建立起来的社会主义新中国，不论对传统中国，还是对辛亥革命之后的现代国家建设来说，都是一个新社会、新国家，而其领导力量则是由农村革命根据地走出来的中国共产党，随着党和军队的工作重心从农村转城市，“必须用极大的努力去学会管理城市和建设城市”①，因而中华人民共和国与生俱来地面临建构社会主义制度和治理体系的任务。但由于中国在理论和战略上没有根本解决中国如何建设社会主义这个基本问题，所以经历社会主义改造之后的中国，虽然建立了社会主义制度体系，但没有创造有效的社会主义国家治理体系。1978 年底，邓小平启动中国改革开放的时候，是这样描述当时中国的：“现在的问题是法律很不完备，很多法律还没有制定出来。往往把领导人说的话当做‘法’，不赞成领导人说的话就叫做‘违法’，领导人的话改变了，‘法’也就跟着改变。所以，应该集中力量制定刑法、民法、诉讼法和其他各种必要的法律，例如工厂法、人民公社法、森林法、草原法、环境保护法、劳动法、外国人投资法等，经过一定的民主程序讨论通过，并且加强检察机关和司法机关，做到有法可依，有法必依，执法必严，违法必究。国家和企业、企业和企业、企业和个人等之间的关系，也要用法律的形式来确定；它们之间的矛盾，也有不少要通过法律来解决。现在立法的工作量很大，人力很不够，因

① 毛泽东：《在中国共产党第七届中央委员会第二次全体会议上的报告》，《毛泽东选集》第四卷，人民出版社，1991 年，第 1427 页。

此法律条文开始可以粗一点，逐步完善。有的法规地方可以先试搞，然后经过总结提高，制定全国通行的法律。修改补充法律，成熟一条就修改补充一条，不要等待‘成套设备’。总之，有比没有好，快搞比慢搞好。”①可见，改革初期的中国，除了支撑政权的制度体系之外，没有法律，更谈不上基本的国家治理体系了，一切都靠领导干部的个人意志及其手中的权力。为此，中国的改革开放，是在边整顿、边治理、边改革中开始的，治理整顿推动改革，改革为治理整顿提供治理资源。

改革前的中国之所以陷入这样的境地，除了社会主义现代化受挫之外，也与“文化大革命”有直接的关系。在这样的处境下，宪法与法律严重失效、制度严重失灵、组织严重失序、伦理道德严重失范，只有通过党不断积聚和放大的政治权力，才勉强地将资源严重短缺的社会整合在特定的秩序空间。②可以说，改革开放之初的中国发展，既是从强控制的格局中释放社会活力，提供其自主空间的过程，同时也是激活和完善国家宪法法律体系、制度体系、组织体系和道德规范的过程。对于改革开放和中国发展来说，这两个过程不仅同时展开，而且要相互适应。在这四十多年的发展中，这两个过程的互动形成了以下四个发展历程：

第一，修改宪法，还权政府，放权社会，恢复常态。改革开放前，新中国建立的国家制度体系因现代化受挫无法形成相应的经济基础支撑，结果整个制度扭曲为党的一元化领导下的权力高度集中。改革开放是基于破除党对权力的高度集中以及让扭曲的国家制度体系恢复常态而展开的。1982 年，放弃 1975 年和 1978 年的宪法文本，以 1954 年宪法为文本全面修改宪法，形成 1982 年宪法。与此同时，通过党政分开，消除以党代政的格局，国家制度体系不仅获得了应有的宪法地位，而且也获得了应有的政治地位，政府

---

① 邓小平：《解放思想，实事求是，团结一致向前看（1978 年 12 月 13 日）》，《邓小平文选》第二卷，人民出版社，1994 年，第 146—147 页。

② 参见林尚立：《当代中国政治形态研究》，天津人民出版社，2000 年。

因此获得了宪法和法律所规定的权力，开始自主运作。改革与发展的主体是人民，所以放权社会，激发人民的主动性和创造性是改革开放的根本所在。党还权政府是以放权社会为前提的，只有不断活跃的社会需要政府来建构秩序的时候，政府的权力和服务才有实际的价值和意义。这个发展历程带来的现实效果是：国家有了根本大法；宪法规定的制度得以恢复运行；政府成为管理经济与社会发展的主体；党、国家与社会从一元化的结构走向有机的立体结构，各自拥有了相对自主性。

第二，再造干部，破终身制，行政负责，精简机构。不论是制度运行，还是实际治理，除了制度与权力调整之外，就是干部选用。用毛泽东的话来说“政治路线确定之后，干部就是决定的因素。”[①]因而，改革开放后，干部队伍的组织就成为决定性的。为此，邓小平推动了两大建设：一是干部的年轻化和专业化；二是破除干部终身制，实行任期制和退休制。这两大建设，既开创了改革开放的新局面，同时也终结了具有千年历史传统的领导干部终身制，这为国家权力更替和治理专业化提供了干部基础和制度保障。与此同时，行政首长负责制的普遍确立，为政府和各类组织的运行明确了最基本的管理主体和责任体系。为了更好地放权社会，提高政府管理的科学性和效能，党中央周期性地推动政府机构改革，并将政府职能转变和优化职能体系作为政府机构改革的轴心。这些改革努力带来的现实效果是：彻底终结干部终身制，国家的组织和运作开始迈向专业化轨道，全面启动政府职能、机构与流程的再造。

第三，市场经济，法治国家，融入国际，依法执政。社会主义市场经济体制的确立使改革真正成为一场革命性的变革，它所产生的联动效应关系中国发展的基础与全局。首先，它使人的社会存在从作为共同体的单位人存在开始转型作为个体的社会人存在，从而深刻改变了社会的组成方式以及个

---

① 毛泽东：《中国共产党在民族战争中的地位》,《毛泽东选集》第二卷，人民出版社，1991 年，第 526 页。

体、社会与国家之间的权力结构与权力关系，民众与社会成为决定国家与政府的根本力量。其次，推进了中国治国方略的革命性变革，从传统的治理方式全面走向现代的依法治国，在建设社会主义法治国家中努力建构和完善社会主义法律体系和法治体系。再次，市场经济的全球化存在不断拓展中国开放格局，把中国全面地推进了世界经济体系，使其在参与全球经济运行的同时，也逐步与世界经济运行的规则相衔接，类似 WTO 这种国际组织及其相应的国际规则开始成为推动中国改革与治理的机制。最后，伴随着经济体制、社会体制的深刻变化，中国共产党开始自觉地从革命党向执政党转变，其理论与实践的逻辑也相应地从革命党的逻辑转向执政党的逻辑，执政党将在宪法与法律的范围内活动。所以，这个发展历程带来的现实效应是：全面改变中国的内在权力结构与运行方式，人民与社会成为决定性的力量；法治成为国家治理的根本形式，依法治国与依法执政使党全面从革命党向执政党转变，由此党的领导、人民当家做主与依法治国有机统一成为中国国家治理格局的根基所在。

第四，社会建设，治理能力，法治体系，治理体系。市场经济发展为个体的自主发展提供了充分的市场基础与法律保障，而自主的个体要获得有效的发展除了需要市场外，还离不开社会。社会组织及其自治的质量往往是市场经济与个体发展的重要决定因素；另一方面，自主的个体虽能在市场经济获得自由发展，但却无法从中获得最根本的保障，于是，自主的个体在赢得自由的同时，却失去了最基础的生存保障。为了保证每个自主个体在市场经济危机时依然能获得最基本的生存保障，政府就必须借助社会本身的力量，建立政府托底的社会保障体系，以应对市场经济危机可能给个体生存和社会运行带来的毁灭性的冲击，保障个体与社会的基本安全。为此，中国在建设社会主义市场经济体制不久，就主动地开启社会建设，一是让社会成熟起来，拥有自我组织、自我管理与自我服务的能力；二是为社会提供一套社会保障体系，建构社会防护网与托底盘。要把握好市场经济发展与社会建设的相互作用，就必须建构政府、市场与社会共同协力的治理体系，并不断提升党和政府整合市场与社会力量以创造治理的能力。实际上，今天中国对治理能力与治理体系的要求，与中国社会的超大规模与多元差异有关，还与全球化、网络化和信息化导致中国社会组织方式和国家治理方式发生深刻革命有关。要应对这样复杂、多变以及多元的社会建设，建构多方合作的治理体系，就必须建构宪法至上、立法科学、执法有效、司法公平、依法执政的社会主义法治体系，使得整个国家的治理形成规范，落在实处。

上述四个发展历程是前后衔接、逐步推进、并不断深化和具体化的，第四个发展议程正在展开。

二、国家治理的制度逻辑

在今天中国，决定中国大局、创造中国发展的制度基础，就是中国特色社会主义制度。中国建构现代国家的历程表明，中国特色社会主义制度力图将中国的发展确立在人类文明发展规律、社会主义社会发展规律以及中国社会发展规律有机统一的基础之上。从这个角度讲，中国特色社会主义制度对中国发展目标、使命与形态都具有很强的决定性和规范性。显然，中国特色社会主义制度不是一个概念或理论，而是实实在在的制度规范，具有其内在逻辑。这决定了国家治理体系与能力的现代化要担负起巩固和完善中国特色社会主义制度，发挥其内在优势与特点，就必须充分遵循中国特色社会主义制度的内在逻辑。中国特色社会主义制度的内在逻辑由以下八大范畴构成，它们共同构成决定国家治理体系现代化发展方向和内在使命的基本价值与制度基础。

第一，公有制与非公有制。所有制决定一国的资源归宿方式、配置结构与生产形态，很自然地也就决定一国制度的根本。以科学社会主义为取向的中国，就是以所有制改革为起点来进行社会主义制度建构的，经过长期的探索和实践，其最终形成的基本经济制度是：公有制为主体、多种所有制经济共同发展的基本经济制度。在这一制度中，公有制既是主体，也是前提和基础，但同时必须包容非公有制，并与非公有制共存发展。在实践中，公有制首先选择的是计划经济运行方式，并限制非公有制；由于不适合社会主义初级阶段的发展要求，改革开放以来，公有制在调整其结构与布局的基础上，开始运行社会主义市场经济，并为发展非公有制经济创造相应的空间。不论对中国发展，还是对人类近代以来的经济运行与国家建设来说，这个变化无疑是革命性的，因为世界各国的市场经济都主要以私有制为其运行的所有制基础。因而，基于中国的经济制度，中国国家治理体系现代化就必须解决人类前所未有的一个重大现实课题：将市场经济成功地建立在以公有制为主体的经济制度基础之上。为此，中国就必须探索和实践既遵循市场经济规律，但其形态又不同于西方发达国家的社会主义市场经济组织与运行方式。

第二，党与国家。现代化必然伴随着国家制度的重构，即现代国家建设；而现代国家制度运行无不以政党为主角。[①] 所以，任何国家在现代国家制度建构的过程中，一方面要安排好经济领域中的公有（国有）制与非公有制的关系；另一方面就必须安排好政治领域中的政党与国家的关系。这两个层面的建构与安排是互为表里的。以私有制为取向的国家，是通过掌握财富的权势阶级来建构现代国家的，形成了权势阶级建构国家制度以及为了运行国家制度而组织政党的国家建设逻辑；其中，国家是产生政党的基础与前提。然而，以公有制为取向的国家，是通过不掌握财富资源的革命阶级以革命方式推翻私有制、建立公有制来建构现代国家的，形成了革命阶级组织政党进行革命，并在革命后建构国家和领导国家发展的国家建设逻辑；其中，强有力的政党

① 意大利哲学家葛兰西对于政党在现代国家中的地位与作用，给出这样的比喻："如果在现代写一部新的《君主论》，那么它的主要人物不会是英雄的个人，而是某一个政党。"[意]安东尼奥·葛兰西：《狱中札记》，葆煦译，人民出版社，1983 年，第 121 页。

领导是国家产生的基础与前提。于是，党对国家来说，首先是领导全社会建设现代国家制度的领导力量，其次才同时是运行国家制度的执政能力。这与仅仅完全装在国家制度之内，仅仅作为运行国家制度的力量而存在的西方政党完全不同。于是，中国形成了一般国家所没有的党的领导制度与国家制度共存的政治体系，其根本立于宪法，而其前提则是宪法所保障的党的领导。为此，中国必须探索的是党的领导、人民当家作主和依法治国的三者有机统一的国家治理体系，而不是一般国家制度形态所决定的国家治理体系。

第三，根本制度与基本制度。中国是实行人民民主的国家，人民产生国家权力，同时运行国家权力，即人民当家作主。因而，中国不是通过“三权分立”和“多党政治”来实践其民主的，而是通过充分发挥人民的主体作用来实践其民主的，其制度安排就是根本制度与基本制度的有机统一。根本制度，即人民代表大会制度，它保障人民以整体的力量实践组织国家、治理国家、监督国家运行的权利，从而支撑和规范着国家权力的组织与运行；作为基本制度的中国共产党领导的多党合作与政治协商制度，保障人民所包含的各利益主体能够自主表达各自利益、共议大政方针、监督党和国家、促进党派以及各界的合作，实现人民的团结，从而支撑和规范党的领导以及国家发展的基本方向。根本制度通过发挥人民的主体作用，使国家权力与制度的运行确立在人民民主之上；而基本制度则通过发挥人民的主体作用，使党的领导及其执政确立在人民民主之上。正是通过这两个制度，使得党的领导制度和国家制度都能确立在人民民主之上，从而在制度上解决了共产党领导的国家运行现代民主制度所应该具备的基本原则与合理结构。这意味着中国完全可以自信地通过运行和完善既有的两套制度体系，实现国家治理体系的现代化发展。

第四，民主与集中。这既是中国共产党的组织原则，同时也是中国国家制度的组织原则。不少人将这对范畴视为对立的、不能相容统一的范畴，但如果将其放到具体的共同体组织与发展之中，如党的组织、国家的组织，人们就很快发现这对范畴实际上是能够实现有机统一的，从而能够发挥更大的作用。实际上，对任何共同体的存续和发展来说，都同时需要民主与集中这两个取向，只不过人们不用“集中”这个概念，而用其他的概念来表达，如主权、一体化、法的权威，等等。在中国的政治逻辑中，民主强调人民主权、基层自治以及尊重各种利益和积极性；集中强调行政、法律与纪律上的集中统一，强调全局统筹与集中统一。因而，民主与集中构成了一个纵横的协调与治理结构，他们之间相互支撑，互动互补。只不过在作为纪律组织的党内和在作为法制组织的国家，民主与集中之间条件关系是不同的。在党内，集中是民主的前提；在国家内部，民主是集中的前提。对于同时存在着党的领导体系与国家制度体系的中国来说，民主集中制在党的领导制度与国家制度上的差异，却创造了领导制度与国家制度在功能与功效上的互补关系。中国的国家治理体系应该充分开发这种互补关系，从而使民主集中制成为创造高效、管用的治理体系的重要政治资源与制度资源。

第五，市场与政府。从国家转型与现代化发展的历程来看，西方国家的逻辑是市场主导，市场逐渐包容政府；而中国的逻辑是政府主导，政府逐渐包容市场。这与所有制结构以及社会制度不同有直接关系。中国社会主义市场经济发展到今天，有一点与发达国家是共同的，即市场与政府相互承认，是各自不可或缺的另一半，并形成了相辅相成的关系。中共十八届三中全会做出的关于市场在资源配置中起决定性作用的决定奠定了市场与政府的这种关系。然而，中国的社会制度决定了政府与市场关系的平衡，会充分遵循市场经济的规律，但其价值取向与实现形式不可能是西方化的，否则党和政府的治国理政就可能面临合法性危机，因为一旦政府失去了以民为本，保障基本、统筹全局的能力，市场可能存在的风险就会威胁市场本身，进而威胁到社会和国家。从这个角度讲，中国推行的社会主义市场经济不是一般的市场经济，其“社会主义”规定性，不是政治标签，而是对中国市场经济的价值与制度规定性，其目的是使市场经济能够与中国特色社会主义相适应。这正如战后德国为使市场经济与战后联邦德国相适应而推行“有效的市场经济”

一样。[①] 所以，在平衡政府与社会关系，创造国家治理体系现代化中，既要充分尊重市场在资源配置中的决定性作用，但同时也必须考虑社会主义制度的内在要求。

第六，法治与德治。中国传统的制度是确立在德治基础之上的，孕育了传统帝国和中华政治传统。然而，中国所要建立的现代国家却是建立在法治基础之上的，孕育了社会主义民主政治和法治体系，建设法治国家、法治政府与法治社会，已成为国家发展战略。这种变化使中国从古代政治文明跃进到现代政治文明。但从这个变化的具体历史过程来看，它是以全面否定德治政治传统为其第一个历史行动的，结果在强调法治的现代合理性的同时，也使得法治与德治对立起来，不让德治靠近法治。作为国家权力运行的制度准则，法治替代德治无疑是现代发展的必然要求，也是国家治理体系现代化的根本保证。但是，如果由此否定道德在治理中的重要作用，那法治就难以获得有效的发展。因为不论从法治本身的价值基础来看，还是法治本身的实际运行来看，道德所产生的治理力量，都是法治的资源与支撑；对于中国这样有长久德治传统的国家来说，这种效应可能更大。当然，在法治国家体系中强调的德治，不是要将德治上升到与法治同等的水平，使之成为国家权力运行的制度准则，而是要使道德资源及其作用机制成为法治体系的重要组成部分，其中，德仅仅作为“治”而存在，不是作为“法”而存在，德治通过其产生的治理效应来辅佐法治。不论是中国的国情，还是法治的法哲学逻辑，[②] 都决定了中国的法治要获得健康发展并发挥有效作用，必须有现代意义上的“德治”基础。正是在这个意义上，中国的国家治理体系建设必须忠实价值体系建构，必须充分重视已融入中华民族血液中的基本道德价值的作用。

---

① 参见［德］乌尔里希·罗尔主编《德国经济：管理与市场》，顾俊礼等译，中国社会科学出版社，1995 年，第 7—22 页。

② 黑格尔法哲学就充分讨论了道德、伦理对法治的价值和意义。参见［德］黑格尔：《法哲学原理》，商务印书馆，2009 年。

第七，单一制与民族区域自治。国家治理，一方面取决于国家的权力结构及其相应的制度安排；另一方面取决于国家的组织结构形式。中国实行的是单一制国家结构形式，其核心原则是国家行政权力集中于中央政府，地方政府受中央政府的权力与职能之托，在地方执行中央的政策，负责管理地方事务。在现代大型国家中，只有中国实行单一制，之所以如此，一方面与中国几千年形成的大一统国家组织形态有关，另一方面也与单一制国家结构成功地将中华传统帝国整体带入现代国家发展轨道有关。尽管单一制国家结构强调中央行政集权，强调地方政府必须服从中央的权力与政策安排，但这丝毫不影响地方分权的必要性。因为从大国治理来看，积极的地方分权反而是中央实现有效领导的前提与基础。同时，党领导体系所包含的党中央对地方党委强大的政治约束，也使得积极的地方分权没有什么政治风险。然而，中国毕竟是一个多民族的国家，单一制国家结构要能够执行到底，就必须充分考虑行政权力的集中统一与民族地区特殊性之间的关系。为此，中国在民族聚居地区实行民族区域自治，强调少数民族聚居地区以聚居的主体民族为主管理地区事务，维护少数民族权益，促进地区发展；同时，中央政府有责任积极帮助和保障少数民族地区的文化与发展。可见，中国的单一制国家结构所要求的国家治理体系，不是简单的中央集权，而是中央集权与地方分权的有机平衡，中央集权在于统筹发展全局，地方分权在于激发地方自主。为此，国家治理体系应该创新相应的体制与机制。

第八，协商与自治。中国的人民民主既强调民主性，也强调共和性。民主性强调人民当家做主，共和性强调天下为公。这意味着国家治理所遵循的人民意志，不仅要权威性，而且要最大公约性。所以，中国人民民主就自然内生出协商民主，其第一种政治形式就是中国人民政治协商会议。随着人民民主实践的深入，协商民主逐渐拓展到经济与社会领域，并最终与选举民主一起成为中国民主实践的两大基本形式。对于中国民主发展来说，协商民主不是民主的工具，而是价值、制度与程序有机统一的民主形态，因而其运行和发展将直接决定着国家治理体系现代化的取向、基础与机制。人民民主实践中的民主性与共和性有机统一产生的另一个重要民主形式，就是基层群众自治。基层群众自治不是基层政权的自治，而是基层民众的自治，因而主要不是体现为基层民众对基层政权所具有的决定权，而是体现为基层民众围绕着自身事务所具有的自我管理、自我服务、自我教育的权力。基层群众自治有宪法地位，而不在权力体系之中。但在基层治理的实践中，基层群众自治常常被基层政权所整合，成为权力体系的实际末梢，这既不利于基层政权的建设，也不利于基层群众自治的发展。理论与实践表明，不论是协商民主，还是基层群众自治，对国家治理现代化来说，都具有丰富的政治与制度资源可以挖掘和开发。

综合上述分析可以看出，虽然国家治理体系与治理能力的现代化是现代国家建设的必然内容与使命，但其具体实践还是要充分结合各国的社会性质与制度要求。对于任何国家来说，只有在国家制度得以完全确立的前提下，才可能进行国家治理体系的现代化建设；同理，国家治理体系的现代化是基于国家制度本身的逻辑进行的体制与机制的开发与完善，从而形成制度、体制与机制三个层面联动统一的国家治理体系。中国特色社会主义的理论、制度与道路决定了中国的国家治理体系现代化，既需要向外学习与借鉴，同时也需要向内求索与开发。后者是基础，没有后者的努力，所有的借鉴都是无本之木，难成气候。

三、国家治理促国家制度成长

在现代知识体系中，“制度”概念与“文化”概念一样繁杂。但正如人是文化的产物，离不开文化一样，人是制度的产物，也离不开制度。制度是现代国家与社会发展所不可缺少的组成部分，所以现代国家的建设与发展必然要集中体现于制度的确立、成长、巩固与完善。从最普遍意义上讲，制度是人们在建构秩序、创造治理的过程中逐渐形成和丰富的。任何制度的成长都有赖于其所蕴含的治理功能的发挥，而任何制度都不可能包打天下的，这决定了具体制度治理功能的发挥，还必须有赖于其他制度完善及其治理功能的发挥。可见，国家治理与制度成长之间实际上是相辅相成的关系：没有制度体系，治理无从谈起；没有治理实践，制度体系就无法成长。

就制度而言，任何国家或社会的制度都是自成体系的，而任何国家或社会的制度体系决定力量是现实的生产和生产关系，马克思主义将决定生产和生产关系的制度总和称为社会制度。马克思分析指出："在人们的生产力发展的一定状况下，就会有一定的交换[commerce]和消费形式。在生产、交换和消费发展的一定阶段上，就会有相应的社会制度、相应的家庭、等级或阶级组织，一句话，就会有相应的市民社会。有一定的市民社会，就会有不过是市民社会的正式表现的相应的政治国家。"①在这里，社会制度是人们生产活动和交换活动的产物，同时也是决定确立在这种经济与社会基础之上的国家政治制度的力量。马克思深刻揭示了其中的辩证关系："人们在自己生活的社会生产中发生一定的、必然的、不以他们的意志为转移的关系，即同他们的物质生产力的一定发展阶段相适合的生产关系。这些生产关系的总和构成社会的经济结构，即有法律的和政治的上层建筑竖立其上并有一定的社会意识形态与之相适应的现实基础。物质生活的生产方式制约着整个社会生活、政治生活和精神生活的过程。"②所以，马克思主义认为，对体现物质生产和生产方式的社会制度选择，将决定一个国家的全部制度形态。资本主义制度与社会主义制度之间的所有差异就源于社会制度选择的差异，更具体地讲就是社会制度所反映的所有制的差异，前者以私有制为主体，后者以公有

① 马克思：《马克思致帕·瓦·安年科夫》(1846年12月28日)，《马克思恩格斯选集》第四卷，人民出版社，1995年，第532页。

② 马克思：《〈政治经济学批判〉序言》，《马克思恩格斯选集》第二卷，人民出版社，1995年，第32页。

制为主体。中国特色社会主义制度，就是以公有制为主体确立起来的社会制度，中国既有的政治制度就是确立在这种社会制度基础之上。因而，从国家治理角度上，中国特色社会主义制度的巩固与完善就是这个社会制度所决定的整个国家制度体系的巩固与完善。中国的制度自信就是对这种社会制度及其所决定的整个国家制度体系的自信；与此相应，中国国家治理体系就是这个社会制度及其所决定的整个国家制度体系的全面展开与运行。就国家治理与国家制度体系的内在辩证关系来看，在国家制度体系既定的条件下，国家制度体系的巩固与完善就完全有赖于国家治理体系的完善与有效运行。

国家制度体系与国家治理体系是两个层面的，两者相互依存。从国家建设的逻辑来讲，建构国家制度体系是国家建设的第一个历史行动，而完善国家治理体系是第二个历史行动。对国家建设来说，前者是根本性的，后者是决定性的。成功实现国家制度巩固的国家都得益于其国家建设的第二个历史行动的成功，即国家治理体系建设的成功。国家制度体系与国家治理体系之间的层次性，可以从两个维度来把握：一是从使命与定位来把握，社会制度及其所决定的整个国家制度体系，决定的是社会生产方式、国家组织形态、国家权力结构以及国家运行形式；国家治理体系则是社会制度及其决定的国家制度体系为履行使命、运行功能，推进社会进步与国家发展而孕育出来的体制和机制，所以相对国家制度体系来说，它属于第二层面的制度安排与制度运行；二是从功能与形态来把握，社会制度及其所决定的整个国家制度体系是围绕着组织国家，建构制度，协调人与自然、人与国家、人与社会以及人与人基本关系展开的，体现为国家制度体系的内在协调与统一；而国家治理体系则是围绕着运行权力、建构秩序和创造治理展开的，体现为各治理主体合作与共治。国家治理体系在现代国家建设中的时空方位，决定了其推动支撑整个国家制度体系、推动整个国家制度体系成长的关键在两个方面：一是治理主体的自我成长与完善；二是治理所需要的基础制度的充实与完善。这两方面是相辅相成的。

所谓基础制度，就是在国家根本或基本制度体系下实现经济与社会有效治理所必需的体制与机制，这些基础制度既是根本制度或基本制度运行的基础，也是其运行的保障。如中国经济制度运行所需要的产权制度、金融制度、企业制度、监管制度等；人大制度运行中所需要的选举制度、立法制度、预算制度、质询制度等；多党合作与政治协商制度运行所需要的协商制度、监督制度、提案制度等；单一制国家政府行政运行所需要的税收制度、公共财政制度、公务员制度、政府采购制度、教育制度、社会福利制度等；文化建设与发展中的新闻制度、知识产权制度、文化市场管理制度等；生态建设中的环保制度、动植物保护制度、能源制度等；此外，还有巩固和实现党的领导所需要的民主集中制、干部制度、反腐倡廉制度等。制度的运行离不开治理的主体，所以伴随基础制度建设和成长的一定是各治理主体能力与素质的全面提高，没有后者，基础制度的建设和成长必然是无源之水，难以持久。从这个角度讲，国家治理体系建设要成为推动国家制度成长的积极行动，就必须以全面推进国家基础制度建设为突破口，以基础制度建设带动治理主体的完善与治理结构的优化。这既符合国家治理体系现代化的内在要求，也符合中国国家建设的内在逻辑。

基础制度的建设，固然需要深度的体制改革，但也更需要积极的体制创新。体制改革与创新是基础制度建设的基本路径。今天的中国是面向世界的市场经济国家，其经济与社会生活的组织与运行离不开市场经济的决定作用，因而基础制度的建设在尊重中国特色社会主义制度的规定性的前提下，应该积极借鉴与学习其他国家为运行现代国家而探索的各类相关的体制与机制，从而为中国的国家治理体系建构最先进、最有效的体制和机制。然而，必须指出的是，基础制度的建构要真正成为有效的国家治理体系，就必须将整个国家确立在法治基础之上，从而使制度完善的过程与国家治理体系建构的过程有机统一起来。这样，既能保证国家法治体系的最终确立，同时又能保证国家治理体系的建构的统一性、规范性、权威性。从这个角度讲，基础制度建设的成败将在很大程度上决定现代国家建设的最终成败。不少发展中国家之所以长期处于低质民主的发展状态，与基础制度一直建不起来有很大关系。超大规模的中国社会要避免出现这种困境，就必须全面建设好基础制度，并使其发挥有效的作用。

现代化发展必然伴随着国家的现代转型，建构现代国家是现代化发展的前提与基础，同时也是其主要内容。和世界上所有国家的现代化发展一样，中国的现代国家建设也是从制度选择开始的。理论与经验证明，制度选择的好坏直接关系到现代国家建设与成长，而这好坏的标准就三个：一是是否具有现代性；二是是否具有适应性；三是是否具有有效性。选择的制度规范国家成长，而国家成长则促进其制度的完善和巩固。于是，国家建设在制度选择之后，就进入到国家成长的发展阶段。国家成长，一方面体现为新的制度空间所激发出来的发展；另一方面则体现为新制度为所有的发展提供秩序与保障，使发展有序展开、合理运行。因而，在国家成长的过程中，选择的制度就必须有效地生成国家治理体系，以促进政治、经济、社会、文化、生态等各方面的有序发展、合理运行。所以，任何成功实现现代化的国家都必然要经历国家治理体系建构与发展的阶段。今天中国展开的全面深化改革的历史阶段，就是国家治理体系建构与发展的阶段，它以制度自信为基础，以中华民族伟大复兴为使命，上支撑中国特色社会主义制度，下创造中国的全面进步与发展。这种定位既符合中国发展的要求，同时也符合现代国家建设的基本逻辑。由此可见，国家治理体系现代化直接决定着中华民族的伟大复兴。

国家治理体系现代化一定是在既定国家制度框架下展开，遵循既定国家制度的内在逻辑，充实和完善既定的国家制度。所以，国家制度体系与国家治理体系不是割裂的两个层面，而是有机统一的两个层面。国家治理体系现代化发展一旦脱离既定的国家制度体系，不但不能成功，反而可能导致国家建设与现代化发展的颠覆性失败。在今天的中国，制度自信是国家治理体系现代化的前提与基础，追求中华民族伟大复兴是国家治理体系现代化的动力与使命。这应该是中国国家治理体系现代化的基本行动逻辑。

后 记

研究当代中国政治，是中国政治学者的职责。1988 年研究生毕业留校任教后不久，我就把研究的重心放在当代中国政治上，于 1990 年开设了专业必修课“中国社会政治分析”，并着手撰写同名书稿。可是，写到一半，就写不下去了，因为用西方比较政治学概念来分析，尽管分析得头头是道，但实质上分析的不是当代中国政治本身，而是被概念化的当代中国政治，与中国政治的现实根本就不是一回事。写到一半的书稿只能搁置。

2014 年，中国大百科全书出版社的郭银星编辑约我写一部关于当代中国政治的书，这是我多年的心愿，欣然答应，于是这就有了 2017 年出版的《当代中国政治：基础与发展》一书。2022 年 8 月，我到中国人民大学工作。没过多久，中国大百科全书出版社的曾[illegible]先生联系我，希望我对此书作全面修订并再版。经过努力，修订再版的《当代中国政治》增加了序言，调整充实了各章节内容，增写了三章。书的内容是增加了，但依然无法涵盖当代中国政治的方方面面。

本书是从中国出发把握中国政治的尝试，虽然迈出的仅仅是一小步，但开拓的这个方向，值得中国政治学者共同努力。借此机会，我感谢所有指导过我、帮助过我的老师、前辈、朋友和同学！感谢我的夫人赵宇峰教授！最后，真诚欢迎各位读者的批评和指正！